공자의 정치개혁

# 공자의 정치개혁

초판 1쇄 2021년 10월 10일

**지은이** 손세제
**펴낸이** 김기창
**펴낸곳** 도서출판 문사철
**본문삽화** 췌빈 문제도
**지도제작** 김선재

**출판등록** 제300-2008-40호
**주소** 서울 종로구 창경궁로 265 상가동 3층 3호
**전화** 02 741 7719 | **팩스** 0303 0300 7719
**홈페이지** www.lihiphi.com
**전자우편** lihiphi@lihiphi.com
**디자인** 은
**인쇄 및 제본** 천광인쇄사

ISBN 979 11 86853 95 5 (94150)
※ 값은 뒤표지에 있습니다.

# 공자의
# 정치개혁

손세제 지음

도서출판문사철

# 서문

　내가 공자의 일생을 연구하게 된 것은 공자가 일생을 바쳐 이루고자 했던 것이 오늘날 우리가 추구하는 가치와 다르지 않다는 것을 보여주기 싶었기 때문이다. 선학들은 공자를 대할 때 '성인聖人' 공자의 모습을 전하는 데 몰두하여, 공자의 일언일구一言一句에 대해 이른바 '애니미즘적으로' 접근하는 경향이 있었다. 그래서 공자의 진의는 어디론가 사라지고 정신이 부여하는 의미 존재로만 인식되었다. 최근에는 과학적 실증주의에 바탕하여 공자의 어록[論語]을 구명究明하여 공자를 일정한 성벽性癖을 지닌 '보통' 사람으로 보려는 사람들이 늘고 있다. 하지만 아무리 정확하고 엄밀하게 고정考訂한다 해도 공자의 진면목을 파악하기는 어렵다. 공자에 관한 기록들은 실제 있었던 것을 기록한 것도 있지만 그런 것은 매우 드물고, 대부분 공문의 사람들이 격언과 법행의 형식으로 가다듬어 전한 것이기 때문이다. 그것들은 단지 일상성의 기록일 뿐인 것이 아닌 것이다. 이런 면은 플라톤이 기술한 소크라테스의 모습과 아리스토텔레스가 정리한 소크라테스의 모습이 왜 그렇게 다를 수밖에 없는지 그 까닭을 알면 쉽게 이해할 수 있다. 기록을 통해 인격이나 사상을 이해하려면 어느 쪽이든 추체험과 추사색의 노력이 수반되어야 한다. 공자의 말을 빌면 '학學' 외에 '사思'의 노력이 병행되어야 한다. 객관적 사실을 무시한 추체험·추사색은 미몽迷夢이지만, 추체험·추사색이 사라진 객관적 사실의 추구는 인격이나 사상의 이해에는 공허한 것일 뿐이다.[學而不思則罔, 思而不學則殆]

공자는 서주 이래의 구체제는 이미 무너진 반면, 이를 대신할 새로운 사회 체제는 성립될 기미조차 보이지 않았던 시대에 살았다. 이런 신구 사회 교체기에는 신구 세력 간의 갈등도 만연하지만, 구체제의 문화가 변화를 바라는 사회 제계층의 요구를 전방위적으로 가로막기 때문에 정체성의 대혼란이 일어날 수밖에 없다. 때로 사회가 일시 옛날로 되돌아간 듯한 착각이 일기도 한다.

공자가 위대한 이유는 이런 환경에 처해 길을 찾지 못하는 사람들에게 무엇을 하며 살아야 하는지, 어떻게 살아야 하는지, 인간다운 삶이란 어떤 삶을 말하는지 다양한 방면에서 일러주었다는 데에 있다. 일반적으로 사람들은 사회 통념과 다른 생각을 하는 사람들이 많아지면 세상은 어지러워진다고 생각한다. 옳고 그름을 분변하는 기준이 서로 다르면 세상살이도 그만큼 더 각박해질 것이라고 생각한다. 특히 정치인·종교인·교육자 등 사회 지도층 인사들이 그런 모습을 보이면,

마치 큰 죄라도 지은 양 몰매를 들기도 한다. 하지만 공자는 이런 생각에 반대했다. 서로 다른 생각들이 공존해야 사회를 통합하는 데 훨씬 경제적이고 효과적이라고 보았다. 구성원 각자의 생각들이 인정되고 그들이 옳다고 믿는 것들이 자연스럽게 구현되면 갈등이 봉합되어 인간다운 삶이 저절로 찾아온다고 생각했다. 자신을 낮춰 상대를 인정하고 존중하게 되면 서로 벗이 되지만, 자기 것만 옳다고 주장하며 자기를 내세우는 데에만 몰두하게 되면 갈등만 조장될 뿐이다. 다만 자신이 옳다고 믿는 것이 사회의 통념·정서와 지나칠 정도로 동떨어져 있다면 행동으로 옮기기 전에 한 번쯤 되돌아보라고 권했다. 어찌 되었든 사회가 안정되어야 개인의 자유도 보장될 수 있지 않겠는가?

공자는 옛것을 매우 소중하게 생각했다. 새로운 것이란 옛것을 오늘의 실정에 맞게 내용과 형식을 조정하여 재구성한 것이라고 보았다. 그래서 새것을 주장하기 위해 무턱대고 옛것을 부정하는 태도에 강한 반대를 표했다. 옛것의 취지를 살리는 가운데 새로 펼쳐진 환경과 그 변화 추이를 고려하여, 지나친 것이 있으면 덜어내고 모자라는 것이 있으면 보충하는 지혜를 발휘하라고 권했다. 다름을 인정하여 공존을 모색하는 방법으로 사회를 통합하고자 한 공자의 이 정신에는 '인간다움'의 구현이라는 그의 열망이 담겨 있다.

하지만 현실의 정치계는 이런 면을 용납하지 않았다. 사회에 반하는 생각을 하는 사람들(혹은 사회 변화를 거스르는 사람들)은 세상을 어지럽히는 도적이라고 규정했다. 그런 사람들은 '정의 수호를 위해' 법과 원칙에 따라 단호하게 논죄되어야 한다고 주장했다. 공자는 서로 다른 생각들을 인정하고 존중하는 '인간다움의 구현'을 통해 사회 정의를 돈독히 하려 했지만, 정치계에 몸담고 있는 사람들은 그들이 옳다고 믿는 것들을 수호하기 위해 법과 원칙이라는 강제적 수단을 동원해 다른 생각을 통제하려 했다. 공자는 수단과 방법도 목적이나 결과만큼 중요한 가치 판단의 대상이라고 주장했지만, 당시의 정치계는 옳은 목적과 좋은 결과를 위해서라면 수단과 방법은 어떠해도 좋다는 입장을 취했다. 공자는 해괴한 논리로 세상을 어지럽히는 사람들, 오로지 힘으로만 문제를 해결하려는 사람들, 영구 평화를 위해서라면 잠시의 동요와 혼란은 감내해야 한다는 사람들, 모든 것을 운명과 신탁神託으로만 돌리려는 사람들을 경계하고 배척했다.

그래서 법이나 원칙에 의존하여 정치의 효과를 거두려는 사람[刀筆之吏]들이 치자에 오르는 것에 대해서는 특별한 반대를 표했다. 정치의 목적이 일시적 안정이나 단기적 효과를 거두는 데 있다면 그와 같은 사람에게 정치를 맡기는 것도 한 방법이겠지만, 정치의 도는 사람다움의 구현에 있기 때문에, 사람의 마음을 헤아릴 줄 알고 때와 장소에 따라 옳고 그름을 가려 시행할 줄 아는 사람[君子]이 정치를 맡아야, 법과 원칙을 중히 여기는 사람들도 입장을 가지게 될 것이라고 봤다. 여기서 저 유명한 '다스리는 이가 백성들의 마음을 헤아리면 돌아선 사람도 마음을 열고 기꺼이 함께 한다'[愼終追遠, 民德歸厚矣]'는 증자의 대격언이 나왔다. 법과 원칙은 필요에 의해 제정한 것이기 때문에 사회 구성원이라면 누구나 준수해야겠지만, 그 자체 인간 본성의 추이에 어긋나는 것이기 때문에 그것을 만사의 해결책인양 해서는 곤란하다는 것이다. 제도의 인간화를 말할 수는 있어도 인간화된 제도를 기대하기는 어렵다는 주장이리라.

　다소 감정적이고 우유분단하게 보이기까지 하는 이러한 정치관은 사회의 기층에 자연발생적·혈연유대적 성격의 가족이 있다는 데에 기인할 것이다. 이런 사회에서는 국가 성립의 중심 과제가 자연적 질서 가치[孝悌]의 실현이라는 문제와 뗄 수 없는 관계에 놓여 있다. 그 질서는 인과적 기계적 의미에서의 질서가 아니라 '애니미즘적으로 규범이 설정된다'는 의미에서의 질서이다. 법(혹은 법칙)이라는 개념이 의도적으로 배제된 질서, 노자 철학에서 전형적으로 드러나는 '무위無爲'의 질서, 감성적 경험 내용들이 모든 것을 주재하는 질서, 이러한 자연적 질서가 사회에 투기投企되는 과정을 보고 싶다면, 농경에 바탕을 둔 전통 사회의 마을의 정경을 보기만 하면 된다. '예'는 이러한 사회에서 실천이성에 의해 자각된 합리성의 조리였으며 국헌國憲이자 동시에 가헌家憲

이기도 했다. 여기서 '예'는 도덕의 지극함이요 정치의 궁극적 이상이자 영원한 가치라는 유교 고유의 사상과 규범 의식이 나왔다.

공자의 이런 주장은 오늘날의 사회 실정에는 어울리지 않는 면도 있다. 복잡다단한 사회에서 자초지종을 살펴 그에 적의한 정책을 펴는 것은 효율적이지도 않고 가능하지도 않다. 그러나 효율성보다 인간다움을 갈망하였던 공자로서는 법과 제도에 모든 것을 기대할 수는 없었다. 후한 말기 당고黨錮의 화禍가 한창일 때, 형벌과 문서를 관장하는 관리[刀筆之吏]는 수삼 년이면 길러낼 수 있지만, 인간적 소양을 갖춘 지도자[君子]는 수십 년의 공을 들여도 얻기 어렵다고 한 왕충의 한탄은 공자가 우려하고 걱정했던 성과 중시, 능력 본위, 법률 만능의 폐단을 직접 목도하고 내린 결론이리라.

공자는 학을 이룬 후 출사하기를 몹시 바랐다. '인간다움'을 구현하는 데에는 '정치계'만한 곳이 없기 때문이다. 인간다움은 나고 자란 곳에서도 펼칠 수 있지만, 정치계에 나아가야 보편적으로 구현할 수 있다. 공자는 법과 원칙이 지배하는 사회에 '인간다움'이라는 윤활유를 끼얹고 싶어 했다. 모든 사물이 성장통을 겪듯, 사회 또한 보다 나은 단계로 진화해 가려면 동요와 혼란을 겪을 수밖에 없다. 영명한 선왕이 다스리던 시절에도 그와 같았다. 지금도 사회는 그런 과정을 거쳐 진화하고 있다. 앞으로도 그런 현상은 변하지 않고 지속될 것이다. 공자가 살던 시대는 구체제는 이미 무너진 반면 그것을 대신할 새로운 질서는 아직 성립될 기미조차 보이지 않았던 절대 암흑의 시대였다. 누구도 현재 사회가 어떤 모양으로 변화될지 알지 못했다. 최근 각 나라에서 빈번하게 제정, 시행되고 있는 법과 제도는 공자로서도 어찌할 수 없는 것이었다. 세태를 바꿀 수 없다면 시스템[정치]을 바꿔야 한다. 인간다움과 하나된 사람, 인간다움을 구현하려는 의지가 남다른 사람을 찾아 그에게 정치를 맡겨야 한다.

그러나 세상은 도道만으로 평정되지 않는다. 세勢가 있기 때문이다. 정치계에 나아가는 것도 재주와 능력·덕 외에 운과 명이 따라줘야 한다. 세상에는 다양한 생각을 가진 사람들이 공존한다. 공자는 때와 장소에 따라 태도를 수도 없이 바꿨다. 그럼에도 적의함에서 벗어나지 않았던 것은 어려서부터 자질을 키우고 세련하는 공부를 쉼 없이 해 왔기 때문이리라. 자기보다 못한 이가 있으면 자신의 부족한 점을 보완하는 스승으로 삼고, 자기보다 나은 이를 보게 되면 머리를 숙여 배우기를 주저하지 않았다. 뛰어난 이에게 머리를 숙이는 것은 아첨함이 아니라 지혜로움이다. 수년에 걸친 고행으로 드디어 뜻을 이뤘다. 최고 권력자의 정치를 대신하게 되었다[攝相]. 그 자리에 오르기까지 숱한 재주와 능력을 선보였고 학문과 덕을 닦았다. 난망한 일도 수 없이 처리했다.

그 과정에서 천하에 이름을 알리기도 했다. 특히 집정 삼가의 본읍을 해체하는 사업(墮三都)은 오랜 인내와 숙성된 계획 하에 시행한 것이다.

하지만 공자의 사업은 오래가지 못했다. 기득권을 놓지 않으려는 무리들이 곳곳에서 방해를 놓았다. 공자도 이 점을 잘 알고 있었다. 그래서 의리와 용기를 갖춘 고족제자 자로子路를 실무 책임자로 임명해 줄 것을 집정[季氏]에게 제청했다. 사업이 실패로 끝났을 때 공자는 세勢의 위력을 절감했다.[知天命] 이제 자신에게 남겨진 것은 모든 것을 뒤로 하고 떠나는 일 밖에 없다. 남의 군대를 부려 전장에 나아가 패했다면 죽을 생각을 해야 하고, 남의 조정에 나아가 정사를 펴다 나라를 위태롭게 했다면 물러나 떠나는 것이 군자의 도리이다. 더 이상 머무르는 것은 구차한 짓이다. 자기만이 정의를 이룰 수 있다고 생각하는 것은 소인배들이나 하는 짓이다. 세상이 어지러운 것은 제 분수를 알지 못하고 어떠한 책임도 지지 않으려는 영악한 무리들이 정치를 맡고 있기 때문이다.

이 책은 공자의 정치 개혁에 대해 쓴 것이다. 지난해에 출간한 『공자의 청년시대』 후속편이다. 정치에 대한 공자의 생각, 공자가 정치를 바꾸고자 한 이유, 그 일을 이루기 위해 공자가 준비한 일들과 시행한 일, 그 일이 실패한 뒤 망명을 떠나기까지의 전 과정을 살폈다. 더불어 공자의 초기 망명 생활을 살폈다. 다른 것을 인정할 줄 알았고, 옛것을 존중하되 새로운 것을 수용할 줄 알았던 공자의 중년 인생을 담았다. 이를 통해 인간다운 사회를 향한 공자의 인간적 번뇌·염원·의지를 소개하고자 했다. 간간이 오늘날의 정세와 유사한 일화를 소개하여 공자의 정치관을 통해 오늘을 조망해 보도록 했다.

유학이 문제가 아니라 유학을 대하는 사람들이 문제이다. 부디 이 책을 통해 공자[유교]의 정신이 시대에 뒤떨어진 것이 아니라 시대를 선도하는 가치라는 점을 공감했으면 좋겠다. 문장을 다듬고 주제를 토론하는 데 많은 분들이 도움을 주셨다. 일일이 소개하지 못함을 죄송스럽게 생각한다. 이 자리를 빌려 감사를 표한다.

2021. 7.
손세제

# 차례

서문 ...................................................................... 5

## 1부. 공자의 정치 개혁

### 1장. 개관 ........................................................... 21

### 2장. 공자세가의 기록에 대한 검토 ............................ 35
1. 중도의 재로 출사하다 ................................. 35
2. 사공·사구[대사구]로 영전하다 ..................... 39
3. 소정묘를 주살하다 ..................................... 41
4. 계씨의 정청에 나아가다 .............................. 66
5. 협곡 회담에 상으로 참여하다 ....................... 69

3장. 공자의 정치 개혁 .................................................. 95
  1. 공자가 노나라의 국정에 참여한 기간 ............... 95
  2. 계씨의 뜻을 받들다 ............................................ 102
  3. 노나라의 정치를 개혁하다 ................................ 111
  4. 정치계에서 실각하다 ......................................... 120
  5. 공문 제자들에 관한 일화 .................................. 131
  6. 노나라를 떠나 위나라로 가다 ........................... 138

## 2부. 공자의 천하 유력

* 지금까지의 고찰 ················································ 159
1장. 정공 14년의 천하유력 ···································· 168
  1. 공자세가의 기록 ·········································· 168
  2. 공자가 노나라를 떠난 해 ······························ 174
  3. 안탁추와 미자하에 대한 기록의 진위 ············ 183
  4. 위나라 영공에게 공양지사로 출사하다 ·········· 209
  5. 영공과 사이가 벌어져 10개월 만에 위나라를 떠나다 213
  6. 광 땅에서 난을 당하고 위나라로 되돌아가다 ········ 236
  7. 녕무자와 거백옥의 기록에 대한 진위 검토 ········ 290

2장. 정공 15년의 천하유력 ................................. 308
　　　1. 공자세가 정공 14년의 기록 검토 ················ 310
　　　2. 공자세가 애공 15년의 기록························· 313
　　　3. 정공 15년의 공자의 행적································ 343


참고문헌 ............................................................... 385
찾아보기 ............................................................... 388

1부

# 공자의 정치 개혁

# 1장

# 개관

공자가 노나라[魯]에서 언제 공직에 나아갔는지는 분명하지 않다. 가장 이른 기록이 정공定公 10년(b.c.500년) 52세 되던 해에 협곡夾谷에서 있었던 제나라[齊]와의 정상 회담 때 '상相'으로써 정공을 수행하였다는 것이다.

그런데 「공자세가」(이하 '세가'라 칭함)에는 이보다 앞선 정공 9년에 정공의 사읍私邑인 중도仲都의 재宰로 출사했다고 되어 있다.[1]

@ 그 뒤 정공定公이 공자를 중도의 재仲都宰로 삼았다. 1년이 지났을 때 사방四方[2]

---

[1] 이하의 인용문은 정공 9년 조와 10년 조의 사이에 기록되어 있다. 「공자세가」에서는 공자의 행적을 연대 순으로 기록한 곳도 있지만, 전후에 일어난 일들을 '성질' 별로 모아 엮은 것이 많다. 때문에 사건이 발생한 연도를 확정하기 어려운 면이 있다.

[2] 『공자가어』(이하 '가어'라 칭함)에는 '사방(四方)'이 '서방(西方)'으로 되어 있다. "行之一年, 而西方之諸侯則焉."(「상노」) 『색은』에 인용된 왕숙(王肅)의 주(注)에 의하면 '노나라는 동쪽에 있으니, 이 말은 서쪽의 제후들이 모두 본받았다는 뜻이다'고 하였다. "[索隱] 家語作'西方'. 王肅云 '魯國居東. 故西方諸侯皆取法則焉.'"(『사기집해』) 서쪽의 제후들이 공자를 벤치마켓하여 국정을 운영했다는 이야기일 것이다.

에서 모두 그(의 정책)를 본받았다. 중도의 재를 발판으로 사공司空이 되었고, 사공 직을 수행할 때 성과가 있어 대사구大司寇가 되었다.³

잠시 「공자세가」의 기사를 중심으로 이 무렵에 있었던 일을 살펴보자.(이 기사에는 사실이 아닌 것, 또 발생 연도가 『좌전』의 기사와 서로 다른 것이 포함되어 있다. 이 부분은 토론을 이어가면서 바로잡겠다.-저자)

① 소공昭公 32년. b.c.510년. 공자 42세
　소공昭公이 간후乾侯에서 죽고 이듬해 정공定公이 즉위했다,

② 정공定公 5년. bc.505년. 공자 47세
　여름에 계평자季平子가 죽고 계환자季桓子가 그의 뒤를 이었다. 한 달 뒤 숙손무숙叔孫武叔이 죽었다.

③ 정공 6년~7년. b.c.504~503년. 공자 48-49세
　양호陽虎가 계환자를 유폐하고 맹약을 한 후에 풀어주었다. 배신陪臣들이 국정을 장악했다. 이 일로 대부 이하 모든 사람들이 정도에서 벗어난 행동을 하였다. 그래서 공자는 관직에 나아가지 않고 물러나 제자들을 양성하며 시·서·예·악을 편찬했다.

④ 정공 8년. b.c.502년. 공자 50세
　양호가 반란을 일으켰다. 삼환三桓의 적자를 모두 폐하고 평소 자신과 가까운 서자들을 그 자리에 앉히려 했다. 계환자가 그들을 속이고 도망쳤다.

---

3　"其後定公以孔子為中都宰, 一年, 四方皆則之. 由中都宰為司空, 由司空為大司寇."(「공자세가」 정공 9년 조)

⑤ 정공 9년. b.c.501년. 공자 51세

양호가 계씨를 이기지 못하고 달아났다. 공산불뉴公山不狃가 비費를 거점으로 모반하고 사람을 시켜 공자를 불렀으나 마침내 가지 않았다.

⑥ 그 후("其後")

정공은 공자를 중도仲都의 재宰로 삼았다. 1년이 지나자 사방에서 모두 공자를 본받았다. 중도의 재를 발판으로 사공司空이 되었다. 사공을 발판으로 대사구大司寇가 되었다.

⑦ 정공 10년. b.c.500년. 공자 52세

봄에 제나라와 화친을 맺었다. 여름에 노나라가 공자를 등용하였다는 말을 듣고, 제나라 대부大夫 려서黎鉏가 경공[齊景公]에게 장차 제나라는 위험에 빠질 것이라고 경고하였다. 이에 경공은 정공[魯定公]에게 협곡夾谷에서 정상회담을 갖자고 제안하였다. 이때 공자는 상相으로서 정공을 수행했다.

⑧ 정공 13년. bc.497년. 공자 55세

공자는 자로子路를 계씨의 재[家宰]로 들여보내고 삼환의 근거지인 삼도三都의 성벽을 허물려고 했다. 이때 공산불뉴公山不狃와 숙손첩叔孫輒이 비費 땅 사람들을 이끌고 습격하였다. 신구수申句須와 악기樂頎가 이를 격퇴하였다. 이어 대부[國人]들이 추격하여 고멸姑蔑에서 그들을 격파하였다. 성成[맹씨의 본읍]을 허물기 직전 맹씨가 배반하여 실패하였다.

⑨ 정공 14년. bc.496년. 공자 56세

공자는 대사구大司寇로써 국정을 전담하는 상[攝相]이 되었다. 상계商界의 질서를 어지럽히는 대부 소정묘少正卯를 처단하였다. 공자가 정치를 맡은 지 3개월이 지나자 정치·경제·사회의 질서가 정상화되었다. 제나라가 이를 듣고 국중國中의 미녀[女樂] 80명을 뽑아, 말 120필과 함께 노나라 임금[定公]에게 보냈다. 정공과 계환자가 제나라에서 보내온 여악에 빠져 정사를 게을리 하였다. 공자는 노나라를 떠날 결심을 하였다. 교제郊祭 뒤에 제물[膰俎]을 나누어주는 예를 거르자 이를 빌미[非禮]로 삼아 노나라를 떠나 위나라[衛]로 갔다. 천하 유력을 시작하였다. 위나라에서 자로의 처형인 안탁추顔濁鄒의 집에 머물렀다. 공자가 도착하자 영공[衛靈公]은 대접하며 알곡[粟] 6만 두斗의 녹봉으로 대우하였다.

이에 의하면, 공자는 중도의 재 직을 발판으로 사공·대사구의 직에 올랐다고 한다. 정공 9년에 중도의 재 직에 임명되고, 그 후 치적이 있어 1년 뒤 사공이 되고, 이어 대사구로 영전하여 계씨의 집정에 참여하게 되었다고 한다.[4] 인용문 @는 그 사이 있었던

---

[4] ▲공자가 대사구(大司寇)에 오른 것은 『춘추경』·『좌전』·『공양전』의 기사를 참고할 때, 정공 10년 말부터 정공 12년 초 사이일 것으로 추정된다. "叔孫州仇帥師墮郈. …… 季孫斯仲孫何忌帥師墮費. …… 十有二月, 公圍成. 公至自圍成."(『춘추경』 정공 12년); "仲由爲季氏宰, 將墮三都, 於是叔孫氏墮郈. ……. 冬十二月, 公圍成, 弗克."(『좌전』 정공 12년); "叔孫州仇帥師墮郈. ……季孫斯·仲孫何忌帥師墮費. 曷爲帥師墮郈? 帥師墮費? 孔子行乎季孫, 三月不違, 曰 '家不藏甲, 邑無百雉之城.' 於是帥師墮郈, 帥師墮費. 雉者何? 五板而堵, 五堵而雉, 百雉而城. ……十有二月, 公圍成. 公至自圍成."(『공양전』 정공 12년) ▲정공 12년에 삼도를 허물었다면,[墮三都] 그 준비는 그 이전부터 해 왔을 것이다. 『공양전』 정공 10년 조에 그것을 짐작해 볼 수 있는 기사가 있다. "夏, 公會齊侯于頰谷. 公至自頰谷. ……齊人來歸運·讙·龜陰田. 齊人曷爲來歸運·讙·龜陰田? 孔子行乎季孫, 三月不違, 齊人爲是來歸之. 叔孫州仇·仲孫何忌帥師墮郈. 秋, 叔孫州仇·仲孫何忌帥師圍費."(『공양전』 정공 10년). 계씨[季桓子]의 신임을 얻기 위해 그가 펴는 정책에 대해 '무조건' 수긍하는 태도를 보였다는 것이다. 공자가 대사구가 된 것은 계씨의 양해 아래 이루어졌을 것이다. 아마 이 무렵 '휴삼도(墮三都)'를 계획했을 것이다. ▲이 계획이 성공할 수 있었던 것은 양호(陽虎)의 반란[정공 8년] 이후 배신(陪臣)들의 국정 농단이 극심했기 때문이다. 이에 대해서는 『좌전』 정공 10년 조의 "初, 叔孫成子欲立武叔, 公若藐固諫, 曰 ……. 秋, 二子及齊師復圍郈, 弗

| 노국연표 | 기원전 | 공자 | 사건 |
|---|---|---|---|
| 소공 32년 | 510 | 42 | 노 소공이 간후에서 죽고<br>소공의 이복 동생인 정공이 즉위하다 |
| 정공 5년 | 505 | 47 | 계평자가 죽다. 계환자가 뒤을 잇다.<br>숙손무숙이 죽다. |
| 정공 6~7년 | 504~503 | 48~49 | 양호가 계환자를 유폐하다.<br>공자는 학원[塾]을 열다. |
| 정공 8년 | 502 | 50 | 양호가 난을 일으키다. |
| 정공 9년 | 501 | 51 | 공산불뉴가 비費에서 모반하고 공자를 부르다. |
| 그후 | - | - | 정공이 공자를 중도仲都의 재宰로 삼다[5] |
| 정공 10년 | 500 | 52 | 사공으로 영전하다.<br>노제魯齊 정상회담[夾谷之會] 때 정공의 상相이 되다 |
| 정공 13년 | 497 | 55 | 삼가의 근거지를 파훼하다[墮三都] |
| 정공 14년 | 496 | 56 | 대사구가 되다. 계씨 정청의 섭상攝相이 되다. 소정묘를 처단하다. 노魯를 떠나다. 위衛에 도착하다. 영공에게 출사하다 |

克. ……." 참조. 인용문 ⑨[定公十四年, 孔子年五十六, 由大司寇行攝相事, ……於是誅魯大夫亂政者少正卯. 與聞國政三月, 粥羔豚者弗飾賈, 男女行者別於塗, 塗不拾遺, 四方之客至乎邑者不求有司, 皆予之以歸.]는 연대 상의 착오만 없다면, 이때 대사구가 되어 펼친 정책의 일환이라고 봐도 좋다. ▲한편, 이 문장의 '정공 14년'은 '정공 12년'의 오기이다. 「공자세가」에서는 이 일이 정공 14년에 있었다고 했지만, 이해 공자는 위나라[衛]에서 영공(靈公)에게 출사해 있었다. "孔子來, 禄之如魯."(「위강숙세가」 영공 38년 조) 위 영공 38년은 「노국연표」로 노 정공 13년이다. b.c.497년. 이해 공자는 55세가 되었다. 그래서 이같이 추정했다.

5     세가에서는 이 사건이 정공 9년에 있었다고 했다. 하지만 이런 일이 실제로 있었는지는 확인하기 어렵다. 이해 공자는 중도(仲都) 읍의 재(宰)로 출사해 있었기 때문이다. 정공(定公)의 읍재(邑宰)로 출사해 있으면서 공산불뉴(公山不狃)에게 벼슬하려 했다는 것이 납득되지 않는다. 여기서는 세가의 기록을 따라야 했기 때문에 이같이 표기했다. 자세한 것은 졸저, 『공자의 청년시대』, 문사철, 2020, 제3부 공자의 청년시대 제6장 귀국 직후의 행적 참조.

일을 총괄해서 서술한 기사일 것이다. 그렇다면 공자가 처음으로 공직에 나아간 것은 양호의 반란(정공 8년)이 진압된 직후이거나 그로부터 약간의 시간이 경과한 뒤가 될 텐데, 양호의 반란으로 인해 정국이 뒤숭숭하자 정공이 민심 수습 차원에서 등용한 것이 첫 공직이다. 이때가 정공 9년 무렵이다. 공자는 51세를 전후하여 처음으로 공직에 발을 들여놓은 것이다.[6]

「양화」 제1장에 보면, '양호陽虎[7]가 공자에게 출사를 강권했다'는

---

6  공자는 청년 시절 계씨(季氏)의 사(史)로 출사한 적이 있다. 하지만 그때 얻은 직장은 생활비를 얻기 위해 임시로 종사한 직[임시직]이다. 따라서 여기서는 공식적인 출사로 보지 않았다. 이에 대해서는 졸저, 『공자의 청년시대』, 문사철, 2020, 제2부 공자의 유소년 시절 제1장 「공자세가」의 기록 참조.

7  '양호(陽虎)'와 '양화(陽貨)'는 모두 같은 사람의 이름이다.[異名同人] 논어에는 '양화(陽貨)'라 되어 있고, 『좌전』에는 '양호(陽虎)'라고 되어 있다. 『맹자』에는 '양호(陽虎)'라는 이름과 '양화(陽貨)'라는 이름이 같이 사용되고 있다. "陽虎曰 '爲富不仁矣, 爲仁不富矣.'"(「등문공장구」 상 3); "陽貨欲見孔子而惡無禮, 大夫有賜於士, 不得受於其家, 則往拜其門. 陽貨矙孔子之亡也, 而饋孔子蒸豚, 孔子亦矙其亡也, 而往拜之, 當是時, 陽貨先, 豈得不見?"(「등문공장구」 하 7) 최술(崔述)은 『수사고신록洙泗考信錄』에서 "양화(陽貨)와 양호(陽虎)는 같은 사람이 아닌 듯하다"고 했지만[陽貨陽虎似非一人], 여기서는 취하지 않았다. 최술 저, 이재하 외 옮김, 『수사고신록』, 한길사, 2009, 171-175 참조.

양호는 계씨의 가신이다.(맹씨의 가신이라는 설도 있다-저자) 그는 제후들에게 큰 골칫덩어리였다. 악명이 자자했다. 정공 5년, 정나라[鄭]를 침공해 잡은 포로[匡人]들을 진나라[晉]에 공물(貢物)로 보내 훗날(애공 2년) 광인(匡人)의 난이 일어나는 빌미를 제공했다. 정공 8년에는 노나라 집정 전체를 교체하는 반란을 일으켰다. 이때 삼가의 대부[國人]들에게 패해 제나라로 달아났다. 양호는 제나라에서도 난을 도모하려 했다. 제나라가 양호의 음모를 간파하고 주살하려 하자 송나라[宋]로 도주했다. 그후 진나라[晉]로 들어가 진앙(晉鞅)[趙簡子]에게 의탁했다. 이 무렵 진나라에서는 육경(六卿) 간의 알력이 극심했다. 기록에는 없지만 양호가 그에 일조했을 가능성이 있다. 애공 2년 위나라[衛]의 태자 괴외(蒯聵)가 척(戚)으로 들어갈 때 길잡이를 하여 위나라를 큰 혼란에 빠뜨렸다. 그해 제나라가 조가(朝歌)에서 농성 중이던 사씨(師氏)·순씨(荀氏) 등에게 군량을 공급한 적이 있는데, 이때 양호가 진앙(晉鞅)을 도와 군량 수송을 맡은 정나라의 군대와 제나라·위나라·사씨(師氏)·순씨(荀氏)의 연합군을 대파하는 데 결정적 역할을 했다. "秋八月, 齊人輸范氏粟, 鄭子姚子般送之. 士吉射逆之, 趙鞅禦

기사가 있다. 또 제5장에는 '공산불요公山弗擾가 비費를 근거로 모반하고 공자를 불렀으나 자로가 반대하여 마침내 나아가지 않았다'는 기사가 있다.

17.1. 양화陽貨가 공자[孔子]를 만나고자 하였으나, 공자[孔子]께서 만나주지 않으시자 삶은 돼지를 선물로 보냈다. (이에) 공자[孔子]께서도 그가 없는 틈을 엿보아 사례하러 가다 길에서 마주쳤다. 양화가 공자[孔子]에게 말했다. "이리 오시오. 내 그대와 할 말이 있소." (양화) "훌륭한 보배를 가지고 있으면서 나라를 어지럽게 내버려 두는 것을 인仁이라고 할 수 있겠소?" (공자께서) 말씀하셨다. "할 수 없지요." (양화) "출사를 간절히 바라면서[好從事] 자주 때를 놓치니 지혜롭다고 할 수 있겠소?" (공자) "할 수 없지요." (양화) "해와 달은 가는 것이오, 세월은 우리를 기다려주지[與] 않는다오." 공자[孔子]께서 말씀하셨다. "맞는 말이오. 내 장차 출사하리다."[8]

---

之, 遇於戚. 陽虎曰 '吾車少, 以兵車之旂, 與罕駟兵車先陳, 罕駟自後隨而從之, 彼見吾貌, 必有懼心, 於是乎會之, 必大敗之.' (晉鞅)從之."(『좌전』 애공 2년) 이해 공자는 영공의 죽임이 임박해 오자 장래의 위험을 예감하고 위나라를 떠나 진나라[陳]을 향해 나아가다, 조송(曹宋) 접경 지역에서 '양호'로 오인 받아 광인(匡人)들에게 목숨을 위협받는 난을 겪었다. 공자는 조앙(趙鞅)이 양호를 받아들였다는 소식을 접하고, '향후 조씨(趙氏)에게는 대대로 불행한 일과 재난이 끊이지 않을 것'이라고 했다. "仲尼曰 趙氏其世有亂乎."(『좌전』 정공 9년) 공자가 예측한 대로 양호는 곳곳에서 문제를 일으키며 전국 시대의 질서를 혼란 속으로 몰아넣는 일을 끊임없이 자행했다.

8    陽貨欲見孔子, 孔子不見, 歸孔子豚. 孔子時其亡而往拜之, 遇諸途. 謂孔子曰 "來. 予與爾言." (陽貨) 曰 "懷其寶而迷其邦, 可謂仁乎?" 曰 "不可." "好從事而亟失時, 可謂知乎?" 曰 "不可." "日月逝矣, 歲不我與." 孔子曰 "諾. 吾將仕矣. 양호가 공자에게 출사를 권했다는 기사는 『맹자』에도 보인다. "陽貨欲見孔子而惡無禮, 大夫有賜於士, 不得受於其家, 則往拜其門. 陽貨矙孔子之亡也而饋孔子蒸豚, 孔子亦矙其亡也, 而往拜之, 當是時, 陽貨先, 豈得不見."(「등문공장구」 하 7). 그런데 『맹자』의 이 기사에는 이해하기 어려운 내용들이 포함되어 있다. ▲공자가 양호를 '대부(大夫)'의 예(禮)로 대했다는 기사. 공자를 사(士)로 표기한 것은 옳지만, 양호를 '대부(大夫)'라고 칭한

17.5 . 공산불요公山弗擾가 비읍費邑을 가지고 반란을 일으키고 부르자,[9] 공자[子]께서 가려고 하셨다. 자로가 이를 못마땅하게 여기며 말했다. "가실 곳이 없으면 그만 두실 일이지, 하필 공산씨公山氏에게 가시려 하십니까?" 공자[子]께서 말씀하셨다. "그가 나를 부른 것이 어찌 하릴없이 괜히 한 것이겠느냐? 나를 써 주는 이가 있다면 나는 그를 동쪽의 주나라[東周]로 만들 것이다."[ ][10]

이에 따르면, 양호가 반란을 일으키기 전부터 최고 통치자들 사

---

것은 옳지 않다. 양호와 공자 모두 신분 상으로는 '사(士)'였기 때문이다. 혹 양호가 대부를 '참칭'했는지도 모르겠지만, 맹자가 그것을 기성의 사실로 인정했다는 것이 이해가 되지 않는다. ▲공자가 양호를 '대부'의 예로 대했다는 기사. 『춘추』에서는 양호의 모반 사건(정공 8년)에 대해, "도둑이 보옥과 대궁을 훔쳐 달아났다"고 했다. "盜竊寶玉大弓"(『춘추경』 정공 8년) 또 양호가 제나라로 달아나자(정공 9년) "보옥과 대궁을 얻었다"고 했다. "得寶玉大弓"(『춘추경』 정공 9년) 양호는 제나라로 달아날 때 훔친 보옥과 대궁을 돌려준 일이 있다. 『춘추』에서는 양호를 칭할 때 포폄(褒貶) 기법을 사용하여, 그의 이름이 사서(史書)에 오르지 못하도록 했다. 그를 '도둑'[盜]이라고 칭한 것도 이 때문이다. 양호를 내침이 매우 심한 것이다. 그런 형편 없는 자에게 공자가 '대부'의 예를 취했다는 것이 납득이 되지 않는다. 아마 이것은 『맹자』의 오기일 것이다.

9   비(費)는 계씨의 본읍이고 공산불요(公山弗擾)는 비읍의 재(宰)였다. 공산불요는 자신을 무시하는 중량회(仲梁懷)를 계평자(季平子)가 총애하자 이에 불만을 품고 난을 계획하고 공자를 부른 것이다. 이 사건에 대해서는 『좌전』 정공 5년 조 및 세가 정공 9년 조 참조.

10   公山弗擾以費畔, 召, 子欲往. 子路不說曰 "末之也已, 何必公山氏之之也?" 子曰 "夫召我者, 而豈徒哉? 如有用我者, 吾其爲東周乎. 이 기사는 세가에도 인용되어 있다. "定公九年, ……公山不狃以費畔季氏, 使人召孔子. 孔子循道彌久, 溫溫無所試, 莫能己用, 曰 '蓋周文武起豐鎬而王, 今費雖小, 儻庶幾乎.' 欲往. 子路不說, 止孔子. 孔子曰 '夫召我者豈徒哉? 如用我, 其爲東周乎!' 然亦卒不行." 아마 사마천은 「양화」의 기사를 참고하여 세가의 이 기사를 작성했을 것이다. 다만 이 기사는 사실 여부를 판정하기 어려운 면이 있다. 공산불뉴의 난에 대해서는 졸저, 『공자의 청년시대』, 문사철, 2020, 323-328쪽 참조.

이에서는 공자의 출사에 대해 여러 이야기가 오고 간 듯하다.[11] 이 무렵에는 공자도 출사의 기회를 찾아 분주하게 움직였다.[好從事而亟失時[12] 제나라에 체재하던 때의 일화[13]나 귀국 후의 동정 등을 생각하

---

11 「위정」 제21장의 다음 설화는 이 무렵 세간에서 공자의 출사에 대해 많은 말들이 오고 갔다는 것을 보여준다. "或謂孔子曰 '子, 奚不爲政?' 子曰 '書云「孝乎惟孝, 友于兄弟, 施於有政.」是亦爲政, 奚其爲爲政?'"(「위정」 21) 나이·능력·지식·인품으로 보아 출사하기 딱 좋은 나이인데, 향리에 은거하여 제자들을 가르치며 소일하는 공자를 의아하게 여긴 것이다. 이에 대해 공자는 도덕[友于兄弟]과 정치[施於有政]의 동일성을 기성의 사실로서 확인하며, 세인(世人)들의 의혹에 적절히 대응하고 있다.

12 "好從事而亟失時, 可謂知乎?"(「양화」 1) 이 문구에 대해 공영달(孔穎達)은 "공자는 허둥지둥 사방으로 바쁘게 돌아다니며 종사(從事)하기를 좋아했지만(출사의 기회를 찾았지만-저자) 자주 불우(不遇)하여 때를 놓쳤으니(기회가 와도 그것을 잡지 못하는 경우가 자주 생기고 있으니-저자) 지혜가 있는 사람이 될 수 없다는 말이다."라고 주석했다. "孔曰 言孔子栖栖好從事, 而數不遇失時, 不得為有知."(하안주·형병소,『논어주소』「양화」 5) 이 무렵 공자는 제자들을 가르치는 한편으로, 출사의 기회를 찾아 분주하게 움직였다. 「헌문」 제32장에도 이와 관련 기사가 있다. "微生畝謂孔子曰 '丘何爲是栖栖者與? 無乃爲佞乎?' 孔子曰 '非敢爲佞也, 疾固也.'" 세가에도 '공자는 오랫동안 정도를 추구하였으나, 아무도 자기를 써 주는 이가 없어, 그것을 시험할 기회가 없음을 답답하게 여겼다. 그래서 공산불뉴가 비(費)를 근거로 모반하고 불렀을 때 그에게 나아가려고 했다.'[孔子循道彌久, 溫溫無所試, 莫能己用, …… 欲往.]는 기사가 있다.

13 ▲제나라에 체재할 때 고소자(高昭子)[高張]의 가신이 되어 출사를 모색했다는 기사(「공자세가」 소공 25년 조: "其後頃之, 魯亂. 孔子適齊, 為高昭子家臣, 欲以通乎景公"). 물론 이 기사는 고장(高張)의 인물됨을 고려할 때 사실이 아닐 것이다. 고장은 소공(昭公)을 '공(公)'이 아닌 '대부(大夫)'[主君]로 칭했던 인물이다. 소공 29년, 소공이 간후(乾侯)에 장기간 체류하자 진나라 경공(頃公)이 못마땅해 했다.(간후乾侯는 진晉의 땅이다-저자) 이에 소공이 운(鄆)으로 다시 옮겨가자,(운鄆은 노나라 땅이지만, 제나라 경공景公이 노나라에게서 빼앗아 소공에게 채지采地로 준 것이다-저자) 제나라 경공(景公)이 고소자를 보내어 소공을 위로하게 했다. 그런데 이때 고소자가 소공을 '주군(主君)'이라고 칭했다. '주군'이란 말은 경대부(卿大夫)에 대한 호칭이다. 소공을 (제 경공의) 대부(大夫)로 여긴 것이다. 이에 소공은 치욕을 느끼고 다시 간후[晉]로 돌아갔다. "二十九年春, 公至自乾侯, 處于鄆, 齊侯使高張來唁公, 稱'主君'. 子家子曰 '齊卑君矣, 君祇辱焉.' 公如乾侯."(『좌전』 소공 29년) 고장은 경공의 비위를 맞추며 유자(孺子) 도(荼)를 보필하다 진기(陳乞)에게 쫓겨난 인물이다.(『좌전』 애공 5년·6년 조 참조) 맹자는 '먼 곳에서 온 신하의 인물됨을 알아보려면 그가 머무는 집의 주인을 보라'고 했다. "吾聞, 觀近臣, 以其所爲主, 觀遠臣, 以其所主."(「만장장구」 상 8) 그런데

불초함이 이와 같은 자에게 공자가 벼슬을 구하기 위해 그의 가신이 되었다는 것이 선뜻 이해가 되지 않는다. ▲제나라 경공이 노나라에 들어와 공자에게 진(秦) 목공(穆公)이 패자(覇者)가 된 까닭에 대해 물었다는 기사. "昔秦穆公國小處辟, 其霸何也?"(「공자세가」 소공 20년 조). 물론 이 기사는 사실이 아니다. 세가에서는 이 사건이 공자가 노나라에 있을 때 일어났다고 했지만, 내용으로 보아 제나라에 체재할 때 있었던 일[景公問政]을 소재로 조설(造說)한 기사일 것이다. 이해에는 경공(景公)이 노나라에 들어온 적도 없지만, 공자 또한 아직 그 이름이 세상에 알려지기 전이다. 그런 공자를 만나기 위해 경공이 노나라에 들어왔다는 주장을 믿을 수 있을까? 국경 지역에서 사냥을 하다 노나라 경내로 잠시 들어와 주변 지역을 정찰하고 돌아갔다고 보는 것이 자연스러울 것이다. 다만 여기서는 세가의 기록에 따라 이같이 서술했다. 이에 대해서는 졸저, 『공자의 청년시대』, 문사철, 2020, 176~179쪽 참조. ▲경공이 정사(政事)에 대해 물었다는 기사[景公問政孔子, 孔子曰 "君君, 臣臣, 父父, 子子."]. 이 기사도 공자를 '孔子'로 칭한 것으로 보아, 세간에 흘러다니는 이야기를 채집한 것이거나 혹은 공자의 위상을 높이기 위해 훗날 조설하여 끼어넣은 기사일 것이다. 논어에서는 공자를 칭할 때 공문 내에서 전해지던 이야기에서 장의 소재를 취한 경우에는 '자(子)'라는 호칭을 사용하고, 공문 밖에서 유전되던 이야기에서 장의 소재를 취한 경우에는 '공자(孔子)'라는 호칭을 사용했다. 공자의 발언이 아니다. ▲경공이 공자를 니계(尼谿)의 전(田)에 봉하려 했으나 안영(晏嬰)의 반대로 뜻을 이루지 못했다는 기사. "他日又復問政於孔子, 孔子曰 '政在節財.' 景公說, 將欲以尼谿田封孔子. 晏嬰進曰 '夫儒者滑稽而不可軌法, 倨傲自順, 不可以爲下, 崇喪遂哀, 破産厚葬, 不可以爲俗, 游說乞貸, 不可以爲國. 自大賢之息, 周室旣衰, 禮樂缺有間 今孔子盛容飾, 繁登降之禮, 趣詳之節, 累世不能殫其學, 當年不能究其禮. 君欲用之以移齊俗, 非所以先細民也.' 後景公敬見孔子, 不問其禮. 異日, 景公止孔子曰 '奉子以季氏, 吾不能.' 以季孟之閒待之. 齊大夫欲害孔子, 孔子聞之. 景公曰 '吾老矣, 弗能用也.' 孔子遂行, 反乎魯."(「공자세가」 소공 25년 조) 이 기사에는 후대 유가의 특징['滑稽而不可軌法' '倨傲自順' '崇喪遂哀 破産厚葬' '游說乞貸']들이 나열되어 있다. 또 당시 안영(晏嬰)은 천하에 그 이름이 들린 현대부(賢大夫)인데 대해 공자는 신출내기 사(士)였다. 공자를 만난 적도 없고 공자에 대한 지식이 전혀 없는 상태였다. 그런 공자에 대해 이런 저런 품평을 했다는 것이 이해가 되지 않는다. 또 공자를 계씨와 맹씨의 중간으로 대우했다는 것도 믿기 어렵다. 이 무렵 공자는 아직 출사하기 전이다. 전체적으로 이 기사는 믿을 수 없는 내용으로 채워져 있다. 다만 여기서는 세가의 기록을 따라 이같이 기록했다. ▲한편, 『안자춘추』와 『묵자』 「비유」 하에서는 이 기사에 이어 안영의 반대로 출사의 뜻을 이루지 못하자, 그에 대한 보복으로 치이자피(鴟夷子皮)[范蠡]를 전상(田常)의 집에 들여보내고 남곽혜자(南郭惠子)에게 하고 싶은 대로 하라는 말을 남기고 노나라로 돌아갔다고 하는데, 이것도 믿기 어렵다. 『안자춘추』와 『묵자』 「비유」 하는 전국 말기부터 한초에 걸쳐 쓰여진 책이다. 아마 사마천은 이 기사를 이들 저작에서 취했을 것이다. 어찌 되었든 이 기사는 사실이 아니다.

면,¹⁴ 이 무렵 출사를 향한 공자의 의지는 그 어느 때보다 적극적이었던 것 같다. 그 간절한 마음이 정공定公의 귀에도 들려 '중도의 재'라는 공직에의 출사로 이어지지 않았을까 상상한다.

세가에 의하면, 공자는 정공 13년에 대사구大司寇 직을 사임하고 노나라를 떠나 위나라로 갔다고 한다.¹⁵ '중도의 재'로 출사하던 때부터 계산하면, 대략 4~5년[정공 9년부터 정공 13년까지] 가량 공직에 몸을 담은 셈인데, 그 사이 공자가 노나라의 정치에서 가장 큰 수완을 발휘한 것은 『사기』 등 제 문헌에도 기록되어 있지만 후반의 약 2~3년

14 ▲'계환자(季桓子)가 우물을 파다 흙으로 만든 그릇을 얻었는데, 그 안에 양(羊)같이 생긴 물체가 있었다. 하지만 공자를 시험하려고 짐짓 개를 얻었다[得狗]고 말했다. 그러자 공자가 말했다. 제 생각으로는 그것은 양(洋)일 것입니다. ……' ▲'오나라[吳]가 월나라[越]를 공벌(攻伐)할 때 회계산(會稽山)을 파헤치니 수레 하나에 가득찰 만큼 큰 해골이 나왔다. 이에 사신을 보내 공자에게 물었다. ……' ▲'학원을 개창하자면 지방에서까지 사람들이 찾아와 배우고자 했다.' ▲'중도(仲都)의 재(宰)가 되어 선정을 베풀자 사방의 제후들이 공자를 벤치마켓했다.' ▲'노나라가 공자를 등용하자 제나라는 노나라의 팽창을 두려워 하여 빼앗은 땅을 돌려주고 노나라의 눈치를 살폈다.' ▲'공자가 국정 개혁에 박차를 가하자 제나라는 여악(女樂)·문마(文馬) 등을 보내 집정(執政) 삼가(三家)와 공자의 협치를 방해했다.' 등 참조.

15 공자가 노나라를 떠난 해에 대해서는 많은 이설(異說)이 있다. 「공자세가」에서는 정공 14년(b.c.496)에 떠났다 하고, 「노주공세가」에서는 정공 12년(b.c.492)에 떠났다고 했다. 「위강숙세가」에서는 정공 13년(b.c.497)에 위나라에 도착했다고 하였다. 그런데 「공자세가」에 의하면, 공자는 노나라를 떠난 지 14년만에 돌아왔다고 한다. "孔子之去魯凡十四歲而反乎魯."(「공자세가」 애공 11년 조). 이해는 공자가 68세 되던 해로 b.c.484년이다. 「노주공세가」와 그 「연표」에도 이같이 되어 있다. "十一年, 齊伐魯. 季氏用冉有有功, 思孔子, 孔子自衛歸魯."(「노주공세가」 '애공' 조): "齊伐我. 冉有言, 故迎孔子, 孔子歸."(「노국연표」 애공 11년 조) 이로부터 역산하면 b.c.484년부터 14년 전이 되는 해는 b.c.497인 정공 13년이 된다. 그래서 이같이 기술했다. 공자는 정공 13년에 노나라를 떠나 위나라로 간 것이다. 사마천은 「공자세가」를 쓸 때 주력(周曆)[建子]을 사용하지 않고 한력(漢曆)[建寅]을 사용했다. 주력의 11월은 한력의 1월에 해당한다. 혹 이런 것이 영향을 미치지 않았을까 하는 의심도 든다.

(정공 10년부터 정공 12년까지)이었을 것으로 추측된다.[16] 이 기간 공자는 제자를 양성하는 한편으로 공직 수행에 남다른 성실함과 꾸준함을 다하였다.[17]

---

16 ▲예를 들면, ①제나라와의 정상회담[夾谷之會] 때 회담을 노나라 측에 유리하게 이끈 것. "定公十年春, 及齊平. ……於是齊侯乃歸所侵魯之鄆·汶陽·龜陰之田以謝過."(「공자세가」 '정공 10년' 조); ②노나라의 경제 사회 정치 질서를 바로잡은 것. "與聞國政三月, 粥羔豚者弗飾賈, 男女行者別於塗, 塗不拾遺, 四方之客至乎邑者不求有司, 皆予之以歸"(「공자세가」 '정공 14년' 조); ③자로를 계씨의 재로 삼아 삼가의 근거지를 파훼한 것. "定公十三年夏, 孔子言於定公曰「臣無藏甲, 大夫毋百雉之城.」 使仲由爲季氏宰, 將墮三都. ……."(「공자세가」 '정공 13년' 조) ▲그런데 기사 ②의 경우, 세가에서는 이 사건이 정공 14년에 일어났다고 했지만, 이해 공자는 위나라에 도착해 있었다. 이 사건은 그보다 앞선 때에 일어났다고 봐야 한다. 공자는 노나라와 제나라 간의 정상회담[夾谷之會]이 있은지 얼마 지나지 않아 대사구(大司寇)로 영전했다. 그에 앞서 '사구'로 봉직하며 능력을 검증 받지 않았을까 생각된다. 정공 12년 여름에 삼가의 근거지를 허물었다면[@墮三都], 이 사건은 '휴삼도' 이전 곧 정공 11년이거나 정공 12년 초에 있었을 것이다. ▲한편, @에 대해, 세가에서는 정공 13년 여름에 일어났다고 했지만[③] 이 기사는 믿기 어렵다. 이후의 역사 진행과 맞지 않는다. 『춘추경』과 『좌전』에도 이 사건은 정공 12년에 있었다고 기록되어 있다. "叔孫州仇帥師墮郈. ……季孫斯仲孫何忌帥師墮費."(『춘추경』 정공 12년); "十二年, 夏, …… 仲由爲季氏宰, 將墮三都, 於是叔孫氏墮郈. ……."(『좌전』 정공 12년) '휴삼도(墮三都)'는 정공 12년 여름부터 그해 말까지 진행되었다. 『춘추경』에서도 정공이 맹씨의 본거지[成]를 포위·공격한 것은 정공 12년 12월이라고 했다. "十有二月, 公圍成. 公至自圍成."(『춘추경』 정공 12년) 정공 13년은 정치계에서 실각하여 참소를 받을 때였다. 「헌문」에 그에 관한 기사가 있다. "公伯寮愬子路於季孫, 子服景伯以告曰 '夫子固有惑志於公伯寮. 吾力猶能肆諸市朝.' 子曰 '道之將行也與, 命也, 道之將廢也與, 命也. 公伯寮其如命何?'"(「헌문」 38) 그래서 공자가 노나라의 사회 정치 개혁을 집중적으로 펼친 것은 (의심의 여지가 있는 '중도의 재'를 제외하면) '협곡지회(夾谷之會)'가 있었던 정공 10년부터 '휴삼도(墮三都)'가 있었던 정공 12년까지라고 한 것이다.

17 「공자세가」에 의하면, 공자는 노나라의 정청(政廳)에 '상(相)'[攝相]으로 참여하게 되었을 때 희색이 만면했다고 한다. 그러자 문인(門人)이 과거 공자가 한 말을 환기시키며, '군자는 화가 닥쳐도 두려워하지 않고 복이 찾아와도 기뻐하지 않는다'고 하는데 '어쩐 일이십니까'라고 묻자, '귀한 사람이 되어 아랫 사람을 귀하게 대할 수 있으니, 이보다 더 즐거운 일이 어디 있겠느냐'고 답했다고 한다. 이 기사 뒤에 공자가 행한 위민(爲民) 정책의 성과들이 나열되어 있는 것에서 보면, 공자는 노나라의 정청에 참여한 직후부터 열과 성을 다해 직을 수행했던 것 같다. "定公十四年, 孔子年五十六, 由大

| 노국연표 | 기원전 | 공자 | 사건 |
|---|---|---|---|
| 정공 8년 | 502 | 50 | 양호의 난 |
| 정공 9년 | 501 | 51 | 공산불뉴가 비費에서 모반하고 불렀으나 나아가지 않다 |
| 그후 | | | 중도의 재로 출사하다 |
| 정공 10년 | 500 | 52 | 사공으로 영전하다.<br>협곡지회夾谷之會에 상相으로 참석하다 |
| 정공 12년 | 498 | 54 | 대사구가 되다. 계씨 정청의 섭상攝相이 되다.<br>삼가의 본읍을 철거하다[墮三都] |
| 정공 13년 | 497 | 55 | 노魯를 떠나 위衛로 가다 |

이 4~5년 동안 공자가 수행한 일과, 그 일을 수행하면서 겪었던 [혹은 겪었을 것으로 생각되는] 고난, 그리고 마지막에 비극적인 종말[乘桴浮于海[18]]을 맞을 때까지의 '과정'에 대해서는 구명究明해야 할 것도 많고 고찰해야 할 것도 많다. 다만 절대적으로 부족한 자료의 한계를 사견의 억측으로 메울 수도 없고, 또 이 과정을 구명, 고찰하기 위해

---

司寇行攝相事, 有喜色. 門人曰 '聞君子禍至不懼, 福至不喜.' 孔子曰 '有是言也. 不曰「樂其以貴下人」乎?' 於是誅魯大夫亂政者少正卯. 與聞國政三月, 粥羔豚者弗飾賈, 男女行者別於塗, 塗不拾遺, 四方之客至乎邑者不求有司, 皆予之以歸."(「공자세가」정공 14년 조). 「안연」제13장의 "子曰 '聽訟吾猶人也, 必也使無訟乎.'"는 이때의 일을 소재로 제작한 전송이다. 한편, 이 사건이 정공 14년에 있었던 것이 아니라 정공 11년에서부터 정공 12년 여름 사이에 있었다는 것에 대해서는 바로 앞에서 설명했다. 『공자가어』에는 '문인(門人)'이 중유(仲由)[子路]라고 되어 있다. "孔子爲魯司寇, 攝行相事, 有喜色. 仲由問曰 '由聞「君子禍至不懼, 福至不喜」, 今夫子得位而喜, 何也?'"(『공자가어』「시주」)

18  "子曰 '道不行, 乘桴浮于海, 從我者, 其由與!' ……."(「공야장」 6) 『예기』 「단궁」상에 "君子曰 '謀人之軍師, 敗則死之, 謀人之邦邑, 危則亡之.'"라는 말이 있다. 정청에서 정사를 맡아보다 나라를 혼란에 빠뜨리면 나라를 떠나야 한다는 것인데, 천하 유력을 떠나기 전의 공자의 마음이 이와 같지 않았을까 상상한다.

한정된 지면을 무한정 늘릴 수도 없기 때문에, 본서에서는 논어·『좌전』·『사기』의 기사가 증거를 제시해 주는 범위 내에서, 약간의 의심과 상상력을 발휘하여 접근할 수 있는 데까지만 다가가 보겠다.

## 2장

# 「공자세가」의 기록에 대한 검토

## 1. 중도의 재로 출사하다

먼저, 세가에 언급된 '중도의 재'로 출사했다는 것에서부터 살펴보자. 세가에 의하면 공자는 중도仲都의 재宰로 처음 공직에 나아갔다고 한다(인용문 ⓐ). 『공자가어』(이하 '가어'라 칭함)에도 공자의 초임은 중도의 재라고 기록되어 있다.

가어에 의하면, 공자는 임관되자마자 다양한 선정을 펼쳐, 1년이 경과할 즈음에는 사방에서 그를 본보기로 삼았다고 한다. 그리고 이때 이룬 치적을 바탕으로 이듬해(정공 10년) '사공司空'이 되고, 선군先君 소공昭公에 대한 계무자季武子의 불경죄不敬罪를 덮어준 일로[19] 그의 사자嗣子인 계환자季桓子의 신임을 얻어, '대사구大司寇'로 영전했다고 한다.

---

19 　이 기사는 『좌전』에도 기록되어 있다. "秋七月癸巳, 葬昭公於墓道南. 孔子之為司寇也, 溝而合諸墓. 昭公出故, 季平子禱于煬公. 九月, 立煬宮."(『좌전』 정공 1년) 그런데 『좌전』에서는 공자가 '사구(司寇)'로 재직할 때 묘도 확장 공사를 했다고 한다. 「공자세가」의 기록과 다르다. 한편 「공자세가」에는 이에 대한 기록이 없다.

공자는 처음 벼슬길에 올라 중도仲都의 재宰가 되었다. 산 사람을 봉양하고 죽은 사람을 장사 지내는 예절을 제정하였다. 그러자 어른과 아이가 먹는 것을 달리하고, 강한 자와 약한 자가 맡은 일을 달리하며, 남자와 여자가 다니는 길을 달리하였다. 또 길에 떨어진 물건을 줍지 않고, 질박質朴함을 받들어 거짓으로 꾸미지 않았다.[器不彫僞] 4치의 관棺과 5치의 곽槨을 만들고 구릉을 이용해 무덤을 만들 뿐 봉분하거나 나무를 심지 않았다. 시행한 지 1년이 지나자 서쪽의 제후들이 이를 본받았다. 정공이 공자에게 물었다. "그대의 이 법을 배워서 노나라를 다스린다면 어떻겠는가?" 공자가 대답하였다. "천하를 다스리는 것도 가능한데, 어찌 노나라뿐이겠습니까?" 2년이 지나자 정공이 공자를 '사공司空'으로 삼았다. 이에 다섯 가지 땅의 성질을 구별하니, 백물百物이 각기 생장에 알맞은 땅을 찾아 모두 잘 자라게 되었다. 이보다 앞서 계씨[季平子]가 묘도墓道[무덤 앞의 길] 남쪽에 소공昭公을 장사지냈는데, 공자가 도랑을 파서 여러 묘역에 합치고 계환자季桓子에게 말하였다. "임금을 폄훼하여 자기의 죄를 드러내는 것은 예가 아닙니다. 지금 합치는 것이 신하된 도리를 제대로 하지 못한 부자夫子[季平子]의 죄를 덮는 방법입니다." 사공에서 노나라의 '대사구大司寇'가 되어 형법을 제정하였지만, 집행하지 않아도 간악한 백성이 없어졌다.[20]

---

20  "孔子初仕為中都宰, 制為養生送死之節, 長幼異食, 強弱異任, 男女別塗, 路無拾遺, 器不雕僞, 為四寸之棺·五寸之槨, 因丘陵為墳, 不封·不樹, 行之一年, 而西方之諸侯則焉. 定公謂孔子曰 '學子此法, 以治魯國何如?' 孔子對曰 '雖天下可乎, 何但魯國而已哉.' 於是二年, 定公以為司空. 乃別五土之性, 而物各得其所生之宜, 咸得厥所. 先時季氏葬昭公于墓道之南, 孔子溝而合諸墓焉. 謂季桓子曰 '貶君以彰己罪, 非禮也, 今合之, 所以揜夫子之不臣.' 由司空為魯大司寇. 設法而不用, 無姦民."(『공자가어』「상노」)

세가의 주장[인용문 @]을 뒷받침이라도 하듯 내용과 줄거리가 똑같다. 다만 이 기사는 신뢰하기 어려운 면도 있는데, 중도의 재로 초사初仕했다는 것을 입증할 수 있는 사료가 세가(「공자세가」) 밖에는 없기 때문이다.[21] 만일 이것이 사실이라면 이 직이 공자가 나아간 최초의 공직이 될 것이다.

물론 이 직도 노나라의 '국가직'은 아니었다. 정공 사읍의 대관[宰][22]으로서, 오늘날로 말하면 '지방직'에 가까운 것이었다. 중도의 재 직에 등용된 것을 기록한 세가의 문장에 노나라 정치에 대한 언급이 없는 것도 참고가 된다. 만일 그것이 국가직이었다면 공자에 대한 사마천의 존경심이나 세가의 서술 기법을 고려할 때, 노나라의 정치[季氏의 執政]에 대해 반드시 일언一言을 해 두었을 것이다. 그런데 세가에는 그에 대한 언급이 일체 없다.

중도의 재로 재직할 때 폈다는 정책['長幼異食' '强弱異任' '男女別塗' '路無拾遺' '器不雕僞]에도 의문점이 있다. 우연의 일치이겠지만, 여기에 열거된 정책들은 훗날 노나라의 섭상攝相이 되었을 때 공자가 펼쳤다는

---

21  사견이지만 공자가 중도의 재로 복무했다는 『공자가어』(「상노」)의 기사는 「공자세가」의 기사(인용문 @)를 바탕으로 조설한 기사이거나, 혹은 당시 세간에 전해지던 공자 관련 일화 가운데 하나일 것이다. 이에 대해서는 최술(崔述)도 지적한 바 있다. 최술 저, 이재하 외 역, 『수사고신록』, 한길사, 2009, 「중도의 재나 사공이 되었다는 기사의 사실 유무는 알 수 없다(爲宰爲司空事有無不可知)」, 181-185쪽 참조. 다만 여기서는 사마천의 뜻을 존중하여 사실이라고 보고 논술하였다.

22  『좌전』 양공 30년 조의 "趙孟問其縣大夫, 則其屬也."에 대한 공영달(孔穎達)의 소(疏)에 "諸是守邑之長, 公邑稱大夫, 私邑稱宰."라는 기사가 있다. 공읍(公邑)의 대관(代官)은 '대부(大夫)'라 칭하고 사읍(私邑)의 대관(代官)은 '재(宰)'라 칭했다는 것인데, 중도(仲都)는 사읍이기 때문에 '仲都宰'라 칭했을 것이다. "其後定公以孔子爲中都宰."

정책[인용문 ⑨의 粥羔豚者弗飾賈, 男女行者別於塗, 塗不拾遺]과 매우 흡사하다.(이때 공자는 노나라의 대사구 직을 겸직하고 있었다-저자)

| 직 | 펼친 정책 | 출전 |
|---|---|---|
| 중도재仲都宰<br>(공자가어) | 어른과 아이가 먹는 것을 달리하고,[長幼異食] 강한 자와 약한 자가 맡은 일을 달리하고,[強弱異任] 남자와 여자가 다니는 길을 달리하다.[男女別塗] 길에 떨어진 (남의) 물건을 줍지 않고,[路無拾遺] 그릇은 거짓으로 꾸미지 않다.[器不雕僞] | 공자가어 |
| 대사구大司寇<br>(공자세가) | 양과 돼지를 파는 사람들이 값을 속이지 않고,[粥羔豚者弗飾賈] 남녀가 길을 가도 따로 걷고[男女行者別於塗], 길에 떨어진 (남의) 물건을 주어가는 사람이 없어지고[塗不拾遺], …… | 공자세가 |

또 지방의 작은 읍[仲都]의 행정 책임자[宰]가 펼친 정책에 대해 천하를 호령하던 제후들이 관심을 가졌다는 것도 상식적으로 납득이 되지 않는다. 게다가 중도 읍은 노나라의 정청政廳에서는 어떠한 영향력도 없었던 이름뿐인 군주[23]의 사읍이었다. 학원[塾]을 개창하자 많은 수의 제자들이 각지에서 배우려고 찾아왔다[인용문 ③]는 것도 공자에 대한 사마천의 존경심을 감안하면 부풀려진 이야기일 가능성이 높다. 이때 공자는 그 이름이 아직 천하에 알려지기 전이다.[24] 실제 그러한 일이 있었다기보다 공자의 학문과 식견 그리고 정치적 수

---

23   노나라의 정치는 소공(昭公)이 중군(中軍)을 폐한 뒤부터[소공 5년] 삼가(三家)에게 완전히 귀속되었다. 이에 대해서는 졸저, 『공자의 청년시대』, 문사철, 2020, 제2부 제2장 노의 국내 정세 참조.

24   공자의 이름이 천하에 들리게 된 것은 정공 10년에 있었던 노제(魯齊) 정상회담[夾谷之會]을 노나라에 실익이 되는 방향으로 이끈 뒤부터이다. 이 회담의 정치·외교적 의의에 대해서는 후술.

완[능력]을 보여주기 위해 세간에서 떠돌던 설화를 취집해 삽입한 것으로 보인다. 공자가 중도의 재로 처음 공직에 나갔다는 것은 믿기 어려운 면이 많다.

## 2. 사공·사구[大司寇]로 영전하다

다음은 중도의 재 직을 수행할 때 치적이 있어 1년 뒤 '사공'으로 영전했다는 기사이다. 사견이지만 이 직[司空]도 국가직은 아니었을 것이다. 정공 개인이 관할하던 직할지의 행정 부서 가운데 하나였을 것이다. 가어에도 이때 공자가 계씨季氏의 집정執政에 참여했다는 기록이 없다.

이 '사공' 직에 대해 『순자』「왕제」'서관'과 『관자』「입정」에서는

○ 『순자』「왕제王制」
둑과 다리를 수리하고 도량을 개통하여 괸 물을 흘려보내고, 안전하게 물을 가두어 때에 맞추어 트고 막아, 작황이 비록 수해나 가뭄으로 흉년이 들더라도, 백성으로 하여금 농사지을 데가 있게 하는 것은 사공의 일이다.[25]

○ 『관자管子』「입정立政」
물줄기를 터놓고 도량을 소통시키고, 제방을 보수하고 저장된 물을 안정시키고, 장맛비[時水]가 넘치도록 내려도 오곡에 해로움이 없게 하여, 흉년이나

---

25 　 "脩隄梁, 通溝澮, 行水潦, 安水臧, 以時決塞; 歲雖凶敗水旱, 使民有所耘艾, 司空之事也."(『순자』「왕제」)

가뭄이 들어도 수확할 수 있게 하는 것은 사공의 일이다.[26]

라 했다. 고대에 치수治水를 관장하던 직책일 것이다. 가어에도 '사공으로 임명된 후 다섯 가지 땅의 성질을 잘 구별하자 백물百物이 각기 생장生長에 알맞은 땅을 얻어 모두 잘 자라게 되었다.'[27]는 기사가 있다. 오늘날로 말하면 토목과장 혹은 치수방재과장에 해당하는 직책이었을 것이다. 이 직이 정공의 사읍인 중도의 재 직을 성실히 수행하여 얻은 직이라면, 이때 공자는 외청 직에서 본청 직으로 영전한 것이 된다. 오늘날로 말하면 기초 지방 자치 단체의 시장·군수 직에서 광역 지방 자치 단체의 실·과장 직으로 자리를 옮긴 것이다.

그런데 사공 직을 수행했을 때에도 공자는 특별한 행정 수완을 발휘하여 신임을 얻었다. 세가에서는 이 일로 인해 '사공' 직에서 '대사구' 직으로 승진했다고 한다. 가어에서는 이때의 인사가 계씨[季桓子]와 관련되어 있음을 '특별히' 기록하고 있다. 공자는 사공 직에 있을 때 공실 묘역 확장 공사를 하여, 계무자季武子[季桓子의 선친]의 '불경不敬' 죄[28]를 덮어준 일로 계환자季桓子의 관심을 받게 되었고, 마침내 '대사구'로 영전하게 되었다는 것이다.[29] 공자가 사공으로 재직하는

---

26  "決水潦, 通溝瀆, 修障防, 安水藏, 使時水雖過度, 無害于五穀. 歲雖凶旱, 有所秎穫, 司空之事也."(『관자』「입정」)

27  "於是二年, 定公以爲司空. 乃別五土之性, 而物各得其所生之宜, 咸得厥所."(『공자가어』「상노」)

28  소공(昭公)이 제나라로 망명한 사건을 말함. 이 일은 소공 25년에 있었다. 공자는 사공(司空) 직에 있을 때 소공의 묘를 공실 묘역 안에 들도록 확장 공사를 했다고 한다. 이 사건에 대해서는 졸저, 『공자의 청년시대』, 문사철, 2020, 제3부 제3장 소공의 망명 참조.

29  "先時季氏葬昭公于墓道之南, 孔子溝而合諸墓焉. 謂季桓子曰 '貶君以彰己罪, 非禮也, 今合之, 所以揜夫子之不臣.' 由司空爲魯大司寇."(『공자가어』「상노」)

동안 소공의 묘가 공실 묘역에 들도록 확장 공사를 했다는 것은 『좌전』에도 기록되어 있다.[30]

대사구는 '사구司寇'의 의미에서 생각하면, 치안과 교도 행정 그리고 소송 일체를 관장하던 직책일 것이다. '사구' 앞에 특별히 '대大'자가 붙여진 것을 고려하면, '사구' 직의 우두머리이거나 국가의 주요 지역을 '특별히' 관장하기 위해 설치한 직일 것이다. 오늘날로 말하면 '검찰총장' 직이거나, 수도의 치안을 담당하는 '서울지방경찰청장' 직 혹은 주요 특수 범죄를 수사하는 '서울중앙지검장' 직에 해당하는 직책이다. 다만 당시의 노나라의 정치 현실에서는 정공이 삼가三家의 채지[私邑]에서 일어난 일에 간여하는 것이 거의 불가능하였기 때문에, 공자의 관할 지역은 국도 내지 정공의 직할지에 한정되었을 가능성이 높다.

## 3. 소정묘少正卯를 주살하다

다음은 사구 직에 올라 처음 시작한 일이 악행을 일삼던 대부 소정묘少正卯를 주살했다는 기사이다.[31] 이 기사도, 당시 공자의 권위와 영향력이 매우 컸을 것으로 생각되는 것은 사실이지만, 이에 대한 기

---

30 "孔子之爲司寇也, 溝而合諸墓. 昭公出, 故季平子禱于煬公. 九月, 立煬宮."(『좌전』 정공 원년) 그런데 『좌전』에서는 묘도를 확장한 것이 '사구'가 된 이후라고 했다. 『공자가어』의 기록과 다르다.

31 "定公十四年, 孔子年五十六, 由大司寇行攝相事, 有喜色. ……於是誅魯大夫亂政者少正卯."(『공자세가』 정공 14년 조)

사가 세가와 가어³² 외의 다른 사서史書에서 발견되지 않고,³³ 또 대부 이상에 대해서는 특별한 경우가 아니면 형벌을 적용하지 않았던 주초周初 이래의 관례나,³⁴ 이때 공자의 지위와 권력이 동급의 대부들에게 형벌을 가할 정도로 노나라의 국정에서 권위적이지도 않았다는 점에서,³⁵ 사실로 받아들이기에는 무리가 있다.

32  "孔子爲魯司寇, 攝行相事, 有喜色. ……於是朝政, 七日而誅亂政大夫少正卯, 戮之于兩觀之下, 尸於朝."(『공자가어』「시주」)

33  『좌전』에는 '소정묘(少正卯)'에 관한 기사가 전혀 보이지 않는다. 소정묘가 노라에서는 문인(聞人)이었고, 그가 저지른 악행이 천하의 5대 범죄에 해당되는 것이라면,[『공자가어』「시주」: "子貢進曰 '夫少正卯, 魯之聞人也, 今夫子爲政而始誅之, 或者爲失乎?' 孔子曰 '居, 吾語汝以其故, 天下有大惡者五, ……."] 사관(史官)이 어째서 그의 이름을 기록하지 않았을까? 만일 그가 보잘 것 없는 자라면, 어찌 그를 죽이는 일에서부터 대사구의 직무를 시작했을까? 삼환(三桓)의 전횡, 장문중(臧文仲)의 무지(無知)와 불인(不仁), 미천한 양호(陽虎)와 공산불뉴(公山不狃), 심지어는 자질구레한 미생고(微生高)에 관한 이야기까지 빠뜨리지 않고 기록한 논어와 『좌전』에 소정묘에 관한 기사가 일체 없다는 것이 선뜻 이해가 되지 않는다. "子曰 '臧文仲其竊位者與, 知柳下惠之賢而不與立也.'"(「위령공」 13); "子曰 '孰謂微生高直? 或乞醯焉, 乞諸其隣而與之.'"(「공야장」 23)

34  "刑不上大夫, 禮不下庶人."(『예기』,「곡례」 상)

35  춘추 시대에는 제후라 하더라도 대부를 벌하는 일이 쉽지 않았다. 대부 이상에게는 형을 가하지 않는 예가 있었기 때문이다. "刑不上大夫, 禮不下庶人."(『예기』「곡례」 상) 그런데 '대부'의 신분에 있으면서 대부를 죽이는 일이 가능했을까? 자산(子產)이 그런 경우이다. 자산이 정나라 간공(簡公)의 집정이 되었을 때, 대부 가운데 품행이 바르지 못한 공손흑(公孫黑)과 백유(白油)라는 사람이 있었다. 이들은 서로 앙숙이었던 관계로 자주 분란을 일으켰다. 그런데도 자산은 이들을 벌할 수가 없었다. 훗날 공손흑이 여자 문제로 공손초(公孫楚)와 다투다 난으로 비화된 뒤에야 비로소 그를 처단할 수 있었다. 당시 공자는 이제 막 정치계에 들어선 '신인'이었다. 명성이나 능력은 고사하고 정청에서의 권위도 자산(子產)에 미치지 못했다. 그런데도 집정이 된 지 7일 만에 대부 소정묘를 주살했다고 한다. 이것이 가능한 일일까? 게다가 소정묘는 비록 탐관(貪官)이기는 했지만, 관력(官歷)도 있고 그 이름이 노나라 전역에 들린 사람이었다.[魯之聞人也] 그래서 시류(時流)와 이해타산에 밝은 자공(子貢)이 세상 물정에 어두운 공자를 걱정하여, "夫少正卯魯之聞人也, 今夫子爲政而始誅之, 或者爲失乎?"(『공자가어』「시주」)라 한 것이다.

다만 이 이야기는 『순자』를 비롯하여 수많은 저작에 채록되었기 때문에,[36] 그 진위를 논정하기 위해서라도 자세히 살피고 다음 주제로 넘어가고자 한다.

우선, 가어에서는 공자가 소정묘를 죽인 행위를, 은나라 탕왕이 윤해尹諧를 죽인 일, 주나라 문왕이 반정潘正을 죽인 일, 주공이 관숙管叔과 채숙蔡叔을 죽인 일, 태공太公이 화사華士를 죽인 일, 관중이 부을傅乙을 죽인 일, 자산子産이 사하史何를 죽인 일에 견주고 있다.[37] 그런데 이러한 유비는 이 사건들이 일어나던 때의 내외 환경이나 사건의 무게·의미·가치의 경중 등을 고려할 때 조금 과장된 서술이다. 곧 윤해·반정·화사·부을·사하 등 다섯 사람의 주살 건에 대해서는 문헌에 그에 관한 기록이 보이지 않아 그 실상이 어떠했는지 알 수 없지만, 주공이 관숙과 채숙을 죽인 일은 무왕武王의 조기 사망으로 인한 주 왕실의 불안, 주나라 초기에 빈번했던 은나라 유민들의 반란, 그리고 이에 영합한 공족들[管叔·蔡叔]의 모반 등 사직의 존망과 관련된 일이었다.(아래의 인용문 참조-저자) 단지 사회정화 차원에서 시행한 소정묘의 단죄와 동급의 가치 위에서 비교할 대상이 아니다. 공자의 포부와 의지 또 업적을 현양하기 위해 삽입한 기사가 분명하다.

---

36    공자가 소정묘를 죽였다는 기사는 『순자』「유좌」에 처음 등장한 이후 진한 이후의 책에서 대서특필되고 있다. 『가어』 외에도 『사기』 「공자세가」, 『회남자』 「범론훈」, 『설원』 「지무」, 『논형』 「강서」, 『백호통의』 「주벌」에 인용된 『한시내전』 등에 보인다. 아마 사마천[孔子世家]과 왕숙[孔子家語]은 이 사건을 『순자』에서 채집했을 것이다. 특히 가어의 「시주」에서는 『순자』 「유좌」의 기사를 글자만 바꾼 채 전사(轉寫)하고 있다.

37    "夫殷湯誅尹諧·文王誅潘正·周公誅管蔡·太公誅華士·管仲誅付乙·子產誅史何, 是此七子, 皆異世而同誅者, 以七子異世而同惡, 故不可赦也. 詩云「憂心悄悄, 慍于群小, 小人成群, 斯足憂矣.」"(『공자가어』「시주」)

무왕武王은 이미 은나라를 평정한 2년 후 기자箕子에게 은나라가 망한 까닭을 물었다. 기자는 차마 은나라의 죄악을 말하지 못하고 국가의 존립과 패망에 대해 말했다. 무왕 역시 난처했으므로 하늘의 이치에 대해 물었다. …… 그후 무왕이 죽고 태자 송誦이 이어서 즉위하니, 이 사람이 성왕成王이다. 성왕의 나이 어린 데다 주나라가 천하를 막 평정한 직후였으므로, 주공은 제후들이 주나라를 배반할까 두려웠다. 그래서 섭정攝政이 되어 나랏일을 도맡았다. 관숙과 채숙 등이 주공을 의심하여 무경武庚과 함께 난을 일으켜 주나라를 배신했다. 주공은 성왕의 명을 받들어 무경과 관숙을 쳐 죽이고 채숙을 귀양 보냈다. 미자개微子開에게 은나라의 뒤를 계승하여 송나라 지역에 나라를 세우게 했다. 은나라의 남아 있는 백성들을 모두 모아 무왕의 동생[少弟] 봉封을 위강숙衛康叔에 봉했다. …… 주공이 정치를 대신한 지 7년이 되어 성왕이 성장하자, 주공은 정권을 성왕에게 돌려주고 신하의 자리로 되돌아갔다[北面].[38]

다음은 '소정묘가 오리汚吏이기는 하나, 노나라에서는 관력官歷이 있는 문인聞人이고, 또 그가 저지른 일이 죽임을 당할 정도의 큰 죄는 아니지 않느냐'는 자공子貢의 물음에, 소정묘를 죽일 수 밖에 없는 이유라며 들고 있는 '5가지 죄목들'이다.

---

38 "武王已克殷, 後二年, 問箕子殷所以亡. 箕子不忍言殷惡, 以存亡國宜告. 武王亦醜, 故問以天道. ……後而崩, 太子誦代立, 是為成王. 成王少, 周初定天下, 周公恐諸侯畔周, 公乃攝行政當國. 管叔、蔡叔羣弟疑周公, 與武庚作亂, 畔周. 周公奉成王命, 伐誅武庚、管叔, 放蔡叔. 以微子開代殷後, 國於宋. 頗收殷餘民, 以封武王少弟, 封為衞康叔. …… 周公行政七年, 成王長, 周公反政成王, 北面就羣臣之位."(『사기』「주본기」)

이에 조정의 정치에 참여한 지 7일째 되는 날, 정치를 어지럽힌 대부 소정묘를 주벌하여 두 개의 관궐觀闕[兩觀] 아래에서 죽이고 조정에 3일 동안 시체를 진열하였다. 그러자 자공子貢이 나와서 물었다. "소정묘는 노나라의 명망 있는 사람입니다. 그런데 이제 선생님[夫子]께서 정치를 하시는 처음에 그를 주벌하시니, 어떤 사람들은 잘못된 행동이라고 합니다." 공자가 대답하였다. "앉아라. 내 너에게 그 이유를 말해주겠다. 천하에 몹시 나쁜 행위가 다섯 가지가 있는데, 도둑질은 여기에 들어가지 않는다. ①첫째는 마음에 거역할 뜻을 품고서 음험한 것, ②둘째는 하는 짓이 편벽되면서 고집불통인 것, ③셋째는 말이 거짓되면서 변명하는 것, ④넷째는 추악한 것만 기억하여 크게 악행을 저지르는 것, ⑤다섯째는 제멋대로 비행을 저지르면서도 잘못을 꾸미는 것이다. 사람이 이 다섯 가지 중에 하나라도 있으면, 군자의 주벌을 피할 수 없는데, 소정묘는 다 갖추고 있다. 그의 거처는 무리를 모아 당파를 만들기에 충분하며, 그의 말재주는 거짓으로 꾸며 많은 사람들을 현혹하기에 충분하며, 그의 강퍅한 성질은 시비是非를 뒤엎고 자신의 주장만을 내세우기에 충분하다. 이런 사람이 바로 간웅이니 제거하지 않을 수 없었다. 은나라 탕임금은 윤해를 죽였고, …… 이 일곱 사람은 모두 시대는 다르지만 똑같이 죽임을 당한 것은 일곱 사람이 산 시대는 다르나 악행이 같았기 때문이다. 그래서 용서할 수 없었던 것이다. 『시』에 이르기를, 「근심스러운 마음으로 걱정한 것은 소인들의 악행에 화가 났기 때문이네.」라 하였다. 소인이 당파를 만드는 것은 참으로 근심스러운 것이다.[39]

---

39  "於是朝政, 七日而誅亂政大夫少正卯, 戮之于兩觀之下, 尸於朝. 三日, 子貢進曰 '夫少正卯, 魯之聞人也, 今夫子為政, 而始誅之, 或者為失乎?' 孔子曰 '居, 吾語汝以其故. 天下有大惡者五, 而竊盜不與焉. 一曰心逆而險, 二曰行僻而堅, 三曰言偽而辯,

그런데 여기에 등장하는 '언어적' 표현들은 공자의 언어 습관이나 행위 스타일과 어울리지 않는 것들이다. 최술崔述도 지적한 바 있지만,[40] 공자가 들고 있는 소정묘의 '죄목'들은 묵자·장자·한비의 무리들이 공자와 유자儒者를 무고하여, 자파의 학설 내지 사상이 시세時勢에 더 부합하는 것임을 주장할 때 자주 인용하던 것들이다.[41] 유자의 입에서 오르내리던 말이 아니다.

우선, 공자는 '형벌[刑政]', '난폭한 것[力]', '군사[陣]'에 관해 언급하는 것을 매우 꺼렸다.[42]

12.17. 계강자季康子가 공자[孔子]에게 정사에 대해 묻자 공자[孔子]께서 말씀하셨다. "정政이란 글자의 본뜻은 바르다[正]는 것입니다. 그대가 바름[正]으로 솔선한다면 누가 감히 바르지 않게 하겠습니까?"[季康子問政於孔子, 孔子對曰 "政者正也, 子帥以正, 孰敢不正?"]

12.18. 계강자가 도적이 많은 것을 근심하여 공자[孔子]께 그 대책을 묻자 공자[孔子]께서 대답하셨다. "진실로 그대가 탐욕을 부리지 않는다면 비록 상을 준다 하여도 도둑질하지 않을 것입니다."[季康子患盜, 問於孔子. 孔子對

---

四曰記醜而博, 五曰順非而澤, 此五者有一於人, 則不免君子之誅, 而少正卯皆兼有之. 其居處足以撮徒成黨, 其談說足以飾褒榮眾, 其強禦足以反是獨立, 此乃人之姦雄者也, 不可以不除. 夫殷湯誅尹諧 …… 是此七子, 皆異世而同誅者, 以七子異世而同惡, 故不可赦也. 詩云「憂心悄悄, 慍于群小, 小人成群, 斯足憂矣.」"(『공자가어』「시주」)

40  최술 저, 이재하 외 역, 『수사고신록』, 한길사, 2009, 235-239쪽 참조.

41  이에 대해서는 「묵자」「비유」하, 「장자」「천하」, 「한비자」「오두」 참조.

42  난폭한 것에 대해서는 "子不語怪·力·亂·神."(「술이」 20) 참조. 형벌의 적용에 대해서는 아래의 인용문 및 자로에게 준 가르침[후술] 참조. 군사에 대해서는 위령공(衛靈公)의 물음에 답한 것 참조. "衛靈公問陣孔子. 孔子對曰 '俎豆之事, 則嘗聞之矣, 軍旅之事, 未之學也.' 明日遂行."(「위령공」 1)

曰 "苟子之不欲, 雖賞之不竊."]

12.19. 계강자가 공자[孔子]에게 물었다. "만약에 무도한 사람을 죽여 도를 권한다면 어떻겠습니까?" 공자[孔子]께서 말씀하셨다. "그대는 정사를 펼치겠다면서 어찌 사람 죽이는 방법을 쓰려고 하십니까?"[季康子問政於孔子曰 "如殺無道, 以就有道, 何如?" 孔子對曰 "子爲政, 焉用殺? 子欲善, 而民善矣. 君子之德風, 小人之德草, 草上之風, 必偃."]

위 문장에서는 공자를 "공자孔子"로 호칭하고 있다. 공문에서 전해지던 이야기에서 문장의 소재를 취한 것이 아니라는 뜻이다. 계강자季康子가 등장하는 것으로 보아, 이 이야기는 공자가 천하 유력에서 돌아온 뒤에 있었던 일로 보인다.『좌전』에 보면 계강자가 염유冉有를 보내어 공자에게 부세 개혁에 관해 의견을 물었다는 기사가 있다.

계손季孫이 전무田畝의 다소에 따라 부세賦稅를 징수하고자, 염유冉有를 보내 중니仲尼[孔子]에게 의견을 물으니, 중니는 "나는 모르겠다."고 하였다. 계손이 연달아 염유를 세 차례 보내어 물었으나 (대답하지 않았다. 이에) 염유를 마지막으로 보내어 말하기를, "그대가 국가의 원로[國老]라서 그대의 대답을 기다려 일을 처리하려 하는데 어찌하여 그대는 말을 하지 않는가?"라 하였다. 중니는 대답하지 않고, 염유에게 사사로이 말하기를 ㉮ "군자는 일을 처리할 때 예禮를 헤아린다. 시혜施惠는 후厚한 쪽을 취하고, 일은 적중適中하게 거행하고, 부렴賦斂은 박薄한 쪽을 따른다. 이같이 하면 구부丘賦만으로도 충분하겠지만, 만약 예를 헤아리지 않고 탐욕하여 만족을 모른다면, 비록 전무에 따라 부세를 징수하더라도 도리어 부족할 것이다. 장차 자네의 계손씨가 만약 일 처리를 법에 맞게 하고자 한다면, 주공의 법이 있으니 (참조할 수 있을 것이다.) 만약 구차하게 일을 처리하고자 한다면, 또 남의 의견을 물을 게 뭐가 있겠느냐?"고 하였다. (하지만) 계손은 (끝내) 공자의 말을 듣지 않았다.⁴³

계강자[季孫]가 전무田畝의 많고 적음에 따라 부세를 징수하기 위해 염유冉有를 보내어 공자에게 의견을 묻자⁴⁴ 공자는 "나는 모르겠다"는 투로 답했다고 한다. 위에 인용한 「안연」의 세 장은 이 무렵에 있었던 대화를 소재로 했다. 이 무렵 공자는 나랏일에는 간여하지 않고, '국노國老'의 예우를 받으며⁴⁵ 정치비평가·사회비평가·문화비평가로서 활동하고 있었다.

이야기의 내용을 종합하면, 계강자季康子가 집정하던 때에는 도적질을 하는 이들이 많았던 것 같다.⁴⁶ 가렴주구가 날로 심해지자 도

---

43  "季孫欲以田賦, 使冉有訪諸仲尼. 仲尼曰 '丘不識也.' 三發, 卒曰 '子爲國老. 待子而行, 若之何子之不言也?' 仲尼不對, 而私於冉有曰 '君子之行也, 度於禮, 施取其厚, 事擧其中, 斂從其薄, 如是則以丘亦足矣, 若不度於禮而貪冒無厭, 則雖以田賦, 將又不足. 且子季孫若欲行而法, 則周公之典在. 若欲苟而行, 又何訪焉.' 弗聽."(『좌전』 애공 11년)

44  당시 염유(冉有)는 계씨의 가재였다. 논어에 이 무렵의 일이 몇 조 기록되어 있다. "季氏旅於泰山. 子謂冉有曰 '女弗能救與?' 對曰 '不能.' 子曰 '嗚呼! 曾謂泰山不如林放乎?'"(「팔일」 6); "季氏富於周公, 而求也爲之聚斂而附益之. 子曰 '非吾徒也. 小子! 嗚鼓而攻之, 可也.'"(「선진」 16). 「팔일」과 달리 「선진」에서 염유의 이름을 명(名)[求]으로 칭한 것은 이 무렵 염유가 외인(外人)으로 취급되었기 때문이다. 논어에서의 직제자의 호칭에 대해서는 졸저, 『논어의 성립』, 문사철, 2021, 제2부 제2장 장의 성립 경위 참조.

45  "季孫欲以田賦, 使冉有訪諸仲尼, 仲尼曰 '丘不識也.' 三發, 卒曰 '子爲國老. 待子而行, 若之何子之不言也.'"(『좌전』 애공 11년)

46  시라카와 시즈카(白川靜)의 『공자전孔子傳』(中央公論新社, 1972)에 "고전에 대한 교양을 지니고 문하를 거느리고, 세족(世族)의 정치에 도전해 정권을 탈취하

둑이 창궐했다.[위의 『좌전』의 인용문 및 아래에 인용된 애공과 유약의 대화 참조] 이에 골머리를 썩던 계강자가 공자를 찾아 그 대책을 숙의했다.[12.17] 그런데 계강자의 물음에 답하는 공자의 어투[12.19]는 백성들을 두려움에 떨게 하거나 사람을 죽이는 일 같은 '위협적인 방법'을 사용해 정치의 효과를 거두는 정치가의 모습이 아니다.

같은 내용의 기사가 「안연」 제9장에도 보인다.

12.9. 애공哀公이 유약有若에게 물었다. "농사가 흉년이 들어서 재정이 부족하니 어찌해야 하는가?" 유약이 대답하였다. "어찌하여 (10분의 1을 세금으로 거두는) 철법徹法을 쓰지 않습니까?" 애공이 말하였다. "10분의 2도 오히려 부족한데, 어떻게 철법을 쓰겠는가?" 유약이 대답하였다. ⓐ"백성이 풍족하면 임금께서 누구와 더불어 부족하겠으며, 백성이 풍족하지 못

---

기도 하고, 실패하면 망명해 '도(盜)'라 불리면서, 어느 나라도 조국으로 하지 않는"(33쪽), "정식으로 거류권(居留權)이 인정되지 않으면 '도(盜)'라는 신분이었다"(37쪽)라는 문구가 있다. '세족(世族)'이란 유력한 일족의 자손이 대를 이어 정치를 행할 때 사용하는 말이니, 계손씨(季孫氏) 등 '삼환(三桓)'이라 불리는 일족이 그에 해당할 것이다. 시라카와의 설에 따르면 이 '도(盜)'는 몽둥이 따위를 들고 도적질을 일삼는 무리가 아니라, 반란을 일으키고 쫓기는 무리이거나 망명 중인 무리와 같이 사회로부터 이탈한 무리를 말하는 것 같은데, 앞에서 말한 대로 '세족'을 계손씨 일족으로 보면, 양호(陽虎)가 그에 해당할 것이다. 『춘추경』에도 양호를 이같이 표현한 문장이 있다. "盜竊寶玉大弓."(『춘추경』 애공 8년) 실제 양호(陽虎)는 계손씨 일족에 대해 반란을 일으켰고 성공하지 못해 타국으로 망명했다.(『좌전』 정공 8년 조 및 9년 조 참조) 다만, 이 장에서 말하는 '도(盜)'가 과연 시라카와가 말하는 '도(盜)'를 가리키는 말인지 혹은 단순히 도적질을 일삼는 무리들을 가리키는지는 판단하기 어렵다. '계강자 당신이 탐욕을 부리지 않으면 민생이 안정되어 백성들은 상을 준다 해도 도둑질하지 않을 것이다'라 한 공자의 말에 유의하면,(「안연」 18) 여기서 말하는 '도(盜)'는 (실제로는 존재하지 않지만 부세를 더 거둬 들이기 위해) 계강자가 지어낸 말인듯 싶기도 하다. 그래서 이 문장을 해석하는 데 『좌전』 애공 11년의 인용문[주43]과 논어 「안연」 9장의 유약(有若)과 애공(哀公)의 대화[주47]를 보충 자료로 인용했다.

하다면 임금께서 누구와 더불어 풍족하겠습니까?"⁴⁷

애공哀公이 유약有若에게 부세 조정에 대해 의견을 물었다는 기사이다.⁴⁸ 그런데 애공의 물음에 답하는 유약의 말㈁이 공자가 계강자에게 한 말㈎과 부절符節을 맞춘 듯 일치한다. 이런 경세관을 지닌 공자가 대사구 직을 수행하며 소정묘를 죽이는 일을 첫 번째 업무로 택했다는 것이 선뜻 납득되지 않는다.

이런 면은, 비록 세간에서는 공문십철孔門十哲 가운데 한 사람으로 존경되었지만,⁴⁹ 어질지 못하다 하여 공문 제자들 사이에서 대대로 천하게 전해진 재아宰我를 대하는 태도에서도 나타난다.⁵⁰

---

47   "哀公問於有若曰 '年饑用不足, 如之何?' 有若對曰 '盍徹乎?' 曰 '二吾猶不足, 如之何其徹也?' 對曰 '百姓足, 君孰與不足, 百姓不足, 君孰與足?'"(「안연」 9)

48   유약(有若)의 이름을 명(名)[有若]으로 호칭하고 있다. 세간에서 전해지던 이야기에서 소재를 취해 제작한 문장이라는 뜻이다. 공문 내에서 전해지던 이야기였다면 자(字)인 '자유(子有)'라고 칭했을 것이다. 가어에 "유약은 노나라 사람으로, 자는 '자유'이다."라 되어 있다. "有若, 魯人, 字子有, 少孔子三十六歲."(『공자가어』「칠십이제자해」 '유약' 조)

49   "子曰 '從我於陳蔡者, 皆不及門也.' 德行 顔淵·閔子騫·冉伯牛·仲弓, 言語 宰我·子貢, 政事 冉有·季路, 文學 子游·子夏."(「선진」 2) ※『사기』「중니제자열전」에는 언어과의 재아·자공과 정사과의 염구·자로[季路]의 순서가 바뀌어 있다. "孔子曰 '受業身通者七十有七人, 皆異能之士也. 德行 顔淵·閔子騫·冉伯牛·仲弓, 政事 冉有·季路, 言語 宰我·子貢, 文學 子游·子夏."

50   재여(宰予)는 「중니제자열전」에 "재여는 자(字)는 자아(子我)이다. 말 재주가 있었고 옳고 그름을 잘 구별했다. ……임치(臨淄)의 대부가 되었을 때 전상(田常)과 난을 일으켜 그 일족이 모두 죽임을 당했다. 그래서 공자가 매우 부끄러워했다."라 기록되어 있다. "宰予, 字子我. 利口辯辭. ……我為臨淄大夫, 與田常作亂, 以夷其族, 孔子恥之." 논어는 공자의 재전·삼전·사전·오전 제자 시대에 직제자 이래 전해오던 이야기를 취집해 토론을 거쳐 엮은 것이다. "論語者, 孔子應答弟子時人及弟子相與言而接聞於夫子之語也. 當時弟子各有所記. 夫子旣卒, 門人相與輯而論篡, 故謂之論語."(「한서예문지」'논어' 조) 보통 논어에서는 제자들의 이름을 기록할 때, 공자의 말 속에 그 이름이

애공哀公이 재아宰我에게 사社에 대하여 묻자 재아가 대답하였다. "하후씨는 소나무를 심어 사社의 신주神主로 사용하였고, 은나라 사람들은 측백나무를 사용하였고, 주나라 사람들은 밤나무를 사용하였으니, (周人이) 밤나무를 사용한 이유는 백성들로 하여금 '전율戰慄'을 느끼게 하려고 해서였습니다." 공자께서 이 말을 들으시고 말씀하셨다. "일이 이미 이루어졌으니 다시 해설할 수 없고, 일이 이미 끝나 버렸으니 다시 간하여 바로잡을 수 없고, 일이 이미 지나갔으니 그 허물을 다시 탓할 수 없다."[51]

사社는 오방토五方土를 관리하는 토지신土地神이다. 옛날에는 나라를 세우면 반드시 사묘社廟를 세웠다. 사묘를 세우면서 각각 그 토양(의 성질)에 맞는 나무를 심어 신주神主로 삼았다. 하나라의 국도인 안읍安邑은 그 토양이 소나무[松]가 자라기에 적합하였고, 은나라 국도인 박亳은 그 토양이 측백나무[柏]가 자라기에 적합하였다. 그리고 주나라의 국도인 풍豊[西周]과 호鎬[東周]는 밤나무[栗]가 자라기에 적합하였다. 그래서 사묘를 세울 때 각각 소나무, 측백나무, 밤나무를 신주목神主木으로 택한 것이다.[52]

---

있는 경우에는 '명(名)'을 칭하고, 공문 내에서 행한 행적이나 제자들 상호 간의 대화 속에 그 이름을 기록할 경우에는 '자(字)'를 칭했다. 그런데 재여(宰予)의 경우에는 공문 내에서의 행적을 기록한 경우에도 그 이름을 '명(名)'[宰予]으로 칭한 것이 있다. "宰予晝寢. 子曰 '朽木不可雕也, 糞土之牆, 不可杇也. 於予與何誅?' 子曰 '始吾於人也, 聽其言而信其行, 今吾於人也, 聽其言而觀其行, 於予與, 改是.'"(「공야장」 9) 자기 스승[直弟子]과 동문수학한 직제자의 이름을 자(字)[宰我]가 아닌 명(名)[宰予]으로 기록했다는 것은 재여가 공문 후학들 사이에서 천하게 전해졌다는 의미이다.

51     "哀公, 問社於宰我. 宰我對曰 '夏后氏以松, 殷人以柏, 周人以栗' (周人以栗)曰 使民戰栗.' 子聞之曰 '成事不說, 遂事不諫, 旣往不咎.'"(「팔일」 21)
52     이상 하안주·형병소, 『논어주소』 「팔일」 21 참조. 구체적인 인용은 지면 관계 상

그런데 애공 때에는 고대의 전례와 예법이 산일散佚하여[53] 애공조차도 그 까닭을 몰랐다. 그래서 공자의 제자인 재아宰我에게 그 연유를 물었다. 그런데 재아는 그 본의는 따져보지도 않고 주나라가 밤나무[栗]를 사용한 것만 보고, '주나라가 밤나무를 사용한 것은 백성들을 두려움[戰慄]에 떨게 하기 위해서였다'고 답해 주었다. 공자는 평소 자신이 알지 못하는 것에 대해서는 '대개 제쳐놓고 말하지 않아야 한다.'[蓋闕如也][54]고 가르쳤다. 공자의 이 가르침은 대대로 공문의 법도가 되었다. 그런데 재아는 외람되게도 근거 없는 말로 군주를 기망欺罔하였다.[55] 당시 사社에서 사람을 죽였기 때문에, 거기에서 추측하여 그와 같이 말했을 것이다. 그러나 사社를 세운 목적은 토지신을 섬기기 위한 것이다. 사람을 두려움에 떨게 하거나 사람을 죽일 장소로 사용하기 위해 세운 것이 아니다.[56]

주목할 점은 공자가 재아를 대하는 태도이다. 소정묘를 죽이던 때의 공자였다면 재아의 잘못을 '심하게' 추궁했을 것이다. 군주를 속인 것은 불경不敬죄에 해당하는 중대 범죄이기 때문이다. 그런데도 공자는 재아를 벌할 때 '약간' 나무라는 정도에서 그치고 있다. "일

생략함.

53    이에 대해서는 졸저, 『공자의 청년시대』, 문사철, 2020, 135-138쪽 참조
54    "子曰 '由! 誨女知之乎! 知之爲知之, 不知爲不知, 是知也.'"(「위정」17); "子路曰 '衛君待子而爲政, 子將奚先?' 子曰 '必也正名乎?' 子路曰 '有是哉. 子之迂也. 奚其正?' 子曰 '野哉! 由也. 君子於其所不知, 蓋闕如也.……'"(「자로」 3)
55    "尹氏曰 '古者, 各以所宜木名其社, 非取義於木也, 宰我不知而妄對. 故, 夫子責之.'"(주희, 『논어집주』, 「팔일」 21)
56    "古者立社, 各樹其土之所宜木, 以爲主也. 戰栗, 恐懼貌. 宰我又言周所以用栗之意如此, 豈以古者戮人於社. 故, 附會其說與."(주희, 『논어집주』, 「팔일」 21)

이 이미 이루어졌으니 다시 해설할 수 없고, 일이 이미 끝나 버렸으니 다시 간하여 바로잡을 수 없고, 일이 이미 지나갔으니 그 허물을 다시 탓할 수 없다."[成事不說, 遂事不諫, 旣往不咎.] 이러한 대응 방식[訓示]은 왕년에 소정묘에 대해 취했던 태도[始誅]와 사뭇 다른 것이다.

공자의 이런 태도는 자로子路에게 일러준 가르침에서도 나타난다.

자로가 포蒲 땅의 대부大夫가 되어 공자에게 인사를 하기 위해 찾아왔다. 공자가 말했다. "포에는 힘센 자가 많아 다스리기 어려운 곳이다. 그래서 내 너에게 당부의 말을 하고자 한다. 몸가짐을 겸손하게 하면 힘센 자들을 다스릴 수 있을 것이다. 너그럽고 올바르면 백성들을 따르게 할 수 있을 것이다. 공손하고 바르게 하여 안정을 시키면 임금의 은혜에 보답하는 것이다."[57]

자로는 애공 15년(b.c.480) 포蒲 땅의 대부[宰]로 위촉되었다.[58] 이 기사는 그때 위나라[衛]로 떠나는 자로에게 공자가 일러준 말이다.

포蒲는 정공 14년[59] 공자가 '공숙수公叔戍의 난'을 만나 갖은 고초

---

57 "子路爲蒲大夫, 辭孔子. 孔子曰 '蒲多壯士, 又難治. 然吾語汝. 恭以敬, 可以執勇, 寬以正, 可以比衆, 恭正以靜, 可以報上.'"(『중니제자열전』 '중유' 조)

58 자로(子路)가 포(蒲) 땅의 대관(代官)[宰]으로 봉직했다는 것은 『좌전』의 다음 기사에서 확인된다. "秋, 齊陳瓘[陳玉]如楚, 過衛, 仲由見, 曰 '天或者以陳氏爲斧斤, 旣斲喪公室, 而他人有之, 不可知也, 其使終饗之, 亦不可知也, 若善魯以待時, 不亦可乎? 何必惡焉注?' 子玉曰 '然. 吾受命矣, 子使告我弟[陳亢].'"(『좌전』 애공 15년) 이 무렵 진항(陳亢)은 간공(簡公)을 시해하고 제나라의 권력을 장악했다.[애공 14년] 이에 제후들의 공벌을 두려워하여 주변국에 사신을 보내게 되었는데, 이때 그의 형 진옥(陳玉)[陳瓘]이 초나라에 빙문 사절로 가다 포 땅에서 자로를 만난 것이다. 포는 진나라[晉]와 초나라[楚]가 중원 제국으로 들어올 때, 또 중원의 각국이 진나라와 초나라로 향할 때, 반드시 거쳐야 하는 길목에 위치했다.

59 이 기사는 애공 2년 조에 기록되어 있지만, 그것은 정공 14년의 오기이다. 이에

를 겪은 곳이다. 당시 공자는 위나라를 떠나 진나라陳]로 가는 중이었다. 그런데 광匡 땅을 막 벗어나려 할 때 국경 지역의 치안 상태가 불안하다는 소식이 들려 왔다. 이에 진나라로 가는 길을 포기하고 위나라로 되돌아가게 되었는데, 마침 그때 포蒲에 들어와 위나라를 배반한 공숙수[60] 일당과 마주치게 되었다. 위난危難을 당한 것이다.[61]

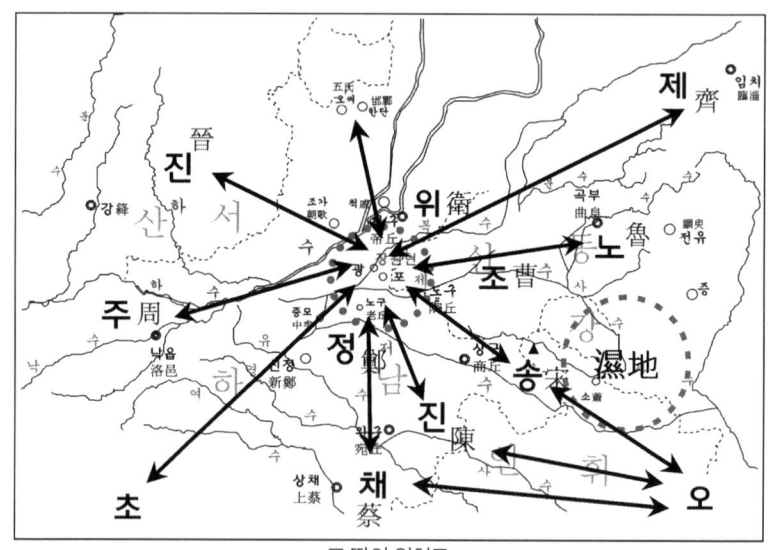

포 땅의 위치도

---

대해서는 다음 장에서 자세히 고찰했다. "於是孔子去陳. 過蒲, 會公叔氏以蒲畔, 蒲人止孔子."(「공자세가」 애공 2년 조)

60  정공 14년 공숙수(公叔戍)는 영공[衛靈公]에게 버림 받고 노나라로 분주했다. "十有四年 春, 衛公叔戍來奔."(『춘추경』 정공 14년) 그리고 이 무렵에 이르러 포(蒲) 땅에 들어와 위나라를 배반했다. '공숙수의 배반'에 대해서는 후술.

61  "於是孔子去陳. 過蒲, 會公叔氏以蒲畔, 蒲人止孔子. 弟子有公良孺者, 以私車五乘從孔子. 其為人長賢, 有勇力, 謂曰 '吾昔從夫子遇難於匡, 今又遇難於此, 命也已, 吾與夫子再罹難, 寧鬥而死.' 鬥甚疾. 蒲人懼, 謂孔子曰 '苟毋適衛, 吾出子.' 與之盟, 出孔子東門. 孔子遂適衛. 子貢曰 '盟可負邪?' 孔子曰 '要盟也, 神不聽.'"(「공자세가」 애공 2년 조) ※ 사마천은 이 사건이 애공 2년에 일어났다고 기록하였지만, 그것은 사마천의 착오로 인한 오기이다. 이 사건은 정공 14년에 일어났다. 이에 대해서는 제5부 정공

포蒲는 초강대국인 진나라[晉]와 초나라[楚]가 중원으로 들어올 때, 또 중원의 각국이 진나라[晉]와 초나라로 향할 때, 반드시 거쳐야 하는 길목에 위치해 있었다. 그 동쪽에는 위나라와 제나라가 있었고, 서쪽에는 주나라와 진나라[秦], 북쪽에는 진나라[晉], 남쪽에는 정나라[鄭]와 초나라[楚]가 국경을 맞대고 있었다. 오늘날로 말하면 각국의 이해 관계가 첨예하기 부딪히던 곳이다. 때문에 공숙수公叔戌가 이곳에 들어와 난을 일으켰을 때, 위나라의 조정에서도 수습책을 마련하지 못하고 사태가 진정되기만을 고대할 뿐이었다. 함부로 진압군을 투입할 경우 읍민 전체를 대상으로 대격전을 치러야 하는 상황으로 치달을 수도 있기 때문이다. 하지만 포蒲가 적의 수중에 들어가면 국도[帝丘]의 안전을 기약할 수 없기에 마냥 두고만 볼 수도 없었다. 이에 국론國論도 둘로 나뉘어 속히 진압하자는 쪽과 사태의 추이를 좀더 지켜보자는 측이 사태 해결의 책임을 전가하며 연일 정쟁政爭을 일삼고 있었다. 때문에 공자가 공숙수의 난을 뚫고 들어왔을 때, 영공[衛靈公]이 친히 교외郊外에까지 나아가 공자를 맞이했던 것이다.[62] 나라의 임금[國君]이 국경에까지 나아가 빈賓을 영접하는 것은 지위가 같은 군주들 사이에서도 좀체로 보기 힘든 매우 파격적인 예우이다. 영공으로서는 공숙수의 난을 뚫고 들어온 공자의 지혜가 절실히 필요했

---

14년의 천하 유력 및 제6부 정공 15년의 천하유력 참조.

62  "衛靈公聞孔子來, 喜, 郊迎. 問曰 '蒲可伐乎?' 對曰 '可.' 靈公曰 '吾大夫以爲不可. 今蒲, 衛之所以待晉楚也, 以衛伐之, 無乃不可乎?' ……."(「공자세가」 애공 2년 조)
※ 사마천은 이 사건이 애공 2년에 일어났다고 기록하였지만 그것은 사마천의 오기이다. 이 사건은 정공 14년(혹은 정공 15년 봄)에 일어났다. 이에 대해서는 제5부 정공 14년의 천하 유력 및 제6부 정공 15년의 천하유력 참조.

을 것이다.

그런데 이러한 위험 지역으로 자로가 만년에 행정관[宰]으로 위촉을 받고 떠나게 된 것이다. 공자로서는 걱정이 이만저만이 아니었다. 위 인용문은 이때 자로가 부임에 앞서 공자를 찾아와 인사를 여쭙자 공자가 일러준 가르침을 취지에 맞게 정리하여 기록한 것이다.

정리하면, (자네도 예전에 경험을 해 봐서 알겠지만) 포 땅 사람들은 성정性情이 매우 거칠다. 관官의 통제도 잘 따르지 않는다. 참는 것도 용기이니 항상 겸손하고 삼가고 바르고 공경하는 마음으로 백성들을 대해라.[63] 느긋하게 꾸준히 하다 보면 백성들이 따르게 될 날이 올 것이다. 정치의 요체는 '효용'[성과]을 얻는 데 있는 것이 아니라 '민심民心'을 얻는 데 있다.[64] 민심을 얻는 데 힘 써라. 그리고 백성들이 따를

---

[63] 함의는 '절차적 정의를 준수하라'는 말이다. 논어에서 '경(敬)' 자는 절차적 정의라는 뜻으로 사용되는 경우가 많다. 예를 들면 '옹야' 제1장이 그런 경우이다. "仲弓, 問子桑伯子 子曰 '可也簡.' 仲弓曰 '居敬而行簡, 以臨其民 不亦可乎? 居簡而行簡, 無乃大簡乎?' 子曰 '雍之言, 然.'" '백성들을 다스릴 적에 원칙을 정해 놓지 않고 무조건 대범하게만 임한다면 오히려 해가 되지 않겠습니까? 제 생각에는 몸가짐을 경건하게 한 뒤에 상황을 봐 가며 필요에 따라 대범하게 임해야 정치의 효과를 극대화할 수 있다고 보는데요'. 유약(有若)도 말한 바 있지만, 사랑[和]이 중요하다는 것만 알고 그것을 적의하게 펼치지 않으면 그 사랑은 시행하지 않은 것이 된다. "有子曰 '禮之用, 和為貴. 先王之道 斯為美. 小大由之. 有所不行, 知和而和, 不以禮節之, 亦不可行也.'"('학이' 12) 또 공손하되 예가 없으면 수고롭기만 하고 삼가되 예가 없으면 두려움을 느끼게 되고 용맹하되 예가 없으면 난을 일으키기 쉽고 강직하되 예가 없으면 각박해지기 쉽다. "子曰 '恭而無禮則勞, 慎而無禮則葸, 勇而無禮則亂, 直而無禮則絞.'"('태백' 2) 공자는 이런 교훈을 일러주고 싶었을 것이다. 자로(子路)는 성정이 거칠고 단도직입적으로 일을 처리하는 스타일이었기 때문이다.

[64] 위정자가 문화적 사회 규범으로서의 '예(禮)'를 준수하면 백성[下民]은 심정적 '존경'으로 반응하고, 실천적 합리성으로서의 '의(義)'를 따르면 행위적인 '복종'으로 반응한다는 뜻이다. 이에 대해서는 다음 예가 적절할 것이다. "樊遲請學稼. 子曰 '……上好禮, 則民莫敢不敬, 上好義, 則民莫敢不服, 上好信, 則民莫敢不用情, 夫如是, 則四方之民, 襁負其子而至矣, 焉用稼?'"('자로' 3) 자로는 모든 면에서 이와 같지 않았다.

때 노역을 시켜라. 서두르지 말고 천천히 꾸준히 해라.[65]

'성과'를 얻는 데 급급하여 사태에 대한 분석이나 절차적 정당성에 대한 고려 없이 즉각 시행할 수 있는 정책만을 고집하였던 자로에게는 더할 나위 없이 소중한 가르침이다. 위 인용문에는 자로를 걱정하는 공자의 심려도 담겨 있지만, 공자의 정치관의 일면도 담겨 있다.

공자는 국가의 질서는 문화적인 제도[禮]에 의해 다스려져야 한다고 생각했다.[66] 예禮의 정신인 예양禮讓(절도에 맞는 겸양, 곧 절차적 정의-저자)

---

그래서 이와 같은 말로 격려한 것이다.

65 "子路問'政'. 子曰'先之勞之.' 請益. 曰'無倦.'"(「자로」 1)에 대한 형병(邢昺)의 소(疏) 참조. "[疏] 正義曰 此章言政先德澤也. '子曰先之勞之'者, 言爲德政者, 先導之以德, 使民信之, 然後可以政役之事勞之, 則民從其令也."(하안주·형병소, 『논어주소』「자로」 1)

66 「팔일」에 보면, 자공(子貢)이 고삭(告朔)의 예(禮)에 바치는 희생[羊]을 없애려 하자, '희생이 있다는 것은 그 예가 소중하다는 것을 알고 있다는 것이니, 후세 사람들이 이 고삭의 제물을 보고 고삭의 예의 의미를 깨달아 다시 고삭의 예를 거행할 수 있도록, 제물(을 바치는 일)만은 남겨두는 것이 어떻겠느냐'고 했다는 공자의 말이 있다. "子貢欲去告朔之餼羊. 子曰'賜也, 爾愛其羊, 我愛其禮.'"(「팔일」 17) 국정 혼란으로 출사를 하지 않던 때에 있었던 일이다. 자공이 입문할 무렵에는 고대의 예제와 정신이 많이 훼손되었다. 형식도 붕괴하여 그 형체를 알아볼 수 없었다. "孔子之時, 周室微而禮樂廢, 詩書缺……."(「공자세가」) 이런 시대에는, 구사회의 질서는 이미 붕괴한 반면 새로운 사회의 질서는 아직 본 모습을 갖추지 못한 상태이기 때문에, 구시대의 문화가 강력한 힘을 발휘하여 사회 발전을 가로막거나 변형된 형태로 전승되어, 구사회의 문제를 일소해 가려는 사회적 요구들을 왜곡하거나 변질시키는 경향이 있다. 그래서 새로운 것을 갈망하는 젊은 세대일수록 구사회와 그 문화에 대해 저항적이고 일탈적인 모습을 띠는 경향이 많다. 자공도 이런 분위기에 젖어 있었을 것이다. 「팔일」에 보면, 계씨가 자신의 집에서 '팔일무(八佾舞)'를 시연하고, 삼환이 '옹(雍)'으로써 철상(撤床)한 것에 대해 공자가 몹시 분개했으며, 임방(林放)이 '예'의 근본을 묻자 그를 대견스럽게 여겼다는 기사가 있다. "孔子謂季氏, '八佾, 舞於庭, 是可忍也, 孰不可忍也.'"(「팔일」 1); "三家者以雍徹, 子曰「相維辟公, 天子穆穆」. 奚取於三家之堂?"(「팔일」 2); "林放問禮之本. 子曰'大哉, 問! 禮, 與其奢也, 寧儉, 喪, 與其易也, 寧戚.'"(「팔일」 4) 이것도 이러한 흐름과 무관하지 않다. 그래서 영민한 자공이 고삭(告朔)의 예가 이미 폐기되었다고 여기고, 쓸모 없는 일에 재물[羊]을 허비한다 생각하여, 그 희생 의식[禮]을 없애려 한 것이

으로 다스리지 않으면 국가 사회는 더 혼란해질 것이라고 보았다.[67] 자로는 '용기'로 이름높았던 제자이다.[68] 그는 의로운 일이 있다는 소식을 들으면 누구보다 먼저 실천하려 했다. 행여 그것을 실천하지 않아 주변 사람들에게 나쁜 소리를 듣게 될까 걱정했다.[69] 공자는 자로가 지닌 정제되지 않은 사내다움과 저돌적인 성격을 늘 걱정했다. 자칫 온당치 못한 죽음을 맞게 될까 노심초사했다.[70] 하지만 자로는 그에 개의치 않고 '이익이 되는 일이 생기면 의를 먼저 생각하고'[見利思義] '위급함이 닥치면 목숨을 돌보지 않는'[見危授命] 정신을 실천하려 했으며,[71] 결

---

다. 그러나 공자는 이때까지도 중국 고대 사회의 정치 시스템[禮治]을 굳게 믿고 있었다. 그래서 '이적(夷狄)에게 군주가 있는 것이 중국[諸夏]에 군주가 없는 것보다 못하다'고 하였다. "子曰 '夷狄之有君, 不如諸夏之亡也.'"(「팔일」 5) 공자가 보기에 이적의 땅에 군주가 있다 해도, 그것을 작동시킬 만한 사회 시스템이 갖추어져 있지 않으면, 무용지물일 뿐이다. 반면 지금의 중국은 군주가 제 역할을 하지 못해 사회가 혼란스럽지만, 사회 안에 '정화' 장치가 갖추어져 있기 때문에, 군주가 없다고 해서 바로 국가 사회 질서가 붕괴되는 것은 아니다. 그래서 이적의 땅에 군주가 있는 것이 중국에 군주가 없는 것보다 나을 것이 없다고 한 것이다. 공자가 학교를 개설하여 제자들을 모집·양성하고, 삼대(三代)의 예를 추적하여 고대의 제도와 전적을 복원하려 한 것도 이 때문이다. "孔子之時, 周室微而禮樂廢, 詩書缺. 追跡三代之禮, 序書傳, ……周監二代, 郁郁乎文哉. 吾從周.' 故書傳·禮記自孔氏."(「공자세가」) 그래서 자공에게 '나도 양(羊)이 허비되는 것은 원치 않지만, 그보다는 그 예가 존치되는 것을 더 사랑한다'고 했던 것이다.

67　"子曰 '能以禮讓, 爲國乎, 何有? 不能以禮讓爲國, 如禮何?'"(「이인」 13).

68　"子曰 '由也! 好勇過我, 無所取材.'"(「공야장」 6); "子路曰 '君子尙勇乎?' 子曰 '君子義以爲上, 君子有勇而無義爲亂, 小人有勇而無義爲盜.'"(「양화」 23); "子曰 '衣敝縕袍, 與衣狐貉者, 立而不恥者, 其由也與.'"(「자한」 26)

69　"子路有聞, 未之能行, 唯恐有聞."(「공야장」 13); "子路問 '聞, 斯行諸?' 子曰 '有父兄在, 如之何, 其聞斯行之?'"(「선진」 21)

70　"子路行行如也, …… 曰 '若由也, 不得其死然.'"(「선진」 12)

71　"子路問成人. …… 曰 '今之成人者, 何必然? 見利思義, 見危授命, 久要不忘平生之言, 亦可以爲成人矣.'"(「헌문」 13)

국 '의義'를 따르다 덧없는 죽음을 맞았다.[72] 사마천은 자로의 이러한 태도를 높이 평가하여, 그가 죽었을 때 '순殉'이라는 말을 사용하여, 역사의 귀감龜鑑이 되도록 했다. 하지만 공자의 교훈을 이은 후대의 유학자들은 자로의 용기에 대해 경의를 표하지 않았다.[73] 도리어 공자의 정신을 훼손한 행위로 간주했다.

공자가 보기에, 자로와 같은 성정을 지닌 사람들은 문제에 즉하여 단도직입적으로 해결하려는 경향이 있다. 또 속전속결하여 효과를 보는 것을 좋아하여, 사리에 대한 고려 없이[無所取材][74], 세간에 흘러다니는 말, 편언片言,[75] 한 쪽의 말만 듣고 대·소사를 처리하는 경향이 있다. 뿐만 아니라 이면의 숨은 뜻을 들여다보는 것을 꺼린다.

---

72  자로(子路)는 '공회(孔悝)의 난' 때 첩(輒)[衛出公]에 대한 의리를 지키다 괴외(蒯聵)[衛莊公]에게 죽임을 당했다. 『좌전』 애공 15년 참조. 맹자는 자로의 죽음에 대해 '얼핏 보면 죽어도 될 듯하지만 실제로 죽어서는 안 되는 경우에 죽으면 용기를 해치게 된다.'고 하였고,[『맹자』「이루장구」하 23: "孟子曰 ……可以死, 可以無死, 死傷勇."] 주자는 '자로가 위나라에서 죽은 것은 용기의 미덕을 해친 행위이다'[주희, 『맹자집주』「이루장구」하 23: "子路之死於衛, 是傷勇也."]라고 하였다. 자로의 용기는 '빙하(憑河)' 형의 용기로 유명하다. "子曰 '暴虎馮河, 死而無悔者, 吾不與也. 必也臨事而懼, 好謀而成者也.'"(「술이」 10) 공자는 천하 유력을 떠나기 전, 자로의 용기에 대해 '유(由)[子路]는 용맹을 좋아함이 나보다 나으나 사리를 헤아려 맞게 하는 것이 없다.'고 지적한 적이 있다. "子曰 '由也! 好勇過我, 無所取材.'"(「공야장」 6) 자로의 지나친 용기를 걱정해서 한 말인데, 공자의 예견대로 자로는 죽지 않아도 될 자리에서 죽음을 맞았다.

73  "子路問强. 子曰 '南方之强與, 北方之强與, 抑而强與? 寬柔以教, 不報無道, 南方之强也, 君子居之. 衽金革, 死而不厭, 北方之强也, 而强者, 居之. 故君子和而不流, 强哉矯, 中立而不倚, 强哉矯. 國有道, 不變塞焉, 强哉矯. 國無道, 至死不變, 强哉矯.'"에 대한 주자의 주 참조. "此四者汝之所當强也. ……夫子以是告子路者, 所以抑其血氣之剛而進之以德義之勇也."(주희, 『중용집주』 제10장)

74  "子曰 '道不行, 乘桴浮于海, 從我者, 其由與!' 子路聞之, 喜. 子曰 '由也! 好勇過我, 無所取材.'"(「공야장」 6)

75  "子曰 '片言可以折獄者, 其由也與.' 子路無宿諾."(「안연」 12)

절차적 정의 따위는 겉치레[요식행위]요 불필요한 일이라고 생각한다. 그들에게는 오직 결과를 얻어내는 것만이 중요할 뿐이다. 정치란 '바르지 못한 것을 바르게 하는 것' 이상의 것이 아니다.[76]

공자가 보기에, 자로가 생각하는 정치는 일시적인 안정을 가져다 줄 수는 있어도, 백성들이 진심으로 믿고 따르는 사회를 만드는데에는 한계가 있다.[77] 공자는 정치의 본령은 '사람다움을 구현하는' 데에 있다고 보았다. '사람답게 사는 세상'을 만드는 것이 정치의 목적이요 본령이라고 생각했다. 그래서 정치라는 '행위'보다 그것이 인

---

[76]  정공 12년, 공산불뉴(公山不狃)의 모반으로 비(費)의 읍재 자리가 공석이 되었을 때, 자로(子路)는 자고(子羔)를 읍재로 추천하였다. 그때 공자가 자고의 임용을 반대하자, 자로는 "정치라는 게 인민을 잘 돌보고 국가를 잘 보위하면 되는 것이지 꼭 책을 읽어야 되는 겁니까"라고 격하게 항변한 적이 있다. "子路使子羔爲費宰. 子曰 '賊夫人之子!' 子路曰 '有民人焉, 有社稷焉, 何必讀書然後爲學?' 子曰 '是故惡夫佞者.'"(「선진」 24) 당시 비읍은 직전[정공 12년]에 '공산불뉴의 난'이 있었기 때문에, 민심을 수습하는 일이 무엇보다 중요했다. 공자가 보기에 자고(子羔)는 이런 일을 수행하는 데 적합한 인물이 아니다. 고집만 세고 융통성이 없는 사람이었기 때문이다. "柴也愚."(「선진」 17) 그런데도 자로는 '어찌 되었든 다스려지기만 하면 되는 것 아니냐'며 통치의 효과만 생각하고 자고를 읍재에 추천했다. 자로에게는 정치가 '바르지 못한 것을 바르게 하는 것' 이상의 가치와 의미를 지닌 것이 아니었던 것이다. 자로의 이런 정치관은, 공자가 유력 막바지에 위나라에 도착하여, 출공(出公) 치하의 위나라의 정치적 혼란을 바로잡는 방책으로 '정명(正名)'을 제안했을 때, '세상 물정을 너무 모른다'고 힐란한 데에서도 나타난다. "子路曰 '衛君待子而爲政, 子將奚先?' 子曰 '必也正名乎?' 子路曰 '有是哉? 子之迂也. 奚其正?'"(「자로」 3) '명실(名實)'을 바로잡겠다는 것은 군신·부자·상하의 관계를 바로세워 위나라의 정치가 당면한 문제(아들인 첩輒이 아비인 괴외蒯聵의 입국을 막고 있는 것-저자)를 해소하겠다는 것인데, 자로의 생각이 거기에까지 미치지 못했던 것 같다.

[77]  "子曰 '道之以政, 齊之以刑, 民免而無恥. 道之以德, 齊之以禮, 有恥且格.'"(「위정」 3); "顏淵問仁. 子曰「克己復禮爲仁.」 一日克己復禮, 天下歸仁焉. ……."(「안연」 1); "仲弓問仁 子曰「出門如見大賓, 使民如承大祭.」「己所不欲, 勿施於人.」 在邦無怨, 在家無怨.' ……."(「안연」 2)

간과 사회에 미치는 '영향'을 더 중시했다.[78]

자로와 같이 단기간에 효과를 보는 정치를 선호하는 사람들에게는 공자의 이러한 정치가 공허한 이상[迂闊][79]으로 비춰질 것이다. 그들에게는 직전의 문제를 '타개'하는 것이 정치의 최우선 과제이기 때문이다. 정치가 인간 및 사회에 미치는 '영향' 따위는 애초부터 고려의 대상이 아니다.

하지만 공자는 정치의 목적을 달성하기 위해서는 인간과 환경의 교호 작용을 고려해야 한다고 생각했다. '인간의 보편적 정서'를 구현하는 일이 정치의 본령임을 잊어서는 안 된다고 보았다. 사람이라면 누구나 가지고 있는 욕망, 곧 사람답게 살고 싶다는 욕망, 궁극적으로는 사람답게 사는 세상의 구현, 이것을 정치의 본질이라고 생각한 것이다. 정치란 바로 이 욕망이 실현되도록 하는 수단이다. 정치란 도덕[欲望]을 구현하는 것이고 정치계는 이 도덕이 구현되는 장이다. 그것을 온 나라 온 세상에 구현하는 것이 정치가의 의무요 도리[命]이다. 이것을 공자는 '정치'라고 생각한 것이다.

공자의 정치관에는 '보편적 인류애'[仁]라는 매우 독특한 것이 들어 있다. 그래서 그것을 구현하는 것이 정치의 목적이요 본령이 된 것이다. 역대의 창업자들과 중흥의 군주들이 왕조의 천년 대계를 계획할 때 또 그것을 실행에 옮길 때, 공자의 이 정치관을 왕조 운영의 기본 지침으로 받는 데는 공자의 정치에 '보편적 인류애의 구현'이라

---

78    이에 대해서는 졸고, 「공자가 생각한 이상적 인간」, 《우계학보》 제38집, 우계학회, 2020. 6. 참조

79    "子路曰 '衛君待子而爲政, 子將奚先?' 子曰 '必也正名乎?' 子路曰 '有是哉? 子之迂也. 奚其正?' ……."(「자로」 3)

는 인류의 염원이 담겨 있었기 때문이다.[80] 이것이 공자가 만고의 스승이요 성인으로 존경된 이유이자 근거이다.

공자는 문제를 대할 때 보편적인 입장에서 차근차근 따져가며 최선의 방책을 찾는 습성이 몸에 배어 있던 사람이었다.[81] 그런 습성을 지닌 공자에게 자로는 문제를 피상적·단편적으로만 보고 즉각적인 해결책만을 구하는 사람으로 비춰졌다. 이런 성향을 지닌 사람들은 문제를 해결하기는커녕 오히려 악화시킬 뿐이다. 법과 원칙에 따라 단도직입적으로 일을 처리하는 방식[82]은 당장의 시급한 문제를 해결하는 데에는 효과가 있겠지만, 전체적·장기적 안목에서 일을 계획하거나 도모해야 하는 경우(예를 들면, 왕조의 창업이나 중흥. 당시의 위나라

---

80   중국의 역대 왕조를 보면, 창업자들에게는 ①단호한 결단력, ②정치적 지도력, ③창업 정신 같은 것이 있었다. 만일 이것을 기준으로 하여 자로와 공자의 정치력을 평가하면, 자로는 ①에는 탁월했지만 ②③이 부족했고, 공자는 ③에는 탁월했지만 ①② 가 부족했다. 때문에 국정(國政)을 맡기에는 양자 모두 부족한 면이 있었다. 다만, 공자에게는 ①②③의 근간이 되는 '보편적 인류애'['一以貫之' '恕' '仁']의 정신이 있었기 때문에, 창업자들이 공자의 정신을 정치의 기본 지침으로 삼는 데 주저하지 않았다.

81   "子曰 '黙而識之, 學而不厭, 誨人不倦, 何有於我哉.'"(「술이」 2); "子曰 '德之不修, 學之不講, 聞義不能徙, 不善不能改, 是吾憂也.'" (「술이」 3); "子曰 '不憤不啓, 不悱不發, 擧一隅, 不以三隅反, 則不復也.'"(「술이」 8); "子曰 '我非生而知之者, 好古敏以求之者也.'"(「술이」 19); "子曰 '三人行, 必有我師焉, 擇其善者而從之, 其不善者而改之.'"(「술이」 21); "子曰 '蓋有不知而作之者? 我無是也. 多聞, 擇其善者而從之, 多見而識之, 知之次也.'"(「술이」 27); "子曰 '若聖與仁, 則吾豈敢? 抑爲之不厭, 誨人不倦, 則可謂云爾已矣.'"(「술이」 33); "子溫而厲, 威而不猛, 恭而安."(「술이」 37) 이들 전송의 취지를 종합하면, 공자의 학적 태도를 짐작할 수 있을 것이다.

82   이와 같은 정치는 유가(儒家)의 정치 이상에는 어울리지 않는 것이다. 그런 것들은 법가(法家)의 장처이자 그들이 즐겨 사용하던 수법이다. "法家不別親疎, 不殊貴賤, 一斷於法, 則親親尊尊之恩絶矣. 可以行一時之計, 而不可長用也, 故曰 '嚴而少恩'. 若尊主卑臣, 明分職不得相踰越, 雖百家弗能改也."(『사기』 「태사공자서」 '논육가지요지')

의 정치가 그러했다-저자)에는 적절하지 않은 면이 있다.

공자는 사건들 사이의 관계를 따라 일의 자초지종을 들여다 볼 줄 아는 능력이 탁월했던 사람이다. 그것은 지난 세월 온갖 역경과 고난을 겪으며 반성적으로 터득한 삶의 지혜이다.[83] 그래서 문제를 즉각적으로 해결하거나 정리하지는 못해도 어려운 난제일수록 풀어가는 능력이 뛰어나다.

공자는 심리審理를 진행할 때도 이해 당사자의 의견을 모두 청취한 뒤 사리에 따라 '조정'하는 것을 선호했다고 한다. 본인 스스로도 자신은 그런 방식으로 송사訟事를 처리해 왔다고 말한 적이 있다.

12.13. "송사訟事를 심리하는 것은 나도 남들과 같으나 반드시 송사를 없게 하겠다."[84]

그런데 소정묘를 주살할 때에는 이같은 방식으로 심리를 진행했다는 기록이 없다. 소정묘를 주살하고 '3개월'이 지났을 무렵 정치의 효과가 '즉각적으로' 나타났다[85]는 세가의 기사에도 혐의가 있다. 공

---

83   이에 대해서는 졸저, 『공자의 청년시대』, 문사철, 2020, 제3부 제2장 비로소 군자의 학에 뜻을 두다 참조.

84   "子曰 '聽訟吾猶人也, 必也使無訟乎.'"(「안연」 13). 이 문장은 자장(子張)의 '숭덕변혹(崇德辨惑)'에 대한 물음(제10장), 경공(景公)의 '문정(問政)'(제11장), 자로(子路)의 '편언절옥(片言折獄)'(제12장) 다음에 이어져 있다. 모두 정사(政事)에서의 변혹(辨惑)과 재판에서의 송사(訟事)와 관련된 내용이다. 아마 같은 내용이라서 하나의 군[章群]으로 묶여져서 후대에 전해졌을 것이다. 여기에서는 이런 의미로 사용하였다.

85   "於是誅魯大夫亂政者少正卯. 與聞國政三月, 粥羔豚者弗飾賈, 男女行者別於塗, 塗不拾遺, 四方之客至乎邑者不求有司, 皆予之以歸."(「공자세가」 정공 14년 조)

자는 그런 효과를 기대하고 정치를 한 사람이 아니다. 또 공자의 정치는 3개월 만에 효과를 볼 수 있는 성질의 것도 아니다.

가어에서는 공자가 자공의 물음에 답할 때 소정묘의 죄상을 '일목요연하게' 5가지로 정리하여 일러 주었다고 한다.[86] 이것도 공자의 평소 어투가 아니다.[87] 공자는 제자 혹은 시인時人의 질문에 이같은 방식으로 답한 적이 없다.[88] 또 공자는 사실 관계에 기초해서 말하기보다 질문자의 처지나 성격을 고려하여 그에 합당한 것을 일러준 사

---

[86] "子貢進曰 '夫少正卯, 魯之聞人也, 今夫子爲政, 而始誅之, 或者爲失乎?' 孔子曰 '居. 吾語汝以其故. 天下有大惡者五, 而竊盜不與焉. 一曰「心逆而險」, 二曰「行僻而堅」, 三曰「言僞而辯」, 四曰「記醜而博」, 五曰「順非而澤」. 此五者有一於人, 則不免君子之誅, 而少正卯皆兼有之. 其居處足以撮徒成黨, 其談說足以飾褒榮眾, 其強禦足以反是獨立, 此乃人之姦雄者也, 不可以不除.'"(『공자가어』「시주」) 이 인용문에서는 소정묘(少正卯)의 죄상을 5가지로 정리하여 열거하고 있다. 이러한 수법은 공자의 평소의 언어 사용 습관이 아니다. 이에 대해서는 이어지는 주87 및 88 참조.

[87] 물론 논어에 공자의 법언(法言)과 법행(法行)을 이런 방식으로 정리해서 편집해 놓은 것이 있기는 하다. 예를 들면, 「계씨」의 '삼우(三友)' '삼락(三樂)' '삼연(三愆)' '삼계(三戒)' '삼외(三畏)' '구사(九思)', '요왈'의 '오미(五美)' '사악(四惡)' 등이 그런 경우이다. 그런데 이들 수(數)로 열거된 교설(敎說)들은 일시(一時)에 나온 것도 있겠지만, 형식을 조정하여 하나의 장으로 만든 것들이다. 내용으로 보면 분명히 서로 다른 날에 발언된 것이요 서로 다른 경우에 발언된 것인데도 같은 날 같은 시각에 발언된 것처럼 형식을 조정하여 편집해 놓았다. 이런 것들은 편집자의 주관이 개입되지 않고서는 성립하기 어려운 구성이다. 공자 몰후, 교육의 재료로 사용하기 위해, 교훈이 될 만한 말들(전래의 격언, 속담, 당시에 유행하던 명구 등-저자)을 모아, 공자가 발언한 말인 것처럼 내용과 형식을 조정한 것들이다. 공자 본인의 어투가 그러했다고 보기는 어렵다. 이에 대해서는 졸저, 『논어의 성립』, 문사철, 2021, 제3부 제2장 제논의 기록과 노논의 기록, '공자의 덕목이 병렬·나열되어 있거나 조건이 부가된 장은 제나라에서 성립한 것이다' 참조.

[88] 이런 류의 장들은 논어의 후반부(「선진」 이하 10편)에서 주로 나타난다. 공자 및 직제자의 가언(嘉言)을 모아 새로운 풍(風)의 사상으로 창안한 자장(子張) 계열의 소전이 아닐까 한다.

람이었다.[89] 이 설화에 자공子貢이 등장하는 것에도 혐의가 있다. 자공은 천하의 영재였기 때문에 그에 관한 이야기는 부풀려져 전해진 것들이 많다.

또 이 설화에는 전국 시대의 제자諸子들이 유자儒者를 비난할 때 사용하던 말[用語]들이 등장한다. 「공자세가」를 저술할 때 또는 『공자가어』를 편집할 때 이와 같은 이야기가 설화 형태로 전해졌거나, 혹은 이 저작이 만들어지던 때의 유자들이 당시의 학술 사상에 대해 논하면서, 공자와 유학의 사상이 다른 제자나 그들의 그것보다 우수하다는 것을 주장하기 위해, 여러 사상의 장점을 취해 자파의 사상을 보족補足한 데 따른 결과로 보인다. 이 무렵에는 공양학公羊學의 학풍이 널리 유행했다. '오직 유가의 학술만을 높이고 다른 학술을 배척하는[獨尊儒術罷黜百家]' 기조가 정계·학계·사상계를 뒤덮었다. 사마천

---

89 ①"顏淵問仁. 子曰 '克己復禮爲仁. …….'"(「안연」 1); ②"仲弓問仁 子曰 '出門如見大賓, 使民如承大祭. 己所不欲, 勿施於人. 在邦無怨, 在家無怨.' ……."(「안연」 2); ③"司馬牛問仁. 子曰 '仁者, 其言也訒.' 曰 '其言也訒, 斯謂之仁矣乎?' 子曰 '爲之難, 言之得無訒乎?'"(「안연」 3); ④"樊遲問仁. 子曰 '愛人.' 問知. 子曰 '知人.' 樊遲未達. ……."(「안연」 22); ⑤"樊遲問仁. 子曰 '居處恭, 執事敬, 與人忠. 雖之夷狄, 不可棄也.'"(「자로」 19). 똑같이 '인'에 대해 물었는데 그 대답이 서로 다르다. 심지어 번지(樊遲)의 경우에는 같은 질문을 하였는데도 그 답변이 서로 다르다. ④와 ⑤의 내용 비교. 「선진」 제21장에 보면, 자로(子路)와 염구(冉求)가 "옳은 일을 들으면 곧바로 행해야 합니까?"라는 물은 데 대해, 자로에게는 '부형이 계신데 어떻게 듣고 곧바로 행할 수 있겠느냐'고 답하고, 염구에게는 '들으면 곧바로 행해야 한다'고 답하자, 이를 의아하게 생각하는 공서화(公西華)에게 그 연유를 일러준 말이 나온다; '염구(冉求)는 뒤로 물러나는 성격이므로 나아가게 한 것이고, 자로(子路)는 남보다 앞서가는 성격이므로 한 발 물러나게 한 것이다.'(「선진」 21: "子路問 '聞, 斯行諸?' 子曰 '有父兄在, 如之何, 其聞斯行之?' 冉有問 '聞斯行諸?' 子曰 '聞斯行之.' 公西華曰 「由也問 聞斯行諸, 子曰 有父兄在. 求也問 聞斯行諸 子曰 聞斯行之.」 赤也惑. 敢問.' 子曰 '求也退, 故進之, 由也兼人, 故退之.'") 공자는 질문에 답변할 때 늘 문자(問者)의 입장과 처지를 고려했다. 오늘날의 말로 하면 맞춤형 교육을 한 셈이다.

도 공양학의 세례를 받은 춘추가春秋家였다. 이야기를 마치면서 '시詩'를 인용하고 있는 것도 이들 저작이 성립하던 시대[秦漢]에 유행하던 문장 종료 기법이다.[90]

전체적으로 이 설화에서는 '온화하면서도 엄숙하고 위엄이 있으면서도 사납지 않고 공손하면서도 편안하였던'[91] 공자의 자태가 느껴지지 않는다. 공자가 소정묘少正卯를 죽였다는 기사는 사실이 아닐 것이다.

## 4. 계씨의 정청에 나아가다

공자는 대사구大司寇에 취임한 후에도 한 동안 계씨를 수반으로 하는 정청에는 참여하지 못했다. 대사구 직이 정공 직할지의 역직役職에 불과했기 때문이다.[92] 그래서 취임 초기에는 국정 운영에 참여할 자격을 얻지 못했다. 게다가 직전에 배신陪臣(신하의 신하 곧 대부의 가신을 말함-저자)들의 국정 농단과 모반 사건(양호의 난·후범의 난[93])이 있었

---

[90] 이에 대해서는 카지노부유키(加地伸行) 저, 민두기 역, 「司馬遷의 世界」(閔斗基 編, 『中國의 歷史認識』上, 創作과 批評社, 1985 257-272 所收), 265쪽 참조.

[91] "子溫而厲, 威而不猛, 恭而安."(「술이」 37)

[92] 『좌전』에는 '대사구(大司寇)'라는 직책이 보이지 않는다. 모두 '사구(司寇)'라고 되어 있다. 혹 공자를 드높히는 과정에서 '대' 자를 붙였을지도 모를 일이다. 다만 '대사공(大司空)'이란 직책이 있는 것에서 보면, 좀더 넓은 지역을 관할하는 '사구' 혹은 사구의 '최고책임자'라는 뜻에서, '대(大)' 자를 붙여 '대사구'라 칭하지 않았을까 상상한다. "二十六年春, 晉士蔿爲大司空."(『좌전』 장공 26년). 또 최술 지음, 『수사고신록』, 이재하 외 옮김, 한길사, 2009, 209쪽 참조.

[93] '양호의 난'은 정공 8년, '후범의 난'은 정공 10년에 있었다. 이에 대해서는 『좌

기 때문에, 사士의 신분으로서 대부大夫의 일[국정운영]에 간여하는 것을 극도로 경계했다. 『춘추』나 『좌전』에도 이 무렵에 공자가 계씨의 정청에 참여했다는 기사가 보이지 않는다.[94]

이에 대해 최술은 '양공襄公이나 소공昭公 시대에는 상경上卿이 아니어도 정사를 맡아본 경우가 있다'(사구는 하경下卿에 해당하는 직이다.-저자),[95] '계환자가 공자의 능력을 알고 있었으므로 비록 사구 직에 있었지만 정사를 돌보게 하였다' 『공양전』에도 「계손씨와 일을 같이 하며 석 달이 지나도록 서로 의견이 어긋나지 않았다」[96]는 말이 있

---

전』 정공 8년 및 정공 10년의 해당 기사 참조.

94　『춘추경』에 이때의 일이 전혀 기록되어 있지 않은 것은, 이때까지도 공자는 아직 '대부'의 위에 오르지 못했기 때문일 것이다. 『춘추』에서는 가신(家臣)은 비천하기 때문에 명(名)과 씨(氏)를 나타내지 않았다. 경(卿)이 되어야 비로소 그 명(名)과 씨(氏)를 경(經)에 기록했다. 『춘추경』 정공 8년 조에 "盜竊寶玉大弓."라 했는데, 두예의 주에 "盜 謂陽虎也. 家臣賤, 名氏不見, 故曰盜."라 되어 있다. 그런데 『좌전』에서조차 이 일에 대한 언급이 없다면 다시 생각해 볼 여지가 있다.

95　송나라[宋]의 악희(樂喜)는 사성(司城)이었고 정(鄭)의 자산(子産)은 차경(次卿)이었는데도 정사를 맡아본 적이 있다. "樂喜爲司城以爲政."(『좌전』 양공 9년) "鄭人使子展當國, 子西聽政, 立子産爲卿."(『좌전』 양공 19년. 두예의 주에 "簡公猶幼 故大夫當國"라 했다) ※ '사성(司城)'은 송나라 사공(司空) 직의 이명(異名)이다. 송나라에서 '사공'이란 말 대신에 '사성'이란 말을 쓴 것에 대해, 하휴(何休)는 '선군(先君) 무공(武公: b.c.765~b.c.748 재위)의 이름을 휘하기 위해서였다'고 하였다. 『공양전』 문공(文公) 8년 조에 "宋司空來奔."라 했는데, 하휴의 주에 "宋, 變司空爲司城者, 辟先君武公名也."라 되어 있다. 곧 송나라 무공의 이름이 '사공(司空)'이었던 것이다. "宋武公司空元年"(『사기』「송국연표」'무공' 조. bc.765년), "三十四年, 戴公卒, 子武公司空立."(『사기』「송미자세가」'대공' 조) 송나라에서 무공의 이름[司]을 휘하기 위해 '사공'을 대신하여 '사성'이란 이름을 사용했다는 것은 『자치통감』 호삼성(胡三省)의 주에도 보인다. 『자치통감』 '진선제태건' 4년 조에 "辛未, 周使司城中大夫杜杲, 來聘."라 했는데, 그에 대한 호삼성의 주에 "宋以武公名改司空爲司城, 侯国之卿也. 後周倣成周之遺制, 必不以諸侯之卿名官, 蓋髣髴『周官』掌固之職."이라 했다. '사성'은 송(宋)의 관직명으로써 '사공' 직이었던 것이다.

96　"孔子行乎季孫, 三月不違."(『공양전』 정공 10년). 이 기사는 『공양전』 정공 12

다', '『맹자』에도 「계환자의 경우에는 도를 실천할 만하여 벼슬했다」[97]는 말이 있다'고 하였지만,[98] 그것은 공자가 계씨의 정청에 나아간 뒤의 일이다. 이 무렵 공자가 계씨의 정청에 나아가 국사國事를 보았다는 기록은 어디에도 존재하지 않는다.

생각건대, 출처와 진퇴에 도가 있고, 행동거지에 절도가 있으며, 절용節用과 애인愛人이 습관화되어 있고, 백성들을 때에 맞게 동원할 줄 알며, 업무 처리가 신중하여 주위의 평판이 양호한데다 믿음직스런 면까지 있어서,[99] 중도의 재로 근무할 때부터 눈여겨 봐 왔는데, 기특하게도 자신에게 공손한 태도를 보이며,[100] 스스로 알아서 자신의 치부를 가려주고(소공의 묘가 공실 묘역에 들어가도록 묘역을 확장한 것-저자), 제나라와 정상회담[夾谷之會]을 할 때 정치적 수완을 발휘하여 나라를 누란의 위기에서 구한 것이 마음에 들어,[101] 뒤에 계씨의 추천에 의해 그가 집정하는 노나라의 국정에 정식으로 참여하게 되었다[攝相[102]]는 것이 사건의 진상일 것이다.

년 조에도 보인다. "曷爲帥師墮郈? 帥師墮費? 孔子行乎季孫, 三月不違, 曰 '家不藏甲, 邑無百雉之城.' 於是帥師墮郈, 帥師墮費."(『공양전』정공 12년)

97  "孔子有見行可之仕, 有際可之仕, 有公養之仕, 於季桓子, 見行可之仕也, 於衛靈公, 際可之仕也, 於衛孝公, 公養之仕也."(『맹자』「만장장구」하 4)

98  최술 지음,『수사고신록』, 이재하 외 옮김, 한길사, 2009, 213~214쪽 참조

99  이상 "子曰 '道千乘之國: 敬事而信, 節用而愛人, 使民以時.'"(「학이」5); "子曰 '弟子入則孝, 出則悌, 謹而信, 汎愛衆, 而親仁. 行有餘力, 則以學文.'"(「학이」6)에서 발췌 인용.

100  "孔子行乎季孫, 三月不違."(『공양전』정공 10년)

101  '협곡지회(夾谷之會)'에 대해서는 후술.

102  "定公十四年, 孔子年五十六, 由大司寇行攝相事, 有喜色."(『공자세가』정공 14년 조)

## 5. 협곡 회담에 상相으로 참여하다

다음은 정공定公의 상相이 되어 노魯·제齊 정상회담에서 수완을 발휘했다는 기사이다. 세가에 의하면, 공자가 계씨에게 수완을 인정받고 국정에 참여한 것은 정공 10년에 있었던 '협곡지회夾谷之會' 이후부터라고 한다. 그런데 이 기사에도 온전하게 믿기 어려운 부분이 있다. 기사의 내용이 『좌전』과 다른 것이다. 다만 이 기사는 사실 관계를 분변하기 어려운 앞의 여러 설화에 비해 비교적 신뢰할 수 있는 면이 있기 때문에, '사실'이라고 보고 논의를 좀 더 진행해 보려 한다.

정공 10년 봄, 노나라는 제나라와 평화조약을 맺었다. 그해 여름 제나라의 대부 려서黎鉏가 경공景公에게 경고하였다. "<u>노나라가 공구孔丘를 등용하였으니 반드시 제나라는 위험해질 것입니다.</u>" 그래서 (경공은) 노나라에 사자를 보내 친목을 위해 협곡夾谷에서 만날 것을 요청하였다. 정공은 수레를 타고 그곳에 가려 했다. 이때 공자는 상相의 일을 '임시로' 보고 있었는데, 정공에게 간하였다. "신이 듣기로 문사文事에도 반드시 무비武備를 갖추어야 하며, 무사武事에도 반드시 문비文備를 갖추어야 한다고 합니다. 또 옛날에 제후들은 국경을 나설 때 반드시 무관을 동반하였다고 합니다. 좌우左右 사마司馬를 데리고 가십시오." 정공이 찬성하여 좌우 사마를 데리고 협곡夾谷에서 제후齊侯와 회합하였다. 흙으로 만든 3등等 계단이 달린 단 위에 자리를 마련하고 (그 위에서) 제후齊侯와 노공魯公이 (제후가 회합하는) 예禮에 따라 상견례를 하였다. 서로 인사를 마치고, 단 위에 올라 술잔을 주고 받는 예가 끝나자, 제나라의 관리가 앞으로 나와 사방四方[夷狄]의 음악을 올릴 것을 청하였다. 정공이 좋다고 하자 깃발과 휘장을 펄럭이고 창칼과 방패를 든 일대의 무리가 북을 울리며 나왔다. 이때 공자가 앞으로 나와 두 번째 계단까지 올라와 소매를 쳐들고 말하였다. "우리 두 임금께서 친목을 위해 만나셨는데, 이 자리에 이적夷狄의 음악이 웬 말입니까? 담당자에게 명하여 이들을 물리치십시오." 담당관은 그들을 물러가게 하였으나 그들은 떠나지 않았다. 좌우의 수행원들이 안영晏嬰과 경공을 쳐다 보았다. 경공은 부끄러운 심정이라 손을 휘저어 그들을 물러가게 하였다. 잠시 뒤 제나라의 관리가 앞으로 나와 궁중 음악을 연주할 것을 청하였다. 경공이 허락하자 광대·배우들이 재주를 부리며 앞으로 나왔다. 공자는 다시 앞으로 나와 두 번째 계단까지 올라와 말을 하였다. "필부로서 제후를 현혹하는 자는 마땅히 처형해야 합니다. 담당관에게 처형을 명하시기 바랍니다." 담당관이 그들을 처형하였다. 경공은 당황하였으나 지혜와 의리 면에서 (공자를) 당할 수 없다고 생각하여, (그대로) 돌아와 크게 걱정하며 군신들에게 고하였다. "노나라의 신하들은 군자의 도로써 그 군주를 보필하는데, 그대들은 오로지 이적의 도로 과인을 가르쳤기 때문에, 노나라 임금에게 죄를 짓고 말았소. 어찌하면 좋겠소." 한 대신[晏嬰103]이 나와서 말하였다. "군자는 과오를 범하면 행동으로 사과하고, 소인은 과실을 저지르면 말로 사과한다고 합니다. 임금께서 정말 죄를 지었다고 생각하시면 행동으로 사과하십시오." 그래서 제나라는 노나라에게서 빼앗은 운鄆·문양汶陽·구음龜陰의 땅을 반환하여 사과하였다.[104]

---

103     하휴(何休)에 의하면 '대신(大臣)'은 안영(晏嬰)이라고 한다. 『공양전』 정공 10년 조의 "齊人爲是來歸之"에 대한 하휴의 주에 "齊侯自頰谷會歸, 謂晏子曰 '寡人或過於魯侯, 如之何?' 晏子曰 '君子謝過以質, 小人謝過以文. 齊嘗侵魯四邑, 請皆還之.'"(『春秋公羊傳注疏』)라 되어 있다.

104     "定公十年春, 及齊平. 夏, 齊大夫黎鉏言於景公曰 '魯用孔丘, 其勢危齊.' 乃使

이 사건은 『춘추경』과 『좌전』에도 기록되어 있다.

### 『춘추경』 정공 10년

10년 봄 주왕周王 3월에 제나라와 평화 조약을 맺었다. 여름에 정공定公이 제나라 임금[齊侯]과 협곡夾谷에서 회합하였다. 정공이 협곡에서 돌아왔다. ……제나라 사람[齊人]이 와서 운鄆과 환讙과 구음龜陰의 채지[田]를 돌려주었다.[105]

### 『좌전』 정공 10년

10년 봄에 제나라와 평화 조약을 맺었다. 여름에 정공이 제나라 임금[齊侯]과 축기祝其에서 회합하였으니 축기는 바로 협곡이다. 이때 공구孔丘가 예禮를 도왔다. 리미犂彌가 제후齊侯에게 말하였다. "공구는 예는 알지만 용기가 없으니, 만약 래인萊人들을 보내 무기로써 노나라 임금을 위협한다면 반드시

---

使告魯為好會, 會於夾谷. 魯定公且以乘車好往. 孔子攝相事, 曰 '臣聞有文事者必有武備, 有武事者必有文備. 古者諸侯出疆, 必具官以從. 請具左右司馬.' 定公曰 '諾.' 具左右司馬. 會齊侯夾谷, 為壇位, 土階三等, 以會遇之禮相見, 揖讓而登. 獻酬之禮畢, 齊有司趨而進曰 '請奏四方之樂.' 景公曰 '諾.' 於是旄旌羽袚矛戟劍撥鼓噪而至. 孔子趨而進, 歷階而登 不盡一等, 舉袂而言曰 '吾兩君為好會, 夷狄之樂何為於此! 請命有司!' 有司卻之, 不去, 則左右視晏子與景公. 景公心怍, 麾而去之. 有頃, 齊有司趨而進曰 '請奏宮中之樂.' 景公曰 '諾.' 優倡侏儒為戲而前. 孔子趨而進, 歷階而登, 不盡一等, 曰 '匹夫而營惑諸侯者罪當誅! 請命有司!' 有司加法焉, 手足異處. 景公懼而動, 知義不若, 歸而大恐, 告其群臣曰 '魯以君子之道輔其君, 而子獨以夷狄之道教寡人, 使得罪於魯君, 為之奈何?' 有司進對曰 '君子有過則謝以質, 小人有過則謝以文. 君若悼之, 則謝以質.' 於是齊侯乃歸所侵魯之鄆·汶陽·龜陰之田以謝過."(「공자세가」 정공 10년 조)

105 "十年春王三月, 及齊平. 夏, 公會齊侯于夾谷. 公至自夾谷. ……齊人來歸鄆·讙·龜陰田."(『춘추경』 정공 10년 조) 『공양전』에는 '협곡(夾谷)'이 '협곡(頰谷)'이라고 되어 있다. "夏, 公會齊侯于頰谷. 公至自頰谷." 같은 지명이다.

우리의 뜻대로 될 것입니다." 제후[景公]가 그의 말을 받아들여 그렇게 하라고 했다. 공자가 정공을 모시고 물러나면서 말했다. "병사들은 저 래인을 공격하라. 두 나라 임금이 회합하여 우호를 맺는 자리에 이적夷狄의 부로俘虜들이 무기를 들고 들어와 난동을 부리니, 이는 제나라 임금이 제후諸侯에게 명령한 뜻이 아니다(제후齊侯가 명령하여 회합을 하게 된 것이 아니라는 말이다.-저자). 원방의 나라는 중원을 도모할 수 없고, 이적은 중화를 어지럽힐 수 없으며, 부로는 회맹의 자리를 침범할 수 없고, 무력으로 우호국을 핍박할 수 없다. 이렇게 하면 신으로부터 불길한 재앙을 받게 되고, 덕행德行을 펴더라도 도의를 어기게 되며, 사람에게 예를 잃는 것이 되니, 제나라 임금께서도 반드시 그렇게 하지 않으실 것이다." 제후齊侯가 이 말을 듣고 즉시 래인萊人들을 물리쳤다. 맹약하려 할 때 제인齊人이 재서載書에 '제나라 군대가 전쟁에 나갈 때[出國] 노나라[而]가 전차 3백 승을 거느리고 와서 우리 제나라 군대를 따르지 않는다면, 이 맹약문에 저주한 것과 같은 화禍를 받을 것이다.'라는 문구를 추가하려 하자, 공자가 자무환玆無還을 시켜 읍하고 다음과 같이 대답하게 하였다. '제나라[而]가 우리에게 문수汶水 북쪽의 땅을 돌려주지 않는다면, 우리가 제나라의 명命을 받드는 것도 이 맹약문과 같이 하겠다.' 제나라 임금이 연회를 열어 정공을 접대하려 하자, 공자가 양구거梁丘據에게 말하였다. "제나라와 노나라의 옛 전례[故事]를 그대는 듣지 못하였습니까? 회맹의 일이 이미 끝났는데, 또 향연을 베푼다면 집사를 수고롭게 할 뿐입니다. 그리고 또 희존犧尊[소의 형상으로 만든 술잔]과 상존象尊[상아로 장식한 술잔]은 궁문 밖으로 나올 수 없고, 가악嘉樂[종경鍾磬 같은 악기]은 야외에서 연주하기에 적합하지 않습니다. 향연을 열어 희상犧象과 가악嘉樂을 다 갖추어 쓰면 이는 예를 버리는 것이고, 그것을 갖추지 않으면 (곡식을 버리고) 비패秕稗[쭉정이와 피를 쓰는 것입니다. 비패를 쓰면 두 나라 임금에게 치욕이 되고, 예를 버리면 두 나라의 명성이 나빠질 것입니다. 그대는 어찌하여 깊이 생각하지 않습니까? 연향宴享은 덕을 밝히기 위함이니, 덕을 밝힐 수 없다면 하지 않는 것만 못합니다." 제나라가 이에 연향을 거행하지 않았다. 제인齊人이 와서 운鄆과 환讙과 구음龜陰의 땅을 돌려주었다.[106] (이 땅은 정공 9년 양호가 제나라로 달아날 때 가지고 간 땅이다-저자)

기사의 본문에는 나와 있지 않지만, 세가는 물론 『좌전』에서 이 사건을 비중 있게 다루고 있는 것을 보면, 이때의 일이 제나라와 노나라 또 공자에게 매우 중요하고 심각한 일이었던 것 같다.

『춘추경』에 의하면 정상 간의 회담에 앞서 실무자 간의 합의가 3월에 있었다고 한다.[十年春王三月及齊平]. 여름에 개최된 노나라 정공과 제나라 경공 간의 회담[夾谷之會]은 실무자 간에 합의된 것을 양국의 정상이 국가 간의 협약으로 대내외에 공포하는 자리였을 것이다.

그런데 세가에 기록된 것과 『좌전』에 기록된 내용이 서로 다르다. 우선, 배석자를 보면, 세가에서는 이 회담에 제나라에서는 안영晏嬰

---

[106] "十年春, 及齊平. 夏, 公會齊侯于祝其, 實夾谷. 孔丘相, 犁彌言於齊侯曰 '孔丘知禮而無勇, 若使萊人以兵劫魯侯, 必得志焉.' 齊侯從之, 孔丘以公退曰 '士, 兵之. 兩君合好, 而裔夷之俘以兵亂之, 非齊君所以命諸侯也. 裔不謀夏, 夷不亂華, 俘不干盟, 兵不偪好, 於神爲不祥, 於德爲愆義, 於人爲失禮, 君必不然.' 齊侯聞之, 遽辟之. 將盟, 齊人加於載書曰 '齊師出竟, 而不以甲車三百乘從我者, 有如此盟.' 孔丘使玆無還揖對曰 '而不反我汶陽之田, 吾以共命者, 亦如之.' 齊侯將享公, 孔丘謂梁丘據曰 '齊魯之故, 吾子何不聞焉, 事旣成矣, 而又享之, 是勤執事也. 且犧象不出門, 嘉樂不野合, 饗而旣具, 是棄禮也, 若其不具, 用秕稗也. 用秕稗, 君辱, 棄禮, 名惡, 子盍圖之. 夫享, 所以昭德也, 不昭, 不如其已也.' 乃不果享. 齊人來歸鄆讙龜陰之田."(『좌전』 정공 10년)

이 배석하고 노나라에서는 ('자격 시비가 일어날 수 있는'[107]) 공자가 '보좌관'[相]으로 배석했다고 한다. 그런데 『좌전』에는 안영이 '상'으로 배석했다는 기록이 없다.[108] 사마천은 왜 참석하지도 않은 안영이 이 회담에 배석했다고 한 것일까?

**협곡(夾谷)에서 있었던 노魯·제齊 정상회담의 실상**

| 구분 | 공자세가 | 좌전 |
|---|---|---|
| 배석자[相] | 제齊: 안영晏嬰<br>노魯: 공자 | 제齊: 리미犂彌<br>노魯: 공자 |
| 회담의 목적 | 노魯가 공자를 등용하여, 제齊의 장래가 걱정되어 화친을 맺음 | 언급 없음 → 노魯로 하여금 진晉을 배반하게 하기 위해 |
| 회담 전야 | 공자: 좌우左右 사마司馬를 데리고 가십시오 | 려서黎鉏: 공구孔丘는 예禮는 알지만 용기가 없다 |
| 제齊의 요구 | 언급 없음 | 제齊가 출병할 경우, 노魯는 전차 3백 승으로 구원한다 |
| 노魯의 요구 | 언급 없음 | 제齊가 강점하고 있는 문수汶水 북쪽의 땅[文陽]을 돌려달라 |
| 회담의 결과 | 제齊가 강점하고 있던 운鄆·환讙·구음龜陰을 반환하다 | 제齊가 강점하고 있던 운鄆·환讙·구음龜陰을 반환하다 |
| 반환 이유 | 제齊가 노魯에 범한 비례非禮를 사과하는 차원에서 반환 | 노魯의 구원 곧 진晉에 대한 배반을 얻어내기 위해 반환 |

---

107 제후(諸侯)가 주역이 되어 참여하는 회담에는 보통 대부(大夫)가 상(相)으로 배석(陪席)하는 것이 관례이다. 그런데 이때 공자는 아직 '대부'의 위에 오르기 전이다. 외교 의전 상 결례가 될 수 있다.

108 『좌전』에는 이 회담에 안영(晏嬰)이 참여하였다는 기록이 없다. 그것은 「공자세가」의 기록에 의한 것이다. "有司卻之, 不去, 則左右視晏子與景公."

여기에는 특별한 이유가 있다. 공자의 존재를 부각시켜야 했기 때문이다. 사마천은 사건의 객관적 진실보다 이 회담에서의 공자의 역할과 위상을 드러내는 데 더 관심이 있었다. 한편으로는 상대의 상相이 '안영'이었다는 것을 밝혀 공자의 위상을 높이고, 다른 한편으로는 난망한 회담이 공자 덕분에 노나라에 극히 유리하게 결과되었다는 것을 밝혀 공자의 능력을 드러내고자 한 것이다.[109]

실제로 이 사건의 배후에는 당시 천하의 주도권[覇]을 둘러싼 제후들 간의 알력과 갈등이 있었다. 그리고 그것의 정리에는 공자의 역할이 매우 컸던 것이 사실이다.

잠시 이에 대해 살펴보면, 소공昭公 이전에는 천하 제후들이 진나라[晉]를 패자覇者로 받들었다. 그런데 소릉召陵 회맹會盟 이후 진나라는 제후들에게 신망을 잃었다.[110] 그래서 이후에는 제후들이 진나

---

[109] 결과론이지만 이 회담은 공자의 입신(立身)에 결정적 영향을 미쳤다.(후술) 『좌전』에 보이지 않는 안영(晏嬰)을 경공(景公)의 상(相)으로 끼어넣은 것은 이 때문으로 풀이된다. 회담이 노나라에 유리하게 결과되었다면, 그것은 안영과의 외교 대결에서 공자가 승리한 것을 뜻하기 때문이다. 사실(史實)에 대한 기록도 중요하지만[歷史家], 어떻게든 공자를 높여야 했던 춘추가(春秋家)의 입장에서는 당연히 그렇게 기록하고 싶었을 것이다. 안영을 이름을 '안자(晏子)'라고 높여서 경칭으로 기록한 것도 참고가 된다

[110] 소릉(召陵) 회담은 채나라[蔡] 소후(昭侯)가 초나라[楚]에 3년 간 억류 당한 설움을 되갚기 위해 진나라[晉]를 찾아가면서부터 시작되었다. 정공 3년(B.C.507) 채 소후는 두 개의 패옥과 두 벌의 갖옷을 만들어 가지고 초나라에 가서 패옥 하나와 갖옷 한 벌을 초 소왕(楚昭王)에게 바쳤다. 소왕은 그 패옥을 차고 그 갖옷을 입고 연회를 열어 채후[蔡昭侯]를 접대했는데, 그때 채후도 남은 패옥과 갖옷을 입고 연회에 참석했다. 그때 이를 본 초나라의 영윤(令尹) 자상(子常)이 그 패옥과 갖옷을 갖고 싶어 했으나 채후가 주지 않았다. 그러자 자상이 채후를 3년 동안 억류[止]했다.
　그 무렵 당나라[唐]의 성공(成公)이 초나라에 갔다. 그에게는 두 마리의 숙상마(肅爽馬)가 있었는데, 이때에도 자상(子常)이 그 말을 갖고 싶어 했으나, 당후[唐成公]가 주지 않자 당후를 3년 동안 억류하였다. 어느 날 당인(唐人)들 가운데 어떤 사람이 (무리와 상의한 후) 먼저 온 종자들을 (뒤에 온 종자들로) 교대시켜 주기를 청하자 자상

이 허락하였다. 그때 (뒤에 온 종자들이) 먼저 온 종자에게 술을 먹여 취하게 한 다음 숙상마를 훔쳐 자상에게 바쳤다. 그러자 자상이 당후를 돌려보냈다.

그뒤 채나라 사람이 (이를 듣고) 채후에게 청하여 패옥을 자상에게 바치니, 자상은 조정에 나아가 채후의 종자[徒衆]를 만나보고 유사에게 명하여, '채의 임금[蔡君]이 이곳에 오래 머문 것은 우리 유사[官]가 (채후를 전송하는) 예물을 갖추지 못했기 때문이다.'고 하면서 채후가 돌아가도록 했다. 채후는 돌아올 때 한수(漢水)에 이르러 옥을 한수에 던지며 다음과 같이 맹세했다. "내가 만약 다시 한수를 건너 남쪽으로 간다면 대천의 신이 나에게 재앙[禍]을 내릴 것이다."

그뒤 채후는 진나라[晉]에 가서 초나라의 무례를 고하고 그 아들[元]과 그 대부들의 아들을 인질로 주고 초나라를 토벌해 줄 것을 청하였다. 『좌전』 정공 4년 조에 "4년 봄 3월에 유문공(劉文公)이 소릉(召陵)에서 제후(諸侯)와 회합하였다. 초나라 토벌에 관한 일을 상의하기 위함이었다."라는 기사가 있다. 『좌전』 정공 4년 조의 "四年春三月, 劉文公合諸侯于召陵, 謀伐楚也."는 이 사건을 기록한 것이다. 유 문공(劉文公)은 왕관(王官)[주 왕실의 관원]의 장이다. 당시 패자(覇者)는 진나라였다. 진나라가 왕명(王命)[周王의 命]을 빙자[가탁]하여 (채후를 오랫동안 억류한) 초나라를 징벌하려 하였기 때문에 유 문공이 제후(諸侯)들과 회합한 것이다. 『춘추경』 정공 4년 조에 "3월에 정공(定公)이 유자(劉子)·진후(晉侯)·송공(宋公)·채후(蔡侯)·위후(衛侯)·진자(陳子)·정백(鄭伯)·허남(許男)·조백(曹伯)·거자(莒子)·주자(邾子)·돈자(頓子)·호자(胡子)·등자(滕子)·설백(薛伯)·기백(杞伯)·소주자(小邾子)·제나라의 국하(國夏)와 소릉(召陵)에서 회합하고 초(楚)로 침입하였다."[三月, 公會劉子·晉侯·宋公·蔡侯·衛侯·陳子·鄭伯·許男·曹伯·莒子·邾子·頓子·胡子·滕子·薛伯·杞伯·小邾子·齊國夏于召陵, 侵楚.]라는 기사가 있다. 이때의 일을 기록한 것이다.

그런데 이때 문제가 생겼다. 당시 진나라의 집정(執政)은 순인(荀寅)이었는데, 순인이 채후에게 초나라를 공벌하는 대가로 재물을 요구하였다. 그런데 채후가 주지 않자 범헌자(范獻子)를 시켜 채후의 요청을 거절하게 했다. 회맹에서 결의한 것을 번복해 버린 것이다. 이런 일도 있었다. 진나라가 정나라[鄭]에 우모(羽旄)[새의 깃털로 장식한 깃발. 새의 깃털을 쪼개어 깃대 머리에 꽂음]를 빌려달라고 해서 정나라가 주었는데, 진나라가 천인(賤人)으로 하여금 깃발이 달린 깃대 꼭대기에 이 우모를 꽂고 회합에 가는 행차를 따르게 했다. 정나라를 천하게 여긴 것인데, 이것도 진나라가 제후들의 신임을 잃은 한 원인이 되었다.

그 뒤 진나라는 채나라를 시켜 소릉(召陵) 회합에 참석하지 않은 심나라[沈]를 치게 했는데, 채나라가 심나라를 격멸하자 초나라가 채나라를 포위하였다. 이때 오나라[吳]에서는 오원(伍員)[伍子胥]이 초나라 토벌 계획을 세우고 있었는데, 마침 초나라에 원한이 있던 오나라의 태재(太宰) 백비(白嚭)가 초나라를 치기를 원하여 초나라를 공벌하는 쪽으로 중론이 모아졌다. 이 사실을 안 채후가 이 기회를 이용해 초나라를 치고자, 그 아들 건(乾)과 그 대부(大夫)의 아들들을 오나라에 인질로 보내고, 초나라 토벌을 청했다.

라에 알리지도 않고 제각기 이해 관계에 따라 회맹을 갖곤 했다. 그것이 『춘추경』에 기록된 다음 기사이다.

- 정공 4년 조

　삼월에 정공이 유자·진후·송공·채후·위후·진자·정백·허남·조백·거자·주자·돈자·호자·등자·설백·기백·소주자·제나라 국하와 소릉에서 회합하고 초나라로 침입하였다.[三月, 公會劉子·晉侯·宋公·蔡侯·衛侯·陳子·鄭伯·許男·曹伯·莒子·邾子·頓子·胡子·滕子·薛伯·杞伯·小邾子·齊國夏于召陵, 侵楚.]

- 정공 7년 조

　가을에 제후와 정백이 함鹹에서 회맹을 가졌다.[秋, 齊侯·鄭伯盟于鹹.]

　제후와 위후가 사沙에서 회맹을 가졌다.[齊侯·衛侯盟于沙.][111]

　　그해 채후(蔡侯)·오자(吳子)·당후(唐侯)가 연합하여 초나라를 토벌했다. (唐侯가 이에 합세한 것은 년전의 일로 초나라에 원한이 있었기 때문이다-저자) 졸지에 기습을 당한 초나라는 연합국의 공격에 속수무책으로 무너져, 진나라[秦]의 도움으로 가까스로 사직을 보존할 수 있었다.(楚昭王의 모친은 秦女였다-저자) 이후 오나라는 여세를 몰아 중원 경략[霸]에 매진하여 중원 전체는 혼란의 도가니로 빠져 들게 되었다.

　「중니제자열전」에 "故子貢一出, 存魯, 亂齊, 破吳, 彊晉而霸越. 子貢一使, 使勢相破, 十年之中, 五國各有變."(「중니제자열전」 '단목사' 조)이라는 기사가 있다. 자공(子貢)이 국제외교 무대에서 드날린 명성을 찬미한 말인데, 후인의 조설로 의심되는 면이 있지만, 춘추 말 전국 초에 중원(中原)에서 일어난 혼란은 모두 이 소릉 회담 이후의 진나라의 잘못된 처신에서 비롯된 것이다. 물론 초나라에 대한 채후의 원한, 초나라에 대한 오자서(伍子胥) 및 백비(白嚭)의 원한, 중원 경략에 대한 오왕(吳王) 부차(夫差)의 숙원도 영향을 미쳤다. 이에 대해서는 '애공 2년의 공자의 천하 유력'을 고찰하는 자리에서 상세히 설명하겠다.

111　『춘추경』(정공 7년 조)에 "秋, 齊侯鄭伯盟于鹹. 齊人執衛行人北宮結以侵衛. 齊侯衛侯盟于沙."라 했는데, 그 전(『좌전』)에 "秋, 齊侯鄭伯盟于鹹, 徵會于衛, 衛侯欲叛晉. 諸大夫不可, 使北宮結如齊, 而私於齊侯曰 '執結以侵我.' 齊侯從之, 乃盟于瑣."라 했다. 당시 제나라 경공(齊景公)과 정나라 헌공(鄭獻公)은 함(鹹)에서 회맹을 갖고 진나라[晉]에 공동 대처하기로 의견을 모았다. 두 나라는 위나라도 동참시키고자 했지만, 위나라 영공(衛靈公)은 그 대부들의 만류로 이 회담에 참석치 못했다. 이에 영

- 정공 8년 조

    겨울에 위후와 정백이 곡복曲濮에서 회맹하였다.[冬, 衛侯·鄭伯盟于曲濮.]<sup>112</sup>

- 정공 8년 조

    가을에 제후와 위후가 오씨五氏에 주둔[次]하였다.[秋, 齊侯·衛侯次于五氏.]<sup>113</sup>

그런데 이때에도 유독 노나라만은 예전처럼 진나라를 섬기며 제후들과 회맹하는 것을 꺼렸다.<sup>114</sup> 오히려 진나라 편에 서서 제후들

---

공은 북궁 결(北宮結)을 제나라에 사자[行人]로 보내고, 제후(齊侯)[靈公]에게 '은밀히'[私] 사람을 보내, 그를 붙잡아 두고 위나라로 쳐들어 오게 했다. 제나라가 위나라의 요청 대로 북궁 결을 잡아 두고 위나라를 치자, 영공은 못 이기는 척하며 나아가, 제나라와 사(沙)에서 회맹을 하고 진나라를 배반했다. 『좌전』 정공 7년 조의 "使北宮結如齊, 而私於齊侯曰 ……."와 상기 『춘추경』의 "齊人執衛行人北宮結以侵衛."는 이 사건을 기록한 것이다. 사자인 북궁 결을 '행인(行人)'이라 칭한 것은 제나라가 위나라를 침공한 것이 북궁 결의 잘못으로 인한 것이 아니라는 뜻이다. 『춘추경』 정공 7년 조의 "齊人執衛行人北宮結以侵衛"에 대한 두예의 주 참조. "稱行人, 非使人之罪." 사전에 밀약이 되어 있었다는 뜻이다.

112 두예에 의하면, 이 결맹은 진나라가 정나라와 위나라를 침공하자, 두 나라가 힘을 합쳐 진나라에 공동 대응하기로 한 것[結叛晉]이라고 했다.

113 오씨(五氏)는 진나라[晉] 땅이다. 『춘추경』에서 '벌(伐)'이라 쓰지 않고 '차(次)'라 쓴 것은 제후(齊侯)와 위후(衛侯)가 맹주[晉]의 나라를 친 것을 숨기기 위해서였다. "五氏, 晉地. 不書伐者, 諱伐盟主, 以次告."(두예의 주) 참조. 제나라와 위나라가 합심하여 진나라를 공격한 사건에 대해서는 『좌전』 정공 9년 조의 "秋, 齊侯伐晉夷儀." 이하 참조. '차(次)'라 한 것은 군대가 오씨(五氏)에 '이틀 이상' 묵었기 때문이다. 군대가 하루 묵는 것을 '사(舍)'라 하고, 이틀 묵는 것을 '신(信)'이라 하며, 이틀 이상 묵는 것을 '차(次)'라 한다. 『좌전』 장공 3년 조에 "凡師, 一宿爲舍, 再宿爲信, 過信爲次."라 했다. '凡師'라 한 것은 임금이 거느린 군대나 신하가 거느린 군대 모두에 (이러한 용어를) 적용하였기 때문이다.

114 『좌전』 정공 6년 조에 "二月, 公侵鄭, 取匡, 爲晉討鄭之伐胥靡也. ……夏, 季桓子如晉, 獻鄭俘也. 陽虎强使孟懿子往報夫人之幣. 晉人兼享之, 孟孫立于房外, 謂范獻子曰 '陽虎若不能居魯, 而息肩於晉, 所不以爲中軍司馬者, 有如先君!' 獻子曰 '寡君有官, 將使其人, 鞅何知焉?' 獻子謂簡子曰 '魯人患陽虎矣. 孟孫知其釁, 以爲必適晉. 故强爲之請, 以取入焉.'"라는 기사가 있다. 정나라[匡]를 침공하여 획득한 포로들

을 공격했다. 곧 정공 5년에는 진나라를 위해 정나라를 쳤고,[115] 진나라가 정나라와 위나라를 칠 때에는 진나라를 도와 위나라를 침공했다.[116] 그래서 제나라가 (동맹국인) 위나라를 위해 두 번에 걸쳐 노나라를 친 것이다.[117] 그리고 이에 대한 보복으로 노나라도 두 번에 걸쳐 제나라를 공격하고,[118] 제나라가 노나라를 칠 때 진나라가 와서 구원하고, 진나라의 도움을 받아 제나라를 치기도 한 것이다.[119]

---

을 계손사(季孫斯)와 중손하기(仲孫何忌)가 직접 인솔하고 가서 진나라[晉]에 공물로 바치고 그 대부(大夫)들과 우의를 다졌다는 내용이다. 이 무렵 노나라는 진나라와 우호 관계를 유지하기 위해 많은 애를 썼다. 물론 이 일은 양호(陽虎)에 의해 강요된 것이라서, 노나라가 자원(自願)한 외교 정책이라고 보기는 어렵다. 당시 노나라의 국정은 양호에게 장악되어 있었는데, 양호는 국정을 장악한 뒤, 집정(執政) 삼가(三家)의 우두머리를 모두 교체하는 계획을 세우고,(三家의 嫡子를 폐하고 庶子를 그 자리에 대신 세우는 모반-저자) 모반이 실패할 경우 진나라로 달아나려 했다. 그래서 광(匡) 땅에서 획득한 포로들을 진나라에 노예로 바칠 때 계손사(季孫斯)와 중손하기(仲孫何忌)에게 이들을 인솔하게 하여 제후들에게 원성을 사게 하고, 자신은 그 공로를 인정 받아 진나라의 신임을 얻고자 한 것이다. 후술하겠지만 양호가 저질러 놓은 수년 간의 이 악행을 '외교적으로' 바로잡은 것이 정공 10년에 있었던 '협곡지회(夾谷之會)'이다. 이때 공자가 상(相)으로 배석하여 난망(難忘)한 이 문제를 이해당사국들이 모두 바라는 대로 매듭, 정리하였다. 공자의 이름이 천하에 널리 알려지게 된 직접적인 계기가 되는 사건이다. 이에 대해서는 후술.

115 『춘추경』정공 6년 조에 "二月, 公侵鄭."라 했는데, 그 전(傳)[『좌전』]에 "二月, 公侵鄭, 取匡, 爲晉討鄭之伐胥靡也. 往不假道於衛, 及還, 陽虎使季孟自南門入, 出自東門, 舍於豚澤, 衛侯怒, 使彌子瑕追之……"(『좌전』정공 6년)라 했다.

116 『춘추경』정공 8년 조에 "晉士鞅帥師侵鄭, 遂侵衛. …… 季孫斯仲孫何忌帥師侵衛."라 했는데, 그 전에 "九月, 師侵衛, 晉故也."라 했다. 노나라가 진나라를 도와 위나라를 친 사건을 기록한 것이다.

117 제나라는 정공 7년 가을과 8년 여름에 국하(國夏)를 보내 노나라 서쪽 변경을 침공했고, 정공(定公)은 8년 정월과 2월에 제나라를 침공했다. "齊國夏帥師伐我西鄙."(『춘추경』정공 7년); "夏, 齊國夏帥師伐我西鄙."(『춘추경』정공 8년)

118 『춘추경』정공 8년 조에 "八年春王正月, 公侵齊. ……二月, 公侵齊."(『춘추경』정공 8년 정월)라는 기사가 있다. 정공 7년 제나라가 공격한 것에 대해 보복한 것이다.

119 『춘추경』정공 8년 조에 "정공(定公)이 와(瓦)에서 진나라 군대(晉師)와 회합

노나라가 제후들의 회맹에 참여하지 않은 데에는 피치 못할 사정이 있었다. 바로 양호陽虎 때문이다. 양호가 계환자를 유폐한 이후 노나라의 정치는 양호의 손아귀에 있었다.[120] 양호는 삼가三家를 몰아내고 노나라의 국정을 장악할 음모를 꾸몄는데, 난이 실패할 경우 진나라[晉]로 달아날 계획을 세우고 이같은 짓을 벌인 것이다. 실제로 양호는 그 뒤[정공 8년] 삼가의 적자를 제거하는 난을 일으켰다. 그리고 난이 실패하자 제나라로 달아났다.[121] 그후 송나라를 거쳐 진나라로 가서 진앙晉鞅에게 의탁했다.

노나라는 양호가 제나라로 달아난 후에야 비로소 제후들의 '반진反晉' 연합에 참여할 수 있었다. 협곡에서의 회담[夾谷之會]은 노나라가 제후들의 회맹[반진연합]에 참여한다는 것을 공식적으로 확인하는 자리였던 것이다. 이후 노나라는 제나라와 평화조약[和親]을 맺고 정나라와도 화친을 맺었다.[122] 그래서 『좌전』에서 '정나라와 화친을 맺

---

(會合)하였다."[公會晉師于瓦]라는 기사가 있는데, 이에 대해 두예(杜預)는 "진나라 [晉]에서 노나라를 구원하기 위해 군사를 거느리고 왔으므로, 정공(定公)이 맞이하여 회합(會合)한 것이다."[將來救魯 公逆會之.]라고 주해했다.

120　"乙亥, 陽虎囚季桓子及公父文伯, 而逐仲梁懷. 冬十月丁亥, 殺公何藐. 己丑一 盟桓子于稷門之內, 庚寅, 大詛. 逐公父歜及秦遄, 皆奔齊."(『좌전』 정공 5년)

121　"季寤·公鉏極·公山不狃皆不得志於季氏, 叔孫輒無寵於叔孫氏, 叔仲志不得 志於魯. 故五人因陽虎, 陽虎欲去三桓, 以季寤更季氏, 以叔孫輒更叔孫氏, 己更孟氏. 冬十月, 順祀先公而祈焉, 辛卯, 禘于僖公. 壬辰, 將享季氏于蒲圃而殺之, 戒都車曰 '癸巳至.' 成宰公斂處父告孟孫曰 '季氏戒都車,니 何故? 孟孫曰 '吾弗聞.' 處父曰 '然則 亂也.' ……"(『좌전』 정공 8년). 『춘추경』에는 이에 대한 기사가 없다. "도적(盜賊)이 보옥(寶玉)과 대궁(大弓)을 훔쳐갔다."[盜竊寶玉大弓]라고만 기록했다. '도(盜)'는 양호(陽虎)를 가리킨다. 가신(家臣)[陪臣]은 비천(卑賤)하기 때문에 씨(氏)와 명(名)을 나타내지 않은 것이다. 『춘추경』에서는 대부(大夫) 이하의 일은 기록하지 않았다. 그러므로 배신(陪臣)의 반란(叛亂)을 모두 기록하지 않은 것이다.

122　"十年春王三月, 及齊平. 夏, 公會齊侯于夾谷." "冬, 齊侯衛侯鄭游速會于安

은 후 비로소[始] 진나라에 등을 돌렸다'고 한 것이다.[123] 앞에 인용한 "여름에 정공이 제나라 임금과 협곡에서 회합하였다"[夾谷之會]는 기사는 이때의 일을 기록한 것이다. 곧 제나라가 노나라에 회합을 요청한 것은 노나라가 진나라에 등을 돌리게[叛] 하기 위함이었을 뿐, 노나라가 공자를 등용하여 강성해지는 것을 우려했기 때문이 아니라는 말이다.[124]

물론, 이 회담은 노나라에게는 달갑지 않은 회담이었다. 제나라 측에서 실무자 간에 합의된 것을 일방적으로 파기하고, 새로운 조항(제나라가 출병할 경우 노나라는 전차 3백 승을 거느리고 와서 돕기로 한다-저자)의 삽입을 강제했기 때문이다. 물론 이에 응해 노나라 측에서도 새로운 조건(제나라가 강점하고 있던 고토를 반환한다-저자)의 이행을 맹약의 전제 조건

---

甫."(이상 『춘추경』 정공 10년). "十有一年, ……冬, 及鄭平. 叔還如鄭涖盟."(『춘추경』 정공 11년)

123 "冬, 及鄭平, 始叛晉也."(『좌전』 정공 11). 두예(杜預)에 의하면, "노나라는 희공(僖公) 이후 대대로 진나라[晉]에 복종하였는데, 지금에 이르러 비로소 배반하였기 때문에 '시(始)'라 한 것이다."고 했다. "魯自僖公以來, 世服於晉, 至今而叛 故曰'始'."

124 이에 대해 「공자세가」에서는 제나라가 공자 때문에 어쩔 수 없이 이 회담을 요청하게 되었다고 기록하였다. "魯用孔丘其勢危齊." 「제태공세가」와 「노주공세가」에도 그렇게 기록되어 있다. "四十八年, 與魯定公好會夾谷. 犁鉏[犁彌]曰 '孔丘知禮而怯, 請令萊人為樂, 因執魯君, 可得志.' 景公害孔丘相魯, 懼其霸, 故從犁鉏之計. 方會, 進萊樂, 孔子歷階上, 使有司執萊人斬之, 以禮讓景公. 景公慙, 乃歸魯侵地以謝, 而罷去. 是歲, 晏嬰卒."(『사기』 「제태공세가」 '경공' 조); "十年, 定公與齊景公會於夾谷, 孔子行相事. 齊欲襲魯君, 孔子以禮歷階, 誅齊淫樂, 齊侯懼, 乃止. 歸魯侵地而謝過."(「노주공세가」 '정공' 조) 그러나 이때는 공자가 아직 계씨의 집정에 참여하기 전이다. 그런 공자를 제나라에서 경계했다는 것이 이해가 되지 않는다. 제나라가 노나라를 압박하여 무언가를 얻어내려는 노림수(노나라로 하여금 진나라를 배반하게 하려는 의도-저자)를 갖고 이 외교 교섭에 임했다는 뜻을 이같이 애둘러 표현한 것이다. 하지만 어떻게 표현해도 이것은 사실이 아니다.

으로 제시하였지만,[125] 어떻게 해석해도 이것은 노나라에게는 실익이 없는 것이었다. 노나라가 돌려달라고 청한 고토는 정공 8년 양호가 제나라로 달아날 때 임의로 가지고 간 땅으로써 원래부터 노나라의 채지였던 곳이다.

제나라로서는 점유하고 있어야 할 하등의 이유가 없는 땅이었다.[126] 게다가 지금은 양호가 진나라로 달아나서,[127] 강점할 명분도 사라진 상태였다. 기본적으로 제나라에게는 도움이 되지만, 노나라에게는 아무런 실익이 없고, 오히려 부담만 가중시키는 회담이었다.

이 회담에 공자는 정공을 수행하는 '상相'의 자격으로 참여했다. 보통 '상'은 전국 시대 이후에는 '재상宰相'을 가리키지만, 이 회담에서는 그런 의미로 사용된 것이 아니다.[128] 물론 제나라 측에서 경공

---

[125] 원래 이 땅은 노나라의 소공(昭公)이 계씨(季氏)에게 패해 제나라로 분주했을 때(이 일은 소공 25년에 있었다-저자), 제나라 경공[齊景公]이 소공을 위해 (채지를 마련해 주려고) 노나라에서 빼앗은 땅인데, 양호(陽虎)가 국정을 장악한 뒤로는 양호가 임의로 드나들었다. 그런데 소공이 죽고 양호가 진나라[晉]로 달아난 뒤에도 제나라는 이 땅을 노나라에 돌려주지 않고 계속 강점하고 있었다. 이에 대해서는 졸저, 『공자의 청년시대』, 문사철, 2020, 제3부 제3장 소공의 망명 참조.

[126] "七年, 齊伐我, 取鄆, 以為魯陽虎邑以從政. 八年, 陽虎欲盡殺三桓適, 而更立其所善庶子以代之, 載季桓子將殺之, 桓子詐而得脫. 三桓共攻陽虎, 陽虎居陽關. 九年, 魯伐陽虎, 陽虎奔齊, 已而奔晉趙氏."(『사기』 「노주공세가」 '정공' 조)

[127] 양호(陽虎)는 정공 9년 제나라로 달아났다. 이후 송나라[宋]를 거쳐 진나라[晉]로 가 조간자(趙簡子)에게 의탁하였다. "六月, 伐陽關, 陽虎使焚萊門, 師驚, 犯之而出, 奔齊, ……齊侯執陽虎將東之, ……又以蔥靈逃, 奔宋, 遂奔晉, 適趙氏."(『좌전』 정공 9년)

[128] 『좌전』에서는 '상(相)'을 '상례(相禮)'의 의미로 사용했다. "相, 會儀也."(『사기집해』의 두예의 주) 주인(主人)이 예(禮)를 행할 때 그것을 돕는 역할을 '상(相)'이라고 했다. '재상(宰相)' 혹은 '상국(相國)'의 의미가 아니다. 국정의 운영과는 무관한 자리이다. ▲노나라 양공이 진나라[晉]에 갈 때 맹헌자(孟獻子)가 양공(襄公)을 보좌한 적이 있다. "冬, 公如晉聽政. 晉侯享公, 公請屬鄫, 晉侯不許. 孟獻子曰 '以寡君之密邇於仇讐,

## 협곡지회 전후의 열국의 동향

| 노국연표 | BC | 사건 | |
| --- | --- | --- | --- |
| | | 열국列國 | 노국魯國 |
| 정공 3년 | 507 | 초가 채후蔡侯를 억류하다. | |
| | | 유문공이 소릉召陵에서 회합을 주도하다 | |
| 정공 4년 | 506 | | 노가 진을 위해 정을 토벌하다 |
| | | 제가 노를 침공하다 | 노가 진을 도와 위를 침공하다 |
| 정공 6년 | 504 | 제와 정이 함鹹에서 회맹하다 | 제가 노를 침공하다 |
| | | 제와 위가 사沙에서 회맹하다 | |
| 정공 7년 | 503 | | 정월에 노가 제를 침공하다 |
| | | | 이월에 노가 제를 침공하다 |
| 정공 8년 | 502 | 여름에 제가 노를 침공하다 | 여름에 노와 진군晉軍이 와瓦에서 회합하다 |
| | | | 진이 정과 위를 침공하다 |
| 정공 9년 | 501 | | 노가 위를 침공하다 |
| | | 겨울에 위와 정이 곡복曲濮에서 회맹하다 | 양호가 난을 일으키다 |
| 정공 10년 | 500 | 제와 위가 오씨五氏에 주둔하다 | 양호가 제로 달아나다 |
| | | 진이 위를 포위하다 | 노가 제와 협곡夾谷에서 회합하다 |
| 정공 11년 | 499 | 제와 위와 정이 안보安甫에서 회합하다 | |
| | | | 노가 정과 회합하다. 비로소 진晉을 배반하다 |

을 수행하여 유력 대부이자 정계 실력자인 안영이 배석하였기 때문에,[129] 공자 역시 그에 버금가는 지위와 신분을 띠고 참석한 것이 아

---

而願固事君, 無失官命. ……."(『좌전』 양공 4년) 이때 맹헌자가 맡은 역할이 바로 '상(相)'이다. ▲노 소공이 초나라[楚]에 갈 때 맹희자(孟僖子)가 소공을 보좌한 적이 있다. 이때 맹희자가 '상'이 되어 소공을 수행했다. "三月, 公如楚, 鄭伯勞于師之梁. 孟僖子爲介, 不能相儀, 及楚, 不能答郊勞."(『좌전』 소공 7년) ▲정나라의 자피(子皮)가 나랏일을 보고 자산(子産)이 정사를 맡았을 때[昭公 3년], 정백(鄭伯)이 진후(晉侯)를 예방한 적이 있다. 이때 공손단(公孫段)이 '상'이 되어 정백을 보좌했다. 이때의 역할이 바로 상(相)이다. ▲정백(鄭伯)이 신임 진후(晉侯)를 조견(朝見)하기 위해 진나라[晉]에 갔을 때, 자산(子産)이 정백을 보좌한 적이 있다. 이때 자산이 맡은 역할이 '상'이다. "齊侯·衛侯·鄭伯如晉, 朝嗣君也. ……晉侯享諸侯, 子産相鄭伯, ……."(『좌전』 소공 12년) ▲진나라[晉]의 한선자(韓宣子)가 국정을 담당할 때 진후(晉侯)가 제후(齊侯)에게 향연을 베푼 적이 있다. 이때 중항목자(中行穆子)가 '상'이 되어 진후를 보좌했다. "晉侯以諸[齊]侯宴, 中行穆子相."(『좌전』 소공 12년) 그때 중항목자가 맡은 역할이 상(相)이다.

[129] 『좌전』에는 이 회담에 안영(晏嬰)이 참석했다는 기사가 없다. 안영은 노나라 양공 17년(b.c.556) 안환자(晏桓子)를 이어 제나라의 대부(大夫)가 되었다. "齊晏桓子卒, 晏嬰麤縗斬, 苴絰帶杖, 菅屨, 食鬻, 居倚廬, 寢苫枕草, 其老曰 '非大夫之禮也.' (晏嬰)曰 '唯卿爲大夫.'"(『좌전』 양공 17년) 공자가 태어나기 5년 전이다.(공자는 양공 22년, b.c.551년에 태어났다-저자) 그런데 안영의 이름은 소공 25년(b.c.517) 이후, 『좌전』에는 물론 『국어』에도 보이지 않는다. 그 전에 이미 죽은 것이다.
　　그런데 「제태공세가」에서는 안영이 노·제 간에 정상회담[夾谷之會]이 있던 해에 죽었다고 했다. "四十八年, 與魯定公好會夾谷. 犁鉏曰 '孔丘知禮而怯, 請令萊人爲樂, 因執魯君, 可得志.' 景公害孔丘相魯, 懼其霸, 故從犁鉏之計. 方會, 進萊樂, 孔子歷階上, 使有司執萊人斬之, 以禮讓景公. 景公慙, 乃歸魯侵地以謝, 而罷去. 是歲, 晏嬰卒."(「제태공세가」 경공 48년 조. 이해는 노 정공 10년으로, b.c. 500년이 되는 해이다) 소공 25년(b.c.517) 이후 18년 동안 사서(史書)에 그 이름이 등장하지 않다가 왜 이때에 이르러 갑자기 그 이름이 등장한 것일까? 56년 전에 대부(大夫)가 되었다면, 이때 안영의 나이는 90세 혹은 100세 가까이 되었을 것이다. 이때까지 안영이 살아 있었을까? 만일 살아 있었다면 안영의 깐깐한 성품으로 보건데, 이런 어처구니 없는 일(회담에서 일어난 여러 가지 소동. 또 제나라가 노나라의 고토를 아무런 조건 없이 돌려준 일 등-저자)을 그냥 바라보고만 있지 않았을 것이다.
　　공자가 노나라의 섭상(攝相)이 되자 패자(覇者)가 될 것을 우려하여 정상회담의 개최를 요청하였고 회담에서의 실수를 만회하기 위해 강점하고 있던 노나라의 고토 돌려주게 되었다는 기사도 의심스럽기는 마찬가지이다. 이때 공자는 아직 노나라의 정청에 참여하기 전이다. 「제태공세가」에도 이 회담에 안영이 '상'으로서 참석했다는 기사가 없다. 이때 회담을 제안한 것도 안영이 아닌 리서(犁鉏)[犁彌]라고 되어 있다. 안영이

닐까 하는 생각을 할 수도 있겠지만, 이때 공자가 맡은 직책[司空]이나 노나라에서의 정치적 지위로 볼 때,(그때까지도 공자는 정공 사읍의 역직 곧 사공司空 불과했다-저자) 그렇게까지 생각할 필요는 없다. 회담의 주체인 노공魯公과 제후齊侯가 외교 의례를 행할 때 그에 개입하여 노나라 임금을 돕고, 혹여 일어날지도 모를 외교적 결례나 국가 이익 침해를 실무적 차원에서 검토·조정·방지하기 위한 기술적 자문역[보좌관]130으로 참석한 것이기 때문이다.

당시만 해도 각 나라에는 고래의 관습이 남아 있었다. 제사는 물론 정치나 외교 행사에 각각의 관습적 의례에 준하여 신명神明께 맹세하고 그에 따라 맹약을 엄중하게 집행하는 관례가 있었다.131 맹희자孟僖子가 소공昭公의 상相이 되어 초나라에 갔을 때, 예禮에 능숙하지 못해 처신이 불편했던 것을 부끄럽게 여겨, 죽을 때 사자嗣子인 맹의자孟懿子와 남궁경숙南宮敬叔에게 공자에게 나아가 예를 배우라고 한 것132도 이 무렵 예가 사회 제 분야에서 행위의 준칙으로 통용되

---

'상'으로 회담에 참석했다는 기사는 「공자세가」에만 보인다. 사견이지만, 회담에서의 공자의 역할과 위상을 돋보이게 하기 위해 기사의 내용과 형식을 조정하는 과정에서 부지불식간에 포함된 내용일 것이다.

130  "相, 會儀也."(『사기집해』의 두예의 주)

131  "春秋時猶尊禮重信, 而七國則絶不言禮與信矣. 春秋時猶宗周王, 而七國則絶不言王矣. 春秋時猶嚴祭祀重聘享, 而七國則無其事矣. 春秋時猶論宗姓氏族, 而七國則無一言及之矣. 春秋時猶宴會賦詩, 而七國則不聞矣. 春秋時猶有赴告策書, 而七國則無有矣."(고염무, 『일지록집석日知錄集釋』, 제5책, 38쪽)

132  "九月, 公至自楚. 孟僖子病不能相禮, 乃講學之, 苟能禮者, 從之. 及其將死也, 召其大夫曰 '禮, 人之幹也, 無禮, 無以立. 吾聞將有達者曰孔丘, 聖人之後也, 而滅於宋. ……我若獲沒, 必屬說與何忌於夫子, 使事之, 而學禮焉, 以定其位.' 故孟懿子與南宮敬叔師事仲尼."(『좌전』 소공 7년)

고 있었기 때문이다.¹³³ 따라서 중요한 외교 교섭이 있을 때에는, 예에 밝고 또 그에 준해서 사무를 처리하는 능력이 탁월한 인물을 '상'으로 데리고 가서, 사무 일체를 도맡아 처리하게 하는 것이 관행이었는데, 이때 공자가 그 역을 담당했던 것이다.

하지만 이런 경우에도 보통의 경우에는 군주[諸侯]가 주역이 되어 출석하는 회담인 만큼, 제나라의 안영晏嬰과 같이, 대개 국가의 유력 대부가 '상'을 맡는 것이 관례였다. 특히 협곡夾谷에서의 회담은 노나라의 국운國運('반진' 연합에 합류할 것인가 말 것인가, 합류한다면 어떤 형태로 합류할 것인가 하는 것 등의 문제-저자)을 결정하는 매우 중요한 회담이었다. 그런데도 노나라에서는 어떤 이유에서였는지는 몰라도 삼가三家를 대신하여 정공 사읍의 일개 역직[同卒]인 공자를 출석시켰다. 외교 의례에서 보면 대단히 파격적인 조치인데, 공자에게 '예'에 관한 지식이 풍부하고, 또 '예'에 밝다는 소문이 예전부터 있어 왔기 때문에,¹³⁴

---

133  중국 고대 사회에서 '예(禮)'는 관습적 질서의 전형이었다. 그래서 예는 '도덕의 극치'라 불리우기도 했다. "學惡乎始? 惡乎終? 曰 '其數則始乎誦經, 終乎讀禮. 其義則始乎為士, 終乎為聖人. 真積力久則入. 學至乎沒而後止也. 故學數有終.' 若其義則不可須臾舍也. 為之人也, 舍之禽獸也. 故書者政事之紀也, 詩者中聲之所止也, 禮者法之大兮, 類之綱紀也. 故學至乎禮而止矣. 夫是之謂道德之極. 禮之敬文也, 樂之中和也, 詩書之博也, 春秋之微也, 在天地之間者畢矣."(『순자』「권학」) 예는 사회 전체에 공통하는 규범이었다. 관료들의 공식 생활에서 세련되어 관습의 전형[공식 질서로서의 문화]으로 정착된 것이다. 지배계층 사회에서는 '공식 질서'였고, 서민층을 포함한 전체 사회에서는 '습속의 전형'이었다. 그리고 국가적으로는 사회적 행위 전체를 좌우하는 '사회 규범'이었다. 예는 습속 전체의 전범으로써 자체 내에 '자연적 교화력'이 있다고 믿어졌다. 이러한 자연적 교화력을 발휘하고 조장하는 것에 의해 전체 사회를 '자연스럽게' 통치하고자 한 것이 전통 사회 정치의 기본 방침이었다.

134  『좌전』 소공 7년 조에 인용된 맹희자(孟僖子)의 말 참조. "孟僖子病不能相禮, 乃講學之, 苟能禮者, 從之. 及其將死也, 召其大夫曰「禮, 人之幹也, 無禮, 無以立. 吾聞將有達者曰「孔丘, ……」, 臧孫紇有言曰「聖人有明德者, 若不當世, 其後必有達

이와 같은 특단의 조치가 내려졌을 것이다.[135]

다른 한편, 이것은 이 무렵에 이르러 노나라의 예제가 급속히 붕괴하여, 주초周初 이래의 예제적 질서가 잘 시행되지 않았고, 정치를 주관하던 층에서조차 '예'를 전문적으로 연구하는 사람이 없었으며, 또 그에 대한 지식을 갖춘 정치인도 매우 적었다는 것을 보여준다.[136] 이런 면은 자공子貢이 오나라의 백비白嚭를 상대로 벌였던 여러 차례의 외교 회담에서도 나타나지만,[137] 공자와 그의 제자들이 노

---

人」, 今其將在孔丘乎? 我若獲没, 必屬說與何忌於夫子, 使事之, 而學禮焉, 以定其位.' 故孟懿子與南宮敬叔師事仲尼." 또 논어「팔일」제15장의 공자의 말 참조. "子入大廟, 每事問. 或曰 '孰謂鄹人之子, 知禮乎? 入大廟, 每事問.' 子聞之曰 '是禮也.'"

135  무릇 협곡(夾谷)에서의 회맹(會盟) 같은 무게감 있는 회담이라면,(이 회담은 노나라의 향후의 외교정책을 근본적으로 수정하는 회담으로서 노나라에게는 매우 중요한 회담이었다-저자) 상경(上卿)이 보좌[相]하는 것이 마땅하다. 하지만 공자가 예(禮)를 잘 알았기 때문에 벼슬의 등급을 무시하고 그에게 맡겼을 것이다. 이는 마치 호언(狐偃)이 상(相)의 자리를 조최(趙衰)에게 양보한 것과 마찬가지이다. ※ 호언(狐偃)과 조최(趙衰)에 대하여: 문공(文公) 중이(仲耳)[후에 晉 文公이 됨]가 망명 생활을 할 때의 일이다. 진나라[秦]에 도착한 중이(仲耳) 일행을 목공(穆公)이 환대했는데, 어느 날 중이를 위해 향례(享禮)를 베풀 때 호언이 중이에게 말했다. "저는 조최(趙衰)보다 문사(文辭)에 밝지 못하니, 이번에는 조최와 함께 가시지요." 그리하여 중이를 수행한 조최는 목공과의 연회에서, 적절한 시(詩)와 응대(應待)로, 목공을 우군으로 만드는 데 결정적인 역할을 하였다고 한다. 이상 최술 저,『수사고신록』이재하 외 역, 234쪽의 주 44에서 재인용.

136  「팔일」에는 이 무렵 노나라의 조야에서 행해진 예(禮)의 실상이 자세히 기록되어 있다. 이 무렵에는 노나라 뿐만 아니라 중원 각국에서도 고래의 예의 자취를 찾아볼 수 없는 상황이었다. 세가에도 이런 내용의 기사가 있다. "桓子嬖臣曰仲梁懷, 與陽虎有隙. 陽虎欲逐懷, 公山不狃止之. 其秋, 懷益驕, 陽虎執懷. 桓子怒, 陽虎因囚桓子, 與盟而醳之. 陽虎由此益輕季氏. 季氏亦僭於公室, 陪臣執國政, 是以魯自大夫以下皆僭離於正道. 故孔子不仕, 退而脩詩書禮樂, 弟子彌眾, 至自遠方, 莫不受業焉."(「공자세가」정공 5년 조)

137  "大宰嚭召季康子, 康子使子貢辭. 大宰嚭曰 '國君道長, 而大夫不出門, 此何禮也.' (子貢) 對曰 '豈以爲禮. 畏大國也. 大國不以禮命於諸侯, 苟不以禮, 豈可量也. 寡君旣共命焉, 其老豈敢棄其國. 大伯端委, 以治周禮, 仲雍嗣之, 斷髮文身, 臝以爲飾,

나라에서 중요한 인물로 예우된 이유이자 배경이기도 하다.[138] 사土의 신분인 공자를 강국인 제나라와의 외교 교섭에 내보낼 정도였다면, 이 무렵에 이르러 노나라의 정치·문화계의 수준이 매우 피폐했다는 뜻이다.[139] 주군이 주역으로 참석하는 회담에 역직인 사土를 '상相'으로 참여시킨다는 것은 외교 의례를 떠나 상대국을 무시하는 행위로 간주될 수도 있다. 노나라로서는 매우 위험한 선택을 한 셈이다.

---

豈禮也哉. 有由然也.' 反自鄫, 以吳爲無能爲也."(『좌전』 애공 7년)

138  여영시(余英時), 『중국지식계층사론中國知識階層史論』(고대편古代篇), 연경출판사업공사(聯經出版事業公司), 민국(民國) 69년, 29쪽. 『좌전』 애공 17년 조에, '애공이 제후(齊侯)와 회맹(會盟)할 적에 맹무백(孟武伯)이 상(相)으로 따라 간 일이 있는데, 그때 삽혈(歃血)하는 문제를 두고 계고(季高)에게 "제후들이 회맹할 때에는 누가 우이(牛耳)를 잡는가"라고 물었다'는 기사가 있다. 계고는 공자의 제자인 고시(高柴)이다. '우이'는 회담의 주관자를 뜻한다. 이때 고시가 '증연(鄫衍)에서의 회맹 때에는 오나라 공자 고조(姑曹)가 우이를 잡았고, 발양(發陽)의 회맹 때는 위나라 석퇴(石魋)가 우이를 잡았습니다'고 하자, 무백(武伯)이 '그렇다면 이번 회맹에서는 제[彘]가 우이를 잡겠습니다'라 했다고 한다. '체(彘)'는 무백의 이름이다. 노나라에서는 외교 회담이 있을 때 공자의 제자들이 자문 역으로 참석했던 것 같다. '예'에 밝았기 때문일 것이다. "公會齊侯盟于蒙, 孟武伯相, 齊侯稽首, 公拜, 齊人怒. 武伯曰 '非天子, 寡君無所稽首.' 武伯問於高柴曰 '諸侯盟, 誰執牛耳?' 季羔曰 '鄫衍之役, 吳公子姑曹, 發陽之役, 衛石魋.' 武伯曰 '然則彘也.'"(『좌전』 애공 17년 조) 이 밖에도 사서(史書)에는 자공(子貢)이 '외교 의례에 밝아' 누차에 걸쳐 오(吳)의 중원 경략을 좌절시킨 바 있으며, 이로 인해 유학과 공자의 이름이 천하에 현양되었다는 기사가 전한다. "子貢一使, 使勢相破, 十年之中, 五國各有變."(『중니제자열전』 '단목사' 조); "夫使孔子名布揚於天下者, 子貢先後之也."(「화식열전」 '자공' 조) 그 가운데 『좌전』 애공 27년 조의 다음 기사는 단연 압권이다. "二十七年春, 越子使后庸來聘, 且言邾田, 封于駘上. 二月盟于平陽, 三子皆從, 康子病之, 言及子贛曰 '若在此, 吾不及此夫!' 武伯曰 '然. 何不召?' 曰 '固將召之.' 文子曰 '他日請念.'"

139  이에 대해서는 「팔일」에 보이는 '예' 관련 전송 참조.(앞에서 인용했다. 「공자세가」에는 이때의 실상이 다음과 같이 기록되어 있다. "孔子之時, 周室微而禮樂廢, 詩書缺. 追跡三代之禮, 序書傳, 上紀唐虞之際, 下至秦繆, 編次其事, 曰 '夏禮吾能言之, 杞不足徵也. 殷禮吾能言之, 宋不足徵也. 足, 則吾能徵之矣.' 觀殷夏所損益, 曰 '後雖百世可知也, 以一文一質. 周監二代, 郁郁乎文哉. 吾從周.' 故書傳·禮記自孔氏."(「공자세가」)

사견이지만, 혹 이때 공자는 '대부'[下大夫]로 승급하지 않았을까 상상한다. 「선진」에 보면 안연顔淵이 죽었을 때, 안로顔路가 공자에게 수레를 내어달라고 청하자, '내가 대부의 뒤를 따르는 사람이라 그 제안을 받아들일 수 없다'라 했다는 이야기가 있다.[140] 후년의 공자는 '대부'의 신분이었음을 알 수 있는데, 혹 '협곡지회' 때 '상'으로 발탁되면서 '대부'로 승급시켜 정공을 수행하게 한 것으로 보인다. 주군[諸侯]이 주역으로 참석하는 회담에 역직인 '사'를 '상'으로 보낼 수는 없지 않은가?

공자가 '대부'로 승급한 시점에 대해서는 알려진 바 없다. 다만 천하 유력의 제1보로 위나라에 도착했을 때, 위나라 영공이 노나라에서 받았던 대우를 묻고 그에 준하여 녹봉을 정했다는 이야기가 세가에 전하고 있다.[141] 그 이전에 이미 '대부'로 승급했을 것으로 짐작되는데, 공자가 공직에 출사한 이후 맞은 최초의 국가적 행사(공자로서는 중요한 임무-저자)가 정공 10년에 있었다면, 이때가 '대부'로 승급하는 데 가장 적당한 때다.

세가에 보면, '회담'이 열리기 전, 제나라의 려서黎鉏[142]가 어전 회의에서 경공에게 '노나라가 공구孔丘를 등용하였으니 제나라는 반드시 위험해질 것이다'라고 하자, '경공이 노나라에 정상회담 개최를

---

140  대부(大夫)는 행차할 때 수레를 이용하는 것이 당시의 법도였다. "顔淵死, 顔路請子之車, 以爲之槨. 子曰 '才不才, 亦各言其子也, 鯉也 死, 有棺而無槨, 吾不徒行以爲之槨, 以吾從大夫之後, 不可徒行也.'"(「선진」 17)

141  "衛靈公問孔子 '居魯得祿幾何?' 對曰 '奉粟六萬.' 衛人亦致粟六萬."(「공자세가」 정공 14년 조)

142  『좌전』에는 '리미(犂彌)'라고 되어 있다. 제나라의 대부이다.

요청했다'는 기사가 있다.¹⁴³ 물론 이 기사는 사실이 아니지만, 공자를 존경한 사마천의 서술 기법을 고려하면, 이 무렵 노나라가 공자에게 제나라에 위협이 될 만한 어떤 중요한 직책을 맡겼거나, 혹은 공자가 노나라의 정청에서 어떤 역할을 맡았는지도 모르겠다.¹⁴⁴ '공자는 계씨의 정청에 나아가 일을 처리할 때 3개월 간 그의 뜻을 거스르지 않았다'¹⁴⁵라고 한 『공양전』의 기사도 참고가 된다. 그렇다면 이 무렵에 공자가 처음으로 '대부'의 반열에 들었다 해도 무리한 상상은 아닐 것이다. 회담에 즉하여 제나라에서 공자의 신분에 대해

---

143  "齊大夫黎鉏言於景公曰 '魯用孔丘, 其勢危齊.' 乃使使告魯爲好會, 會於夾谷."(『공자세가』 정공 10년 조) 이 려서(黎鉏)가 공자를 쫓아내기 위해 노나라에 여악(女樂)을 보내도록 제안한 장본이다. "齊人聞而懼, 曰 '孔子爲政必霸, 霸則吾地近焉, 我之爲先幷矣. 盍致地焉?' 黎鉏曰 '請先嘗沮之; 沮之而不可則致地, 庸遲乎!' 於是選齊國中女子好者八十人, 皆衣文衣而舞康樂, 文馬三十駟, 遺魯君."(『공자세가』 정공 14년 조) 「공자세가」에서는 이 일이 정공 14년에 있었다고 하나 이 일은 정공 13년에 있었다. 「공자세가」의 오기(誤記)이다.

144  「팔일」 제15장에 보면, "子入大廟, 每事問. 或曰 '孰謂鄹人之子, 知禮乎? 入大廟, 每事問.' 子聞之曰 '是禮也.'"라는 기사가 있다. 이 기사는 공자 초년(공자가 제나라로 떠나기 전-저자)의 행적을 기록한 것이지만, 당시 공자에게 예에 관한 전문 지식이 있었다면, 예제를 중시한 노나라의 습속을 생각할 때, 공자가 노나라의 정청에서 그와 관련된 중요한 업무를 맡았을 가능성도 있다. 맹리자(孟釐子)가 죽음에 임박하여 사자(嗣子)인 맹의자(孟懿子)에게 유명(遺命)으로 공자에게 나아가 예를 배우라고 했다는 『좌전』의 기사도 참고가 된다. "我若獲沒, 必屬說與何忌於夫子, 使事之, 而學禮焉, 以定其位."(『좌전』 소공 7년)

145  "孔子行乎季孫, 三月不違."(『공양전』 정공 10년) 물론 이 기사는 해석할 때 각별한 주의를 요한다. 공자가 계씨의 정청에 나아간 것이 회담 전인지 아니면 후인지 하는 문제가 선결되어야 하기 때문이다. 『공양전』의 기사를 참고하면 협곡지회(夾谷之會) 이후에 있었던 일 같은데, 회담이 있기 전 계씨와 모종의 협의를 했을 가능성도 있다. "齊人來歸運·讙·龜陰田. 齊人曷爲來歸運·讙·龜陰田? 孔子行乎季孫, 三月不違, 齊人爲是來歸之."(『공양전』 정공 10년 조)

문제를 삼았다는 기사가 없는 점도 참고가 된다.[146]

하여튼 이때 공자는 제나라와의 곤란한 외교 교섭을 외교 관례에 맞게 주도하면서, 위압과 능란으로 가득찬 제나라의 '야비한' 책략과 모략[147]에 대응하여, 양 정상 간의 회담을 노나라에 극히 유리한 형태로 전개시켰다. 정공을 제나라의 위협에서 지켜냈을 뿐만 아니라, 제나라가 노나라의 영토[汝陽之田]를 강점하고 있음을 각인시켰고, 거기에 더하여 배신 양호가 모반에 실패한 뒤 제나라로 달아날 때 가지고 갔던 고토를 되찾아 오는 데에도 결정적 기여를 하였다.

이 일은 공자의 정치적 성장에 큰 힘이 되었다. 정공의 신임이 한층 두터워졌음은 물론, 집정 계씨에게도 수완을 인정 받아, 계씨를 수반으로 하는 노나라의 국정에 참여하는 발판도 마련되었다. 이미 신분도 대부[大夫]로 승급하였다. 그 사이 국내에서 이룬 치적과, 천하 각지에서 제자들이 몰려올 정도로 지식과 교양, 인품을 갖춰 국정에 참여할 자격을 충분히 보여주었다. 대외적으로도 큰 명성과 신망을 얻었다.[148] 특히 노나라를 '반진' 연합의 일원으로 이끌면서,

---

146 다만 이 무렵에 공자가 계씨(季氏)의 정청(政廳)에 들었다는 것을 입증해 주는 사료(史料)는 어디에도 없다. 이에 대해서는 앞에서 누차 언급했다.

147 『좌전』(인용문)에 보면, 회담에 앞서 제나라의 리미(犂彌)가 경공(景公)에게 "공구(孔丘)는 예(禮)는 알지만 용기가 없으니, 만약 래인(萊人)들을 보내 무기로써 노나라 임금[魯侯]를 위협한다면 반드시 우리의 뜻대로 될 것입니다."라 했다는 기사가 있다. "犂彌言於齊侯曰 孔丘知禮而無勇, 若使萊人以兵劫魯侯, 必得志焉.'" 제나라가 회담에 앞서 모종의 계략을 꾸미고 있었음을 암시하는 기사이다.

148 『공자가어』「상노」에 이런 기사가 있다. 공자가 처음 중도(仲都)의 재(宰)가 되었을 때 선정(善政)을 펴 국외에까지 소문에 자자하자 정공이 공자에게 물었다고 한다. "그대의 이 법을 배워서 노나라를 다스린다면 어떻겠는가?" 그러자 공자가 이렇게 대답했다고 한다. "천하를 다스리는 것도 가능하니 어찌 노나라뿐이겠습니까?" '중도의 재를 다스릴 때의 일'이라는 단서만 없다면, 정공과 공자 간의 울림이 이와 같지 않았을까

껄끄러운 제나라와의 외교 교섭을 성공리에 마무리하였다. 노나라가 결코 만만한 나라가 아님을 의례[외교의례]를 통해 입증하였다. 공자의 명성이 천하 각지에 퍼진 것은 이때부터이다. 이러한 명성과 신망은 양호의 반란 이후 드러난 노나라의 국내 문제와 여러 외교 현안들(소공의 망명으로 인한 국격의 실추. 또 제후 연맹에서의 노나라의 위치와 역할-저자)을 무리 없이 해결할 수 있는 최적의 인물로 그 자신을 각인시켰다. 이제 바야흐로 조야의 두터운 신임을 바탕으로 군자의 도를 펼칠 일만 남은 것이다.

세가에서는 공자가 협곡 회담에 '상'으로 참여한 것이 대사구가 된 이후의 일이라고 하였지만,[149] 대사구로 영전한 것은 이 회담이

---

상상한다. "孔子初仕為中都宰, 制為養生送死之節, 長幼異食, 強弱異任·男女別塗·路無拾遺·器不雕偽, 為四寸之棺, 五寸之槨, 因丘陵為墳, 不封·不樹. 行之一年, 而西方之諸侯則焉. 定公謂孔子曰 '學子此法, 以治魯國何如?' 孔子對曰 '雖天下可乎, 何但魯國而已哉. 於是二年, 定公以為司空."(『공자가어』「상노」)

[149] 협곡(夾谷) 회담에 참여할 당시, 공자가 노나라의 '대사구(大司寇)' 직에 있었다는 것을 보여주는 기록은 「공자세가」 외에는 없다. 다만 「공자세가」에서 "其後定公以孔子為中都宰, 一年, 四方皆則之. 由中都宰為司空, 由司空為大司寇."라 한 뒤, 이어지는 문장에서 "定公十年春, 及齊平. 夏, 齊大夫黎鉏言於景公曰 '魯用孔丘, 其勢危齊.' 乃使使告魯為好會, 會於夾谷. 魯定公且以乘車好往. 孔子攝相事, 曰 ……."라 하였기 때문에, 이같이 기술한 것이다. 노나라가 공자를 채용하여, 그 세(勢)가 제나라를 위험에 빠뜨릴 정도였다면(물론 『좌전』에는 이와 같은 기록이 없다-저자), 노나라가 공자를 국가직으로 채용한 것 외에, 어떤 중요한 직책을 맡겼다는 것인데, 그런 직책은 공자의 출사 이력에서 볼 때 '대사구' 외에는 없다. 다만 노나라의 정청에 참여하기 위해서는 자격 요건이 갖추어져야 하는데, 그것이 바로 '대부(大夫)'의 위(位)에 오르는 것이다. 아마 이 때문에 정상 회담에 참여하기 전에 '대사구'가 되었다고 본 것 같다. 대사구가 사구 전체를 관장하는 직책이고,(물론 다른 의미일 수도 있다. 예를 들면 수도와 같은 특정 지역을 관할하는 경우 '사구' 앞에 특별히 '대' 자를 붙여 다른 사구 직과 구별했을 수도 있다-저자) 그런 직은 노나라의 정청에 간여하는 국가 직이라서 대부의 위에 오르지 않으면 안 되기 때문에, 이때 '대부'로 승급함과 동시에 국가 직에 해당하는 '대사구'로 영전했다고 본 것 같다. 이런 취지라면 협곡지회(夾谷之會)가 있기 전 대사구로 영전

개최되기 전이 아니라 그 이후이다. 대사구가 관할하던 영역에 국도國都가 포함되어 있다면, 대사구 직의 임명은 계씨 등 집정 삼가의 양해가 있지 않고서는 불가능한 일이다. 국도의 치안 문제는 집정 삼가三家에게도 영향을 줄 수 있는 사안이기 때문이다. 협곡에서 있었던 외교 교섭을 통해 능력과 수완을 인정받아 대사구로 영전하였고, 이를 바탕으로 계씨의 집정에 참여했다고 보는 것이 자연스러울 것이다. 정공의 '상'이라는 직책은 임시방편으로 맡은 것이기 때문에, 사공 직을 수행하면서 겸직하였을 것이다.

하여튼 공자는 이제 바야흐로 그간의 공적과 그로 인한 신망을 바탕으로, 그 동안 연구해 왔던 학식과 청년기 이후 품었던 정치적 이상을 국가의 묘당廟堂에서 펼칠 수 있는 절호의 기회를 맞게 되었다. 비록 신분은 이제 막 '사'를 벗어난 '하대부'에 불과했지만, 그의 학식과 능력은 그 사이에 이룬 여러 공적들에 의해 이미 검증되었기 때문에, 그의 일거수일투족은 세간의 이목을 끌기에 충분하였다. 집권 삼가에게도 또 국외의 집정들에게도 '이달의 인물' 내지 '올해의 인물'로서, 요즘 말로 하면 《TIME》지의 커버를 장식해도 무방할 정도의 각광과 주목을 받는 인물이 된 것이다. 그만큼 협곡 회담은 공자에게 엄청난 명성과 기회를 가져다준 매우 큰 사건이었다.

하지만 이러한 명성은 공자에게 엄청난 부담과 심적 고통으로 다가왔다. 명성에 걸맞는 치적을 계속 이루어야 했기 때문이다. 노나라

---

했다고 보는 것도 나름 무리한 추측은 아닐 것이다. 그렇다면 공자는 협곡지회(夾谷之會)에 참여하기 전 대부로 승급하고 대사구 직에 오른 된다. 다만, 어떤 연유로 해서 대부 곧 대사구의 위에 오르게 되었는지는 자세하지 않다. '협곡지회'와 관련된 어떤 사건으로 인해 승급, 영전했을 것 같은데, 사서에는 이에 대한 기록이 없다.

의 국정에 참여한 이상, 세간의 기대에 부응하기 위해서는 산적한 사회정치적 현안들을 해결해야 한다. 집정 삼가의 요구도 적지 않았다. 삼가의 전횡으로 피폐된 국력을 신장시켜 주변 강대국의 침략에 대응해야 하는 것도 공자가 해결해야 할 문제 가운데 하나였다. 이 모든 것은 자신을 알릴 수 있는 기회이기도 하지만, 반대로 패망의 길로 들어서는 위기가 될 수도 있다. 말하자면 이때가 공자에게는 기회이자 위기의 시절이었던 셈이다.

특히 이러한 문제들은 집정 삼가의 사회 정치적 이해와 밀접한 관계를 맺고 있었기 때문에, 공자로서는 매일의 일상이 얇은 얼음 위를 당차게 걸어가야만 하는[如履薄氷[150]] 일이었다. 물론 그럴수록 공자의 각오도 더 다져져, 때로는 실패를 각오해야 한다는 마음도 있었고, 때로는 목숨을 내놓고서라도 반드시 이루어내야 한다는 비장한 결심도 하였다.[151] 더욱이 이번의 출사는 매우 어렵게 얻은 절호의 기회였기 때문이다.

---

150 "不敢暴虎, 不敢馮河, 人知其一, 莫知其他. 戰戰兢兢, 如臨深淵, 如履薄冰."(『시』「소아」'소민')

151 "君子曰 '謀人之軍師, 敗則死之, 謀人之邦邑, 危則亡之.'"(『예기』「단궁」상)

**3장**

# 공자의 정치 개혁

## 1. 공자가 노나라의 국정에 참여한 기간

세가에 의하면, 공자는 정공 10년부터 노나라의 정청政廳에 참여했다고 한다.[152] 그리고 그해 여름 협곡에서 진행된 노제魯齊 정상회담[夾谷之會]에 '상相'으로 참여하고,[153] 그로부터 3년 뒤인 정공 13년에 '정공'을 설득하여 삼가三家의 본읍을 철거하고,[154] 이후 정공 14

---

152 "定公十年春, 及齊平. 夏, 齊大夫黎鉏言於景公曰'魯用孔丘, 其勢危齊.' 乃使使告魯為好會, 會於夾谷. 魯定公且以乘車好往. 孔子攝相事, ……."(「공자세가」 정공 10년 조) 여기에 보면, '노나라가 공자를 등용하여 장차 그 세력이 제나라를 위협할 것'이라고 하자, 제나라가 노나라에 사신을 보내 양국 간에 우호 증진을 위한 회담을 갖자고 요청했다는 내용이 나온다. 노나라가 공자를 등용했음을 공식적으로 확인하고 있는 기사이다. 이 회담에 공자는 정공(定公)의 '상(相)'으로 배석했다. "孔子攝相事."

153 "定公十年春, 及齊平. 夏, 齊大夫黎鉏言於景公曰'魯用孔丘, 其勢危齊.' 乃使使告魯為好會, 會於夾谷. 魯定公且以乘車好往. 孔子攝相事, ……."(「공자세가」 정공 10년 조)

154 "定公十三年夏, 孔子言於定公曰'臣無藏甲, 大夫毋百雉之城.' 使仲由為季氏宰, 將墮三都. ……."(「공자세가」 정공 13년 조)

년에 '대사구'로 영전하여 국정을 전담하는 섭상攝相이 되었다고 한다.[155] 그리고 제나라의 방해로 국정을 돌볼 수 없게 되자 노나라를 떠나 위나라[衛]로 갔다고 한다.[156] 해 수로 계산하면 '정공 10년 초부터 정공 14년 말까지' 약 5년 동안 노나라의 정청에 참여한 것이 되는데, 다만 이 기사에는 사실이 아닌 것이 포함되어 있어, 그대로 믿기는 어렵다.

우선, 정공 10년에 노나라가 공자를 등용하였다[魯用孔丘, 其勢危齊]는 기사는, 이 기사에 이어 협곡夾谷에서 있었던 회담 내용이 기록되어 있기 때문에, 사실이라고 보기 어렵다. 앞에서도 고찰했지만 공자가 노나라 정청政廳에 참여한 것은 협곡지회夾谷之會 이전이 아니라 그 이후이다. 난망한 회담이 노나라에 유리한 방향으로 마무리되도록 수완을 발휘하여 능력을 보여준데다 계씨의 치부를 가려주고,[157] 또 계씨에게 공손한 태도를 보여,[158] 노나라의 정청에 참여하게 되었다는

---

155   "定公十四年, 孔子年五十六, 由大司寇行攝相事, 有喜色. ……."(「공자세가」 정공 14년 조)

156   "齊人聞而懼, 曰 '孔子爲政必霸, 霸則吾地近焉, 我之爲先并矣. 盍致地焉?' 黎鉏曰 '請先嘗沮之. 沮之而不可則致地, 庸遲乎!' 於是選齊國中女子好者八十人, 皆衣文衣而舞康樂, 文馬三十駟, 遺魯君. 陳女樂文馬於魯城南高門外, 季桓子微服往觀再三, 將受, 乃語魯君爲周道游, 往觀終日, 怠於政事. …… 孔子遂行, 宿乎屯. ……孔子遂適衛, 主於子路妻兄顏濁鄒家."(「공자세가」 정공 14년 조)

157   "孔子之爲司寇也, 溝而合諸墓."(『좌전』 정공 원년) 이 사건은 정공 원년 조에 기록되어 있지만, 공자가 사공(司空)이 된 것은 정공 10년이기 때문에, 이 사건은 그 이후에 있던 일이라고 봐야 한다. "定公九年, 陽虎不勝, 奔于齊. 是時孔子年五十. ……其後定公以孔子爲中都宰, 一年, 四方皆則之. 由中都宰爲司空, 由司空爲大司寇."(「공자세가」 정공 9년 및 10년 조)

158   "齊人曷爲來歸運·讙·龜陰田? 孔子行乎季孫, 三月不違, 齊人爲是來歸之."(『공양전』 정공 10년)

것이 사건의 진실일 것이다. 만일 정공 10년 초부터 노나라의 정청에 참여했다면, 공자를 정청에 참여시킨 동기라든가 계기 같은 것이 있어야 하는데, 세가에는 그에 대한 기록이 없다. 협곡夾谷에서 돌아온 뒤 '3개월 동안 계손씨에게 공손한 태도를 보여'[孔子行乎季孫三月不違] 마침내 계씨의 정청에 참여했다고 보는 것이 자연스러울 것이다. 실무자 간의 회담이 그해 3월에 있었고 정상 간의 회담이 그해 여름에 있었다면, 회담을 마치고 노나라에 도착한 것은 그 이후가 될 것이다.[159] 이후 3개월 간 계씨季氏에게 공손한 태도를 보였다면, 공자가 노나라의 정청에 참여한 것은 아무리 빨라야 그해 가을 이전에는 어려웠을 것이다. 물론 그 이전부터 계씨에게 공손한 태도를 보였을 수도 있겠지만, 어찌 되었든 공자가 정청에 참여하기 위해서는 삼가三家의 합의와 같은 공론화 과정과 절차를 거쳐야 하기 때문에, 그해 가을 이전에는 어려웠을 것이다. 이해 가을 후읍郈邑에서 일어난 모반 사건에 공자에 대한 기록이 없다는 것도 참고가 된다.[160]

다음은 삼가의 본읍인 '삼도'를 철거한 사건인데,[墮三都] 세가에서는 이 사건이 정공 13년에 있었다고 했지만, 이것은 정공 12년의 오

---

159 "十年春王三月, 及齊平. 夏, 公會齊侯于夾谷. 公至自夾谷."(『춘추경』 정공 10년)
160 "叔孫州仇仲孫何忌帥師圍郈. 秋, 叔孫州仇仲孫何忌帥師圍郈."(『춘추경』 정공 10년) 이 사건은 숙손씨(叔孫氏) 집안의 후계 지정 문제에서 비롯되었다. 공약(公若)과 후범(侯犯)이 후읍(郈邑)을 근거로 모반한 사건이다. 그런데 이 중대한 사건의 처리에 공자의 이름이 등장하지 않는다. "叔孫謂郈工師駟赤曰 '郈非唯叔孫氏之憂. 社稷之患也, 將若之何?' 對曰 '臣之業, 在揚水卒章之四言矣.' 叔孫稽首."(『좌전』 정공 10년) 이것은 정공 12년 "휴삼도(墮三都)" 때 공자[仲尼]가 등장하는 것과 사뭇 다른 것이다.

기이다.[161] 이에 대해서는 앞에서 고찰했다. 한편, 세가에서는 삼도를 철거할 때 '정공'에게 그 당위성을 설파했다고 했지만,[162] 당시 노나라의 정치는 삼가 그중에서도 계씨에게 있었기 때문에, 공자가 '정공을 설득하여 휴삼도墮三都를 이루어냈다'는 기사는 신뢰하기 어렵다. 이에 대해 『공양전』에서는 삼도 철거의 당위성을 '계씨'에게 설파했다고 하였는데,[163] 『맹자』에도 공자의 출사는 정공이 아닌 '계씨'에게 한 것이라고 되어 있다.[164] 정공 10년 처음으로 노나라의 정청에 참여한 뒤, 소정묘少正卯를 시주始誅하는 등의 누적된 구악을 일소하는 한편으로, 계씨와 면담하면서 삼가의 본읍을 철거하도록 꾸준히 설득한 결과, 정공 12년 드디어 삼가의 본읍을 철거하게 되었다고 보는 것이 자연스러울 것이다. '계씨의 뜻을 거스르지 않았다'는 기사는 삼도를 철거하던 『공양전』 정공 12년에 다시 나타난다.[165] 삼가의 본읍을 철거하기 전 삼가의 변심을 우려하여 매듭을 확실히 해 두었다는 뜻일 것이다.

다음은, 정공 14년 대사구大司寇로 영전하고 국정을 전담하는 섭상攝相이 되어 노나라의 정치를 개혁하고 있을 때, 제나라에서 여악女樂을 보내와 공자의 정치를 방해하고, 계씨가 이에 유혹되어 정사

---

161 "叔孫州仇帥師墮郈. 季孫斯仲孫何忌帥師墮費."(『춘추경』 정공 12년)

162 "定公十三年夏, 孔子言於定公曰 '臣無藏甲, 大夫毋百雉之城.'"(『공자세가』 정공 13년)

163 "曷為帥師墮郈? 帥師墮費? 孔子行乎季孫, 三月不違, 曰 '家不藏甲, 邑無百雉之城.' 於是帥師墮郈, 帥師墮費."(『공양전』 정공 12년)

164 "孔子 有見行可之仕, 有際可之仕, 有公養之仕. 於季桓子, 見行可之仕也, 於衛靈公, 際可之仕也, 於衛孝公, 公養之仕也."(『맹자』「만장장구」하 4)

165 "曷為帥師墮郈? 帥師墮費? 孔子行乎季孫, 三月不違."(『공양전』 정공 12년)

를 태만히 해서 노나라를 떠나게 되었다는 기사이다. 사견이지만 이 기사에는 정공 10년부터 정공 14년까지의 일이 모두 망라되어 있다고 보는데, 먼저 정공 14년에 대사구가 되었다는 기사는 공자가 대사구로 등용된 것은 협곡夾谷에서 돌아온 정공 10년 가을 이후부터 삼도를 철거하던 정공 12년 사이라는 점에서 사실이라고 보기 어렵다. 또 정공 14년은 공자가 이미 위나라에 도착하여 영공靈公에게 '공양지사供讓之仕'로 출사해 있던 해이다.[166] 영공에게 출사해 있으면서 노나라의 대사구가 되어 국정을 전담하는 섭상의 역을 수행할 수는 없다.

제나라가 여악을 보내온 사건도, 세가에서는 이 사건이 정공 14년에 있었다고 했지만, 「노주공세가」「노국연표」「제국연표」 등에서는 정공 12년에 있었다고 했다.[167] 하지만 정공 12년은 그해 말까지 삼가의 본읍 철

---

[166] 공자가 오자 영공(靈公)은 노나라에서 받은 녹에 대해 묻고 그와 똑같이 예우해줬다고 한다. "衛靈公問孔子, '居魯得祿幾何?' 對曰 '奉粟六萬.' 衛人亦致粟六萬."(「공자세가」 정공 14년 조) 맹자는 이때 공자가 영공에게 받은 대우를 '공양지사'라 하였다. "孔子 有見行可之仕, 有際可之仕, 有公養之仕. 於季桓子, 見行可之仕也, 於衛靈公, 際可之仕也, 於衛孝公, 公養之仕也."(『맹자』「만장장구」 하 4) ※ 공자가 영공에게 출사한 것을 '공양지사(供讓之仕)'라 한 것은 ⓐ『맹자』「만장장구」 하 4의 "萬章問曰 '敢問交際, 何心也?' 孟子曰 '恭也.' 曰 '卻之卻之爲不恭, 何哉?' 曰 '尊者賜之曰「其所取之者義乎? 不義乎?」而後受之, 以是爲不恭, 故弗卻也.' 曰 '請無以辭卻之, 以心卻之曰「其取諸民之不義也」, 而以他辭卻受不可乎?' 曰 '其交也以道, 其接也以禮, 斯, 孔子, 受之矣.'"와 ⓑ「고자장구」 하 4의 "陳子曰 '古之君子何如則仕?' 孟子曰 '所就三, 所去三. ①迎之致敬以有禮, 言將行其言也, 則就之, 禮貌未衰, 言弗行也, 則去之. ②其次, 雖未行其言也, 迎之致敬以有禮, 則就之, 禮貌衰, 則去之. ③其下, 朝不食, 夕不食, 飢餓不能出門戶, 君, 聞之曰「吾大者, 不能行其道, 又不能從其言也, 使飢餓於我土地, 吾恥之.」周之, 亦可受也, 免死而已矣.'"에 착목(着目)한 것이다. 주희(朱熹)는 공자가 영공에게 한 벼슬을 ②의 예라고 하였다. "所謂際可之仕, 若孔子於衛靈公, 是也. 故, 與公遊於囿, 公, 仰視蜚雁而後去之."

[167] ▲"十二年, 使仲由毁三桓城, 收其甲兵. 孟氏不肯墮城, 伐之, 不克而止. 季

거에 온 힘을 쏟아붓던 때이기 때문에,[168] 제나라에서 여악女樂을 보내 왔다 해도, 그에 마음을 둘 여력이 없었을 것이다. 그리고 정공 14년은 공자가 위나라에 체재할 때이기 때문에, 제나라가 굳이 여악을 보낼 필요가 없을 때이다. 제나라에서 여악을 보냈다면 그 일은 정공 13년에 있었을 것이다. 이해 제나라가 여악을 보내어 오는 등의 훼방을 놓고, 계씨가 이에 미혹되어 정사를 게을리 하자, 마침내 노나라를 떠나게 되었다고 보는 것이 자연스러울 것이다.[169]

공자가 노나라의 정청에 참여한 기간은 정공 10년 말부터 정공 13년까지의 4년의 기간이다. 여기에 더하여, 정공 12년 말에 삼도를 철거하는 작전이 실패하여 정치계에서 실각했다고 보면, 공자가 노나라의 정치에 몸을 담았던 기간은 정공 10년의 몇 개월, 정공 11년, 정공 12년, 그리고 정공 13년의 몇 개월에 지나지 않는다. 달 수로 개산하면 30개월이 채 되지 않는다. 이 기간 공자는 노나라의 정치에 참여하여 구악舊惡을 일소하는 한편으로, 삼가의 본읍을 철거하고 그에 속한 군사들을 소집 해제하는 등의 치적을 쌓다, 그 일이 실패하자 노나라를 떠나 위나라로 갔다.

---

桓子受齊女樂, 孔子去."(「노주공세가」 '정공' 조); ▲"齊來歸女樂, 季桓子受之, 孔子行."(「노국연표」 '정공' 12년 조); ▲"遺魯女樂."(「제국연표」 '경공' 50년 조)

168  『춘추경』 및 『좌전』의 기사에 의하면, 이해 12월 정공은 성읍(成邑)을 포위하였으나 끝내 해결하지 못하고 돌아왔다고 한다. "十有二月, 公圍成. 公至自圍成."(『춘추경』 정공 12년); "冬十二月, 公圍成, 弗克."(『좌전』 정공 12년)

169  한편, 맹자는 공자가 노나라를 떠난 것은 여악(女樂) 때문이라기보다 교제(郊祭) 후에 대부(大夫)들에게 나누어주던 제물(祭物)을 계씨가 걸렀기 때문이라고 했다. "曰 '孔子爲魯司寇, 不用, 從而祭, 膰肉不至, 不稅冕而行.'"(『맹자』 「고자장구」 하 6)

### 공자의 출사 이력

| 시기 | 사건 |
|---|---|
| 정공 9년 | 중도의 재로 출사하다 |
| 정공 10년 | 사공으로 영전하다 |
| | (3월) 정상 회담에 앞서 실무 회담이 열리다 |
| | (7월) 협곡夾谷에서 노제魯齊 정상 회담이 열리다. 공자는 상상으로 참가하다 |
| | (그 뒤) 협곡夾谷에서 돌아오다 |
| 정공 11년 | 대사구로 영전하다. 계씨의 정청에 들다[攝相] |
| 정공 12년 | 노의 정치를 개혁하다[墮三都] |
| | 개혁에 실패하다. 정치계에서 실각하다 |
| 정공 13년 | 제에서 여악女樂을 보내오다. 계환자가 여악을 받고 조회를 거르다 |
| | 교제가 열리다. 제사 후 제물[膰肉]을 나누어주지 않는 비례를 범하다 |
| 정공 13년 | 대사구 직을 사직하고 노를 떠나다. 위에 도착하다 |

안타까운 것은 이 기간 동안 공자가 노나라의 정청에서 행한 정치의 내용이 『좌전』에 단 한 줄도 기록되어 있지 않다는 것이다.[170]

---

170   자로를 계씨의 재로 들여보내 삼가의 근거지를 파훼[墮三都]하는 혁신을 펼쳤다는 것, 그때 계씨의 근거지인 비(費)의 성벽을 무너뜨리자, 읍재인 공산불뉴(公山不狃)가 숙손첩(叔孫輒)과 함께 비읍의 완민들을 이끌고 국도(國都)로 쳐들어 왔고, 이에 공자가 주도면밀하게 처리하여 사태가 무리 없이 수습되었다는 것이 기록의 전부이다. 노나라의 휴삼도(墮三都)가 공자의 주도 하에 이루어졌다면 그에 대한 기록이 일부라도 남아 있어야 하는데, 『좌전』에는 그에 대한 기록이 전무하다. "仲由爲季氏宰, 將墮三都, 於是叔孫氏墮郈. 季氏將墮費, 公山不狃叔孫輒帥費人而襲魯. 公與三子入于季氏之宮, 登武子之臺. 費人攻之, 弗克, 入及公側, 仲尼命申句須樂頎下伐之, 費人北.

세가에 인용된 기사는 설화체 형태로 되어 있기 때문에 사료로 쓰기에는 적절하지 않다. 게다가 그 사이에 일어난 여러 가지 일들을 뒤섞어 놓아서, 연년으로 공자의 행적을 살피는 것이 거의 불가능하다. 다만 논어와 『맹자』에 이 무렵에 있었던 일로 추정되는 단편적인 설화가 일부 남아 있고, 『공양전』에도 이때의 일을 기록한 것으로 보이는 사료가 일부 남아 있어, 그것과 세가의 기록을 서로 비교해 맞춰 보면, 사실로서 밝힐 수 있는 약간의 사료들을 얻을 수 있다. 이런 면에 주의하여 정공 10년 계씨의 집정에 참여할 때부터 정공 13년 노나라를 떠날 때까지의 행적을 주제 별로 재구성해 보겠다.

## 2. 계씨의 뜻을 받들다

공자가 계씨의 집정에 참여했다는 것은 『맹자』의 다음 기사에서 확인할 수 있다.

> 공자에게는 ①(도를) 행하는 것이 가능할 것으로 보여 벼슬을 한 것이 있고, ②교제를 하는 것이 가능할 것 같아 벼슬을 한 것이 있고, ③공양公養을 위하여 벼슬을 한 예가 있다. **계환자季桓子에게는 도를 행하는 것이 가능할 것으로 보여 벼슬하였고**, 위령공衛靈公에게는 교제하는 것이 가능할 것으로 보여 벼슬하였고, 위효공衛孝公(衛出公)에게는 공양公養을 위하여 벼슬하였다.[171]

---

國人追之, 敗諸姑蔑, 二子奔齊. 遂墮費."(『좌전』 정공 12년)

[171] "孔子有見行可之仕, 有際可之仕, 有公養之仕. 於季桓子, 見行可之仕也, 於衛

후대, 유가의 출사관으로 자리잡는 이 기사에서 눈여겨봐야 할 것이 ①의 예인 계환자에게 한 벼슬이다. 『맹자』에 의하면 공자는 노나라의 군주인 '정공'이 아니라 '계환자'에게 출사했다고 한다. 어떤 연유로 계씨의 집정에 참여하게 되었는지는 자세하지 않다. '도를 행하는 것이 가능할 것 같아서' 출사했다고 한다. 그때의 일이 세가 정공 14년 조에 기록되어 있다.

> 공자는 56세의 나이로 대사구大司寇로서 상相의 일을 섭정攝政하게 되자 희색이 만면하였다. 그러자 제자[仲由]<sup>172</sup>가 물었다. "제가 선생님께 듣기로는 「군자는 화가 닥쳐도 두려워하지 않고 복이 찾아와도 기뻐하지 않는다」고 하였습니다. (그런데 웬일이십니까?)" 그러자 공자가 말했다. "옳은 말이다. 그러나 「귀한 신분으로 다른 사람을 공손하게 대하는 것은 즐겁다」라는 말도 있지 않느냐?"<sup>173</sup>

세가에서는 공자가 노나라의 국정을 섭정[攝相]한 것은 56세 되던 정공 14년이라고 했다. 하지만 이해 공자는 위나라에서 영공靈公의 공양지사供養之仕로 출사해 있었다. 이는 사실이 아니다. 제나라가 노나라에 정상회담[夾谷之會]을 제안한 것이 정공 10년 봄이

---

靈公, 際可之仕也, 於衛孝公, 公養之仕也."(『맹자』「만장장구」하 4)

172  『공자가어』에는 '문인(門人)'이 '중유(仲由)'[子路]라고 되어 있다. "孔子爲魯司寇, 攝行相事, 有喜色, 仲由問曰 '由聞君子禍至不懼, 福至不喜, 今夫子得位而喜, 何也?' ……."(『공자가어』「시주」)

173  "定公十四年, 孔子年五十六, 由大司寇行攝相事, 有喜色. 門人曰 '聞君子禍至不懼, 福至不喜.' 孔子曰 '有是言也. 不曰「樂其以貴下人」乎?'"(「공자세가」 정공 14년 조)

고, 회담이 열린 것이 그해 여름이며, 회담을 마치고 돌아온 것이 그 이후라면, 공자가 노나라의 정청에 든 것은 그해 가을이거나 겨울 무렵일 것이다. 계씨 정청의 섭상攝相이 되었을 때 얼굴에 희색이 가득했다는 것은 집정執政 계씨季氏의 신임을 바탕으로 국정을 개혁할 수 있게 되었다는 기대감때문이었을 것이다.[174]

**정공 10년의 노魯의 외교 활동과 공자의 출사**

| 시기 | 사건 |
|---|---|
| 봄 | 제齊와 화친을 맺다 |
| 여름 | 협곡夾谷에서 정상 회담을 열다 |
| 가을 | 계씨季氏의 정청政廳에 출사하다 |

---

174　물론 이러한 모습(계씨의 집정에 참여하게 되자 선정을 펼칠 기대감 때문에 희색이 만면하였다-저자)은 공자의 평소 태도와 어울리지 않는 모습이다. 「태백」(제18장)에 이런 말이 있다. "공자께서 말씀하셨다. '높고 크도다! 순(舜)임금과 우(禹)임금은 천하(天下)를 가졌으면서도 그것에 얽매이지 않았도다.'"[子曰 '巍巍乎! 舜禹之有天下也而不與焉.'] 천하를 소유했지만 그것을 기쁨으로 여기지 않았다는 순(舜)임금과 우(禹)임금의 덕을 찬미한 말이다. 또 『좌전』(소공 17년 조)에 인용된 맹희자(孟僖子)의 말에 의하면, 공자의 8대 조인 정고보(正考父)의 정명(鼎銘)에 '일명(一命)을 받아 대부(大夫)가 되었을 때에는 고개를 숙이고, 재명(再命)을 받아 경(卿)이 되었을 때에는 허리를 굽히고, 삼명(三命)을 받아 상경(上卿)이 되었을 때에는 몸을 굽히고, 길을 갈 때도 담장을 따라 빠른 걸음으로 지나가니 아무도 나를 업신여기는 사람이 없었다.'라는 내용의 글이 새겨져 있었다고 한다. 맹희자(孟僖子)에 의하면, 정고보(正考父)의 이와 같은 '낮춤'이 있었기 때문에 그 후손 가운 가운데 공자와 같은 '달인(達人)'이 나오게 된 것이라고 하였다. "吾聞將有達者曰孔丘, 聖人之後也. 而滅於宋. 其祖弗父何以有宋而授厲公, 及正考父, 佐戴武宣, 三命玆益共. 故其鼎銘云 '一命而傴, 再命而僂, 三命而俯, 循牆而走, 亦莫余敢侮. 饘於是, 鬻於是, 以餬余口.' 其共也如是. 臧孫紇有言曰 '聖人有明德者, 若不當世, 其後必有達人.' 今其將在孔丘乎?"(『좌전』 「소공 7년) 역시 겸손의 미덕을 찬미한 말이다. 그런데 세가의 이 기사에서는 공자가 노나라의 섭상(攝相)이 되었을 때 「귀한 신분으로 다른 사람을 공손하게 대하는 것이 즐겁지 않느냐」고 하면서 매우 기뻐했다고 한다. 이러한 태도는 공자의 평소 모습이 아니다. 정고보(正考父)에 대해서는 졸저, 『공자의 청년시대』, 문사철, 2020, 제1부 제1장 가계 참조.

『공양전』에 의하면, 공자는 협곡에서 돌아온 뒤 3개월 동안 계씨의 뜻을 거스르지 않았다고 한다.

> 여름, 공公[定公]이 제후齊侯와 협곡頰谷에서 만났다. 공이 협곡에서 돌아왔다. ……제나라 사람이 연運·환讙·구음龜陰의 땅을 돌려줬다. 제인이 어찌 해서 연·환·구음의 땅을 돌려주었는가? **공자가 계씨의 정청에 나아가 정치를 할 때 삼 개월 동안 그 뜻을 거스르지 않았기 때문이다.** 제인이 이 때문에 와서 땅을 돌려준 것이다.[175]

회담이 열린 때가 그해 7월이고 회담에서 돌아온 것이 그 직후라면, 그때부터 계씨의 마음을 얻기 위한 노력이 시작되었을 것이다. 그리고 연말에 이르러 드디어 계씨의 정청에 참여하는 기회를 얻게 되지 않았을까 상상한다.

18.8. 덕이 있으나 등용되지 않은 사람[逸民]은 백이伯夷와 숙제叔齊와 우중虞仲과 이일夷逸과 주장朱張과 유하혜柳下惠와 소련少連이다. 공자께서 말씀하셨다. "그 뜻을 굽히지 않고 그 몸을 욕되게 하지 않은 자는 백이와 숙제이다." 유하혜와 소련을 평하시기를 "뜻을 굽히고 몸을 욕되게 하였으나 말이 조리에 맞으며 행실이 사려에 맞았으니, 이런 점이 있을 뿐이다." 하고, 우중과 이일을 평하시기를 "숨어 살면서 말을 함부로 하였으나 몸은 깨끗하게 지켰고 벼슬하지 않음은 권도權道에 맞았다." 하고 이렇게 말씀하셨다.

---

175 "夏, 公會齊侯于頰谷. 公至自頰谷. ……齊人來歸運·讙·龜陰田. 齊人曷為來歸運·讙·龜陰田? 孔子行乎季孫, 三月不違, 齊人為是來歸之."(『공양전』 정공 10년)

"나는 이와 달라서 가可한 것도 없고 불가不可한 것도 없다."[176]

"나는 이와 달라서 가한 것도 없고 불가한 것도 없다." 함의는 상황에 맞게 처신했다는 뜻이다. 맹자의 말을 빌리면 '이도순신以道殉身' '이신순도以身殉道'를 거리낌없이 행사했다는 것이다.[177] 이런 면이 백이·숙제, 유하혜·소련, 우중·이일과 다른 공자의 특별한 점이다. '도를 행할 수만 있다면 나는 굴신屈伸도 마다하지 않겠다.' 개인의 도덕적 청결보다 사회의 안위를 더 걱정한 성인의 자태가 느껴진다. 이런 정신과 열정, 처세가 있었기 때문에, 계씨도 공자의 마음을 읽고 국정에 참여할 수 있는 기회를 열어 주었을 것이다.

공자는 제나라에서 돌아온 뒤 그 동안 이룬 도를 펼치고자 다양한 곳에 줄을 대었다.[178] 그러나 아무도 돌아보지 않았다. 마음이

---

176  "逸民, 伯夷·叔齊·虞仲·夷逸·朱張·柳下惠·少連. 子曰 '不降其志, 不辱其身, 伯夷叔齊與.' 謂柳下惠·少連, '降志辱身矣, 言中倫, 行中慮, 其斯而已矣.' 謂虞仲·夷逸, '隱居放言, 身中淸, 廢中權. 我則異於是, 無可無不可.'"(「미자」 8)

177  "孟子曰 '天下有道, 以道殉身, 天下無道, 以身殉道, 未聞以道, 殉乎人者也.'"(『맹자』「진심장구」 상 42) 번역하면, "맹자께서 말씀하셨다. '천하에 도(道)가 있을 적에는 자신을 통해 도를 실현하고, 천하에 도가 없을 적에는 도를 위해 자신을 희생하나니, 도를 가지고 남을 따른다는 말은 내가 듣지 못하였다.'"

178  이 무렵 공자는 벼슬 길에 나아가기 위해 많은 노력을 기울였다. 그것을 보여 주는 것이 「양화」의 다음 전송이다. "陽貨欲見孔子, 孔子不見, 歸孔子豚. 孔子時其亡而往拜之, 遇諸途. 謂孔子曰 '來. 予與爾言.' 曰 '懷其寶而迷其邦, 可謂仁乎?' 曰 '不可.' '好從事而亟失時, 可謂知乎?' 曰 '不可.' '日月逝矣, 歲不我與.' 孔子曰 '諾. 吾將仕矣.'"(「양화」 1) 이 문장 가운데 '好從事而亟失時'라는 문구가 있다. 벼슬자리를 구하기 위해 여러 곳에 줄을 대고 기회를 살피고 있었던 것 같다. 출사는 군자에게는 반드시 행해야 하는 '명'과 같은 것이다. 정치계에 나아가야 인간다움[仁]을 광범위하게 구현할 수 있기 때문이다. 「자한」 제12장에 "子貢曰 '有美玉於斯, 韞匵而藏諸, 求善賈而沽諸?' 子曰 '沽之哉. 沽之哉. 我待賈者也.'"라는 말이 있다. 사람의 마음을 읽는 데 특별한 재주가 있던 자공(子貢)이 공자의 답답한 심정을 읽고 던진 질문인데, 문의에 따르면 공자

조급해 있던 때에 공산불뉴公山不狃가 비費를 근거로 배반하고 사람을 보내 초빙했다. 공자로서는 출사를 몹시 고대하고 있던 터라 당장에라도 달려가고 싶은 마음이었을 것이다.

정공 9년 양호가 이기지 못하고 제나라로 달아났다. 이해 공자는 나이 50세가 되었다. 공산불뉴公山不狃가 비費를 거점으로 계씨에게 반기를 들고 사람을 시켜 공자를 불렀다. 공자는 오랫동안 정도를 추구하였으나 아무도 자기를 써 주는 사람이 없어 그것을 시험할 기회가 없음을 답답하게 여기고 있던 터라 (公山不狃에게) 가려고 하였다. "주나라 문왕과 무왕은 풍豊과 호鎬에서 일어나 (천하의) 왕자王者가 되지 않았는가? 비가 비록 작은 읍이지만 (한번) 시험해 볼 만하지 않겠는가?" 그러자 자로子路는 불쾌감을 표시하며 공자를 제지하였다. 공자가 말했다. "나를 부른 데는 필시 무슨 이유 같은 것이 있을 것이다. 만약 나를 써 준다면 동쪽에다 (새로운) 주나라를 재현할 수 있지 않겠는가?" 그러나 결국 가지는 않았다.[179]

---

는 출사 요청이 답지해도 무조건 수용하지 않고, 자신의 생각을 구현하는 데 적합한 직인지의 여부를 저울질 했던 것 같다. 양화(陽貨)가 공자에게 던진 "好從事而亟失時, 可謂知乎?"는 이런 사정을 반영한 질문이다.

179 　"定公九年, 陽虎不勝, 奔于齊. 是時孔子年五十. 公山不狃以費畔季氏, 使人召孔子. 孔子循道彌久, 溫溫無所試, 莫能己用, 日 '蓋周文武起豐鎬而王, 今費雖小, 儻庶幾乎.' 欲往. 子路不說, 止孔子. 孔子曰 '夫召我者豈徒哉? 如用我, 其為東周乎!' 然亦卒不行."(「공자세가」 정공 9년) 물론 이 기사는 사실이 아니다. 정공 9년에는 공자가 중도(仲都)의 재(宰)로 출사해 있었을 때이다. 공산불뉴(公山不狃)와는 정치적으로 다른 길을 걷고 있을 때였다. 혹 중도의 재로 출사하기 전에 있었던 일을 기록한 것이 아닐까 생각하는데, 그때는 공산불뉴가 아직 모반을 하기 전이므로, '비를 근거로 계씨를 배반했다'[以費畔季氏]는 기사는 성립할 수 없다. 공산불뉴의 난은 그로부터 4~5년 뒤인 정공 12년이 일어났다. 다만 정공 8년에 양호(陽虎)가 집정 삼가를 교체하는 난을 일으켰다면, 공산불뉴도 장래의 난을 예상하고 미리부터 인재를 영입하고자 했을지도 모르겠다. 공산불뉴의 초빙에 대해서는 졸저, 『공자의 청년시대』, 문사철, 2020, 322-

'비費가 비록 작은 읍에 불과이지만 한번 시험해 볼 만하지 않겠느냐. 만약 나에게 기회가 주어진다면, 주나라 문왕과 무왕이 풍과 호에서 일어나 천하의 왕자가 된 것처럼, 비를 동쪽의 주나라로 만들어 보이겠다.' 도를 구현하기 위해 어떻게든 출사하려 했던 간절한 마음이 반영된 말이다.

계씨의 정청에 들었을 때에도 이와 같은 마음이었을 것이다. 게다가 이번의 출사는 계씨의 치부를 가려주고(사공으로 재직할 때 공실 묘역을 확장하여 소공의 묘가 그 안에 들도록 한 일[180]-저자), 여러 달 동안 계씨의 뜻을 거스르지 않은 각고의 노력[孔子行乎季氏三月不違] 끝에 얻은 성과이다. 당연히 계씨에 대한 기대감도 적지 않았을 것이다. 그래서 계씨가 섭정을 맡겼을 때 그의 뜻이 '도의 구현'에 있다 생각하여 희색이 만면했을 것이다. 계씨의 뜻이 그러하다면 이제 바야흐로 그의 지원 하에 국정을 개혁하는 일만 남았다고 생각했을 것이다.

공자가 3개월 동안 계씨의 뜻을 어기지 않았다는 기사는 2년 뒤 다시 나타난다.

십이 년. …… 숙손주구叔孫州仇가 군사를 거느리고 후읍의 성벽을 무너뜨렸다. ……계손사와 중손하기가 군사를 거느리고 비읍의 성벽을 무너뜨렸다. 어찌해서 군사를 거느리고 후읍의 성벽을 무너뜨렸는가? 어찌해서 군사를 거느리고 비읍의 성벽을 무너뜨렸는가? 공자가 계씨의 정청에 나아가

---

328쪽 참조.

180 『좌전』에서는 이 일이 '사구'로 재직할 때 있었다고 했다. 「공자세가」에 기록된 내용과 다르다. "秋七月癸巳, 葬昭公於墓道南. 孔子之爲司寇也, 溝而合諸墓."(『좌전』 정공 원년)

정사를 볼 때 삼 개월 동안 그 뜻을 거스르지 않았기 때문이다. …….[181]

국정 개혁을 위한 실시 계획들이 모두 인가되고 실행할 준비가 마무리되었다는 뜻일 것이다. 세가 정공 14년 조에 의하면 이때 소정묘少正卯를 처단하는 등의 선정을 펼쳤다고 한다.

얼마 후 공자는 정치를 문란시킨 노나라의 대부 소정묘少正卯를 처단하였다. 그가 정치를 맡은 지 3개월이 되자, 양과 돼지를 파는 사람들이 값을 속이지 않고, 남녀가 길을 가도 따로 걸었으며, 길에 떨어진 (남의) 물건을 주어가는 사람도 없어지고, 사방에서 찾아오는 여행자도 관리에게 허가를 받을 필요가 없었다. 모두 그들을 환영하였기 때문이다.[182]

사실 여부를 떠나 이와 같은 정책들이 계씨의 집정에 참여한 이후 계씨의 양해와 협력 하에 추진되었을 것이다. 이 무렵 노나라에서는 배신들이 국정을 농단하였던 지난 수년간의 악습이 반복되어, 내외에 걸쳐 국가와 사회의 안위를 위협하는 일들이 제법 많았다.

그것이 바로 숙손씨의 채읍[郈]에서 일어난 '후범侯犯의 난'이다. 『춘추경』 정공 10년 조에 보면 이해에 "숙손씨와 맹손씨가 군대를 거느리고 가서 후를 포위했다."는 기사가 두 차례나 실려 있다.[183] 『좌

---

181 "十有二年. ……叔孫州仇帥師墮郈. 衛公孟彄帥師伐曹. 季孫斯·仲孫何忌帥師墮費. 曷為帥師墮郈? 帥師墮費? 孔子行乎季孫, 三月不違, ……."(『공양전』 정공 12년)
182 "於是誅魯大夫亂政者少正卯. 與聞國政三月, 粥羔豚者弗飾賈; 男女行者別於塗; 塗不拾遺; 四方之客至乎邑者不求有司."(『공자세가』 정공 14년 조)
183 "叔孫州仇仲孫何忌帥師圍郈.";"秋, 叔孫州仇仲孫何忌帥師圍郈."(이상 『춘

전』에 의하면 노나라의 조정에서 여러 차례 군사를 파견하여 포위하였지만 끝내 이기지 못하여, 외국[齊]의 도움을 빌어 가까스로 수괴[侯犯]를 축출했다고 한다.[184] 노나라의 국격이 다시 실추되었음은 물론이다.[185] 정공 12년에는 공산불뉴와 숙손첩의 반란 사건이 있었다.[186] 그때는 사태가 더 심각했다. 반란군이 도성에까지 침입해 온 것이다. 배신들에 의한 위협이 양호의 반란을 진압한 후에도 여전히 이어지고 있었다는 뜻이다. 계씨가 공자를 자신의 집정에 참여하도록 허락한 데에는 이와 같은 피치 못할 사정이 있었다.

---

추경』 정공 10년)

[184] "初, 叔孫成子欲立武叔, 公若藐固諫曰'不可.' 成子立之而卒. 公南使賊射之, 不能殺. 公南爲馬正, 使公若爲郈宰, 武叔旣定, 使郈馬正侯犯殺公若, 弗能, 其圉人曰 '吾以劍過朝, 公若必曰「誰之劍也.」吾稱子以告. 必觀之, 吾僞固而授之末, 則可殺也.' 使如之. 公若曰 '爾欲吳王我乎?' 遂殺公若. 侯犯以郈叛, 武叔懿子圍郈, 弗克. 秋, 二子及齊師復圍郈, 弗克. 叔孫謂郈工師駟赤曰 '郈非唯叔孫氏之憂. 社稷之患也, 將若之何?' 對曰 '臣之業, 在「揚水」卒章之四言[我聞有命]矣.' 叔孫稽首. 駟赤謂侯犯曰 '居齊魯之際而無事, 必不可矣, 子盍求事於齊以臨民. 不然, 將叛.' 侯犯從之. 齊使至, 駟赤與郈人爲之宣言於郈中曰 '侯犯將以郈易于齊, 齊人將遷郈民.' 衆兇懼. 駟赤謂侯犯曰 '衆言異矣, 子不如易於齊. 與其死也, 猶是郈也. 而得紓焉, 何必此. 齊人欲以此偪魯, 必倍與子地. 且盍多舍甲于子之門, 以備不虞,' 侯犯曰 '諾.' 乃多舍甲焉. 侯犯請易于齊, 齊有司觀郈. 將至, 駟赤使周走呼曰 '齊師至矣.' 郈人大駭, 介侯犯之門甲, 以圍侯犯, 駟赤將射之, 侯犯止之曰 '謀免我.' 侯犯請行, 許之. 駟赤先如宿, 侯犯殿, 每出一門, 郈人閉之. 及郭門, 止之曰 '子以叔孫氏之甲出, 有司若誅之, 群臣懼死.' 駟赤曰 '叔孫氏之甲有物, 吾未敢以出.' 犯謂駟赤曰 '子止而與之數.' 駟赤止, 而納魯人. 侯犯奔齊. 齊人乃致郈."(『좌전』 정공 10년)

[185] 후읍(郈邑)을 돌려받은 뒤 숙손무숙(叔孫武叔)은 감사를 표하기 위해 제나라를 방문했다. 그때 제(齊) 경공(景公)이 공치사로 다음과 같이 말했다고 한다. "武叔聘于齊, 齊侯享之, 曰 '子叔孫! 若使郈在君之他竟, 寡人何知焉? 屬與敝邑際. 故敢助君憂之.'"(『좌전』 정공 10년)

[186] "仲由爲季氏宰, 將墮三都, 於是叔孫氏墮郈. 季氏將墮費, 公山不狃·叔孫輒帥費人而襲魯. 公與三子入于季氏之宮, 登武子之臺. ……."(『좌전』 정공 12년)

계씨의 정청에 참여한 뒤에도 계씨의 신임과 동조를 얻기 위한 공자의 노력은 계속되었다. 세상에는 도道도 있지만 세勢도 있다.[187] 도의 구현[정치 개혁]은 의지만으로 되는 것이 아니다. 또 진실이 항상 승리하는 것도 아니다. 그래서 도를 구현하는 선비는 "천하에 도가 있을 때에는 자신을 통해 도를 실현하고, 천하에 도가 없을 때에는 도를 위해 자신을 희생한다."[188]라는 말이 있는 것이다.

그것이 『공양전』 정공 12년 조에 다시 나타나는 "공자는 계손의 집정에서 정사를 펼 때 3개월 간 계씨의 뜻을 어기지 않았다.'[189]는 기사이다. 함의는 도와 세를 적절하게 이용하여 계씨를 이끌었다는 뜻이다. 정공 10년에는 계씨의 정청에 들기 위해 계씨에게 공손하였고, 정공 12년에는 그동안 수립해 왔던 국정 개혁을 위한 여러 계획들을 실행하기 위해 계씨에게 공손하였다는 뜻이다. 정치 개혁을 위한 공자의 주도면밀한 계획과 의지를 엿볼 수 있는 대목이다.

## 3. 노나라의 정치를 개혁하다

정공 10년 이후 공자가 시행한 여러 정책들(예를 들면, 부패관리 처단, 상거래 질서 확립, 풍기 문란 행위 단속, 각종 규제 완화 조치 등-저자)은 실력자인 계

---

187  "孟子曰 '古之賢王, 好善而忘勢, 古之賢士, 何獨不然. 樂其道而忘人之勢. 故, 王公不致敬盡禮, 則不得亟見之, 見且猶不得亟, 而況得而臣之乎.'"(『맹자』 「진심장구」 상 8)
188  "孟子曰 '天下有道, 以道殉身, 天下無道, 以身殉道, 未聞以道殉乎人者也.'"(『맹자』 「진심장구」 상 42)
189  "孔子行乎季孫, 三月不違."(『공양전』 정공 10년)

환자의 지지가 있어 가능한 일이었다. 공자가 협곡에서 개최된 정상 회담에 '상'으로 참석하게 된 것도, 제나라의 군대가 국경 밖으로 출병할 경우 노나라는 전차 3백 승을 거느리고 와서 돕는 대신 제나라는 양호의 반란 이후 강점하고 있던 운·환·구음을 돌려준다는 내용의 조약을 체결한 것도,[190] 공자가 대사구로 임명된 것도 계씨의 양해 하에 이루어진 것이다.

정공 11년에도 이런 일은 계속되었다. 비록 하휴何休는 공자가 계씨의 뜻에 순종한 것은 정공 10년의 3개월, 또 정공 12년의 3개월에 불과하고, 그 밖의 기간에는 소신대로 정사를 폈다고 했지만,[191] 그렇게 단정하기에는 무리가 있다. 계씨가 모든 것을 움켜쥐고 있는 상황에서, 계씨의 동의 없이 국정을 쇄신할 수 있는지는 의문이다. 오히려 그보다는 계씨가 원하는 정사를 펴면서 암중으로 도의 구현을 위한 원모를 꾀했다고 보는 것이 자연스럽다. 그것이 바로 『공양전』 정공 12년 조에 다시 등장하는 '공자가 계씨의 정청에서 정사를 펼 때 3개월간 계씨에게 공손한 태도를 보였다'[192]라고 한 기사이다. 함의는 개혁 정책墮三都을 추진하기에 앞서, 계씨의 완전한 동의를 얻

---

190　"齊人來歸鄆讙龜陰田"(『춘추경』 정공 10년). 그 전(『공양전』)에 "齊人來歸運·讙·龜陰田. 齊人曷爲來歸運·讙·龜陰田? 孔子行乎季孫, 三月不違, 齊人爲是來歸之."(『공양전』 정공 10년)라 되어 있다. 계씨와 공자 사이에 모종의 협의가 있었음을 암시하는 내용이다.

191　"孔子仕魯, 政事行乎季孫, 三月之中不見違, 過是違也. 不言政行乎定公者, 政在季氏之家."(『춘추공양전정의』. 정공 10년 조의 "孔子行乎季孫, 三月不違"에 대한 하휴의 주)

192　"季孫斯·仲孫何忌帥師墮費. 曷爲帥師墮郈? 帥師墮費? 孔子行乎季孫, 三月不違."(『공양전』 정공 12년)

기 위해 이치로써 설득하고 그의 뜻을 따랐다는 것인데, 이때 공자가 내세운 이치와 명분이 『공양전』에 기록되어 있다.

> 대부大夫의 집에는 갑병甲兵을 (사사로이) 양성해 두지 않고, 채읍[邑]에는 길이 100척이 되는 성을 쌓아서는 안 되는 것이 예로부터 전해져 온 법도입니다.[193]

이미 양호의 반란과 후범의 불충을 겪은 삼가로서는 공자의 이 제안을 받아들일 수밖에 없었을 것이다. 물론 여기에는 고금의 통치와 선정의 방도를 연구한 데다 제나라와의 정상회담[夾谷之會]을 성공리에 마치고, 이후에도 줄곧 공손한 태도[孔子行乎季孫三月不違]를 보여왔던 공자의 주도면밀한 처세가 있었다. 그리고 그 결과물이 "숙손주구[194]가 군대를 거느리고 가서 후읍의 성을 허물었다" "계손사[195]와 중손하기[196]가 군대를 거느리고 가서 비읍의 성

---

193  "孔子行乎季孫, 三月不違, 曰 '家不藏甲, 邑無百雉之城.' 於是帥師墮郈, 帥師墮費."(『공양전』 정공 12년). 세가에서는 이 말을 계손(季孫)이 아닌 정공(定公)에게 했다고 하였지만,[定公十三年夏. 孔子言於定公曰 '臣無藏甲, 大夫毋百雉之城.'] 정국의 실권이 삼가(三家)의 손아귀에 있었기 때문에, 이 말은 계씨(季氏)에게 한 말이라고 보는 것이 옳다.

194  노나라 삼가(三家)의 한 사람. 숙손무숙(叔孫武叔). 희성(姬姓). 숙손씨(叔孫氏)의 8대 종주(宗主). 숙손불감(叔孫不敢)의 아들. 이름[名]은 주구(州鳩). 시호(諡號)는 무(武). 두예의 주에 "武叔, 叔孫不敢之子州仇也."라 되어 있다

195  계환자(季桓子). 노나라 삼가(三家)의 한 사람. 계손환자(季孫桓子). 희성(姬姓). 계손여의(季孫如意)[季平子]의 아들. 이름은 사(斯), 시호(諡號)는 환(桓).

196  맹의자(孟懿子). 노나라 삼가(三家)의 한 사람. 맹손씨(孟孫氏)의 제9대 종주(宗主). 희성(姬姓). 본래의 성[氏]은 중손(仲孫). 맹희자(孟僖子)의 아들. 이름[名]은 하기(何忌). 시호(諡號)는 헌(獻). 남궁경숙(南宮敬叔)의 형. 맹자(孟子)의 6대 조라고 전

을 허물었다"¹⁹⁷는 『춘추경』의 기사이다.

　　이 일은 정공 12년에 갑자기 결행된 것이 아니다. 계씨에게 출사하던 정공 10년부터 꾸준히 추진해 온 것의 결과이다. 공자가 보기에, 노나라의 국력이 약해진 것은 지난 수년 간 배신들의 발호가 잇달은 데에도 원인이 있겠지만, 암군 소공昭公이 중군中軍을 폐지하여 삼가가 군부軍賦를 좌우하도록 방조한 데 더 큰 원인이 있다.¹⁹⁸ 공자로서는 삼가의 전횡을 일소하여 군주 중심의 정치 체제를 구축하는 것만이 위기에서 벗어나는 길이라 믿었다.

　　이런 점은 실행력 방면에 특별한 재주가 있는 자로子路를 계씨의 재로 들여보낸 것에서도 알 수 있다.¹⁹⁹ 자로는 맨손으로 범을 잡고 맨몸으로 황하를 건너다가 죽어도 후회하지 않고 어떤 경우에도 포기하거나 굴복하는 일이 없었던 제자이다. 의로운 일이 있다는 소식을 들으면 남보다 먼저 하려 했고, 옳은 일을 위해서라면 목숨조차 아깝게 여기지 않는 기개가 있었다.²⁰⁰ 때문에 삼도의 성벽을 허무

---

해지고 있으나 믿기 어렵다. 모친은 천구인(泉丘人)의 여식(女息). 『좌전』 소공 11년 조에 그에 관한 일화가 보인다. "孟僖子會邾莊公, 盟于祲祥, 修好, 禮也. 泉丘人有女, 夢以其帷幕孟氏之廟, 遂奔僖子, 其僚從之. 盟于淸丘之社曰 '有子, 無相棄也.' 僖子使助邍氏之簿. 反自祲祥, 宿於邍氏, 生懿子及南宮敬叔於泉丘人. 其僚無子, 使字敬叔."

197　"叔孫州仇帥師墮郈. ……季孫斯仲孫何忌帥師墮費."(『춘추경』 정공 12년)

198　소공(昭公)이 중군(中軍)을 폐지한 사건에 대해서는 『공자의 청년시대』, 문사철, 2020, 제2부 제2장 노의 국내 정세 참조.

199　"定公十三年夏, 孔子……使仲由爲季氏宰, 將墮三都. 於是叔孫氏先墮郈. 季氏將墮費, ……."(『공자세가』 정공 13년 조)

200　"子路曰 '子行三軍則誰與?' 子曰 '暴虎馮河, 死而無悔者, 吾不與也. 必也臨事而懼, 好謀而成者也.'"(「술이」 10); "子路有聞, 未之能行, 唯恐有聞."(「공야장편」 13); "子路行行如也."(「선진」 12); "由也嗂."(「선진」 17); "子路問 '聞, 斯行諸?' 子曰 '有父兄在, 如之何, 其聞斯行之?' ……子曰 '……由也兼人, 故退之.'"(「선진」 21); "子路問 '成

는 위험한 일을 수행하는 데에는 그만한 적임자도 없었다. 한편으로는 계씨의 뜻을 거스르지 않는 극도의 처세를 앞세워, 삼가가 스스로 본거지[三都]를 허물도록 유도하고, 다른 한편으로는 최측근인 자로를 최고 권력자의 가신[宰]으로 들여보내 이 일을 수행하게 한 공자의 주도면밀함에서, 공자가 이 일을 얼마나 중요하게 생각하였고 신중하게 처리하였는지 짐작할 수 있다.

세가에서는 이 일이 정공 13년 여름에 있었다고 하지만, 『춘추』와 『좌전』 그리고 『공양전』에서는 정공 12년에 있었다고 했다.

○ 공자세가

정공 13년 [bc.497] 여름 공자는 정공에게 간하였다. "신하는 갑병甲兵을 (사사로이) 양성해 두지 않고, 읍에는 길이 300척이 넘는 성을 쌓아서는 안 되는 것이 (예로부터 전해오는) 법도입니다." 그리고 중유仲由[子路]를 계씨의 재로 들여보낸 다음, 삼가의 근거지인 세 성을 허물도록 하였다. 숙손씨가 먼저 후읍의 성벽을 허물었고, 계손씨가 곧이어 비읍의 성벽을 허물려고 할 때, 공산불뉴와 숙손첩이 비 땅 사람들을 이끌고 도성을 습격하였다. 정공은 세 사람[季孫·叔孫·孟孫]과 함께 계씨의 궁으로 피신하여 계무자가 세운 대각臺閣으로 올라갔다. 비 땅 사람들이 그곳을 공격하였으나 이기지 못하였다. 비 땅 사람들이 대각으로 접근해 오자, 공자는 신구수申句須와 악기樂頎에게 내려가서 격퇴하라고 명령하였다. 비 땅 사

---

人'. 子曰 '若臧武仲之知, 公綽之不欲, 卞莊子之勇, 冉求之藝, 文之以禮樂, 亦可以爲成人矣.' 曰 '今之成人者, 何必然? 見利思義, 見危授命, 久要不忘平生之言, 亦可以爲成人矣.'"(「헌문」13)

람들이 달아나자 대부[國人]들이 추격하여 고멸姑蔑에서 격파하였다. 공산불뉴와 숙손첩은 제나라로 달아났다. 곧이어 비의 성벽을 허물었다. 성成[맹손씨의 본읍]을 허물기 직전 공렴처보公斂處父가 맹손孟孫에게 충고하였다. "성을 허물면 반드시 제나라[齊人]가 곧장 북문北門까지 처들어 올 것입니다. 더욱이 성은 맹씨의 보루인데, 성이 없으면 맹씨가 없는 것과 다름 없습니다. 우리는 성을 허물지 말아야 합니다." 12월에 노공[定公]이 성을 포위하였으나 함락시키지 못하였다.[201]

○ 춘추경

(정공) 12년. ……숙손주구가 군대를 거느리고 가서 후읍의 성을 허물었다. ……계손사와 중손하기가 군대를 거느리고 가서 비읍의 성을 허물었다. ……12월에 공[定公]이 성읍을 포위하였다. 정공이 성읍을 포위하다 돌아왔다.[202]

○ 좌전

중유仲由[子路]가 계씨의 재가 되어 삼도三都를 허물려 하니 이에 숙손씨가 후읍의 성을 허물었다. 계씨가 비읍의 성을 허물려 하자, 공산불뉴와 숙손첩이

---

201 "定公十三年夏, 孔子言於定公曰 '臣無藏甲, 大夫毋百雉之城.' 使仲由爲季氏宰, 將墮三都. 於是叔孫氏先墮郈. 季氏將墮費, 公山不狃·叔孫輒率費人襲魯. 公與三子入于季氏之宮, 登武子之臺. 費人攻之, 弗克, 入及公側. 孔子命申句須·樂頎下伐之, 費人北. 國人追之, 敗諸姑蔑. 二子奔齊, 遂墮費. 將墮成, 公斂處父謂孟孫曰 '墮成, 齊人必至于北門. 且成, 孟氏之保鄣, 無成是無孟氏也. 我將弗墮.' 十二月, 公圍成, 弗克."(「공자세가」 정공 13년 조)

202 "十有二年. ……叔孫州仇帥師墮郈. ……季孫斯·仲孫何忌帥師墮費. 十有二月, 公圍成. 公至自圍成."(『춘추경』 정공 12년)

116  1부 공자의 정치 개혁

비 땅 사람들을 거느리고 와서 도성을 습격하였다. 정공이 난리를 피해 계손·숙손·맹손과 함께 계씨의 집으로 가서 무자[季武子]의 대로 올라갔다. 비인費人의 공격을 이기지 못하여 비인이 정공 곁에까지 쳐들어왔다. 중니仲尼[孔子]가 신구수申句須와 악기樂頎에게 명하여 내려가 토벌하게 하니 비인이 패주하였다. 대부[國人]들이 그들을 추격하여 고멸姑蔑에서 패배시키니 공산불뉴와 숙손첩이 제나라로 달아났다. 드디어 비읍의 성을 허물었다. 성읍의 성을 허물려 할 때 공렴처보公斂處父가 맹손에게 말했다. "성成의 성을 헐면 제나라 군대[齊人]가 반드시 북문北門으로 쳐들어올 것입니다. 또 성은 맹씨를 보호하는 장벽[堡障]이니, 성이 없으면 이는 맹씨가 없는 것입니다. 당신께서는 모른 체하고 계십시오. 저는 장차 헐지 않겠습니다."라고 하였다. 겨울 12월에 정공이 성을 포위하였으나 이기지 못하였다.[203]

○ 공양전

숙손주구가 군사를 거느리고 후읍의 성을 허물었다. …… 계손사·중손하기가 군사를 거느리고 비읍의 성을 허물었다. 어째서 군사를 거느리고 후읍의 성을 허물었는가? (어찌 해서) 비읍의 성을 허물었는가? 공자가 계손의 조정에서 정사를 펼 때 3개월간 계씨의 뜻을 거스르지 않았다. 공자가 말하였다. "집 안에는 (사사로이) 병사를 두지 않고 읍에는 백치白雉의 성을 쌓지 않는 것이 법입니다." 이에 군사를 거느리고 후읍의 성벽을 허

---

203  "仲由爲季氏宰, 將墮三都, 於是叔孫氏墮郈. 季氏將墮費, 公山不狃·叔孫輒帥費人以襲魯. 公與三子入于季氏之宮, 登武子之臺. 費人攻之, 弗克. 入及公側, 仲尼命申句須·樂頎下, 伐之, 費人北. 國人追之, 敗諸姑蔑. 二子奔齊, 遂墮費. 將墮成, 公斂處父謂孟孫, '墮成, 齊人必至于北門. 且成, 孟氏之保障也. 無成, 是無孟氏也. 子僞不知, 我將不墜.' 冬十二月, 公圍成, 弗克."(『좌전』 정공 12년)

물었다. 군사를 거느리고 비읍의 성벽을 허물었다. …… 12월에 공[定公]이 성成을 포위하였다. 공이 성을 포위하다 돌아왔다.[204]

숙손이 후읍의 성을 허문 것은 후읍의 지형이 험고하여 장차 근심이 될 것을 우려했기 때문이다. 이미 숙손은 후범의 난을 경험한 적이 있다.[정공 10년] 그에 앞서 공약公若의 불충도 경험하였다. 계손이 비읍의 성을 허물기로 결정한 것도 배신 양호에게 능욕을 당한 적이 있기 때문이다.[205]

『좌전』에는 공자가 삼도의 성을 허무는 일에 간여했다는 직접적인 언급이 없다. 하지만 자로가 이 일을 맡았다는 것을 기록하여,[206] 이 사건이 공자 쪽에서 모의되어 실행된 것임을 시사하고 있다. 이에 대해 『공양전』에서는 삼가 측에서 스스로 본읍을 허물었다고 했지

---

204 "叔孫州仇帥師墮郈. ……季孫斯·仲孫何忌帥師墮費. 曷爲帥師墮費? 孔子行乎季孫, 三月不違, 曰 '家不藏甲, 邑無百雉之城.' 於是帥師墮郈, 帥師墮費. ……十有二月, 公圍成. 公至自圍成."(『공양전』 정공 12년)

205 "乙亥, 陽虎囚季桓子及公父文伯, 而逐仲梁懷. 冬十月丁亥, 殺公何藐. 己丑, 盟桓子于稷門之內, 庚寅, 大詛. 逐公父歜及秦遄, 皆奔齊."(『좌전』 정공 5년); "二月, 公侵鄭, 取匡, 爲晉討鄭之伐胥靡也. 往不假道於衛, 及還, 陽虎使季孟自南門入, 出自東門, 舍於豚澤, 衛侯怒, 使彌子瑕追之. ……夏, 季桓子如晉, 獻鄭俘也. 陽虎強使孟懿子往報夫人之幣. ……陽虎又盟公及三桓於周社, 盟國人于亳社, 詛于五父之衢."(『좌전』 정공 6년); "齊人歸鄆陽關, 陽虎居之以爲政. ……齊國夏伐我, 陽虎御季桓子, 公斂處父御孟懿子, 將宵軍齊師. ……"(『좌전』 정공 7년); "定公八年, 公山不狃不得意於季氏, 因陽虎爲亂, 欲廢三桓之適, 更立其庶孽陽虎素所善者, 遂執季桓子. 桓子詐之, 得脫."(「공자세가」 정공 8년 조)

206 "仲由爲季氏宰, 將墮三都, 於是叔孫氏墮郈."(『좌전』 정공 12년). 반면 세가(世家)에서는 이 일의 주동자가 공자임을 분명히 밝히고 있다. "定公十三年夏, 孔子言於定公曰 '臣無藏甲, 大夫毋百雉之城.' 使仲由爲季氏宰, 將墮三都. 於是叔孫氏先墮郈. 季氏將墮費, ……"(「공자세가」 정공 13년 조)

만,²⁰⁷ 이 기사에 이어, "공자는 계씨의 집정에 참여할 때 3개월간 계씨의 뜻을 거스르지 않았다." "가신은 갑병을 (사사로이) 양성해 두지 않습니다." "읍에는 길이 300척이 되는 성을 쌓지 않는 것이 예로부터 전해오는 법도입니다."라 했다는 기사를 함께 기록하여, 이 일의 주모자가 공자임을 분명히 밝히고 있다.²⁰⁸

어쩌면 공자는 자신이 직접 나서지 않고, 삼가 측에서 '스스로 알아서' 자신들의 근거지를 없애도록 유도했는지도 모르겠다. 자신의 뜻을 누구보다 잘 알고 있고, 또 정사와 군사 방면에 뛰어난 재능이 있는 자로子路²⁰⁹를 이 정책의 실행 책임자로 들여보냈기 때문에 굳이 나설 필요도 없었다. 대신 공자는 만에 하나 일어날 수도 있는 문제를 해결하는 데 주력했다. 곧 삼도의 성을 허무는 일에 간여하기보다 성을 허물 때 읍의 재들이 기득권의 상실을 우려하여 반란을 일으킬 경우를 대비하여, 혹 그런 일이 일어날 경우 대사구의 권한을 발동하여 그들을 진압, 토벌하는 일을 준비하였다. 공자가 이 일에 얼마나 열정을 쏟았는지를 보여주는 대목이다.

예상대로 숙손씨의 후읍의 성벽이 헐리고, 이어 계손씨의 비읍의 성벽을 허물려고 할 때, 계씨에게 불만이 많았던 비읍의 읍재 공산불뉴가 평소 숙손씨에게 신임을 받지 못하고 있던 숙손첩과 함께,

---

207 "季孫斯·仲孫何忌帥師墮費." (『공양전』 정공 12년)

208 "曷為帥師墮郈? 帥師墮費? 孔子行乎季孫, 三月不違, 曰 '家不藏甲, 邑無百雉之城.' 於是帥師墮郈, 帥師墮費." (『공양전』 정공 12년)

209 "孟武伯問 '子路仁乎?' 子曰 '不知也.' 又問. 子曰 '由也, 千乘之國 可使治其賦也, 不知其仁也.'" (「공야장」 7); "德行 顏淵·閔子騫·冉伯牛·仲弓, 言語 宰我·子貢, 政事 冉有·季路, 文學 子游·子夏." (「선진」 2)

비읍의 완민들을 충돌질하여 이끌고 도성으로 쳐들어왔다. 절체절명의 순간 공자는 대사구의 권한을 발휘하여 신구수와 악기에게 명하여 이들을 토벌하게 하였고, 속하 대부들과 함께 이들을 제나라 땅으로 쫓아버리고 난 뒤, 예정대로 비읍의 성벽을 허물었다.

## 4. 정치계에서 실각하다

처음에 삼가의 근거지를 없애는 일은 삼가의 동의 하에 추진되었기 때문에 별다른 방해 없이 성사될 것으로 예상되었다. 그런데 마지막 단계에 이르러 맹손이 약속을 저버렸다. 가신 공렴처보의 꼬임에 넘어가, 자신의 근거지인 성읍의 성벽을 허물지 않은 것이다. 이에 정공이 성읍을 포위하고 공격도 해 보았지만 끝내 이기지 못하였다. 공자로서는 실망을 넘어 엄청난 좌절감을 느꼈을 것이다. 논어 「위정」에 "나이 오십이 되었을 때 하늘의 명을 알았다."[210]는 말이 있다. 사업의 성공을 위해서는 본인의 노력도 있어야겠지만, 천명도 있어야 하고 운도 따라줘야 한다. 만년에 그의 인생을 반추하면서, 그때의 일에 대한 소회를 이와 같은 말로 자술했는지도 모르겠다; '그때 나는 엄청난 좌절을 맛보았다!'

세상에는 뜻대로 되지 않는 일도 있다. 주변국에 비해 노나라의 국력이 약한 것은 오랫동안 대부[三家]들이 국정을 농단하였기 때문이

---

210 "子曰 '吾……. 五十而知天命.'"(「위정」 4)

다.²¹¹ 그들 세력의 근거가 삼도三都에 있다고 생각한 공자로서는 삼도를 허무는 것이야말로 노나라의 국정 쇄신의 시작이요 끝이라고 여겼다. 그런데 그들 가운데 하나인 맹손이 자신의 이익을 지키는 데 눈이 멀어, 자신의 근거지[成]를 허물지 않고 오히려 견고하게 지키는 쪽으로 선회하자, 공자로서는 개혁을 이루어야겠다는 의지와 이를 실행해 나갈 동력이 한꺼번에 상실되었다.

이제 사회적 합의에 의한 개혁은 기대하기 어렵다. 개혁을 이루기 위해서는 물리적 강제력을 동원해야 하지만, '새로운 것을 만들기보다 옛것을 잘 다듬어 활용하는 데 익숙했던'²¹² 공자로서는, 물리적 강제를 동원하는 방법보다 사회적 합의에 기초한 방법이 효과 면에서 더 유용하다고 보았다. 정치의 목적이 노나라의 안위를 위한 것이라면 힘에 의한 강제적 방법보다 합의에 기초한 조정의 방법을 사용해야 한다. 그래야 국론의 분열을 피할 수 있다. 게다가 지금은 대부들의 힘이 군주를 압도하고 있다. 힘에 의지한 개혁은 자칫 국가를 누란의 위기에 빠뜨릴 수 있다. 호시탐탐 노나라를 노리는 주변국[齊]의 시선도 고려해야 한다.²¹³

오늘날에도 그렇지만 개혁은 혁명보다 힘이 더 들고 어려운 것이 사실이다. 개혁을 반대하는 세력을 끌어안고 가야 하기 때문이다. 그

---

211 "孔子曰 '天下有道, 則禮樂征伐, 自天子出, 天下無道, 則禮樂征伐, 自諸侯出. 自諸侯出, 蓋十世希不失矣, 自大夫出, 五世希不失矣, 陪臣執國命, 三世希不失矣. 天下有道, 則政不在大夫. 天下有道, 則庶人不議.'"(「계씨」 2); "孔子曰 '祿之去公室五世矣, 政逮於大夫四世矣. 故三桓之子孫微矣.'"(「계씨」 3)

212 "子曰 '述而不作, 信而好古, 竊比於我老彭.'"(「술이」 1)

213 "齊人聞而懼, 曰 '孔子為政必霸, 霸則吾地近焉, 我之為先并矣. 盍致地焉?' 黎鉏曰 '請先嘗沮之, 沮之而不可則致地, 庸遲乎!' 於是選齊國中女子好者八十人……"(「공자세가」 정공 14년 조)

런데 끌어안고 가야 할 한 축[孟孫氏]이 저렇게 완강하게 버티고 있다면 개혁은 요원한 일이 될 수밖에 없다. 노나라에서는 계손씨 집안이 절대 권력을 쥐고 있지만,²¹⁴ 삼가의 합의에 의한 국정 운영이 기본 방침이었다. 이제 맹손씨 측에서 개혁을 반대하고 기득권을 지키는 방향으로 선회했다면, 그간 삼가가 보여왔던 태도로 미루어 다른 이가二家[계손씨·숙손씨]에서도 자신들의 이익을 지키는 쪽으로 선회할 것이다. 그리되면 노나라의 국력은 예전보다 더 약화되어 자칫 분국으로 치달을 수도 있다.

구악을 일소하려는 것은 나라의 안위를 도모하기 위함이다. 그런데 합의에 의하지 않는 개혁은 큰 위험을 초래할 수 있다. 국론을 분열시킬 수 있다. 자칫 기존의 기득권층을 새로운 기득권층으로 교체하는, 이를테면 새로운 기득권층을 만들기 위한 정치 놀음에 그칠 수도 있다. 사회는 여전히 예전 모습 그대로 적폐가 만연한 사회로 재생산될 것이다. 공자로서는 허무함과 좌절감을 한꺼번에 느꼈다. 임종 직전 공자는 자공子貢에게 이런 말을 했다고 한다.

> 아아! 나를 알아주는 사람이 없구나. …… 나는 하늘을 원망하지도 사람을 원망하지도 않았다. 아래로 인간사를 배워 위로 천명天命에 이르고자 했을 뿐이다. 나를 알아줄 이는 하늘뿐일 것이다.²¹⁵

---

214  당시 노나라의 부세(賦稅)는 소공(昭公)이 중군(中軍)을 폐지한 이후, 계손씨가 13/24를 갖고, 나머지는 계씨와 맹씨가 나눠 갖었다.(숙손씨가 6.5/24, 맹손씨가 4.5/24을 소유-저자) 이에 대해서는 졸저, 『공자의 청년시대』, 문사철, 2020, 제2부 제2장 노의 국내 정세 참조.
215  "莫知我夫! ……不怨天, 不尤人, 下學而上達, 知我者其天乎!"(「공자세가」 애공

혹 이때의 심정이 이같지 않았을까? '오십이 되었을 때 자신의 한계를 알았다'는 저 유명한 「위정」의 '지천명知天命'의 명언과 궤를 같이하는 발언이다.

정책이 실패하였다면 누군가는 책임을 져야 한다. 게다가 사건의 무게가 나라의 근간을 뒤흔든 사건이라면 더욱 그렇다. 공자는 모든 것의 책임을 지고 정치계에서 물러났다. 그것이 군자의 도리다.[216] 이 무렵에는 공자가 처한 상황도 좋지 않았다. 공자가 추진한 정치 개혁의 실질은 기득권층이 그동안 누려왔던 각종 편의와 부당한 권력의 박탈에 관련되어 있었다. 그래서 시작 단계에서부터 주위의 따가운 눈총을 받았다.[217] 이제 공자에게 남겨진 것은 개혁을 이루지 못했다는 좌절감과 그를 바라보는 주위의 따가운 시선, 질책 그리고 비판적인 여론뿐이다. 아마 공자는 약간의 여유를 갖고 사직의 이유[명분]를 정돈하려 했을 것이다. 출처 진퇴를 분명히 하면서 깨끗하게 물러나는 방법을 모색했을 것이다. 그리고 심모원려를 하며 장차 본인이 나아갈 길을 정하려 했을 것이다.

하지만 이 일의 파장은 예상외로 컸다. 기록에는 나와 있지 않

---

14년)

216 『예기』 「단궁」 상에 "君子曰 '謀人之軍師, 敗則死之, 謀人之邦邑, 危則亡之.'"라는 말이 있다. 남의 군대를 부리는 장수가 되어 전쟁에서 패하게 되면 본인 또한 죽어야 마땅하다. 또 남의 나라를 위해 정사를 도모하여 그 나라를 위태롭게 했다면 자신 또한 물러나 떠나는 것이 도리이다. 이것이 공문(孔門)의 의리이다.

217 "秋, 季桓子病, 輦而見魯城, 喟然歎曰 '昔此國幾興矣, 以吾獲罪於孔子, 故不興也.' 顧謂其嗣康子曰 '我即死, 若必相魯, 相魯, 必召仲尼.' 後數日, 桓子卒, 康子代立. 已葬, 欲召仲尼. 公之魚曰 '昔吾先君用之不終, 終為諸侯笑. 今又用之, 不能終, 是再為諸侯笑.'"(「공자세가」 애공 3년 조) 공지어(公之魚)의 말에 의하면, 공자의 등용은 계환자(季桓子)에게는 어땠는지 몰라도 당시 말이 많았던 것 같다.

지만, 극한적인 비판이 들끓었다. 오늘날로 말하면 정책 실패에 따른 감사기관의 행정 감사와 국회의 국정조사, 보수 언론의 비판, 체제 옹호적인 시민 단체의 고소·고발이 줄을 이루며 섰다. 이런 상황에서는 공자의 든든한 후원자인 정공이나 계씨도 힘을 보탤 수가 없다. 야심 차게 추진하였던 정치 개혁이 실패한 후 중상과 모략이 이어지는 것은 정치의 생리에서는 지극히 당연한 것이다.

이 일은 처음부터 예상되었다. 삼도의 읍성을 허무는 일은 공자에게 도를 펼칠 수 있는 기회이기도 했지만, 실패할 경우에는 목숨을 내놓아야 하는 양날의 칼이었다. 이 사건 이후 공자의 정치적 위상이 급속히 쇠락해졌음은 물론이다.

그 사건이 바로 자로子路에 대한 중상이다.

14.38 공백료公伯寮가 자로를 계손에게 참소하자 자복경백子服景伯이 공자에게 말했다. "부자夫子[季孫]께서 진실로 공백료의 말을 믿고 거기에 마음[惑]을 두고 계십니다. 내 힘이 그래도 공백료의 시신을 거리에 널어놓을 수 있습니다." 그러자 공자가 말하였다. "도가 장차 행해지는 것도 명命이며, 도가 장차 폐해지는 것도 명이니, 공백료가 그 명에 대해 어떻게 하겠는가?"[218]

자로는 공자의 고족제자이다. 사마천에 의하면, 자로가 계씨의

---

[218] "公伯寮愬子路於季孫. 子服景伯, 以告曰 '夫子固有惑志於公伯寮, 吾力猶能肆諸市朝.' 子曰 '道之將行也與, 命也, 道之將廢也與, 命也. 公伯寮其如命何!'"(「헌문」 38)

재로 임명된 것은 공자의 뜻이었다고 한다.[219] 공자는 자로를 계씨의 재로 들여보내 삼가의 근거지를 허무는 정책에 간여하고자 했다. 그 정책은 다름 아닌 기득권층의 이익을 없애는 정책, 오늘날로 말하면 그 동안에 누적된 악폐의 청산이었다. 그래서 공자와 자로는 시작 단계에서부터 주위의 반발을 매우 거세게 받았다. 공자가 이 정책을 입안·시행했다면, 자로는 공자와 삼가의 핵심 연결 고리였다. 그런데 이제 자로가 주위의 중상과 모략으로 계씨의 재 직에서 물러나게 된다면, 공자는 개혁을 추진하기는커녕 자칫 목숨조차 보존하기 어려운 상황에 처하게 된다. 생각해 보면, 공자가 노나라를 떠나 천하 유력의 길로 들어서게 된 데는 이와 같은 여러 가지 정황들이 복잡하게 얽혀 있었다.

공백료公伯繚는 제자전(「중니제자열전」)에 공자의 제자라고 기록되어 있다.[220] 노나라 사람으로 자字는 '자주子周'이다. 『공자가어』에는 '신료자주申繚子周'라고 되어 있다.[221] 공자는 공백료가 자로를 참소했다는 말을 듣고도 그를 책망하지 않았다. 오히려 "명命이 그러한데 그가 무엇을 할 수 있겠느냐?"라 했다. 어투 상에서 보면 제자 류는 아니었던 것 같다. 자로와 함께 계씨의 가신으로 복무한 사람일 것이다.

---

219 "定公十三年夏, 孔子言於定公曰 '臣無藏甲, 大夫毋百雉之城.' 使仲由為季氏宰, 將墮三都. 於是叔孫氏先墮郈. 季氏將墮費, 公山不狃·叔孫輒率費人襲魯."(「공자세가」정공 13년 조)

220 「중니제자열전」'공백료' 조에 "公伯繚. 字子周. 周愬子路於季孫, 子服景伯以告孔子, 曰 '夫子固有惑志, 繚也, 吾力猶能肆諸市朝.' 孔子曰 '道之將行, 命也, 道之將廢, 命也. 公伯繚其如命何!'"라 되어 있다.

221 "申繢, 字子周"(『공자가어』「칠십이제자해」'신적' 조)

자복경백子服景伯은 노나라 대부 자복하子服何이다. 『예기』「단궁」 상에 '공의중자公儀仲子의 치상治喪 때 후계자를 세우는 문제를 놓고 단궁檀弓과 자복경백이 문답하는 장면'이 있다.

공의중자公儀仲子의 상喪에 단궁檀弓이 단면袒免을 하고 조문弔問하였다. 중자仲子가 적손嫡孫을 버려두고 서자庶子를 세웠기 때문이다. 단궁이 말했다. "(적손을 버려두고 서자를 세우다니) 이 무슨 까닭인가? 나는 이런 일이 있다는 말을 듣지 못했다." 그리고는 종종걸음으로 나아가서 문 오른쪽에 있는 자복백자子服伯子에게 다가갔다. ……[222]

이에 대한 정현鄭玄의 주에 '자복백자子服伯子는 중손仲孫 멸蔑의 현손인 자복경백子服景伯을 말한다.'라고 되어 있다.[223] 공영달孔穎達의 소疏에는 그의 출생에 대해 『세본』을 인용하여 "헌자獻子 멸蔑이 효백孝伯(佗)을 낳고, 효백이 혜백惠伯(椒)을 낳고, 혜백이 소백昭伯(回)을 낳고, 소백이 경백景伯을 낳았다."라고 되어 있다.[224] 중손仲孫 곧 맹손씨孟孫氏 집안의 사람이다.[225] 훗날 자공子貢과 함께 국제정치 무대에서 활

---

222  "公儀仲子之喪, 檀弓免焉. 仲子舍其孫而立其子. 檀弓曰 '何居? 我未之前聞也.' 趨而就子服伯子於門右, …….""(『예기』「단궁」 상 제1장)

223  "子服伯子, 蓋仲孫蔑之玄孫子服景伯."(정현 주·공영달 소, 『예기정의』「단궁」 상 제1장)

224  『예기정의』「단궁」 상 제1장의 정현(鄭玄)의 주(注)[子服景伯, 蓋仲孫蔑之玄孫子服景伯.]에 대한 공영달(孔穎達)의 소(疏) 참조. "云 '子服伯子, 蓋仲孫蔑之玄孫子服景伯'者, 案『世本』, 獻子蔑生孝伯, 孝伯生惠伯, 惠伯生昭伯, 昭伯生景伯."

225  "孟孫, 卽仲孫也."(「위정」 5의 "孟獻子問孝, 子曰 '無違'. 樊遲御, 子告之曰 '孟孫, 問孝於我, 我對曰「無違」.'"에 대한 주희의 집주에서 인용). * 춘추시대 노나라의 환공(桓公)[재위기간: b.c.711~694]에게는 아들이 4명 있었다. 그중 큰 아들 동(同)이

약한 인물이다.[226]

"부자夫子께서 진실로 공백료의 말을 믿고 거기에 마음[惑]을 두고 계십니다". 자로에 대한 비판과 참소가 계씨 진영 내부에서조차 심각하게 거론되고 있었음을 보여주는 기사이다. 자로가 참소를 당했다면 그 최종 목표는 공자를 겨냥하고 있었을 것이다.

물론 이 사건은 자로의 과격한 성품에서 기인한 면도 있다. 자로

---

즉위하여 장공(莊公)이 되었고, 나머지 세 아들은 대부(大夫)가 되었다. 이때부터 이들을 '삼가(三家)' 또는 '삼환(三桓)'이라 칭하고, 이들의 후손을 '중손(仲孫)' '숙손(叔孫)' '계손(季孫)'이라 부르게 되었다. 옛날에 형제가 넷이면 백(伯)·중(仲)·숙(叔)·계(季)로 나누었는데, 맹손씨(孟孫氏)는 장공(莊公)을 넣으면 둘째여서 '중손(仲孫)'이라고 불렀다. 그런데 장공(莊公)을 제외하면 맏이가 되어서 '맹손(孟孫)'이라고 칭하기도 했다. 그러나 '맹손(孟孫)'을 칭하게 되면 장공(莊公)과 완전히 다른 족(族)이 되므로, 그다지 바람직한 것은 아니다. 이 일로 맹손(孟孫)은 서족(庶族)이 되어, 노나라에서는 세족(世族)으로서의 온전한 대접을 받지 못했다. 반면 숙손(叔孫)과 계손(季孫)은 원래의 이름을 그대로 사용하였기 때문에, 맹손(孟孫)보다는 '귀족(貴族)'의 예우를 받았다. '귀족(貴族)'이란 귀(貴)한 족속이란 뜻이다.

226    예를 들면,『애공』7년 조에 오나라가 노나라에 '백뢰(百牢)의 향연(饗宴)'을 요구하였을 때 자복경백(子服景伯)이 오나라의 비례(非禮)를 탓하는 기사가 있는데, "夏, 公會吳于鄫. 吳來徵百牢, 子服景伯對曰 '王未之有也.' 吳人曰 '宋百牢我, 魯不可以後宋. 且魯牢晉大夫過十, 吳王百牢, 不亦可乎?' 景伯曰 '晉范鞅貪而棄禮, 以大國懼敝邑. 故敝邑十一牢之. 君若以禮命於諸侯, 則有數矣, 若亦棄禮, 則有淫者矣. 周之王也, 制禮, 上物不過十二, 以爲天之大數也. 今棄周禮, 而曰必百牢, 亦唯執事.' 吳人弗聽. 景伯曰 '吳將亡矣. 棄天而背本. 不與, 必棄疾於我.' 乃與之." 바로 뒤에 자공(子貢)이 오나라에 들어가 태재(太宰)인 백비(白嚭)와 외교 회담을 가졌다는 기사가 실려 있다. "大宰嚭召季康子, 康子使子貢辭. 大宰嚭曰 '國君道長, 而大夫不出門, 此何禮也?' 對曰 '豈以爲禮? 畏大國也. 大國不以禮命於諸侯, 苟不以禮, 豈可量也? 寡君旣共命焉, 其老豈敢棄其國? 大伯端委, 以治周禮, 仲雍嗣之, 斷髮文身, 臝以爲飾, 豈禮也哉? 有由然也.' 反自鄫, 以吳爲無能爲也."(『좌전』애공 7년) 또 애공 15년 조에 보면 자복경백이 자공과 함께 제나라에 사신으로 가서 제나라와의 강화회담을 성공리에 마쳤다는 기사가 있다. "冬, 及齊平. 子服景伯如齊, 子贛爲介, 見公孫成曰 '人皆臣人, 而有背人之心, 況齊人, 雖爲子役, 其有不貳乎? 子周公之孫也. 多饗大利. 猶思不義. 利不可得. 而喪宗國. 將焉用之?' 成曰 '善哉. 吾不早聞命.'"(『좌전』애공 15년 조)

는 '야인' 출신이기 때문에 언행이 매우 거칠었다. 그는 모든 면에서 공문에는 어울리지 않는 사람이었다.[227] 그것을 보여주는 것이 공산불뉴의 모반으로 결원이 된 비費의 읍재 임명을 둘러싸고 공자와 다툰 장면이다.

11.24. 자로가 측근인 자고子羔를 비費의 읍재로 추천하자 공자께서 말씀하셨다. "남의 아들을 해치려는구나." 그러자 자로가 말하였다. "인민이 있고 사직이 있는데, 어찌 반드시 독서를 한 뒤에야 학學을 하였다 하겠습니까?" 그러자 공자께서 말씀하셨다. "그러므로 (내가) 말 잘하는 자를 미워하는 것이다."[228]

'자고子羔'는 제자전에 성은 '고高', 명은 '시柴'라고 되어 있다.[229] '자고'는 그의 자字이다. 정현鄭玄은 '위나라 출신[衛人]'이라고 하였고, 가어에서는 '제나라 출신[齊人]'이라고 하였다.[230] 제나라 귀족인 고씨 高氏의 별족別族이라고 본 것 같다.[231] 공자보다 30세 젊었고, 키가 5

---

227    "仲由. 字子路, 卞人也. 少孔子九歲. 子路性鄙, 好勇力, 志伉直, 冠雄雞, 佩豭豚, 陵暴孔子. 孔子設禮稍誘子路, 子路後儒服委質, 因門人請爲弟子:……."(「중니제자열전」 '중유仲由' 조)

228    "子路使子羔爲費宰. 子曰 '賊夫人之子!' 子路曰 '有民人焉, 有社稷焉, 何必讀書然後爲學?' 子曰 '是故惡夫佞者.'"(「선진」 24)

229    "高柴. 字子羔. 少孔子三十歲. 子羔長不盈五尺, 受業孔子, 孔子以爲愚."(「중니제자열전」 '고시高柴' 조)

230    「중니제자열전」 '고시' 조의 『집해』 『색은』 『정의』 참조. "[集解]鄭玄曰衛人. [索隱]鄭玄云衛人. [家語]齊人, 高氏之別族. 長不盈六尺, 狀貌甚惡. 此傳作 '五尺'. 誤也. [正義]家語云齊人."

231    공자는 34세 무렵에 소공(昭公)이 제나라로 망명한 것과 때를 같이 하여 노나

척이 되지 않았으며, 외모가 매우 추하게 생겼다고 한다. 이때 나이가 25세 정도 되었다.

자고子羔의 이름은 논어(「선진」)에 2번 보인다. "시柴는 성정이 우직했다."[232] 지혜가 부족하고 고지식한 성품이었던 같다. 준민한 사람은 아니었을 것이다. 공문에서도 무게감이 있던 인물은 아니었을 것이다. 그러나 제자전의 서두에 그의 이름이 올라 있는 것에서 보면,[233] 공자 몰후에는 꽤 유명한 인물이었던 것 같다. 무성武城의 대관邑宰을 지내기도 했으며,[234] 제나라와 회맹할 때 맹무백孟武伯의 자문에 응했다고 한다.[235] 자로와 절친했다면 성격이 서로 통했을 것

---

라를 떠나 제나라로 갔다. 그때 고소자(高昭子)를 통해 벼슬 자리를 구하려 했다는 기사가 세가에 전한다. "其後頃之, 魯亂. 孔子適齊, 爲高昭子家臣, 欲以通乎景公."(「공자세가」) 물론 이 기사는 사실이 아니다. 이 무렵에는 제나라의 사정도 노나라와 별반 다를 바 없었다. 폐신[陳乞]이 국정을 장악하였다. 폐신[三桓]이 국정을 농단한다 하여 출사를 기피하고 제나라로 떠난 공자가 폐신이 국정을 농단하는 정국에서 경공(景公)에게 출사하려 했다는 것은 이치에 맞지 않는다. 또 경공은 공자와는 정치철학상 접점(接點)이 없는 인물이다. 다만 이때 공자가 경공에게 연을 대기 위해 만났다는 고소자(高昭子)를 자고(子羔)의 족인(族人)으로 본 것이 아닐까 하는 상상이다.

232　"柴也愚"(「선진」 24). '愚'에 대해 『논어주소』(邢昺)에서는 "愚, 愚直之愚."라 하고, 『논어집주』(朱熹)에서는 "愚者, 知不足而厚有餘. [家語]記其足不履影, 啓蟄不殺, 方長不折, 執親之喪, 泣血三年, 未嘗見齒, 避難而行, 不徑不竇, 可以見其爲人矣."라 했다.

233　"孔子曰 '受業身通者七十有七人', 皆異能之士也. 德行 顏淵·閔子騫·冉伯牛·仲弓, 政事 冉有·季路, 言語 宰我·子貢. 文學 子游·子夏. 師也僻, 參也魯, 柴也愚, 由也喭, 回也屢空, 賜不受命而貨殖焉, 億則屢中."(「중니제자열전」)

234　"高柴, ……爲人篤孝而有法正, 少居魯, 見知名於孔子之門, 仕爲武城宰."(『공자가어』「칠십이제자해」'고시' 조)

235　"公會齊侯盟于蒙, 孟武伯相, 齊侯稽首, 公拜, 齊人怒. 武伯曰 '非天子, 寡君無所稽首.' 武伯問於高柴曰 '諸侯盟, 誰執牛耳?' 季羔曰 '鄫衍之役, 吳公子姑曹, 發陽之役, 衛石魋.' 武伯曰 '然則彘也.'"(『좌전』 애공 17년) '계고(季羔)'에 대해 두예는 "季高, 高柴也."라 했다. 고시(高柴)는 공자의 제자인 자고(子羔)를 말한다.

같은데, 애공 15년 위나라에서 난[孔悝의 亂]이 일어났다는 소식이 전해졌을 때, 공자가 "시柴는 돌아오겠지만 유由는 죽을 것이다"[236]라 한 데에서 보면, 자로와 달리 '인간미'는 부족했던 것 같다.[237]

당시 비읍費邑은 공산불뉴의 모반 사건으로 상황이 매우 좋지 않았다. 그래서 민자건閔子騫 같이 후덕한 이도 부임을 꺼렸다.[민자건에 대해서는 후술] 그래서 자로가 읍의 대관[宰]으로 자고를 추천했을 때, 공자는 '남의 자식을 해치려 하느냐'며 극구 반대했다. 공자가 보기에 읍의 상황을 고려하면, 읍재는 민심의 소재[동향]를 헤아릴 줄 알고, 흩어진 민심을 위무할 수 있는 사람이 맡아야 한다. 그러기 위해서는 사태의 본질을 꿰뚫어 볼 줄 알고[一以貫之], 사람을 사랑하는 마음[仁]과 사람을 가릴 줄 아는 지혜[智]와 곧은 사람을 중용하는[擧直錯枉] 덕과 절차적 정의[居敬行簡]를 중시하는 사람을 추천해야 한다.[238] 무엇보다 정치를 통해 사람을 사랑하려는 마음[仁][239]을 구현하려는

---

236 "孔子聞衛亂, 曰 '柴也其來, 由也死矣.'"(『좌전』 애공 15년). 『사기』 「위강숙세가」에도 같은 내용의 기사가 실려 있다. "孔子聞衛亂, 曰 '嗟乎! 柴也其來乎. 由也其死矣.'"(「위강숙세가」 '출공' 12년)

237 『공자가어』 「치사致思」에 "季羔爲衛之士師, 刖人之足"라는 구절이 있다. 위나라에서 형벌을 관장하는 관리로 출사해 있을 때 죄인의 발목을 자르는 형을 집행했다는 것인데, 사실 여부를 확인할 수는 없지만, 만일 이와 같은 형을 집행했다면 공문의 문도로서는 하지 않아야 할 행동을 한 셈이다. '인간미'는 부족했던 것 같다. 이런 면은 증자의 다음 말과 크게 대비되는 것이다. "孟氏使陽膚爲士師, 問於曾子. 曾子曰 '上失其道, 民散久矣. 如得其情, 則哀矜而勿喜.'" (「자장」 19)

238 「이인」 제15장의 '일이관지(一以貫之)' 장; 「위령공」 제2장의 '일이관지(一以貫之)' 장; 「안연」 제22장의 '번지문인(樊遲問仁)' 장; 「옹야」 제1장의 "居敬而行簡, 以臨其民" 참조.

239 공자에서 '인(仁)'은 '최고선'이다. 이 개념에 대해 일별하면, 이 개념은 '선(善) 그 자체' 이외에 아무 것도 아니다. 우리가 어떤 대상에 대해 '선' 혹은 '악'이라는 개념을 술어로 사용하여 표현할 때, 그 목적이 대상의 존재 방식을 나타내려는 것이 아니라 그

의지가 있어야 한다. 융통성도 빼놓을 수 없는 덕목이다. 그런 점에서 우직[愚]하기만 한 자고를 추천하는 것은 '성급하고 경솔한' 결정이라 할 수 있다.

하지만 자로는 정치의 일면[效用]만을 생각하고 공자의 질책을 듣자마자, '백성을 잘 먹이고 제사를 잘 지내면 되는 것이지 정치하는 데 무슨 공부가 필요하냐'며 거칠게 반항했다. 야인 출신이었던 자로의 성정·인물됨·가치관·행위의 준칙에서 보면[240] 그리 놀랄 만한 일도 아니다. 혹 이런 성벽性癖이 공백료의 참소를 일으켰는지도 모르겠다.

## 5. 공문 제자들에 관한 일화

한편, 논어에는 이 무렵에 있었던 일을 소재로 제작된 전송이 여러 조 보이는데, 다음 전송도 이 무렵에 있었던 일을 기록한 것이라고 생각된다.

6.7. 계씨季氏가 (사람을 보내) 민자건閔子騫을 비읍의 재로 삼으려 하자 민자건

---

대상의 상태를 나타내려는 데에 있다면, '선악'이라는 개념은 어떤 '이상'을 기준으로 하여 그 대상의 상태를 계량하여 그 존재의 상태를 '위치지우려는' 의도가 있다 할 것이다. 그렇다면 '최고의 선'은 선 중에서 가장 이상적인 선의 상태일 것이고, 가치적으로도 매우 높은 것이라 할 수 있는데, 그런 것은 '선 그 자체' 외에는 없을 것이기 때문이다. 말하자면 '최고선'은 '이상'이요 '가치'이자 '선 그 자체'인 것이다. 공자의 사상은 이 '인'을 인류 사회에 구현하는 데에 있었다. 이에 대해서는 졸고, 「공자가 생각한 이상적 인간」, 《우계학보》 제38집, 우계문화재단, 2020 참조.

240  자로의 성정과 인물됨·가치관에 대해서는 졸고, 「자로의 인물됨과 사승(師承) 관계 고찰」, 《동방학東方學》 제37집, 한서대학교 동양고전연구소, 2017 참조

이 (사자에게) 말하였다. "나를 위해 잘 말하여 다오. 만일 다시 나를 부르러 온다면 나는 반드시 노나라를 떠나 문수汶水가에 가 있겠다."[241]

민자건閔子騫은 성은 '민閔', 이름은 '손損'이고, 공자보다 15세 젊었다. '효'로 이름 높았고 부모 형제들 사이에 다투는 소리가 들리지 않았다고 한다.[242] 이때 나이가 40세 정도 되었다. 정현鄭玄에 의하면 '제자목록'에는 '노나라 사람[魯人]'이라고 되어 있다고 한다. 가어에도 '노인魯人'이라고 되어 있다.[243] 공자가 천하 유력을 떠날 때에도 공자를 수행하지 않고 노나라에 체재했다. 문수汶水 가는 노나라와 제나라의 접경 지역이다. 그곳으로 가겠다는 것은 여차하면 노나라를 떠나 제나라로 망명하겠다는 뜻이니, 읍재 직을 거부함이 매우 심한 것이다.

이 무렵 어떤 사람이 재화를 보관하는 창고[府]의 관리자로 임명되자 백성들을 동원하여 창고를 증축하는 일을 서두른 적이 있다. 그러자 민자건이 말했다. '옛날에 하던 대로 하는 것이 어떻겠느냐? 하필 지금 꼭 고쳐 지어야겠느냐?'[244] 함의는 '위정자라면 백성들의 형편을 헤아려 부역을 시행해야 한다. 지금은 공산불뉴의 난이 일어

---

241 "季氏使閔子騫爲費宰. 閔子騫曰 '善爲我辭焉, 如有復我者, 則吾必在汶上矣.'"(「옹야」 7)

242 "閔損. 字子騫. 少孔子十五歲. 孔子曰 '孝哉閔子騫! 人不間於其父母昆弟之言.' 不仕大夫, 不食汙君之祿. '如有復我者, 必在汶上矣.'"(「중니제자열전」 '민손' 조)

243 「중니제자열전」 '민손' 조의 『집해』와 『색은』의 기사 참조. "[集解]鄭玄曰 '孔子弟子目錄云魯人.' [索隱]家語亦云'魯人. 少孔子十五歲.'"

244 "魯人爲長府. 閔子騫曰 '仍舊貫, 如之何, 何必改作.' 子曰 '夫人不言, 言必有中.'"(「선진」 13)

난 직후라서 백성들의 형편이 많이 어렵다. 위정자라면 민생을 먼저 돌봐야 한다'라는 뜻이다. 그러자 공자가 말하였다. '저 사람이 말을 하지 않아서 그렇지, 일단 말을 하면 도道에 맞지 않는 것이 없다.'

민자건은 공문십철 가운데 '덕행'과에 열거된 고족제자이다.[245] '드러나지 않게 (바른 일을) 하는 것을 좋아했던'[246] 사람이다. 자로나 자고와는 정반대의 성품이었다. 그런데도 읍재 직을 거부했다는 것은 비읍의 상황이 그만큼 위중했기 때문이다. 여러 모로 공자가 자로를 비판한 이유를 짐작해 볼 수 있는 대목이다.

한편, 『좌전』이나 세가의 기록에는 나와 있지 않지만, 이때 자로는 계씨의 재 직을 사임했던 것 같은데, 논어에 그 후임자 선임에 관한 설화가 몇 조 전한다.

13.2. 중궁仲弓[冉雍]이 계씨의 재가 되어 정사에 대해 묻자 공자가 말하였다. "유사(有司)에게 먼저 시키고 작은 허물을 용서해주며 어진이와 유능한 이를 등용해야 한다." (중궁이 물었다) "어떻게 어진이와 유능한 이를 알아 등용합니까?" 공자가 말하였다. "네가 아는 자[賢才]를 등용하면 네가 미처 모르는 자를 남들이 내버려 두겠느냐?"[247]

제자전에 의하면 염옹冉雍의 자字는 '중궁仲弓'이라고 한다. 『사기

---

245 "德行 顔淵·閔子騫·冉伯牛·仲弓, 言語 宰我·子貢, 政事 冉有·季路, 文學 子游·子夏."(「선진」 2)

246 "閔子侍側, 誾誾如."(「선진」 12)

247 "仲弓, 爲季氏宰, 問政. 子曰 '先有司, 赦小過, 擧賢才.' 曰 '焉知賢才而擧之?' 曰 '擧爾所知. 爾所不知, 人其舍諸?'"(「자로」 2)

『색은』에 인용된 '가어'[공자가에]에 의하면, 중궁은 '백우伯牛의 종족'이며, 공자보다 29세 젊었다고 한다.[248] 당시 공자의 나이가 55세였으니, 이때 염옹[仲弓]은 26세 가량 되었을 것이다. 정현에 의하면 염옹은 노나라 사람[魯人]이라고 한다. 중궁은 공자가 천하 유력을 떠날 때에도 유력 일행을 따르지 않고 노나라에 남았다. 만일 이 기사가 사실이라면, 공자는 삼가의 읍성을 허무는 정책이 좌절되자 사직할 마음을 굳히고, 자로의 후임으로 온아하고 착실하며 부드러운 수재였던 중궁을 추천하여, 장래를 위해 계씨와의 관계를 이어가려 했는지도 모르겠다.

6.1. 중궁은 군왕의 직[南面]을 맡겨도 역할을 잘 수행할 것이다.[249]

6.4. 희생犧牲에도 쓰이지 못할 정도로 잡다한 색이 뒤섞여 있는 소의 경우에는, 비록 그 새끼의 색깔이 한 가지로 붉고 또 뿔이 제대로 났다 하더라도, 사람들은 그 새끼를 희생으로 쓰려 하지 않을 것이다. 하지만 산천山川의 신도 그러하겠느냐?[250]

중궁의 아버지는 행실이 추악했다. 그래서 중궁은 사람들에게 사람 대접을 받지 못하고 자랐다. 그러자 공자가 말했다. '아비의 행실이 추악하다 하여, 그 자식의 선함까지 버릴 수는 없지 않겠는가?

---

248 「중니제자열전」 '염옹' 조의 『집해』 『색은』 참조. "[集解]鄭玄曰 '魯人.' [索隱]家語云 '伯牛之宗族, 少孔子二十九歲.'"

249 "子曰 '雍也, 可使南面.'"(「옹야」 1)

250 "子謂仲弓曰 '犁牛之子, 騂且角, 雖欲勿用, 山川其舍諸?'"(「옹야」 4)

중궁 같이 어진 인물은 스스로 마땅히 세상에 쓰여져야 한다.'[251]

중궁 또한 공문십철 가운데 '덕행'과에 열거된 고족제자이다.[252] 공자가 중궁을 계씨의 재로 추천한 것은 중궁에게 그 직을 수행할 만한 '덕성[德]'과 '어짊[仁]'과 '지혜[智]'가 있다고 보았기 때문이다. 그래서 중궁이 '어진 사람을 분별하는 방법'에 대해 물었을 때, '네가 아는 어진 자와 재능이 있는 자를 등용하면, 네가 모르는 자들을 남들이 내버려 두겠느냐'라 하여,[253] 중궁에게 '구안具眼'의 자질이 있음을 상찬했던 것이다.

이것이 공자가 번지樊遲에게 말한 '애인愛人[仁]' '지인知人[知]'의 함의요,[254] 공자가 자공에게 말한 '일이관지一以貫之'의 윤리적 적용 곧 '자신이 하고자 하는 것이 아니면 남에게도 시키지 말라'는 '서恕'의 심정이다.[255] 그런 마음으로 정사에 임해야 '나라에도 집안에도 서운해하는 이가 없는[無怨] 사회가 되는 것이다.[256]

중궁의 이런 면은 자상백자子桑伯子의 정치에 대해 공자와 토론한 데에서도 나타난다.

---

251 "犁, 雜文, 騂, 赤色, 周人, 尙赤, 牲用騂. 角, 角周正, 中犧牲也. 用, 用以祭也. 山川, 山川之神也. 言人雖不用, 神必不舍也. 仲弓父賤而行惡. 故, 夫子以此譬之, 言父之惡, 不能廢其子之善, 如仲弓之賢, 自當見用於世也."(「옹야」 4에 대한 주희의 『논어집주』)

252 "德行 顔淵·閔子騫·冉伯牛·仲弓."(「선진」 2)

253 "曰 '焉知賢才而擧之?' 曰 '擧爾所知. 爾所不知, 人其舍諸?'"(「자로」 2)

254 「안연」 22의 '樊遲問仁'章 참조; "樊遲問仁. 子曰 '愛人.' 問'知'. 子曰 '知人.' 樊遲未達. 子曰 '擧直錯諸枉, 能使枉者直.' 樊遲退, 見子夏曰 ……."

255 "子貢問曰 '有一言而可以終身行之者乎?' 子曰 '其恕乎! 己所不欲, 勿施於人.'"(「위령공」 23).

256 "仲弓問仁, 子曰 '出門如見大賓, 使民如承大祭. 在邦無怨, 在家無怨.'"(「안연」 2)

6.1. '백성들을 다스릴 적에 원칙을 정해 놓지 않고 무조건 대범하게만 한다면 오히려 해가 되지 않겠습니까? 제 생각에는 몸가짐을 경건하게 한 뒤에 상황을 봐 가며 필요에 따라 대범하게 임해야 정치의 효과를 극대화할 수 있다고 보는데요.'[257]

유약有若도 말한 바 있지만, '사랑[和]이 중요하다는 것만 알고 그것을 적의하게 펼치지 않으면[不以禮節之] 그 사랑은 시행하지 않은 것이 된다.'[258] 또 '공손하되 예禮가 없으면 수고롭기만 하고, 삼가되 예가 없으면 두려움을 느끼게 되고, 용맹하되 예가 없으면 난을 일으키기 쉽고, 강직하되 예가 없으면 각박해진다.'[259] 공자는 중궁에게 이런 것을 펼칠 수 있는 재주와 품성이 갖추어져 있다고 본 것 같다. 이런 면은 자고에게서는 기대할 수 없는 성정이다. 이것이 공자가 중궁을 계씨의 재로 추천한 배경이요, 공자가 추구했던 정치의 요체이자 정치가가 함양해야 한다고 늘 강조했던 덕목이다.[260]

---

257 "子曰 '雍也, 可使南面.' 仲弓, 問子桑伯子 子曰 '可也簡.' 仲弓曰 '居敬而行簡, 以臨其民 不亦可乎? 居簡而行簡, 無乃大簡乎?' 子曰 '雍之言, 然.'"(「옹야」 1)

258 "有子曰 '禮之用, 和爲貴. 先王之道 斯爲美. 小大由之. 有所不行, 知和而和, 不以禮節之, 亦不可行也.'"(「학이」 12)

259 "子曰 '恭而無禮則勞, 愼而無禮則葸, 勇而無禮則亂, 直而無禮則絞. 君子篤於親, 則民興於仁, 故舊不遺, 則民不偸.'"(「태백」 2).

260 맹자의 다음 문장은 '적의함'의 중요성을 간명하게 보여준다. "얼핏 보면 취해도 될 듯하지만 실제로 취해서는 안 되는 경우에 취하면 청렴함을 해치게 되고, 얼핏 보면 주어도 될 듯하지만 실제로 주어서는 안 되는 경우에 주면 은혜를 해치게 되며, 얼핏 보면 죽어도 될 듯하지만 실제로 죽어서는 안 되는 경우에 죽으면 용기를 해치게 된다."[孟子曰 '可以取, 可以無取, 取, 傷廉, 可以與, 可以無與, 與, 傷惠, 可以死, 可以無死, 死, 傷勇.'] 이상 『맹자』「이루장구」 하 23). 아마 중궁(仲弓)은 이런 방면에 특히 뛰어난 덕을 지녔던 것 같다.

한편으로 생각하면, 공자는 이 기회에 이 불우한 수재에게 출사의 길을 열어주려는 배려의 마음도 있었을 것이다. 자신의 정치적 후원자라 할 수 있는 계씨를 위해 만족할 만한 서비스를 제공할 수 있는 이는 이른바 '덕행'과에 올라 있는 제자만이 가능할 텐데, 백우[冉耕]는 일찍 죽었고, 안연[顔回]은 위정자들이 꺼리는 성품이었으며, 민자건[閔損]은 출사出仕를 극구 사양하니, 이제 남은 사람은 '비천한' 중궁 밖에 없다. 하지만 중궁은 그 아비와 달리 온유한 성정을 타고 난데다 후덕한 호학지재好學之材였기 때문에, 차제에 중궁을 추천하여 계씨의 배려에 보답하고, 중궁에게도 정치에 나아가 평소 배운 바를 펼칠 수 있는 기회를 만들어주고 싶은 마음이었을 것이다.

중궁이 언제까지 계씨의 재로 근무했는지는 알 수 없다. 또 그 후임에 대한 추천권이 공자에게 있었는지의 여부도 분명하지 않다. 다만 공자에 대한 계씨의 '미안함'이나 계씨에 대한 공자의 '애뜻함'의 관계에 주의해서 보면, 계씨의 재에 대한 추천권이 공자에게 있었다고 봐도 무리는 아니다. 공자가 천하를 유력하던 때[애공 3년], 염구[冉求]가 계씨[季康子]의 부름을 받고 유세 일행에서 이탈하여 노나라로 돌아갔다. 뒤에 그는 계씨에게 출사하여 그의 재가 되었다. 세가에서는 염구의 출사가 정권 수뇌부의 결정에 의한 것이라고 하였지만,[261] 계환자의 유명遺命에 주의해서 보면 그 뒤로도 계씨의 가재 직은 공자 쪽에서 추천했을 것으로 생각된다.

---

261 "(哀公 3年) 秋, 季桓子病, 輦而見魯城, 喟然歎曰 '昔此國幾興矣, 以吾獲罪於孔子, 故不興也.' 顧謂其嗣康子曰 '我即死, 若必相魯; 相魯, 必召仲尼.' 後數日, 桓子卒, 康子代立. 已葬, 欲召仲尼. 公之魚曰 '昔吾先君用之不終, 終為諸侯笑. 今又用之, 不能終, 是再為諸侯笑.' 康子曰 '則誰召而可?' 曰 '必召冉求.' 於是使使召冉求. 冉求將行, 孔子曰 '魯人召求, 非小用之, 將大用之也.' 是日, 孔子曰 '歸乎歸乎! 吾黨之小子狂簡, 斐然成章, 吾不知所以裁之.' 子贛知孔子思歸, 送冉求, 因誡曰 '即用, 以孔子為招'云."(『공자세가』 애공 3년 조)

## 6. 노나라를 떠나 위나라로 가다

정공 12년 말, 삼도를 허무는 사업[墮三都]이 더 이상의 진전을 보지 못하고 있을 때, 공자는 자신의 정치적 생명이 끝났다고 생각하고 사직을 결심했다. 이제 자기가 할 일은, 자신의 이상[仁]을 추구하기 위해서라도, 또 쓸데없는 분란을 일으키지 않기 위해서라도, 노나라를 떠나 유력[浮海]하는 길 밖에 없다.²⁶²

그때의 심정을 기록한 글이 「공야장」에 전한다.

> 5.6. 공자가 말하였다. "①나의 도를 행할 수 없다. 부목[桴]을 타고 바다로 부유[浮遊]해야 할까 보다. ②나를 따를 자는 아마도 유[由]일 것이다." ③자로가 이 말을 전해듣고 기뻐했다. ④그러자 공자가 말하였다. "유의 용맹함은 나를 능가한다. 재목으로 쓰려 하나 (사리에 맞지 않는 행동을 자주 해서) 취할 바가 없다."²⁶³

자로는 공자의 고족 제자이다. 하지만 그는 제자이기 이전에 생의 동반자요 친구였으며, 때로는 보디가드요 상담가로써, 공자의 일생에서는 떼어놓고 생각할 수 없는 존재이다.

---

262 『예기』「단궁」상에 이런 말이 있다. "군자(君子)가 말했다. 남의 군대를 부리는 장수가 되어 전쟁에 나아가 패하게 된다면 죽어야 마땅하다. 남의 나라의 신하가 되어 나라를 위태롭게 했다면 망명하는 것이 도리이다."[君子曰 "謀人之軍師, 敗則死之, 謀人之邦邑, 危則亡之."] 유교 경전에서 '군자(君子)'는 특별한 경우가 아닌 한 공자를 가리킨다. 혹 이때의 공자의 심정과 각오가 이와 같지 않았을까 상상한다.

263 "子曰 ①'道不行, 乘桴浮于海, ②從我者, 其由與!' ③子路聞之, 喜. ④子曰 '由也, 好勇過我, 無所取材.'"(「공야장」 6)

「공야장」은 공자가 공문 제자와 고금 인물의 현부賢否와 득실得失에 대해 평론한 것을 모아 놓은 편이다.[264] 제1장에서부터 제13장까지는 공문 제자들의 성정과 인품에 대해, 제14장에서부터 제23장까지는 고금의 인물에 대해 평론하고 있다. 제24장에서부터 제27장까지의 내용도 뉘앙스가 약간 다르지만, 인물의 성정에 대해 논평한 것으로 볼 수 있다. 특히 제26장과 제27장에서는 공자가 자신을 평한 내용이 실려 있는데,[265] 이 장에서 자신을 '명'[丘]으로 칭한 것은 고래의 호칭 수법을 따른 것이다.[266]

이런 점에 주의해서 「공야장」의 각 장을 해석하면, 「공야장」 제6장은 자로에 대한 공자의 평을 기록한 것으로 볼 수 있다. 그래서 논어 연구자들도 이런 점을 감안하여 이 장을 해석하곤 했다; '먼 바다를 뗏목에 의지해 떠나는 것은 매우 위험한 일이다. 그런데 자로는 사내다움[勇]을 추구했기 때문에 죽음 따위에 연연해 하지 않았다. 이러한 자로의 용기는 지나친 면이 있다. 그래서 공자도 한편으로는 자로의 용기를 상찬하면서 다른 한편으로는 그를 비판한 것이다.' 연구자들의 이러한 해석은 『중용』 제10장에 언급된 '북방인의 용기'와 '남방인의 용기'를 곁들여 읽으면 그 의미를 금방 알아차릴 수 있다.[267] 그리고 당시에 자로가 추구한 용기의 실체도 어렴풋하게나마

---

264   "此篇, 皆論古今人物賢否得失. 蓋格物窮理之一端也. 凡二十七章, 胡氏以爲疑多子貢之徒所記云."(주희, 『논어집주』 「공야장」 서)

265   "子曰 '已矣乎! 吾未見能見其過而內自訟者也.'"(「공야장」 26); "子曰 '十室之邑, 必有忠信, 如丘者焉, 不如丘之好學也.'"(「공야장」 27)

266   논어에서의 공자의 호칭수법에 대해서는 졸저, 『논어의 성립』, 문사철, 2021, 제1부 제2장 제1절 '공자와 관련된 장' 참조.

267   "자로가 강(强)함을 묻자, 공자께서 말씀하셨다. "남방(南方)의 강함인가? 북방

짐작할 수 있다.

하지만 나는 이 문장의 취지를 조금 다른 각도에서 살피고자 한다. 자신의 도를 행할 수 없는 것에 실망하여, 다른 세상으로 영원히 떠나고 싶다는 공자의 절박한 심정을 '당시에 유행하던 말'[268]로 정리·표현한 것이라고 보는 것이다.[269] 정공 12년 삼도의 읍성을 허물어 군주 중심의 정치 체제를 구축하려 했던 야심 찬 계획이 세勢와 리利를 따르는 무리에 의해 좌절된 후, 정치적 망명을 떠날 수밖에 없었던 공자의 처지와 인생의 고뇌가 이 문장에 녹아 있다.

당시 공자는 정치계에서 실각한 후 더 이상 국내에 체재할 형편

---

(北方)의 강함인가? 아니면 너의 강함인가? 너그럽고 유순함으로써 가르쳐 주고, 자신에게 무도(無道)한 짓을 가해도 보복하지 않는 것이 남방의 강함이니, 군자(君子)가 이러한 강함에 머문다. 병기와 갑옷을 깔고 누워 죽어도, 싫어하지 않는 것은 북방의 강함이니, 강한 자가 이러한 강함에 머문다. 그러므로 군자는 조화를 이루되 휩쓸리지 않으니, 강하다 꿋꿋함이여! 중립하여 치우치지 않으니, 강하다 꿋꿋함이여! 나라에 도가 있을 때에는 궁색했을 때 지키던 뜻을 변치 않으니, 강하다 꿋꿋함이여! 나라에 도가 없을 때에는 죽어도 지조를 변치 않으니, 강하다 꿋꿋함이여!"[子路問强. 子曰 "南方之强與, 北方之强與, 抑而强與? 寬柔以敎, 不報無道, 南方之强也, 君子居之. 衽金革, 死而不厭, 北方之强也, 而强者, 居之. 故君子和而不流, 强哉矯, 中立而不倚, 强哉矯. 國有道, 不變塞焉, 强哉矯. 國無道, 至死不變, 强哉矯."] 그리고 이에 대한 주자의 주 참조. "此四者汝之所當强也. ……夫子以是告子路者, 所以抑其血氣之剛而進之以德義之勇也."(주희, 『중용집주』 제10장)

268　"乘桴, 浮于海"의 "桴"를 말함. 사견이지만 이 단어에는 부차(夫差)와 오자서(伍子胥)의 애증 섞인 이야기가 담겨 있다. 그 의미에 대해서는 아래의 인용문 참조.

269　「자한」 13에, 공자가 구이(九夷)에 가서 살고 싶다고 하자, '그곳은 누추한 곳인데, 어찌 그런 곳으로 가려 하십니까'라 한 데 대해, '군자(君子)가 가서 사는데 어찌 누추할 수 있겠느냐'라 했다는 기사가 있다. "子欲居九夷. 或曰 '陋如之何?' 子曰 '君子居之, 何陋之有?'"(「자한」 13) 공자는 평소 '오랑캐에게 임금이 있는 것이 중국에 임금이 없는 것만 못하다'고 하였다. "子曰 '夷狄之有君, 不如諸夏之亡也.'"(「팔일」 5) 나라를 다스리는 데에는 예양(禮讓)과 법·제도가 필수적이라는 뜻이다. 생각건대, 이 장은 이 무렵에 있었던 일화를 기록한 것이 아닐까 상상한다.

이 아니었다. 기득권 층에서 바라지 않는 정책을 추진하였기 때문에 비판과 참소가 끊이지 않았다. 그의 향배에 따라 정국의 흐름이 요동칠 수도 있었다. 삼도를 허물기 전에도 공자는 노나라 정치계에서 폭풍우를 가져올 존재로 여겨졌다. 그런데 지금은 그 정도가 더욱 심해져 태풍의 눈이 되어 버렸다. 이런 상황에서는 국내에 머물러 있는 것이 본인의 신상에도 또 정국의 운영에도 나아가 나라의 안위에도 도움되는 바가 없다.[270]

① "부목을 타고 바다로 부유하고 싶다[乘桴浮于海]"는 말은 이런 상황에서 나왔다. '부桴'는 나무로 틀을 짜고, 그 아래에 공기가 들어간 짐승의 가죽을 이중으로 덧댄, 요즘 말로 하면 '공기부양정' 같은 것이다. 오늘날에도 공기 부양의 원리를 이용해 짐승 가죽 속에 공기를 넣어 물에 뜨게 만든 바지선이 승객과 화물 운송에 쓰이고 있다.[사진 참조]

『사기』「오자서열전」에 이와 관련된 고사가 보인다.

그러자 오나라 왕[夫差]이 말했다. "그대[白嚭]의 말이 아니더라도 나 역시 그를 의심하고 있었소." 오나라 왕은 사신을 보내 오자서에게 촉루觸髏라는 칼을 내리고 이렇게 말하였다. "그대는 이 칼로 자결하시오." 오자서는 하늘을 우러러보며 탄식하였다. "아! 참소를 일삼는 신하 백비白嚭가 나라를 어지럽히고 있는데도, 왕은 도리어 나를 죽이려 하는구나! 나는 그의 아버지[闔閭]를 제후의 우두머리로 만들었고, 그가 임금이 되기 전 공

---

[270] 앞서 인용한『예기』「단궁」상의 군자(君子)의 말은 이런 상황에서의 처신[道理]을 말할 것이다. "君子曰 '謀人之軍師, 敗則死之, 謀人之邦邑, 危則亡之.'" 공자로서는 망명[遊歷]을 택할 수밖에 없었던 것이다.

자들끼리 태자太子 자리를 놓고 다툴 때, 죽음을 무릅쓰고 선왕[闔閭]에게 간해 그를 후계자로 정하게 했다. 그렇게 하지 않았다면 그는 태자가 될 수 없었을 것이다. 그가 왕위에 오르고 나서 내게 나라[吳]를 나누어 주려고 했을 때에도 나는 바라지 않았다. 그런데 지금 그는 간사한 신하의 말만 듣고 나를 죽이려 하는구나." 그리고는 가신들에게 이렇게 말했다. "내 무덤 위에 가래나무를 심어 왕의 관을 짤 목재로 쓰도록 해라. 아울러 내 눈을 빼내 오나라 동문東門에 매달아 월越나라 군사들이 쳐들어와 오나라를 멸망시키는 것을 똑똑히 볼 수 있게 해라." 그리고는 스스로 목을 찔러 죽었다. 오나라 왕은 이 말을 듣고 몹시 화가 나서 오자서의 시체를 가져다가 말가죽으로 만든 자루[치이鴟夷]에 넣어 강물에 내던져 버렸다. 오나라 사람들은 그를 가엾겨 여겨 강 언덕에 사당을 세우고 서산胥山이라 불렀다.[271]

응소應劭에 의하면, '치이鴟夷'는 말가죽으로 만드는데 모양이 물통[榼]처럼 생겼다고 한다.[272] 고동기古銅器에 보면 솔개[鴟鳥]의 형상을 한 술잔이 있다.[사진 참조] 아마 그와 유사한 형태일 것이다. 이것은 술을 저장할 때 사용하기도 하고, 여행에 임해서 물을 운반할 때에도 사용했다. 가운데가 비어 있어서 물에 떴다. 그래서 '부桴'로 사

---

271 "吳王曰 '微子之言, 吾亦疑之.' 乃使使賜伍子胥屬鏤之劍, 曰 '子以此死.' 伍子胥仰天歎曰 '嗟乎! 讒臣嚭為亂矣, 王乃反誅我. 我令若父霸. 自若未立時, 諸公子爭立, 我以死爭之於先王, 幾不得立. 若既得立, 欲分吳國予我, 我顧不敢望也. 然今若聽諛臣言以殺長者.' 乃告其舍人曰 '必樹吾墓上以梓, 令可以為器, 而抉吾眼縣吳東門之上, 以觀越寇之入滅吳也.' 乃自剄死. 吳王聞之大怒, 乃取子胥尸盛以鴟夷革浮之江中, 浮之江中. 吳人憐之, 為立祠於江上, 因命曰胥山."(『사기』「오자서열전」)

272 "應劭曰 取馬革為鴟夷, 鴟夷, 榼形."(『사기집해』「오자서열전」)

※ 사진 출처 : Baidu, Rgbstock, Flickr

부대의 모습과 활용 예

용하면 내를 건널 수 있었다. 오늘날에도 이와 유사한 '부'를 만들어 강을 건너는 소수 민족들이 있다. 오나라 왕은 말가죽으로 만든 이 부桴 위에 오자서의 사체死體를 얹어 양자강에 흘려보냈을 것이다.

말가죽으로 부桴를 만들어 사용했다는 이야기는 『사기』 「화식열전」에도 보인다. 오나라 왕 부차夫差가 오자서의 충언을 귀담아듣지 않아 결국 월나라에 의해 멸망을 당했다는 것은 인용문에서 이야기한 대로이다. 이때 월왕越王 구천句踐을 도와 오나라를 멸한 이가 범려范蠡이다. 그후 범려는 이 일로 성공과 명예를 거머쥔 뒤 제나라陶로 가서 부호가 되었다고 한다.[273] 그런데 그의 망명과 관련하여 다음과 같은 이야기가 「화식열전」에 전한다.

> 범려范蠡는 회계會稽의 치욕을 씻은 뒤 크게 한 숨을 쉬고 탄식해서 말했다. "계연計然의 계책이 모두 7가지였는데, 월나라에서 그중 5가지를 사용하여 원하는 바를 얻었다. 이미 그것을 나라에 펼쳐 보았으니, 이제 그것을 집안을 위해 쓰고자 한다." 그리고는 이내 넓적한 배를 강호에 띄워 타고 이름과 성을 바꾼 다음 제나라로 가서 '치이자피鴟夷子皮'가 되고 도陶 땅에 가서는 주공朱公이 되었다.[274]

---

273  "范蠡……之陶為朱公. 朱公以為陶天下之中, 諸侯四通, 貨物所交易也. 乃治產積居. 與時逐而不責於人. 故善治生者, 能擇人而任時. 十九年之中三致千金, 再分散與貧交疏昆弟. 此所謂富好行其德者也. 後年衰老而聽子孫, 子孫脩業而息之, 遂至巨萬. 故言富者皆稱陶朱公."(『사기』 「화식열전」 '범려' 조) ※ 『사기정의』에 의하면 '도(陶)는 도산(陶山)을 말하는데, 『괄지지括地志』에 의하면 제주(齊州) 평양현(平陽縣) 동쪽 35리에 있는 도산(陶山) 남쪽에 있었다'고 한다. 제나라의 영내에 있던 땅이다. "正義 括地志云 '即陶山, 在齊州平陽縣東三十五里陶山之陽也.'"(『사기집해』 「화식열전」 '범려' 조)

274  "范蠡既雪會稽之恥, 乃喟然而歎曰 '計然之策七, 越用其五而得意. 既已施於

'치이자피鴟夷子皮'라는 이 불가사의한 이름에 대해 『사기색은』에서는

대안大顏이 말했다. "술을 담는 통이 치이鴟夷인데, 그것을 사용하면 담을 수 있는 양이 많다. 사용하지 않을 때에는 접어서 품 안에 넣어도 다른 물건과 섞이지 않는다."[275]

라 했다. 술을 담는 가죽 자루가 신축자재伸縮自在늘었다 줄었다 하는데 구애받지 아니한다는 뜻으로, 조건과 환경에 맞게 사용할 수 있다는 뜻-저재하여, 임기이용臨機異用어떤 기회나 고비에서도 적의하게 사용하는 데 아무 지장이 없다는 말-저재에 특별히 좋다는 뜻일 것이다. 실제 이와 같은 수혁獸革 자루는 평상시에는 술을 저장하고, 여행 시에는 물을 담아 운반하며, 물을 건널 때에는 공기를 불어 넣어서 부목(桴)으로 사용하기도 했다.

---

國, 吾欲用之家.' 乃乘扁舟, 浮於江湖, 變名易姓, 適齊為鴟夷子皮, 之陶為朱公."(『사기』「화식열전」'범려范蠡' 조) 이 이야기는 『국어』에도 보인다. 월왕(越王) 구천(句踐)이 오나라를 멸하고 오호(五湖)에 이르렀을 때, 범려(范蠡)는 월왕에게 사직할 뜻을 표하면서, '임금께서 신(臣)의 일을 대신하시니 신하인 제가 할 일은 없는 듯합니다. 이제 신은 임금님을 떠나 다시 월나라로 돌아가지 않겠습니다.'라 하고는 조그만 배에 올라 오호(五湖)를 부유(浮游)해 떠났는데, 어디로 갔는지 종잡을 수 없었다고 한다. "反至五湖, 范蠡辭於王曰 '君王勉之, 臣不復入越國矣.' 王曰 '不穀疑子之所謂者何也?' 對曰 '臣聞之, 為人臣者, 君憂臣勞, 君辱臣死. 昔者君王辱於會稽, 臣所以不死者, 為此事也. 今事已濟矣, 蠡請從會稽之罰.' 王曰 '所不掩子之惡, 揚子之美者, 使其身無終沒於越國. 子聽吾言, 與子分國. 不聽吾言, 身死, 妻子為戮.' 范蠡對曰 '臣聞命矣. 君行制, 臣行意.' 遂乘輕舟以浮於五湖, 莫知其所終極."(『국어』「월어」하 '范蠡乘輕舟以浮於五湖') 글의 취지가 「공야장」의 "乘桴, 浮于海"와 유사하다. "遂乘輕舟, 以浮於五湖" 당시 널리 유행하던 말인 듯하다.

275   "大顏云 '若盛酒者鴟夷也, 用之則多所容納, 不用則可卷而懷之, 不忤於物也.' 案, 韓子云 '鴟夷子皮事田成子, 成子去齊之燕, 子皮乃從之'也. 蓋范蠡也."(『사기집해』「화식열전」'범려' 조)

그리고 처형된 죄인의 사체와 같은 더러운 것들을 이것에 태워서 강에 띄워 사해四海 밖으로 방축放逐하는 데에도 사용했다.

당시의 관념에서 볼 때 바다로 흘려보낸다는 것은 인간 세계의 밖으로 쫓아낸다는 것이다. 지금으로 말하면 우주 공간으로 방출放黜한다는 의미도 있었을 것이다. 그리고 국내에서 입장을 잃은 망명자는 이것에 섞여 국외로 탈출하기도 했다. 때문에 '치이자피鴟夷子皮'라고 하면 망명자 스스로가 자신을 일컫는 말이기도 했다.[276] '짐승 가죽을 뒤집어 쓰고 유랑하는 낭인', '집도 없고 이름도 없으며 내세울 만한 것이 전혀 없는 비천한 사람', 이를 테면 '집을 잃고 떠도는 개'[喪家之狗][277]와 같은 처지의 사람이라고 보면 될 것이다.

이렇게 "승부부우해乘桴浮于海"라는 말에는 '나라 밖으로 나간다', '세상을 등진다', '망명한다'라는 뜻이 담겨 있다. 공자는 망명을 하면 자로子路만은 반드시 자기를 따라올 것이라고 믿었다. 그래서 확인을 겸해 "만일 내가 망명을 떠난다면[乘桴浮于海] 나를 따라올 자는 유由일 것이다[從我者其由與]"라는 말로 자신의 생각을 밝혔던 것이다. 그리

---

[276] 『사기색은』 「화식열전」 '범려' 조에 다음과 같은 기사가 있다. "案, 韓子云 '鴟夷子皮事田成子, 成子去齊之燕, 子皮乃從之'也. 蓋范蠡也." 해석하면, "한유(韓愈)가 말하길, '치이자피(鴟夷子皮)가 제나라의 성자(成子)[陳成子. 田成子라고도 함]를 섬길 때, 성자가 제나라를 떠나 연나라에 외교사절로 간 적이 있다. 그때 자피(子皮)가 성자를 따라 갔다'고 한다. 혹 그가 범려(范蠡)가 아닌가 한다." 이 기사에서는 '치이자피(鴟夷子皮)'를 '범려'라고 칭하고 있다. 범려는 월나라에서 제나라로 망명한 사람이다. 망명한 사람들이 그 자신을 일컬을 때 이같이 불렀다는 뜻일 것이다.

[277] "孔子適鄭, 與弟子相失, 孔子獨立郭東門. 鄭人或謂子貢曰 '東門有人, 其顙似堯, 其項類皋陶, 其肩類子產, 然自要以下不及禹三寸. 纍纍若喪家之狗.' 子貢以實告孔子. 孔子欣然笑曰 '形狀, 末也. 而謂似喪家之狗, 然哉! 然哉!'"(「공자세가」 애공 2년 조)

고 얼마 지나지 않아 공자는 실제로 망명을 떠났다. 공자는 제일 먼저 위나라[衛]로 갔다. 그때 자로는 공자를 따라왔을 뿐만 아니라 동서인 미자하[彌子瑕]의 집을 공자의 거처로 소개하기도 했다.[278] 그리고 천하를 유력하는 동안 시종일관 공자의 신변에 머물렀다. 공자가 천하 유력을 마치고 돌아와 학원을 연 만년에도, 자로는 위나라에서 벼슬하다 순직하기 전까지 늘 공자의 곁에 머물렀다. 자로는 제자 중에서 공자를 섬긴 것이 가장 길었고, 신변 가까이에 있으면서 고로苦勞를 함께 한 제자였다. 스승인 공자와는 마음이 가장 부합한 제자였다.

공자가 천하를 유력할 무렵, 중원 각국을 환란의 도가니로 몰아넣었던 오나라의 중원 경략[覇]을 철저하게 봉쇄한 이가 공문의 고족 제자인 자공子貢이다.[279] 그리고 이때 오나라를 대표해서 자공을 상대한 이가 '부桴'에 태워져 강에 버려졌다는 오자서의 정적政敵 백비白嚭이다.[280] 자공의 뛰어난 외교술은 공문의 큰 자랑거리였다. 공자의 이름이 천하에 현양[布揚]된 것은 오로지 자공의 '외교술[言語]'과 '화식貨殖' 덕분이라고 사마천은 제자전과 「화식열전」에 적었다.[281] 이후 이 "승

---

[278]  "萬章 問曰 '或, 謂孔子於衛, 主癰疽, 於齊, 主侍人瘠環, 有諸乎?' 孟子 曰 '否. 不然也. 好事者爲之也. 於衛, 主顏讎由, 彌子之妻與子路之妻兄弟也. 彌子謂子路曰 「孔子主我, 衛卿, 可得也.」 子路以告 孔子曰 「有命.」 孔子進以禮, 退以義, 得之不得, 曰 「有命.」 而主癰疽與侍人瘠環, 是 無義無命也.'"(『맹자』「이루장구」상 23)

[279]  "故子貢一出, 存魯, 亂齊, 破吳, 彊晉而霸越. 子貢一使, 使勢相破, 十年之中, 五國各有變."(「중니제자열전」'단목사' 조)

[280]  논어 「자한」 제9장에 보이는 '태재(太宰)'가 바로 백비(白嚭)이다. "大宰問於子貢曰 '夫子聖者與! 何其多能也.' 子貢曰 ……."(「자한」 6)

[281]  "子貢好廢舉, 與時轉貨貲, 喜揚人之美, 不能匿人之過. 常相魯衛, 家累千金, 卒終于齊."(「중니제자열전」'단목사' 조); "原憲不厭糟糠, 匿於窮巷. 子貢結駟連騎, 束

부부우해乘桴浮于海"는 공문에서 회자되며 전송되, 삼전·사전 제자 대에 이르러 논어가 편집될 때, '공자의 천하 유력'을 상징하는 말로 채집·윤색되어 수록되었다.

②  한편, 위 인용문에 보이는 "나를 따를 자는 아마도 유由일 것이다"[從我者其由與]라는 말은, 노나라를 떠나기에 앞서 자로에게 '자신과 동행할 뜻이 있는지'를 떠보기 위해, 공자가 제자들과 있는 자리에서 지나가는 말로 발언한 것이고, 이 문장 바로 뒤에 있는 ③과 ④의 "자로가 이 말을 전해듣고 기뻐했다. 그러자 공자가 말하였다. '유由의 용맹함은 나를 능가한다. (사리에 맞지 않아) 재목으로 쓰려 해도 취할 바가 없다."'[子路聞之, 喜. 子曰 "由也, 好勇過我, 無所取材."]라는 말은, 그런 일이 있고 난 뒤 자로가 이를 전해 듣고 자랑하며 다니자, 그것을 경계하여 한 말을 당시에 유행하던 격언인 '取材' '成材'[282]에 가탁하여 기록한 것이다.[283]

---

帛之幣以聘享諸侯, 所至, 國君無不分庭與之抗禮. 夫使孔子名布揚於天下者, 子貢先後之也. 此所謂得勢而益彰者乎?"(「화식열전」 '자공' 조); "子贛旣學於仲尼, 退而仕於衞, 廢著鬻財於曹·魯之間, 七十子之徒, 賜最爲饒益. 子貢結駟連騎, 束帛之幣以聘享諸侯, 所至, 國君無不分庭與之抗禮."(「화식열전」 '자공' 조) 참조.

282  "취재(取材)"는 인재를 육성한다[成材]는 뜻을 지닌 중국 고대의 격언이다. 이에 대해서는 『순자』「권학」「성악」 참조. 또 졸고, 「순자의 성설」, 《철학연구》 제43집, 철학연구회, 1998년 가을호 참조.

283  아마 ③의 "子路聞之, 喜."와 ④의 "子曰 '由也, 好勇過我, 無所取材.'"는 동시에 발언된 말이 아닐 것이다. 장의 서두[①]에 "子曰"이 있고 여기[④]에 또 "子曰"이 있다. 이시(異時)에 발언된 것을 동시(同時)에 발언된 것처럼 편집한 것은 논어에서 흔히 보이는 예다. 그 한 예를 보면, 「공야장」 제1장의 "ⓐ子謂公冶長, '可妻也, 雖在縲絏之中, 非其罪也.' 以其子妻之. ⓑ子謂南容, '邦有道不廢, 邦無道免於刑戮.' 以其兄之子妻之."가 그런 경우이다. ⓐ와 ⓑ는 동시에 발언된 것일 수도 있지만 이시(異時)에 발언된 것이라고 보는 편이 자연스러울 것이다. 그런데도 내용이 서로 관련되어 있어 하나의 장에 묶어 놓았다. 「학이」 제1장의 "子曰 ㉠學而時習之, 不亦說乎? ㉡有朋自遠方

「공야장」의 이 문장에는 망명에 즈음하여 공자가 다졌던 결의와 인생의 회한이 담겨 있다. 이때가 공자 나이 55세 무렵이다. 「위정」 제4장에 "오십이 되었을 때 나는 비로소 세상일이 내 마음대로 되지 않는다는 것을 깨달았다."[五十而知天命]"라는 말이 있다. 이 말과 서로 연결해서 읽으면 그 의미가 보다 분명해질 것이다. 역대의 선비들이 그릇된 정치의 화禍를 피해 어지러운 정치계를 떠나 낙향할 때, 이 문장을 자주 인용했던 것도 이런 이유 때문일 것이다.[284]

경전의 문장을 자면字面대로 읽어 철학 이론의 기초를 마련하는 것도 가치 있겠지만, 사실史實에 대한 이해와 문헌에 대한 고증 없이 고전을 대하면, 인간 공자의 참모습을 놓칠 수 있다. 비단 이 문구에만 국한된 것이 아니다. 논어에 보이는 거의 대부분의 기사에 대해 이런 독법讀法이 적용되어야 한다.

공자는 노나라를 떠나기에 앞서 '출처진퇴'를 분명히 하기 위해 사직과 망명의 명분을 찾으려 했다. 그런데 계씨가 제나라에서 들여보낸 여악女樂을 받고 정사를 태만하고, 또 교제郊祭 뒤에 번육膰肉을 나눠주지 않은 비례非禮를 범했다. 공자로서는 사직의 명분을 정할 수 있는 기회를 얻은 셈이다.

제나라 사람[齊人]이 이를 듣고 두려워하였다. "공자가 정치를 (계속) 하면 반드시 패업을 이룰 것이다. 노나라가 패자가 되면 우리 땅이 가까우니 우리가 먼저 병

---

來, 不亦樂乎? ㉢人不知而不慍, 不亦君子乎?'"도 그런 경우이다. ㉠㉡㉢은 따로 떼어 놓고 읽어도 뜻이 통한다. 그런데도 학칙 혹은 교칙으로 사용하기 위해 한 개의 장에 묶어 놓았다. 마지막을 똑같이 "不亦……乎"로 마무리한 것은 논어 편집자의 주관이 개입된 형식이다. "……하면 ……하지 않겠니?" 권유하는 말투이다.

284  졸고, 「부해의 연원과 의미」, 《부해정 이야기》, 홍성문화원, 2019 참조.

탄될 것이다." 려조黎鉏가 의견을 제시하였다. "먼저 시험삼아 방해해 보시기 바랍니다. 방해해도 되지 않으면 그때 땅을 바쳐도 늦지 않을 것입니다." 그래서 제나라는 나라의 미녀 80명을 뽑아 모두 아름다운 옷을 입히고 강락무康樂舞를 가르친 다음, 아름다운 말 120필과 함께 노나라 임금에게 보냈다. 무녀舞女와 아름다운 말들이 노나라 도성 남쪽의 고문高門 밖에 늘어서자, 계환자季桓子가 미복微服차림으로 가서 두 세 번 살펴보고 그것을 받으려고 하였다. 그는 노나라 임금을 설득하여 샛길로 함께 가서 종일 바라보며 정사를 게을리 하였다. (이를 보고) 자로가 공자에게 권하였다. "선생님, 이제 노나라를 떠날 때가 되었습니다." 그러자 공자가 말하였다. "지금 노나라 임금이 (하늘과 땅에) 교제를 지내려고 한다. 만약 그 희생 제물을 대부들에게 나누어 보낸다면 나는 그래도 여기에 남겠다." 그러나 환자桓子는 제나라 무녀를 받고 사흘 동안 정사를 돌보지 않았으며, 교제를 지내고도 그 희생 제물을 대부들에게 나누어 보내지 않았다. 공자는 드디어 노나라를 떠나 둔屯에서 하루를 묵었다. 전송 나온 사기師己가 공자를 보고 말하였다. "선생님! 이것은 선생님의 잘못이 아닙니다." 공자가 말하였다. "내가 노래를 불러도 괜찮겠는가?" 그리고는 노래를 불렀다. "저 아녀자의 입, (군자를) 떠나게 하는구나! 저 아녀자의 말, (군자를) 패사敗死시키는구나! 마음 편히 놀려무나! 죽을 때까지." 사기가 돌아오자 환자가 물었다. "공자가 또 무어라고 하더냐." 그가 사실대로 고하자 환자는 크게 탄식하였다. "종년들 때문에 선생께 죄를 짓고 말았구나!" 마침내 공자는 위나라로 가서 자로의 처형인 안탁추의 집에 머물렀다.[285]

---

285  "齊人聞而懼, 曰 '孔子為政必霸, 霸則吾地近焉, 我之為先并矣. 盍致地焉?' 黎鉏曰 '請先嘗沮之; 沮之而不可則致地, 庸遲乎!' 於是選齊國中女子好者八十人, 皆衣文衣而舞康樂, 文馬三十駟, 遺魯君. 陳女樂文馬於魯城南高門外, 季桓子微服往觀再三, 將受, 乃語魯君為周道游, 往觀終日, 怠於政事. 子路曰 '夫子可以行矣.' 孔子曰 '魯

그때 자로가 말하였다. "이제는 떠나실 때가 되었습니다." 하지만 이때에도 공자는 노나라에 대한 미련의 끈을 놓지 못했다. "지금 노나라 임금이 교제郊祭를 지내려고 한다. 만약 그 희생 제물[膰俎]을 대부들에게 나누어 보낸다면 나는 그래도 여기에 남겠다."

공자가 노나라를 떠난 이유에 대해, 논어와 「노주공세가」에서는 "제나라 사람이 여악을 들여보내자 계환자가 이를 받고 3일 동안 조회를 하지 않자 공자가 떠나갔다."[286]고 적었지만, 『맹자』는 '교제를 지낸 뒤 제물로 쓴 고기를 보내오지 않자 쓰고 있던 면류관조차 벗지 않고 떠났다'고 썼다.[287] 노나라의 정청에서는 공자를 신임했지만, 공자 측에서 사의를 표하고 떠났다(공자는 해고되어 떠난 것이 아니라 스스로 원해서 그만두고 떠났다는 뜻-저자)는 것을 완곡하게 표현한 말이다. 그리고 그에 덧붙혀 '공자를 알지 못하는 사람들은 제사 고기[膰肉] 때문에 떠났다고 하고, 공자를 아는 사람들은 노나라에 예禮가 없기에 떠났

---

今且郊, 如致膰乎大夫, 則吾猶可以止.' 桓子卒受齊女樂, 三日不聽政; 郊, 又不致膰俎於大夫. 孔子遂行, 宿乎屯. 而師己送, 曰 '夫子則非罪.' 孔子曰 '吾歌可夫?' 歌曰 '彼婦之口, 可以出走; 彼婦之謁, 可以死敗.' 蓋優哉游哉, 維以卒歲!' 師己反, 桓子曰 '孔子亦何言?' 師己以實告. 桓子喟然歎曰 '夫子罪我以羣婢故也夫!' 孔子遂適衛, 主於子路妻兄顏濁鄒家."(「공자세가」 정공 14년)

286  "齊人歸女樂, 季桓子受之, 三日不朝, 孔子行."(「미자」 4); "十二年, 使仲由毀三桓城, 收其甲兵. 孟氏不肯墮城, 伐之, 不克而止. 季桓子受齊女樂, 孔子去." ※ 한편, 이 「노주공세가」의 기사는 주의해서 읽어야 한다. 「노주공세가」(정공 12년 조)에서는 삼가(三家)의 본읍을 허물던 해에 제나라가 여악(女樂)을 보내왔고, 계환자(季桓子)가 이를 받아서 공자가 떠났다고 했지만, 이 기사는 당시의 여건이나 상황 상 수용하기 어려운 주장이다. 그해 말까지도 삼도를 허무는 일이 계속되었기 때문이다. "十有二月, 公圍成."(『춘추경』 정공 12년) 여악(女樂)을 받을 만한 상황이 아니었다. 또 공자는 정공 12년에 노나라를 떠난 것이 아니라 이듬 해인 정공 13년에 떠났다. 이런 것도 참고가 된다.

287  "曰 '孔子爲魯司寇, 不用, 從而祭, 膰肉不至, 不稅冕而行.'"(『맹자』 「고자장구」 하 6)

다고 했지만, 공자께서는 하찮은 잘못을 구실로 삼아 떠나고자 하셨다. 이는 구차하게 떠나려 하지 않으신 것이다'라고 적었다.[288] 떠날 때조차 상대에게 부담을 주지 않으려는 '인간' 공자의 마음이 서려 있는 장면이다. 맹자는 공자의 깊은 뜻을 알고 있었던 것 같다. 분명하게 의사를 밝혀 깨끗하게 떠나는 길을 택했다는 말이다.

이때가 정공 13년 겨울이다. 12년 말 정치계에서 실각하고, 13년 가을 위나라를 향해 떠났다. 세가에는 공자가 떠난 뒤 '만시지탄'으로 고뇌하는 계환자의 말이 적혀 있다; "내가 종년들 때문에 선생께 죄를 지었구나." 또 세가에는 계환자가 죽을 때 자신의 잘못을 반성하며 그의 사자嗣子[季康子]에게 전한 유언이 적혀 있다.

그해(애공 3년) 가을, 계환자季桓子는 병이 깊어지자 가마를 타고 노나라 도성을 바라보며 크게 탄식하였다. "옛날 이 나라는 흥성할 뻔하였는데, 내가 공자에게 죄를 지은 탓으로 그 기회를 놓쳤다." 그리고는 사자嗣子인 강자康子를 돌아보며 당부하였다. "내가 죽으면, 너는 틀림없이 노나라의 상국[相]이 될 것이다.[289] 상이 되면 반드시 공자를 불러라. 수일 후 환자

---

288 "不知者, 以爲爲肉也, 其知者, 以爲爲無禮也. 乃孔子則欲以微罪行, 不欲爲苟去. 君子之所爲, 衆人, 固不識也."(『맹자』「고자장구」하 6)

289 사마천이 세가에 이 말을 굳이 삽입한 것은 계강자의 신분이 적자가 아닌 '서자'였던 데 기인한다. 지면 관계상 상론하기는 어렵고 관련 사료만 게시하고자 한다. 『좌전』 애공 3년 조에 다음과 같은 기사가 있다. "가을에 季孫[季桓子]이 병이 들자 전상(正常)에게 명하기를 '나를 따라 죽지 말고 남유자(南孺子)가 낳은 아들이 사내이거든 나의 말을 임금님께 고하고서 이 아이를 후계자로 세우게 하고, 딸이거든 비(肥)[康子]를 세우게 하라.'고 하였다. 계손이 졸하자 강자(康子)가 후계자의 자리에 올랐다. 계손[季桓子]을 장사 지낸 뒤에 강자(康子)가 조정에 나아가 있는데, 남씨(南氏)가 사내아이를 낳으니 정상(正常)이 그 아이를 수레에 싣고 조정으로 가서 告하기를, '부자(夫子)께서 유언을 남기시어 저 어신(圉臣)에게 명하기를, 「남씨(南氏)가 사내아이를 낳거든

가 죽자 강자가 그 자리를 계승하였다.……"²⁹⁰

공자와 그의 정치에 대한 안타까움 내지 그리움은 공자가 떠난 뒤에도 계환자의 뇌리에 여운으로 남아 있었다.

이후 노나라는 국력이 급격히 쇠락해져 대외 관계에서 숱한 모멸을 받는다. 노나라는 지정학적으로 (중원의 남쪽에서) 제나라로 가는 길목에 위치했기 때문에, 오나라의 중원 경략[霸]의 제물이 되어, 주나라가 번성할 때조차 시행된 적이 없는 '백뢰百牢의 향연'을 미개한 남방의 오랑캐의 나라[吳]를 위해 헌정해야 했다.²⁹¹ 그 뒤에는 오나라의 위성국[附庸]으로 전락하여 제나라를 토벌하기 위한 전쟁의 전초기지(warror-base)가 되어야 했다. 이로 인해 제나라의 침략을 받아 국

---

나의 말을 임금님과 대부들에게 고하여 이 아이를 후계자로 세우게 하라.'고 하셨는데, 지금 낳은 아기가 사내아이이므로 감히 아룁니다.'라 하고서, 드디어 위나라로 출분(出奔)하였다. 강자(康子)가 후계자의 자리에서 물러나기를 청하니, 애공(哀公)이 공유(共劉)를 보내어 살펴보게 하였는데, 공유(共劉)가 가서 보니 이미 어떤 자가 그 아이를 죽였더라. 이에 아이를 죽인 자를 토벌하고서, 정상(正常)을 불렀으나 정상(正常)은 돌아오지 않았다."[秋, 季孫有疾, 輦而見魯城, 喟然歎曰 "無死. 南孺子之子男也, 則以告而立之, 女也, 則肥也可." 季孫卒, 康子卽位. 旣葬, 康子在朝, 南氏生男, 正常載以如朝, 告曰 "夫子有遺言, 命其圉臣曰「南氏生男, 則以告於君與大夫而立之.」 今生矣, 男也, 敢告." 遂奔衛. 康子請退, 公使共劉視之, 則或殺之矣. 乃討之, 召正常, 正常不反.]

290 "秋, 季桓子病, 輦而見魯城, 喟然歎曰 '昔此國幾興矣, 以吾獲罪於孔子, 故不興也.' 顧謂其嗣康子曰 '我卽死, 若必相魯; 相魯, 必召仲尼.' 後數日, 桓子卒, 康子代立."(「공자세가」 애공 3년 조)

291 "夏, 公會吳于鄫. 吳來徵百牢, 子服景伯對曰 '先王未之有也.' 吳人曰 '宋百牢我, 魯不可以後宋. 且魯牢晉大夫十, 吳王百牢不亦可乎?' 景伯曰 '晉范鞅貪而棄禮, 以大國懼敝邑. 故敝邑十一牢之. 君若以禮命於諸侯, 則有數矣, 若亦棄禮, 則有淫者矣. 周之王也, 制禮, 上物不過十二, 以爲天之大數也. 今棄周禮, 而曰必百牢, 亦唯執事.' 吳人弗聽. 景伯曰 '吳將亡矣. 棄天而背本. 不與, 必棄疾於我.' 乃與之."(『좌전』 애공 7년)

망의 위기를 맞기도 했으며,²⁹² 오나라가 멸망한 뒤에는 월나라의 간섭을 받아,²⁹³ 나라다운 모습을 한 번도 보여주지 못했다. '만시지탄'이란 이럴 때 쓰는 말일 것이다.

　이상, 제나라에서 귀국한 뒤 배신들의 국정 농단으로 출사를 포기하고, 노나라에 남아 있던 고대의 전적을 수습하는 한편, 동지를 규합하기 위해 제자를 양성하던 때부터, 정공의 부름을 받아 중도仲都의 재宰로 출사하고, 이후 사공司空으로 영전한 뒤 협곡夾谷에서 있었던 노나라와 제나라의 정상회담에 실무총책[相]으로 참석하여 실력을 인정 받아 대부[下大夫]로 승급하고, 이어 대사구大司寇가 되어 노나라의 정치를 개혁하다[墮三都] 이에 실패하여 정치계에서 실각한 뒤, 망명[天下遊歷]을 떠날 때까지의 전 과정에 대해 살펴보았다. 생각해 보

---

292　이에 대해서는 『좌전』 애공 10~11년 조 참조.
293　예를 들면, 애공 27년 월왕(越王) 구천(句踐)이 대부(大夫) 설용(舌庸)을 보내 '주전(邾田)' 문제를 거론하며 태상(邰上)을 국경(國境)으로 정하라고 요구한 사건이 그런 경우이다. 그때 계강자(季康子)가 동행한 숙손무숙(叔孫武叔)·맹무백(孟武伯)에게 "만약 자공(子貢)이 있었다면 우리가 이런 맹약을 맺는 데는 미치지 않았을 것이오."라 했다고 한다. 그러자 맹무백이 말하기를 "그렇습니다. 어찌하여 그를 부르지 않았습니까?"라고 하니, 계강자가 "본래 그를 부르려 하였습니다."라 하였고, 문자(文子)가 "앞으로는 (그를 잊지 말고) 생각하십시오."라 했다고 한다. "二十七年 春, 越子使后庸來聘, 且言邾田, 封于邰上. 二月盟于平陽, 三子皆從, 皆從后庸盟, 康子病之, 言及子贛曰 '若在此, 吾不及此夫.' 武伯曰 '然. 何不召?' 曰 '固將召之.' 文子曰 '他日請念.'"(『좌전』 애공 27) 과거[애공 7년] 오나라와 증(鄫)에서 회담할 때 자공이 백비와 회담하여 오나라의 야욕을 조기에 차단한 것을 생각하고 한 발언인데,[『좌전』「애공 7년: "夏, 公會吳于鄫. 吳來徵百牢. ……大宰嚭召季康子, 康子使子貢辭. 大宰嚭曰 '國君道長, 而大夫不出門, 此何禮也?' 對曰 '豈以爲禮? 畏大國也. 大國不以禮命於諸侯, 苟不以禮, 豈可量也? 寡君旣共命焉, 其老豈敢棄其國? 大伯端委, 以治周禮, 仲雍嗣之, 斷髮文身, 臝以爲飾, 豈禮也哉? 有由然也.' 反自鄫, 以吳爲無能爲也."] 하여튼 이후 노나라는 월나라의 위성국으로 전락하여 나라 간에 일이 있을 때 자기 소리를 내지 못하는 약소국의 처지로 전락하고 만다. 공자가 가장 우려했던 일이 현실화된 것이다.

면, 공자의 삶은 유년 시절에도 그러하였지만, 결코 평탄한 삶은 아니었던 것 같다. 이후의 삶은 또 어떠하였는지, 이제 공자의 천하 유력 과정을 살펴, 그의 인생 속으로 한 걸음 더 깊이 들어가 보자.

2부

# 공자의 천하 유력

## 지금까지의 고찰

공자는 정상적인 혼인 관계로 태어난 사람이 아니다[野合而生¹]. 그가 은나라 왕족의 후손이라는 설도 사료적으로는 신뢰하기 어려운 주장이다. 공자는 사생아로 태어난 인물이다.² 그래서 어린 시절부터 주위로부터 천대와 멸시를 받고 자랐다. 철이 들기 전에 이미 생계유지를 위한 일에 나서야 했고, 그 뒤에는 집안의 경제를 혼자 책임졌다. 공자는 어릴 때부터 소년 가장으로 살았다.³ 특별한 스승이 없이 독학과 고학으로 입신했다. 유소년 기의 그의 삶은 고단한 삶 그 자체였다.

하지만 공자는 어려운 환경에 있으면서도 그에 굴하지 않고 또래의 사족士族들이 익혔던 '육예六藝'를 연마하는 데 혼신의 노력을 다 하였다.⁴ 육예를 익힌 후에는 그에 만족하지 않고, 국가와 사회의

---

1 　'야합(野合)'의 뜻을 정확히 하려면 역사가(歷史家)이자 춘추가(春秋家)였던 사마천(司馬遷)의 사안(史眼)을 이해해야 한다. 이 점에 대해서는 제1부에서 상세히 논증했다.

2 　『공자가어』에서는 3세 때 부친이 죽었다고 했지만, 「공자세가」에서는 태어남과 동시에 부친이 죽었다고 했다. 태어남과 동시에 죽었다는 것과 3세 때 죽었다는 것은 뉘앙스나 의미가 다르다.

3 　공자는 매우 어린 시절에 모친을 잃었다고 한다. "孔子少孤."(『예기』「단궁」 상) 다수의 사가(史家)들이 공자가 모친을 잃은 때를 25세 전후일 것이라고 추정하나 이는 근거가 박약(薄弱)한 주장이다. 공자의 모친은 무당이었다는 주장도 근거가 박약한 주장이다. 고전에는 이런 사실을 뒷받침할 만한 어떠한 근거도 없다.

4 　'육예(六藝)'는 예·악·사·어·서·수(禮樂射御書數) 등의 기예(技藝)를 말한다. 육예는 '학(學)'이 아니라 '술(術)'이다. 학자들에 따라서는 공자가 15세에 학에 뜻을 두었다[吾十有五而志于學]고 했을 때의 '학'을 '육예'로 해석하는 경향이 있는데, 이는 근본적인 이유로 타당하지 않다. 육예의 기예로는 '군자의 학'에 이를 수 없다. 이것은 공자도 지적한 바다. "군자불기(君子不器)" 육예는 talent를 연마하는 기술일 뿐, 상달(上

바른 질서와 인간 본연의 모습을 찾기 위해 분연히 정진했다. 그 과정에서 인간다운 삶의 참된 모습[仁]을 발견하고, 그의 주변에 남아 있던 삼대[夏·殷·周]의 문화에 침잠하는 사이, 주공周公이라고 하는 고대의 위대한 현인에 대해 알게 되었다. 이후 주공이 창안한 제도와 문화[斯文 곧 周禮]를 모델로 삼아 당대에 맞는 새로운 제도와 문화를 이루겠다는 뜻을 세웠다.[吾十有五而志于學]

그리하여 30세가 되었을 무렵에는 이미 독자적 입장에 선[독자적 견해를 갖춘] 학자가 되었다.[三十而立] 그 사이 군자君子의 학을 연마하였지만, 국정 혼란으로 마땅히 나아갈 만한 공직을 구하지 못해, 생계를 유지하기 위해 제자들을 모집하여 '육예'를 가르쳤다.[5] 그러는 한편으로 자신이 익힌 지식과 재능을 필요로 하는 귀족의 공실에 나아가 교육 문화 서비스를 제공하면서 자기의 이상을 실현하기 위한 연구를 이어갔다.[6]

그러던 중 소공昭公이 대부[三桓]들로 인하여 제나라로 망명하였던 사건과 때를 같이 하여 제나라로 갔다. 제나라로 간 이유는 분명치 않다. 어떤 사람들은 벼슬을 얻기 위해 갔다고 하지만, 당시에는 제나라의 상황도 노나라와 별반 다를 게 없었다. 오랜 난정亂政으로 군주가 실권을 잃고 대부[田乞]들이 국정을 장악했다. 그래서 공자와 같은 생각[도의 구현]을 갖은 사람이 벼슬을 얻는 것이 녹록치 않았다.

---

達)한 군자(君子)에 이르는 길이 아니다. 다만 인문적 소양을 넓히는 데에는 쓸모가 있다.

5 이때 모집한 제자들은 정식으로 입문한 제자라기보다 생활비를 얻기 위해 임시로 맡아 가르치던 학생들이었다.

6 『좌전』소공 7년 조의 맹희자(孟僖子)의 유언 참조.

게다가 공자는 제나라에서는 이방인에 지나지 않았다.

공자는 제나라에 7~8년간 체재했다. 이 기간 공자는 주나라가 성세盛世였을 때 유행하던 시詩 악樂 등 고대의 문화 예술의 절품絶品들을 감상하고 그 위대함에 감동하여 수개월 동안 자신을 잊고 그것에 푹 빠졌다.

그 뒤 노나라의 소공이 간후乾侯에서 훙薨하자 급히 노나라로 돌아왔다. 공자가 노나라로 급히 돌아오게 된 사연에 대해서는 노나라를 떠나 제나라로 간 사연처럼 모든 것이 비밀에 부쳐져 있다. 이 무렵 집정 삼가 가운데 계손씨와 숙손씨 가문의 종자(宗子)가 연이어 죽었다.[7] 내용이야 어떻든 겉으로는 새로운 바람이 불 때였다. 제나라에서 얻은 인류 문화의 위대함을 조국[魯]에 구현하기 위해서였을까? 『맹자』에 의하면 당시 공자는 '밥을 지으려고 담가 두었던 쌀을 거두어서 급히 떠날' 정도로 서둘러 귀국 길에 올랐다고 한다.[8] 뒤에 이것은 인류애[仁]를 실현하려는 그의 위대한 열정을 표현할 때 자주 인용된다.

하지만 귀국한 후에도 가신[陽虎]들의 발호로 인해 국정이 농단되는 사태가 연일 계속되자, 출사에 대한 미련을 접고 장래 도道를 실현할 때를 대비하여 동지[弟子]들을 규합·양성하는 데 힘썼다. 이때 공문의 초기 제자들이 천하 각지에서 입문했다.[9] 인간다운 삶과 바

---

7   "六月 丙申, 季孫意如卒. 秋七月 壬子, 叔孫不敢卒."(『춘추경』 정공 5년)
8   "孔子之去齊, 接淅而行."(『맹자』 「만장장구」 하 1); "孟子曰 孔子之……去齊, 接淅而行."(『맹자』 「진심장구」 하 17)
9   제가(諸家)들은 공자가 제나라로 떠나기 전에 이미 제자들이 입문해 있었다고 했지만, 이러한 주장은 사료적으로도 근거가 없을 뿐만 아니라, 논리적으로도 정당성과

른 정치의 역할에 대한 고민은 그를 한층 더 성숙시켰다. 날이 갈수록 비인간화되어 가는 세태와 그 속에서 고단한 삶을 이어가는 인간 군상들의 모습을 몸소 체험하며, 어떻게 해서든 국가와 사회의 안정을 위해 헌신해야겠다는 의지와 각오를 다졌다. 그때가 40세를 조금 넘긴 때였다. 훗날 지나온 인생을 반추하며 자술했던 "사십이불혹四十而不惑"이란 말에는 이 무렵 그가 겪은 고뇌와 그것을 극복하려는 의지가 함축되어 있다.

그러던 중 처음으로 공직에 나아간 것이 50세 무렵인데, 당시 공자의 명성을 듣고 정공定公이 등용하여 맡긴 직이 중도의 재[仲都宰]였다. 그 뒤 행정 능력을 인정받아 사공司空으로 영전했고, 노공魯公이 제후齊侯와 정상회담을 할 때[夾谷之會] '상相'[실무총책]이 되어 임무를 수행했는데, 이때 수완을 발휘한 것이 계기가 되어 대사구大司寇로 거듭 승진했다. 이때 처음으로 삼가三家의 정청政廳에 참여할 기회를 얻었다.

그 사이 공자는 부패한 관리[少正卯]를 처단하고 물가를 안정시켰으며 풍기 문란을 단속하여 그 이름이 국내에 들렸고, 천하 각지에서 제자들이 몰려와 그 이름을 사방에 전하면서 국외에서도 유명 인사가 되었다. 많은 유력 인사들이 후원을 제공하였으며, 공자는 이에 대한 보답으로 그들의 정책적 자문에 응해 주었다. 공자가 펼친 정책들은 수많은 나라의 위정자들에게 벤치마켓의 대상이 되었다. 사士에서 대부大夫[下大夫]로 승진하여 국정에 참여할 자격도 갖추어졌

---

타당성을 획득하기 어려운 주장이다.

다.[10] 이제 공자는 노나라의 묘당廟堂에 참여하여 오랫동안 연구하고 쌓아왔던 이상의 일단을 펼칠 기회를 얻은 것이다.

하지만 거기에는 매우 큰 난제가 있었다. 당시 국가의 권력은 실력자들인 삼가[季孫氏·叔孫氏·孟孫氏]가 장악하여, 그의 후견인인 정공은 허수아비에 지나지 않았다. 게다가 이 무렵에는 배신陪臣들의 국정 농단도 매우 심하였다. 삼가와 배신들의 횡포는 노나라에는 '암덩어리' 그 자체였다. 공자로서는 국가 사회의 질서를 정상적인 상태로 되돌려 놓기 위해서는, 집정 삼가[배신]의 권력을 억눌러 본래의 상태로 되돌아가게 하고, 군주권을 강화시켜 군주로 하여금 이들을 통제하게 하는 것이 가장 시급한 일로 생각되었다. 이것은 그동안 연구해 온 이상과 급변하는 국제 정서[11] 및 국내 환경 등을 검토한 결과 도달한 가장 유력한 부국안정책이었다. 다만 여러 세대에 걸쳐 부식된 삼가 및 배신의 권력[12]을 이제 막 신임을 얻어 국정에 참여한 하대부下大夫가 제어할 수 있느냐 하는 것이 문제였다. 하지만 고대의 위대한 문화를 접하고 그것을 현실 정치에 구현해야 한다는 의무감에 절어 있던 공자로서는 삼가 및 배신의 횡포를 마냥 그대로 두고 볼 수만도 없었다.

---

10  공자가 언제 '대부(大夫)'로 승급했는지는 알려져 있지 않다. 다만 그의 일생에 즉해서 보면 이때가 가장 적의하다. 그래서 이같이 기술했다.

11  "是時也, 晉平公淫, 六卿擅權, 東伐諸侯. 楚靈王兵彊,陵轢中國. 齊大而近於魯. 魯小弱, 附於楚則晉怒, 附於晉則楚來伐, 不備於齊, 齊師侵魯."(「공자세가」 공자 30세 전후)

12  "孔子曰 '天下有道, 則禮樂征伐, 自天子出, 天下無道, 則禮樂征伐, 自諸侯出. 自諸侯出, 蓋十世希不失矣, 自大夫出, 五世希不失矣, 陪臣執國命, 三世希不失矣. 天下有道, 則政不在大夫. 天下有道, 則庶人不議.'"(「계씨」 2)

성패成敗의 수는 처음부터 정해져 있었다. 공자도 이 점을 잘 알고 있었다. 하지만 그것은 성패의 여부에 상관없이 공자가 짊어지고 가야 할 사명이요 운명이었다. 공자가 훗날 자술한 "오십이지천명五十而知天命"은 자신의 운명과 사명에 대한 자득과 그것을 이루어 가는 것이 군자의 도리임을 이때 심득했다는 표현일 것이다. 많은 오해와 질시·무고·참소가 있었다. 그가 가는 길에는 "야심가"라는 평판이 항상 따라다녔다. 『공양전』에 의하면 계씨의 정청에 참여할 때 '3개월간 계씨의 뜻을 거스르지 않았다'고 한다. 계씨의 집정에 참여하는 동안에도 줄곧 이런 태도를 보였다고 한다. 최고의 집정인 계씨에게 신임을 얻어 국정을 개혁하려 한 공자의 의지의 일단을 보여주는 말이다. 수많은 만남을 통해 개혁이 필요한 이유를 논리적으로 설명하고, 그런 일에 앞장설 것을 끊임없이 설득했다. 공자로서는 이러한 이치로서 계씨를 이끌면 충분히 성공할 수 있으리라 보았다.[13]

그 결과 시행된 것이 정공 12년에 추진된 삼가의 본읍 철거 작전이다. 이미 여러 차례 가신들의 발호를 경험한 집정 삼가로서는 공자의 이 제안이 선뜻 마음에 들지 않았지만, 삼도의 존재가 '손톱 밑의 가시'처럼 여겨졌던 터라, 자신들이 살아남기 위해서라도 궁여지책일

---

13  『맹자』는 "天下有道, 以道殉身, 天下無道, 以身殉道, 未聞以道殉乎人也."라 했다. 그러나 세상에는 도(道)도 있지만 세(勢)도 있기 때문에, 진실[정의]이 항상 승리하는 것은 아니다. 그래서 선비들에게 '추세(趨勢)하지 말라' '행세(行勢)하지 말라'는 말이 좌우명처럼 뒤따른 것이다. 세(勢)는 수단일 뿐 목적이 될 수 없다. 공자 또한 이와 같았다. 다만 공자에게는 이런 상황에서도 적의하게 처신할 줄 아는 지혜와 법행이 있었다. 그래서 '나에게는 가(可)한 것도 없고 불가(不可)한 것도 없었다'고 한 것이다. "逸民, 伯夷·叔齊·虞仲·夷逸·朱張·柳下惠·少連. 子曰 '不降其志, 不辱其身, 伯夷叔齊與.' 謂柳下惠·少連, '降志辱身矣, 言中倫, 行中慮, 其斯而已矣.' 謂虞仲·夷逸, '隱居放言, 身中清, 廢中權. 我則異於是, 無可無不可.'"(「미자」 8)

망정 공자의 이 제안을 따를 수밖에 없었다. 하지만 이때에도 공자는 자신이 직접 나서서 삼도를 허물기보다 삼가 스스로가 각성하여 본읍을 허물도록 유도하는 신중함을 보였다. 그리고 자신은 그 일을 실행할 때 만에 하나 일어날 수 있는 기득권층의 반발을 대사구의 권한을 이용하여 대항·봉쇄·처리하는 역할을 수행코자 했다. 그리고 이 일의 수행을 위해 자신의 의중을 가장 잘 알고 있고 의義에 어긋나는 일이라면 원수 보듯 미워하는 자로子路를 핵심 직책[季氏의 宰]에 들어가게 하는 주도면밀함을 보였다.

처음에 이 일은 별다른 장애 없이 성공할 것처럼 보였다. 가신[侯犯] 문제로 골머리를 썩고 있던 숙손씨叔孫氏가 먼저 후읍郈邑의 성벽을 허물었고, 약간의 혼란스런 일이 있었지만[公山不狃의 난] 마침내 계손씨季孫氏의 비읍費邑도 철거되었다. 그런데 마지막 단계에 이르러 맹손씨孟孫氏가 '성읍成邑'을 허물지 않아 계획이 수포로 돌아갔다.[14] 물리적 강제력을 동원해 위협하고 실제 병력을 움직여 공격도 해 보았지만 끝내 이기지 못했다. 세勢와 이利를 쫓는 무리 앞에서는 도道의 구현이라는 것도 한낱 '이상'에 불과한 것처럼 보였다.

이 일을 계기로 공자는 정치계에서 실각했다. 공자의 사직에 대해, 논어와 「노주공세가」에서는 제나라에서 여악女樂을 보내왔고 계환자가 그에 마음을 빼앗겨 정치를 게을리한 때문이라고 했다. 하지만 이것은 사직의 변으로 삼기에는 구차한 면이 있다. 그래서 이 일

---

14  맹손씨(孟孫氏)가 거부했다기보다 맹손씨 집안의 권력을 장악하고 있던 성읍(成邑)의 재(宰) 공렴처보(公斂處父)가 이 일에 반대했기 때문이다. 당시 삼환(三桓)은 본읍 철거에 모두 동의했다. 그래서 숙손씨(叔孫氏)와 계손씨(季孫氏)가 자진해서 자신들의 본읍을 철거한 것이다.

외의 결정적인 기회가 오기를 수차례 기다렸다.

이에 대해 맹자와 「공자세가」에서는 교제郊祭 뒤에 대부들에게 제물[膰肉]을 나누어 주는 예禮가 계씨의 태만으로 시행되지 않은 것을 원인으로 꼽았다. 평상시 같으면 이러한 실수는 '미죄微罪'로서 사직의 명분으로 삼기에는 적당하지 않다. 하지만 어떻게 해서든 노나라를 떠나려 했던[15] 공자로서는 절호의 기회로 여겨졌다. 더욱이 그것은 제나라의 여악이나 정치권의 나태함에 비해 구차하지 않은 면이 있다. 군주가 예를 갖추지 않아서 떠난 것이기 때문이다.[16] 나아갈 때와 물러날 때, 출사할 때와 그만둘 때를 분명하게 밝힌 성인의 처세라 할 수 있다.

삼환三桓의 본읍을 허무는 일[墮三都]은 정공 12년 여름과 가을 사이에 있었다. 그해 12월 정공이 맹약을 위반한 맹손씨를 포위 공격하였으나 실패했다. 제나라에서 여악을 보내온 것은 정공 13년 봄이거나 여름 무렵일 것이다. 교제郊祭는 그보다 뒤에 있었을 것이다. 그리고 공자가 대사구의 직을 사직한 것은 그로부터 얼마간의 시간이 더 지난 뒤에 있었을 것이다. 그해 겨울 공자는 노나라를 떠나 위나라로 갔다. 14년간에 걸친 망명[天下遊歷] 생활이 시작된 것이다. 당시 공자가 직면한 상황은 오늘날의 우리가 보기에도 얇은 얼음 위를 당차게 걸어가야 하는 매우 위험천만한 일이었다.

이것이 유년기와 소년기, 그리고 청년기와 청장년기를 거쳐, 제

---

15  "君子曰 '謀人之軍師, 敗則死之, 謀人之邦邑, 危則亡之.'"(『예기』「단궁」상)

16  "子曰 '賢者辟世, 其次辟地, 其次辟色, 其次辟言.'"(「헌문」 39); "孟子曰 '古之賢王, 好善而忘勢, 古之賢士, 何獨不然. 樂其道而忘人之勢. 故, 王公不致敬盡禮, 則不得亟見之, 見且猶不得亟, 而況得而臣之乎.'"(『맹자』「진심장구」상 8)

나라에서 귀국한 뒤 군자의 학에 헌신할 것을 맹세하던 장년 초입기, 온당하게 출사할 수 있는 길[17]을 찾을 수 없자 제자들을 양성하며 때를 기다리던 장년 중반기, 국정을 바로잡아 인류애를 실현하는 일이 자신에게 부여된 소명임을 심득했던 장년 중·말기, 노나라의 묘당에 참여하여 뜻을 펼쳤지만 끝내 이루지 못하고 천하 유력을 떠나야 했던 노년 초입기까지의 공자의 일생이다.

공자는 정공 13년 겨울에 위나라에 도착했다. 그때가 55~56세이다. 이하의 서술은 삼도를 허물어 국정을 쇄신하고자 했던 개혁 정책이 실패로 돌아간 후, 운신하기조차 쉽지 않았을 노년기에 무려 14년 동안이나 풍찬노숙風餐露宿하며 도를 행할 만한 군주를 찾아 중원 제국을 주유해야 했던 공자의 외롭고 참담했던 행적을 살핀 것이다.

---

17   "陽貨欲見孔子, 孔子不見, 歸孔子豚. 孔子時其亡而往拜之, 遇諸途. 謂孔子曰 '來. 予與爾言.' 曰 '懷其寶而迷其邦, 可謂仁乎?' 曰 '不可.' '好從事而亟失時, 可謂知乎?' 曰 '不可.' '日月逝矣, 歲不我與.' 孔子曰 '諾. 吾將仕矣.'"(「양화」 1); "子貢曰 '有美玉於斯, 韞匵而藏諸, 求善賈而沽諸?' 子曰 '沽之哉. 沽之哉. 我待賈者也.'"(「자한」 12)

# 1장

## 정공定公 14년의 천하 유력

### 1. 공자세가의 기록

먼저 「공자세가」(이하 '세가'라 칭함)에 인용된 기사를 보자.

○ 정공 14년[b.c.496] 공자는 56세의 나이로 대사구로서 노나라 국정[攝相]을 맡게 되자 희색이 만면하였다. 제자[子路]가 물었다. "제가 듣기로는 「군자는 화가 닥쳐도 두려워하지 않고 복이 찾아와도 기뻐하지 않는다」고 합니다. (웬일이십니까?)" (공자) "옳은 말이다. 그러나 「귀한 사람으로 다른 사람을 공손하게 대하는 것은 즐겁다」라는 말도 있지 않느냐?" 얼마 후 공자는 정치를 문란시키는 대부 소정묘少正卯를 처단하였다. 그가 정치를 맡은 지 3개월이 되자 양과 돼지를 파는 사람들이 값을 속이지 않고, 남녀가 길을 가도 따로 걸었으며, 길에 떨어진 (남의) 물건을 주어가는 사람도 없어지고, 사방에서 찾아오는 여행자도 관리에게 허가를 받을 필요가 없었

다. 모두 그들을 환영하였기 때문이다.[18]

○ 제나라 사람[齊人]은 이것을 듣고 두려워하였다. "공자가 정치를 (계속)하면 반드시 패업을 이룰 것이다. 노나라가 패자가 되면 우리 땅이 가까우니 우리가 먼저 병탄될 것이다." 려서黎鉏가 의견을 제시하였다. "먼저 시험삼아 방해해 보시기 바랍니다. 방해해도 되지 않으면 그때 땅을 바쳐도 늦지 않을 것입니다." 그래서 제나라는 나라의 미녀 80명을 뽑아 모두 아름다운 옷을 입히고 강락무康樂舞를 가르친 다음, 아름다운 말 120필과 함께 노나라 임금에게 보냈다. 무녀와 아름다운 말들이 노나라의 도성 남쪽의 고문高門 밖에 늘어서자 계환자季桓子는 미복微服 차림으로 가서 두 세 번 살펴보고 그것을 받으려고 하였다. 그는 노나라 임금을 설득하여 샛길로 함께 가서 종일 바라보며 정사를 게을리하였다.[19]

○ (이를 보고) 자로가 공자에게 권하였다. "선생님, 이제 노나라를 떠날 때가 되었습니다." 그러자 공자가 말하였다. "지금 노나라 임금이 (하늘과 땅에) 교제를 지내려고 한다. 만약 그 희생 제물을 대부들에게 나누어 보낸다면 나는 그래도 여기에 남겠다." 그러나 환자桓子는 제나라 무녀舞女를 받고 사흘 동안 정사를 돌보지 않았으며, 교제郊祭를 지내고도 그 희생 제물을 대부들에게 나누어 보내지 않았다. 공자는 드디어 노나라를 떠나 둔屯

---

18 "定公十四年, 孔子年五十六, 由大司寇行攝相事, 有喜色. 門人曰 '聞君子禍至不懼, 福至不喜.' 孔子曰 '有是言也. 不曰「樂其以貴下人」乎?' 於是誅魯大夫亂政者少正卯. 與聞國政三月, 粥羔豚者弗飾賈, 男女行者別於塗, 塗不拾遺, 四方之客至乎邑者不求有司, 皆予之以歸."(「공자세가」 정공 14년 조)

19 "齊人聞而懼, 曰 '孔子為政必霸, 霸則吾地近焉, 我之為先并矣. 盍致地焉?' 黎鉏曰 '請先嘗沮之, 沮之而不可則致地, 庸遲乎!' 於是選齊國中女子好者八十人, 皆衣文衣而舞康樂, 文馬三十駟, 遺魯君. 陳女樂文馬於魯城南高門外, 季桓子微服往觀再三, 將受, 乃語魯君為周道游, 往觀終日, 怠於政事."(「공자세가」 정공 14년 조)

에서 하루를 묵었다. 전송 나온 사기師己가 공자를 보고 말하였다. "선생님! 이것은 선생님의 잘못이 아닙니다." 공자가 말하였다. "내가 노래를 불러도 괜찮겠는가?" 그리고는 노래를 불렀다. "저 아녀자의 입, (군자를) 떠나게 하는 구나! 저 아녀자의 말, (군자를) 패사敗死시키는구나! 마음 편히 놀려무나! 죽을 때까지." 사기가 돌아오자 환자가 물었다. "공자가 또 무어라고 하더냐." 그가 사실대로 고하자 환자는 크게 탄식하였다. "종년들 때문에 선생께 죄를 짓고 말았구나!" 마침내 공자는 위나라[衛]로 가서 자로의 처형인 안탁추顔濁鄒의 집에 머물렀다.[20]

○ 위나라 영공[衛靈公]이 공자에게 물었다. "노나라에 있을 적에 녹祿을 얼마나 받았는가?" 공자가 대답했다. "알곡[粟]으로 6만 두斗를 받았습니다." 위나라도 역시 공자에게 속 6만 두를 주었다. 얼마 후 어떤 사람이 공자를 영공에게 참소하자 영공은 공손여가公孫余假를 시켜 공자를 감시하였다. 공자는 죄를 받을 것이 두려워 10개월 만에 위나라를 떠났다.[21]

○ 공자는 진나라[陳]로 가는 길에 광匡 땅을 지나게 되었는데, 마부 안각顔刻이 채찍으로 가리키며 말하였다. "제가 예전에 이곳에 들어갈 때 저 파괴된 길로 간 적이 있습니다." 광인匡人이 이것을 듣고 그들이 노나라 양호陽虎의 일행인 줄 여겼다. 양호는 일찍이 광인을 흉폭하게 대한 적이 있었다.

---

[20] "子路曰'夫子可以行矣.'孔子曰'魯今且郊, 如致膰乎大夫, 則吾猶可以止.' 桓子卒受齊女樂, 三日不聽政, 郊, 又不致膰俎於大夫. 孔子遂行, 宿乎屯. 而師己送, 曰'夫子則非罪.'孔子曰'吾歌可夫?' 歌曰「彼婦之口, 可以出走; 彼婦之謁, 可以死敗.」蓋優哉游哉, 維以卒歲!' 師己反, 桓子曰'孔子亦何言?' 師己以實告. 桓子喟然歎曰'夫子罪我以羣婢故也夫!' 孔子遂適衛, 主於子路妻兄顔濁鄒家."(「공자세가」 정공 14년 조)

[21] "衛靈公問孔子'居魯得祿幾何?' 對曰'奉粟六萬.' 衛人亦致粟六萬. 居頃之, 或譖孔子於衛靈公. 靈公使公孫余假一出一入. 孔子恐獲罪焉, 居十月, 去衛."(「공자세가」 정공 14년 조)

그래서 광인은 공자 일행을 정지시켰는데, 공자가 양호와 닮았기 때문에 5일 간이나 공자를 구금하였다. 그때 안회顔回가 뒤늦게 따라왔다. 공자는 (그를 보자 반가워서 외쳤다.) "나는 네가 죽은 줄만 알았다!" 그러자 안연이 말했다. "선생님께서 계신데 제가 어찌 감히 죽을 수가 있겠습니까?" 광인이 공자를 더욱 다급하게 구속하자 제자들은 두려워 하였다. 공자는 제자들을 위로하였다. "주 문왕周文王이 죽은 이래, 그 문화[文]의 담당자는 나 말고 또 누가 있겠느냐? 하늘이 이 문화[斯文]를 파괴하려고 하였다면, 나에게 처음부터 그 문화를 알게 하지 않았을 것이다. 하늘이 그 문화를 파괴하지 않는다면, 광인 따위가 나를 어떻게 할 수 있겠느냐?" 공자는 시종 한 사람을 녕무자甯武子의 가신家臣으로 위나라에 보낸 후에 풀려날 수 있었다. 풀려난 공자는 포蒲를 거쳐 1개월 여만에 다시 위나라로 돌아와 거백옥蘧伯玉의 집에 머물렀다. 영공의 부인夫人 남자南子가 사람을 보내 공자에게 연락하였다. ……22

정리하면,

ⓐ 정공 14년. 공자 56세.

ⓑ 대사구가 되어 노나라 국정[攝相]을 맡다.

---

22   "將適陳, 過匡顔刻爲僕, 以其策指之曰 '昔吾入此, 由彼缺也.' 匡人聞之, 以爲魯之陽虎. 陽虎嘗暴匡人, 匡人於是遂止孔子. 孔子狀類陽虎, 拘焉五日, 顔淵後, 子曰 '吾以汝爲死矣.' 顔淵曰 '子在, 回何敢死!' 匡人拘孔子益急, 弟子懼, 孔子曰 '文王旣沒, 文不在玆乎? 天之將喪斯文也, 後死者不得與于斯文也. 天之未喪斯文也, 匡人其如予何!' 孔子使從者爲甯武子臣於衛, 然後得去. 去卽過蒲. 月餘, 反乎衛, 主蘧伯玉家. 靈公夫人有南子者, 使人謂孔子曰 ……."(『공자세가』 정공 14년 조)

ⓒ 소정묘를 죽이고 물가를 안정시키는 등의 치적을 쌓다.

ⓓ 계씨가 제나라에서 보낸 여악을 받고 정사를 게을리 하고, 번조膰俎를 대부들에게 나누어 보내지 않는 비례非禮를 범하자, 대사구 직을 사직하고 노나라를 떠나 위나라[衛]로 가다.

ⓔ 위나라에 도착하여 안탁추를 주인主人으로 삼다.

ⓕ 영공에게 알곡[粟] 육만 두斗를 받고 출사하다. 그후 영공과 뜻이 맞지 않아 10개월 만에 사직하고 위나라를 떠나다.

ⓖ 도중에 진나라[陳]를 향해 나아가다 광匡 땅에서 난을 만나다.

ⓗ 녕무자의 도움으로 광인들의 포위에서 풀려나, 포蒲를 거쳐 1개월여 만에 위나라로 돌아가 거백옥의 집에 머물다.

ⓘ 위나라에서 영공의 군부인君夫人 남자南子를 알현하다. …….

세가에 의하면, 공자는 정공 14년[b.c.496] 56세 되던 해, 노나라의 대사구가 되어 국내 정치를 평치하다 정치계에서 실각하여, 노나라를 떠나 위나라로 갔다. 위나라에 도착하여 안탁추의 집에 머물렀다. 이후 영공에게 알곡으로 6만 두를 받고 출사했다. 그 뒤 영공과 사이가 벌어져 10개월 만에 사직하고 위나라를 떠났다. 도중에 진나라[陳]를 향해 나아가다 국경 부근[匡]에서 광인들에게 구속되는 난을 겪었다. 그 뒤 녕무자의 도움으로 구속에서 풀려나, 포蒲 땅 주위에서 한 달여를 배회하다 위나라로 돌아와 거백옥의 집에 머물렀다.(주인을 거백옥으로 변경했다-저자) 그 뒤 군부인 남자南子를 알현했다고 한다.

그런데 정공 14년 조에 기록된 이 기사들은, 노나라를 떠나기 전 노나라에서 행한 일[a, b, c, d]을 제외하더라도, 1년 동안에 일어난 일이라고 보기에는 그 양이 지나치게 많다. 《노나라에서 대사구로 봉직하며 각종 다양한 치적을 쌓았다, 삼도를 허무는 개혁이 실패하여 정치계에서 실각했다, 계씨가 정사에 태만하고 참소가 들끓자 노나라를 떠나 위나라로 갔다, 위나라에 도착한 후 영공에게 벼슬했다, 영공과 알력이 생겨 10개월 만에 사직하고 위나라를 떠났다, 도중에 진나라로 가기로 결정했다, 진나라로 향해 가다 광 땅 부근에서 광인들에게 구속되었다, 위나라 대신 녕무자의 도움으로 풀려났다, 포 땅 부근에서 1개월 여를 배회하다 위나라로 돌아갔다. 군부인 남자를 알현했다.》 이 많은 일들을 1년 안에 수행할 수 있을까? 이 가운데 일부는 다른 해에 일어난 사건이 잘못 섞여 들어갔을 것이다.

상식적으로 납득되지 않는 면도 있다. 예를 들어, 양보粱父의 대도大盜였던 안탁추顔濁鄒를 주인主人으로 정한 일,[23] 1년 뒤 주인主人을 안탁추에서 거백옥蘧伯玉으로 교체한 일,[24] 죽임의 위협 때문에 위나라를 떠난 사람이 다시 위나라로 돌아간 일,[25] 녕무자甯武子의 생몰

---

23     "去即過蒲. 月餘, 反乎衛, 主蘧伯玉家."(「공자세가」 정공 14년 조)

24     맹자는 공자가 위나라에 있을 때 안수유(顔讐由)[顔濁鄒]의 집에 머물렀다고 했다. "萬章問曰 '或謂孔子於衛, 主癰疽, 於齊主侍人瘠環, 有諸乎?' 孟子曰 '否. 不然也. 好事者爲之也. 於衛, 主顔讐由. ……'"(『맹자』 「만장장구」 상 8) 거백옥(蘧伯玉)의 집에 머물렀다는 기사는 어디에도 보이지 않는다.

25     공자는 참언(讒言)이 들끓고 영공의 감시가 심해지자 죄를 얻을까 두려워 위나라를 떠났다. "居頃之, 或譖孔子於衛靈公. 靈公使公孫余假一出一入. 孔子恐獲罪焉, 居十月, 去衛."(「공자세가」 정공 14년 조)

연대,²⁶ 거백옥의 생몰 연대²⁷ 등은 보다 면밀하게 구명되어야 할 문제이다.

## 2. 공자가 노나라를 떠난 해

우선, 살펴야 것이 공자가 노나라를 떠난 해이다. 「공자세가」에서는 공자가 노나라를 떠난 것은 노나라 정공 14년(b.c.496)이라고 했다. 그런데 「위강숙세가」와 그 「연표」에서는 공자가 위나라에 온 것은 정공 14년이 아니라, 한 해 전인 정공 13년(위 영공 38년. b.c.497)이라고 했다.²⁸ 공자가 오자 영공은 노나라에서 받은 녹을 묻고 그와 똑같이[粟六萬斗] 대우해줬다고 한다. 한편, 「노주공세가」와 그 「연표」에서는 공자가 노나라를 떠난 해는 정공 12년(b.c.498)이라고 했다.²⁹ 삼도를 허무는 일이 실패한 뒤 실의에 빠져 있는데, 계환자가 제나라에서 들여보낸 여악을 받고 정사를 게을리하자 노나라를 떠났다고 했다. 「진기세가」와 그 「연표」에서는 공자가 정공 14년에 진나라[陳]에

---

26    녕무자(甯武子)는 노나라 문공(文公)[b.c.626~b.c.609년 재위] 때의 사람이다. 녕무자의 생존 연대에 대해서는 후술.

27    공자가 위나라에 도착했을 때 거백옥(蘧伯玉)은 100세 가까이 되었거나 100세가 넘었을 때였다. 거백옥의 생존 연대에 대해서는 후술.

28    "三十八年, 孔子來, 祿之如魯."(「위강숙세가」 '영공' 조); "孔子來, 祿之如魯."(「위국연표」 '영공 38년' 조) 위나라 영공 38년은 「노국연표」로 노나라 정공 13년이 되는 해이다. 『사기』 「십이제후연표」 참조.

29    "十二年, 使仲由毀三桓城, 收其甲兵. 孟氏不肯墮城, 伐之, 不克而止. 季桓子受齊女樂, 孔子去."(「노주공세가」 '정공' 조); "齊來歸女樂, 季桓子受之, 孔子行."(「노국연표」 '정공 12년' 조)

도착했다고 했다.³⁰ 노나라를 떠나 위나라에 도착한 후 바로 그해에 진나라에 도착했다는 것이다. 동일한 사건인데도 각 세가와 그 연표의 기사가 서로 충돌한다. 어느 것이 진실일까?

이 문제를 해결하기 위해서는 공자가 천하 유력을 마치고 노나라에 도착한 해로부터 역산하여 14년이 되는 해를 찾아 그 진위를 가릴 수밖에 없다. 사서史書에는 공자가 노나라를 떠난 지 14년 만에 노나라로 돌아왔다³¹고 기록되어 있기 때문이다.

공자가 노나라를 떠나 위나라로 간 해

| 세가 및 연표 | 노국연표 | 기원전 | 공자 |
|---|---|---|---|
| 노주공세가 및 그 연표 | 정공 12년 | 498 | 54세 |
| 위강숙세가 및 그 연표 | 정공 13년 | 497 | 55세 |
| 공자세가 | 정공 14년 | 496 | 56세 |
| 진기세가 및 그 연표 | 정공 14년 | 496 | 56세 |

우선, 「노주공세가」와 그 「연표」에서는 공자가 애공 11년[b.c.484]에 노나라로 귀환하였다고 하였다. 이해에 제나라가 노나라를 공벌하였는데, 염유冉有의 덕으로 제나라를 물리치게 되자 계씨가 공자를 생각하게 되었고, 이에 공자에게 예물을 보내자 공자가 위나라에서 노

---

30  "湣公六年, 孔子適陳."(「진기세가」 '혼공' 조); "孔子來."(「진국연표」 '혼공 6년' 조) 진나라 혼공 6년은 「노국연표」로 노나라 정공 14년이다. 『사기』 「십이제후연표」 참조.

31  "孔子之去魯凡十四歲而反乎魯."(「공자세가」 애공 11년 조)

나라로 돌아왔다고 했다.[32] 「위강숙세가」와 그 「연표」에서도 공자가 노나라로 돌아간 해는 애공 11년[衛出公 9년]이라고 하였다. 위나라 출공 8년에 공자가 진나라에서 위나라에 들어왔는데, 이듬해 공문자孔文子가 병사[兵]에 관한 일을 묻자 공자가 대답하지 않았고, 그 후 노나라에서 공자를 예로써 맞이하자 노나라로 돌아갔다고 하였다.[33]

한편, 「공자세가」에서는 공자가 노나라로 귀환한 시점에 대한 언급은 없지만, 귀국하던 해에 제나라와 전쟁이 있었고, 이때 염유가 불리한 여건 속에서도 대승을 거두자 폐백을 갖춰 공자를 초빙하였고, 이에 공자가 노나라로 돌아왔다는 기사를 통해, 공자가 이 전쟁이 있던 해[애공 11년. b.c.484]에 귀국하였음을 시사하고 있다.

이듬해 염유冉有는 계씨季氏의 명을 받고 장군이 되어 랑郎에서 제나라와 싸워 이겼다. 계강자季康子가 물었다. "그대는 군사에 관한 것을 배웠는가? 본래 재주가 있는가?" (염유) "공자에게서 배웠습니다." (계강자) "공자는 어떤 사람인가?" (염유) "그는 명분에 맞는 행동을 하려 합니다. 그러나 그 가르침을 백성에게 펼 수 있다면 귀신의 볼모가 되어도 유감이 없는 사람입니다. 제가 이 길로 나아가 비록 큰 부귀를 얻는다 해도[累千社][34] 공자께서는 장하다고 여기지 않으실 것입니다." (계강자) "나는 그를

---

32 "十一年, 齊伐魯. 季氏用冉有有功, 思孔子, 孔子自衛歸魯."(「노주공세가」 애공 조); "齊伐我. 冉有言, 故迎孔子, 孔子歸."(「노국연표」 애공 11년 조)

33 "八年, 齊鮑子弑其君悼公. 孔子自陳入衛. 九年, 孔文子問兵於仲尼, 仲尼不對. 其後魯迎仲尼, 仲尼反魯."(「위강숙세가」 '출공' 조); "孔子歸魯."(「위국연표」 출공 9년 조)

34 『사기색은』에 의하면 25가(家)를 한 개의 리(里)로 하고 각 리마다 사(社)를 세웠는데, 거기에는 그 사에 등록된 인민들의 명부[書]가 있었다고 한다. "『索隱』古者

부르고 싶다. 되겠는가?"(염유) "부르고자 하신다면 소인들이 그를 방해하지 않도록 해야 됩니다." 그때 위나라 문자[孔文子]는 태숙질太叔疾을 공격하려고 그 계책을 공자[仲尼]에게 물었다. 공자는 모른다고 사양하고 물러나 떠날 채비를 하라고 명하면서 말했다. "새는 나무를 택할 수 있으나 어찌 나무가 새를 택할 수 있겠는가?" 그러자 공문자가 공자를 강하게 말렸다. 그때 계강자季康子가 공화公華·공빈公賓·공림公林 등을 내쫓고 폐백을 보내 공자를 초청하였기 때문에 공자는 노나라로 돌아왔다. 공자가 노나라를 떠난 지 14년 만의 일이다.[35]

『좌전』에 의하면 이 전쟁은 애공 11년(b.c.484년) 염유가 제나라의 대군과 맞서 싸워 승리한 전쟁을 말할 것이다.[36] 워낙 많은 수의 군사들이 쳐들어 와서 절체절명의 위기에 빠졌지만, 염유의 계책에 따라 제나라 대군을 잘 방어했고, 잠시 뒤 오나라에서 원군이 도착하

---

二十五家爲里, 里則各立社, 則書社者, 書其社之人名於籍."(「공자세가」 애공 6년 조 "昭王將以書社地七百里封孔子"에 대한 복건服虔의 주注) 한 개의 리마다 한 개의 사를 세웠다면, 천사(千社)의 명부[書]에는 1000여 개의 리가 있었다는 것이니, 천사에는 25,000여 개의 가가 속해 있음을 알 수 있다. 그리고 그 한 개의 가에 인민이 5명이 속해 있었다면 125,000여 명의 인민에 대한 부세 권한을 갖고 있다는 것이니, 대단히 높은 지위라 할 수 있다.

35 　 "其明年, 冉有爲季氏將師, 與齊戰於郎, 克之. 季康子曰 '子之於軍旅, 學之乎? 性之乎?' 冉有曰 '學之於孔子;' 季康子曰 '孔子何如人哉?' 對曰 '用之有名; 播之百姓, 質諸鬼神而無憾. 求之至於此道, 雖累千社, 夫子不利也.' 康子曰 '我欲召之, 可乎?' 對曰 '欲召之, 則毋以小人固之, 則可矣.' 而衛孔文子將攻太叔, 問策於仲尼. 仲尼辭不知, 退而命載而行, 曰 '鳥能擇木, 木豈能擇鳥乎!' 文子固止. 會季康子逐公華·公賓·公林, 以幣迎孔子, 孔子歸魯. 孔子之去魯凡十四歲而反乎魯."(「공자세가」 애공 11년 조)

36 　 『좌전』 애공 11년 조의 "十一年春, 齊爲鄎故, 國書高無丕帥師伐我, 及淸, 季孫謂其宰冉求曰 '齊師在淸, 必魯故也, 若之何?' ……." 이하 참조.

여 서로 연합해서 애릉에서 제나라 군대를 물리쳤다. 이 전쟁에는 자공子貢[37]과 번지樊遲[38]도 종군했다.

이 무렵 공자는 위 출공衛出公에게 공양지사公養之仕로 있었다.[39] 그 무렵 공문자孔文子가 태숙질太叔疾 공략을 위한 계책을 공자에게 묻자, '제사와 관련된 일이라면 내 일찍이 배운 바 있지만, 군사와 관련된 일에 대해서는 아직 듣지 못하였다'라 하고 물러나와 수레에 말을 메우라고 명하자, 문자文子[孔文子]가 급히 만류하며 제지했지만, 마침 그때 노나라에서 폐백을 보내어 부르자 이에 노나라로 돌아왔다고 하였다.[40]

---

[37] 『좌전』의 작자는 자공(子貢)의 이름을 '위사(衛賜)'로 기록했다. 위나라[衛]의 사(賜)라는 뜻이다. 자공은 성(姓)은 단목(端木)이고 명(名)은 사(賜)이다. '자공(子貢)'은 그의 자(字)이다. 이에 대해서는 「중니제자열전」 '단목사' 조 참조. "將戰, 吳子呼叔孫曰 '而事何也?' 對曰 '從司馬.' 王賜之甲·劍鈹, 曰 '奉爾君事, 敬無廢命.' 叔孫未能對, 衛賜進曰 '州仇奉甲從君.' 而拜."(『좌전』 애공 11년)

[38] "師及齊師戰于郊. 齊師自稷曲, 師不踰溝. 樊遲曰 '非不能也, 不信子也. 請三刻而踰之.' 如之, 衆從之. 師入齊軍."(『좌전』 애공 11년)

[39] 이 기사는 『맹자』「만장장구」 하 4의 "孔子 有見行可之仕, 有際可之仕, 有公養之仕, 於季桓子, 見行可之仕也, 於衛靈公, 際可之仕也, 於衛孝公, 公養之仕也."에 의한 것이다. '효공(孝公)'은 '출공(出公)'의 오기이다. 위후(衛侯) 가운데 '효공(孝公)'이라 시호(諡號)된 군주는 없다. '공양(公養)'이란 요즘 말로 하면 '구휼(救恤)' 정책 같은 것이다. 주자(朱子)는 '공양(公養)'이 "나라 임금이 어진 이를 봉양하는 예"라고 했지만, 굶주림을 면해 주기 위해 약간의 음식과 피복을 제공한 행위를 그와 같이 해석할 필요는 없을 것 같다. 이른바 '공양(供讓)'과는 뜻이 완전히 다른 것이다. "公養, 國君養賢之禮也."(주희, 『맹자집주』, 「만장장구」 하 4) 한편, 이해[애공 11년]에 출공(出公)이 공자를 공양지사(公養之仕)로 대했다는 주장의 근거는 어디에도 없다. 이에 대해서는 유력 막바지 공자가 위나라에 도착하는 해부터 위나라를 떠나 노나라로 돌아가던 때까지의 공자의 행적을 논하는 곳에서 구체적으로 설명하겠다.

[40] "孔文子之將攻大叔也, 訪於仲尼, 仲尼曰 '胡簋之事則嘗學之矣, 甲兵之事未之聞也.' 退, 命駕而行曰 '鳥則擇木, 木豈能擇鳥?' 文子遽止之曰 '圉豈敢度其私? 訪衛國之難也. 將止.' 魯人以幣召之, 乃歸."(『좌전』 애공 11년)

공자의 귀국 연대에 대해서는 「공자세가」를 비롯하여, 「노주공세가」와 그 연표, 「위강숙세가」와 그 연표, 그리고 『좌전』의 기록이 모두 일치한다.

이제 이를 바탕으로 각 세가에 기록된 공자의 천하 유력 기간을 역산하면, 각 세가의 기록의 진위를 분별할 수 있을 것이다. 우선, 「공자세가」의 경우를 보면, 공자는 정공 14년(b.c.496)에 노나라를 떠났다고 하였다. 그런데 이때를 기점으로 유력 기간을 계산하면 공자가 귀국한 애공 11년(b.c.484)은 유력을 떠난 지 13년째가 되는 해이다. 「공자세가」의 기사와 모순된다. 「노주공세가」와 그 연표의 기록도 마찬가지이다. 거기에서는 공자가 노나라를 떠난 것이 정공 12년(b.c.498)이라고 하였다. 만일 이를 받아들이면 공자는 15년 동안 천하를 유력한 것이 된다. 역시 14년 동안 천하를 유력했다는 「공자세가」의 기사와 모순된다. 반면 「위강숙세가」와 그 연표에서는 공자가 위나라에 도착한 해는 정공 13년(b.c.497)이라고 했다. 그런데 정공 13년에서부터 14년째가 되는 해는 애공 11년 곧 b.c.484년이다. 「공자세가」의 기사와 일치한다. 요컨대, 공자는 정공 13년에 노나라를 떠나 14년 뒤인 애공 11년에 귀국한 것이다.

**공자가 노나라를 떠난 해와 노나라로 돌아온 해의 비교**

| 제후 세가 및 연표 | 떠난 해 | 돌아온 해 | 유력 기간 |
|---|---|---|---|
| 노주공세가 및 그 연표 | 정공 12년 | 애공 11년 | 15년 |
| 위강숙세가 및 그 연표 | 정공 13년 | 애공 11년 | 14년 |
| 공자세가 | 정공 14년 | 애공 11년 | 13년 |

이로 보면 공자가 노나라를 떠난 것은 '정공 14년'이라고 한 「공자세가」 정공 14년 조의 기사에는, 정공 14년에 일어난 사건'만'이 아니라 정공 13년 및 정공 15년에 일어난 사건도 '일부' 포함되어 있음을 예상할 수 있을 것이다. 사실 정공 14년 조에 기록된 사건들은 앞에서도 봤지만 상식적으로도 1년 동안에 일어났다고 보기에는 그 양이 지나치게 많다. 이제 이를 바탕으로 지금까지 토론한 것을 정리하면 다음과 같다.

공자는 정공 10년 '협곡'에서 있었던 노나라와 제나라 간의 정상회담 때 정공을 돕는 '상'이 되어 정공을 수행했다. 이 무렵 공자는 정공 사읍의 사공 직에 있었다. 이 회담에서 공을 세워 대사구로 영전하였다.[41] 그해 공자는 '대부'[下大夫]로 승급하였다. 그 뒤 공자는 계씨[季桓子]에게 공손함을 보여[42] 계씨의 집정에 참여하게 되었다. 이때가 정공

---

[41]  공자가 맡았다는 '사구(司寇)' 직과 '대사구(大司寇)' 직이 이명동직(異名同職)일 수 있다는 것에 대해서는 앞에서 설명했다.

[42]  "孔子行乎季孫, 三月不違."(『공양전』 정공 10년; 정공 12년). 이 기사는 『공자가어』에도 실려 있다. 거기에 보면 그해(정공 10년) 공자는 중도(仲都)의 재(宰) 직에서 사공(司空) 직으로 자리를 옮겼고, 계씨(季氏)의 치부를 가려주는 역사[소공의 묘가 종실 묘역에 들도록 묘역 확장 공사를 한 것-저자]를 하여, 사공 직에서 대사구 직으로 영전하였다고 한다. "孔子初仕爲中都宰, 制爲養生送死之節, ······ 行之一年, 而西方之諸侯則焉. ······ 先時季氏葬昭公于墓道之南, 孔子溝而合諸墓焉. 謂季桓子曰 '貶君以彰己罪, 非禮也, 今合之, 所以揜夫子之不臣.' 由司空爲魯大司寇. ······."(『공자가어』 「상노」) 그런데 『좌전』에서는 공자가 공실 묘역 확장 공사를 한 것은 사공 직을 수행할 때가 아닌 '사구' 직을 수행할 때라고 하였다. "孔子之爲司寇也, 溝而合諸墓."(『좌전』 정공 원년 조) 『공자가어』의 기재와 다르다. 여기서는 『좌전』의 기록을 따랐다. 공자는 '사공'을 재직할 때 협곡지회(夾谷之會)에 참여하여 공을 세웠고, '사구'가 되어서도 계씨의 뜻을 거스르지 않는 정책과 그의 치부를 가려주는 등의 선행을 펼쳐, 그의 인정을 받아 계씨의 정청에 참여[攝相]하게 된 것이다. '대사구' 직은 (만일 그것이 국가직이라면-저자) 계씨의 정청에 참여한 뒤에 맡았거나 참여하면서부터 맡았을 것이다.

10년 말 혹은 정공 11년 초이다.

그 뒤에도 공자는 계씨의 뜻을 거스르지 않는 처신을 보였다. 계씨 등 집정 삼가를 설득하여 삼가의 본읍을 허무는 정치 개혁[墮三都]을 단행하기 위해서였다.

정공 12년 드디어 성을 허물기 시작했다. 숙손씨의 후읍을 허문 뒤, 약간의 소요[公山不狃의 배반]가 있었지만, 계손씨의 비읍을 허물며 마침내 이 일이 성사되는 듯 보였다. 그런데 맹손씨가 약속을 이행하지 않아 일이 더 이상 진척되지 않았다. 정공이 무력을 동원해 압박해 보기도 했지만 소용이 없었다. 이에 정치적 책임을 지고 정치계에서 물러났으나 비판 여론이 끊이질 않았다.[43]

이에 노나라를 떠나야겠다는 마음을 굳히고, 군자君子로서 당당히 떠날 '명분'을 찾았다. 바로 그때 계환자季桓子가 제나라에서 보내온 '여악女樂'에 빠져 조회를 열지 않았고,[44] 교제郊祭 후에 대부들에게 제물을 나누어주는 예를 거르자, 이를 구실로 삼아 노나라를 떠났다.[45] 그때가 정공 13년(b.c.497)이다.

---

[43] "公伯寮愬子路於季孫, 子服景伯以告曰 '夫子固有惑志於公伯寮. 吾力猶能肆諸市朝.' 子曰 '道之將行也與, 命也, 道之將廢也與, 命也. 公伯寮其如命何?'"(「헌문」 38)

[44] "齊人歸女樂, 季桓子受之, 三日不朝, 孔子行."(「미자」 4); "十二年, 使仲由毀三桓城, 收其甲兵. 孟氏不肯墮城, 伐之, 不克而止. 季桓子受齊女樂, 孔子去." ※ 한편, 이 「노주공세가」의 기사는 주의해서 읽어야 한다. 곧 「노주공세가」(정공 조)에서는 삼가(三家)의 본읍을 허물던 해에 제나라가 여악(女樂)을 보내왔고, 계환자(季桓子)가 이를 받아서 공자가 떠났다고 했지만, 이 기사는 당시의 여건이나 상황 상 수용하기 어려운 주장이다. 그해 말까지도 삼도(三都)를 허무는 일이 계속되었기 때문이다. "十有二月, 公圍成."(『춘추경』 정공 12년) 여악(女樂)을 받을 만한 상황이 아니었다.

[45] "曰 孔子爲魯司寇, 不用, 從而祭, 膰肉不至, 不稅冕而行."(『맹자』 「고자장구」 하 6)

그해 공자는 노나라를 떠나 위나라로 갔다. 제나라에서 여악을 보내온 뒤 교제가 있었고, 떠나기에 앞서 국경 부근(宿)에서 잠시 머뭇거렸던 점을 감안하면, 공자는 그해 가을이거나 겨울이 다 되서야 위나라에 도착했을 것이다. 부모의 나라를 떠날 때의 도리,[46] 많은 일행을 거느리고 떠난 유세 행렬, 그리고 노나라에서 위나라까지의 거리도 참고해야 한다.

「공자세가」에 언급된 정공 14년의 기사 가운데 a, b, c, d, e는 정공 13년에 일어난 사건이다. 정공 14년에 일어난 사건은 f, g, 혹은 h로 제한된다. 이 중 어떤 것은 사건의 추이나 성격 상 그 이듬해[정공 15년]에 일어났을 수도 있다.[예를 들면 h와 i] 겨울에 위나라에 도착하여 영공을 알현하고, 10개월 남짓 머물다 사직하고 떠난 뒤, 도중에 진나라을 향해 나아가다 광인匡人에게 위난을 겪고,[匡人의 난[47] 한 달여를 포蒲 땅 부근을 배회하다 위나라로 되돌아갔다면,[去即過蒲. 月餘, 反乎衛] 시간상으로 볼 때 공자가 위나라에 돌아온 시점은 정공 15년(b.c.495) 봄 무렵이 아니었을까 생각된다. 「공자세가」 정공 14년 조는 여러모로 살펴봐야 할 것들이 많은 곳이다.[48]

---

46 "孔子之去齊, 接淅而行, 去魯, 曰'遲遲. 吾行也.', 去父母國之道也."(『맹자』「만장장구」하 1); "孟子曰'孔子之去魯, 曰'遲遲. 吾行也.', 去父母國之道也, 去齊, 接淅而行, 去他國之道也.'"(『맹자』「진심장구」하 17)

47 「공자세가」에서는 이때 공자가 당한 위난을 '광인(匡人)의 난'이라고 하였으나 [將適陳, 過匡顔刻為僕, 以其策指之曰'昔吾入此, 由彼缺也.' 匡人聞之, 以為魯之陽虎. 陽虎嘗暴匡人, 匡人於是遂止孔子……] 이것은 공숙수(公叔戌)가 포(蒲) 땅을 근거로 모반한 난 곧 '공숙씨의 난'이다. 사마천의 착오이다. '공숙씨의 난'은 세가 애공 2년 조에 기록되어 있다. "過蒲, 會公叔氏以蒲畔, 蒲人止孔子……." 이에 대해서는 후술.

48 세가 정공 14년의 기사 가운데, 대사구(大司寇)가 되어 오리(汚吏)[少正卯]를 처단한 것, 물가를 안정시킨 것, 적폐를 청산하여 정치를 바로 세운 것, 계환자(季桓子)

## 3. 안탁추와 미자하에 대한 기록의 진위

다음은 위나라에 도착한 후 자로子路의 처형인 안탁추顔濁鄒의 집에 머물렀다는 기사이다.

> 공자는 위나라로 가서 자로의 처형인 안탁추의 집을 주가로 정했다.[孔子遂適衛, 主於子路妻兄顔濁鄒家]

처음 위나라에 도착한 후 자로의 처형인 안탁추를 '주인主人'으로 정했다는 것인데, 오늘날에도 그렇지만 다른 나라에 들어갈 때에는 반드시 자신이 머물 장소를 주재국에 통보해야 한다. 아마 공자도 이런 관례를 따랐을 것이다. 공자가 안탁추의 집을 주가主家로 정했다는 것은 『맹자』에도 기록되어 있는 것으로 보아,[49] 이 기사는 사실에 근거한 기록일 것이다.

> 만장萬章이 물었다. "어떤 사람이 이르기를 '공자께서는 위나라에서는 임금의 총애를 받는 의원[癰疽]의 집에서 묵으셨고, 제나라에서는 내시內侍인 척환瘠環의 집에서 묵으셨다.'고 하는데, 그런 일이 있습니까?" 맹자가

---

가 제나라에서 보내 온 여악(女樂)을 받고 조례를 열지 않고 교제(郊祭) 후 번조(膰俎)를 행하지 않아 노나라를 떠났다는 것은 정공 11년과 정공 13년에 일어난 일이므로, 여기서는 다루지 않았다.

49   『맹자』에는 '안탁추(顔濁鄒)'의 이름이 '안수유(顔讎由)'라고 되어 있다. "孟子曰 '…… 於衛, 主顔讎由.……'"(『맹자』「만장장구」 상 8). 안수유는 안탁추의 이명(異名)이다. "顔讎由, 衛之賢大夫也, 史記, 作顔濁鄒."(주희,『맹자집주』「만장장구」 상 8)

말했다. "아닐세. 그렇지 않네. 일을 꾸미기 좋아하는 자들이 지어낸 말이네. 공자께서는 위나라에 계실 때 안수유顔讐由의 집에 묵으셨네. 위나라 임금의 총애를 받던 미자彌子의 아내는 자로의 아내와 형제 간이었네. 그래서 미자가 자로에게 이르기를 '공자께서 우리 집에 묵으시면 위나라의 경卿이 되실 수 있다.'고 하였네. 자로가 이 말을 아뢰니, 공자께서 말씀하시기를 '벼슬하는 것은 천명[命]에 달려 있네.'라고 하셨네. 공자께서는 예禮에 따라 나아가시고 의義에 따라 물러나시어, 벼슬을 얻고 얻지 못하는 것은 '천명에 달려 있다.'고 하셨네. 그러고서 만일 임금의 총애를 받는 의원이나 내시인 척환의 집에 묵으셨다면, 이는 의를 무시하시고 명을 무시하신 것이네.[50]

그런데 안탁추에 대해, 세가에서는 공자의 제자라고 하였지만,[51] 제자전[仲尼弟子列傳]에는 '안탁추顔濁鄒'라는 이름이 보이지 않는다. 또 조기趙岐와 주자朱子는 '안탁추[顔讐由]는 위나라의 현인'이라고 하였지만,[52] 『여씨춘추』에는 안탁추[顔涿聚]가 양보梁父[53]라는 땅의 대도大盜였

---

50  "萬章問曰 '或謂孔子於衛, 主癰疽, 於齊主侍人瘠環, 有諸乎?' 孟子曰 '否. 不然也. 好事者爲之也. 於衛, 主顔讐由. 彌子之妻與子路之妻兄弟也. 彌子謂子路曰「孔子主我, 衛卿可得也.」子路以告, 孔子曰「有命!」, 孔子 進以禮, 退以義, 得之不得, 曰「有命!」, 而[如]主癰疽與侍人瘠環, 是 無義無命也.'"(『맹자』, 「만장장구」 상 8)

51  "孔子以詩書禮樂敎, 弟子蓋三千焉, 身通六藝者七十有二人. 如顔濁鄒之徒, 頗受業者甚眾."(「공자세가」)

52  "顔讎由, 衛賢大夫, 孔子以爲主."(조기趙岐 주注·손석孫奭 소疏, 『맹자정의 孟子正義』, 「만장장구」 상 8); "顔讐由, 衛之賢大夫也, 史記作顔濁鄒."(주희, 『맹자집주』 「만장장구」 상 8)

53  춘추 시대에 양보(梁父)는 제나라 강역(疆域) 내에 있었다.

고, 뒤에 공자의 문하에 들었다고 기록되어 있다.[54] 안탁추[顔涿聚]가 양보梁父[梁甫]의 대도大盜[巨盜]였다는 것은 『후한서』「좌원전」[郭符許列傳]에도 기록되어 있다.[55] 또 『좌전』에는 그가 습隰에서 있었던 진나라[晉]와의 전투 때 제나라의 대부로 참전했다가 지백知伯에게 생포되어 죽임을 당했으며, 이로 인해 그의 아들이 제나라에서 대부로 봉해졌다는 기록이 있다.[56] 또 『한비자』에는 진성자陳成子가 계속해서 제나라에서 권력을 유지할 수 있었던 것은 모두 안탁추의 보좌를 받았기 때문이라고 했다.[57] 그가 위나라의 현인[賢大夫]이었다면 성립할 수 없는 기사인데 어느 설이 옳은지는 알 수 없다.[58] 안탁추라는 이름

---

54   "顔涿聚, 梁父之大盜也, 學於孔子."(『여씨춘추』「존사」) 이 기사는 세가에도 기록되어 있다. "孔子以詩書禮樂教, 弟子蓋三千焉, 身通六藝者七十有二人. 如顔濁鄒之徒, 頗受業者甚眾."(『공자세가』) '안탁취(顔涿聚)'는 안탁추(顔濁鄒)의 이명(異名)이다.

55   "左原者, 陳留人也. 為郡學生, 犯法見斥. 林宗嘗遇諸路, 為設酒肴以慰之. 謂曰'昔顔涿聚梁甫之巨盜, 段干木晉國之大駔, 卒為齊之忠臣, 魏之名賢. 蘧瑗·顔回尚不能無過, 況其餘乎? 慎勿恚恨, 責躬而已.' 原納其言而去."(『후한서後漢書』「곽부허열전郭符許列傳」'좌원左原'조)

56   "壬辰, 戰于犂丘, 齊師敗績, 知伯親禽顔庚."(『좌전』애공 23년); "晉荀瑤帥師伐鄭, 次于桐丘, 鄭駟弘請救于齊. 齊師將興, 陳成子屬孤子, 三日朝. 設乘車兩馬, 繫五邑焉, 召顔琢聚之子晉 曰'隰之役, 而父死焉, 以國之多難, 未女恤也, 今君命女以是邑也, 服車而朝, 毋廢前勞. 乃救鄭, 及留舒.'"(『좌전』애공 27년)『좌전』애공 23년조에 보이는 '안경(顔庚)'은 두예에 의하면 '제나라의 대부(大夫) 안탁추(顔濁鄒)'라고 한다. "顔庚, 齊大夫顔涿聚."

57   "奚謂離內遠遊? 昔者田成子遊於海而樂之, 號令諸大夫曰'言歸者死.' 顔涿聚曰'君遊海而樂之, 奈臣有圖國者何? 君雖樂之, 將安得?' 田成子曰'寡人布令曰言歸者死, 今子犯寡人之令.' 援戈將擊之. 顔涿聚曰'昔桀殺關龍逢而紂殺王子比干, 今君雖殺臣之身以三之可也. 臣言為國, 非為身也.' 延頸而前曰'君擊之矣!' 君乃釋戈趣駕而歸, 至三日, 而聞國人有謀不內田成子者矣. 田成子所以遂有齊國者, 顔涿聚之力也. 故曰「離內遠遊, 則危身之道也.」"(『한비자』「십과」)

58   이 설을 종합하면, 안탁추(顔濁鄒)는 공자를 만나기 전에는 양보(梁父)라는 땅의 대도(大盜)였지만, 공자가 남방에서의 유력을 마치고 위나라에 도착할 무렵(애공

은 『한시외전韓詩外傳』, 『안자晏子』 등에도 기록되어 있다.[59] 당시 꽤 널리 알려진 인물이었던 것 같다. 그가 유명한 '대도'였다면 고전에 그의 이름이 기록되어 있다 해도 전혀 이상할 게 없다.

그래서인지는 몰라도 당시 세간에는 공자가 위나라에 처음 도착하여 정한 '주가主家'에 대해 많은 추문이 있었다고 한다.[或謂孔子於衛主癰疽], 맹자도 이런 이야기가 실재했음을 미자와 자로의 대화를 통해 확인하고 있다.

> 미자微子의 아내는 자로子路의 아내와 형제 간이었네. 그래서 미자가 자로에게 이르기를 '공자께서 우리 집에 묵으시면 위나라의 경卿이 되실 수 있다.'고 하였네. 자로가 이 말을 아뢰니, 공자께서 말씀하시기를 '벼슬하는 것은 천명天命에 달려 있네.'라고 하셨네. 공자께서는 위나라에 계실 때 안수유顔讐由[顔濁鄒]의 집에 묵으셨네.

물론 이러한 추문에 대해 맹자는 '일을 꾸미기 좋아하는 자들이 지어낸 말'이라며 극구 부정했지만[否. 不然也. 好事者爲之也], 공자가 안탁추의 집을 주가로 정한 것에 대한 세간의 시선이 그리 곱지만은 않았던 것 같다. 맹자는 '타국에서 온 신하의 현부賢否를 알고 싶다면

---

10년)에는 위나라의 현대부(賢大夫)가 되어 있었고, 공자가 몰한 뒤에는 제나라로 건너가 진성자(陳成子)의 심복(心腹)이 되었다는 것인데, 사서(史書)에는 이같은 기록이 존재하지 않는다. 공자가 안탁추의 집을 주가로 정했다는 세가 및 맹자의 기사는 신뢰하기 어려운 면이 있다.

59   『여씨춘추』「존사」에는 '안탁취(顔涿聚)', 『한시외전』에는 '안비취(顔鄙聚)', 『안자晏子』에는 '안촉추(顔燭鄒)'라고 되어 있다. '안수유(顔讐由)' '안작취(顔斫聚)' '안달취(顔噠聚)' '안촉추(顔燭鄒)' '안촉추(顔燭雛)'라고 되어 있는 곳도 있다.

그가 어떤 이의 집을 주가로 하는지 살펴보라'[60]고 했다. 안탁추가 양보라는 땅의 대도였다면, 공자와 같은 현인이 '주인'으로 정하기에는 부족함이 많은 인물이다.

세가에 의하면, 공자는 1년 뒤 주가를 안탁추의 집에서 거백옥의 집으로 변경하고 있다.[61] 안탁추가 '대도大盜'라는 사실을 뒤늦게 알았기 때문일까? 아니면 안탁추의 집을 주가로 정한 것이 마음에 걸렸기 때문일까? 자로가 미자하의 집을 주가로 정하게 되면 경상직을 얻게 될 것이라고 공자에게 충언했을 때, 공자는 벼슬하는 것은 '명'에 달려 있다고 하면서 그의 제안을 거절했다고 한다. 그런 공자가 기껏 선택한 것이 '대도'로 유명한 안탁추의 집이었다면, 이와 같은 추문이 있다 해도 전혀 이상할 게 없다. 안탁추와 자로가 서로 동서지간이고 자로와 미자하가 또 서로 동서지간이라면, 안탁추와 미자 또한 서로 동서지간이 된다. 이 세 사람이 이런 관계에 있다면, 공자가 안탁추의 집을 주가로 정한 것은 생각하기에 따라 세간의 이목을 회피하기 위한 방도로 해석될 수 있다. 미자하의 집을 주가로 삼게 되면 벼슬을 얻기 위해 그 집을 주가로 삼았다는 비난을 받을 수 있지만, 안탁추의 집을 주가로 정하게 되면 그런 비난에서 벗어날 수 있을 뿐만 아니라, 가사 비난을 받더라도 변명할 여지가 있게 되

---

60 "吾聞 觀近臣, 以其所爲主, 觀遠臣, 以其所主. 若孔子主癰疽與侍人瘠環, 何以爲孔子?"(『맹자』「만장장구」상 8)

61 "孔子遂適衛, 主於子路妻兄顏濁鄒家. ……居頃之, 或譖孔子於衛靈公. 靈公使公孫余假一出一入. 孔子恐獲罪焉, 居十月, 去衛. 將適陳, 過匡顏刻為僕, 以其策指之曰 '昔吾入此, 由彼缺也.' 匡人聞之, 以為魯之陽虎. 陽虎嘗暴匡人, 匡人於是遂止孔子. 孔子狀類陽虎, 拘焉五日, ……孔子使從者為甯武子臣於衛, 然後得去. 去即過蒲. 月餘, 反乎衛, 主蘧伯玉家."(「공자세가」정공 14년 조)

기 때문이다.

　　세가에 의하면 공자는 잠시 위나라를 떠났다가 돌아온 뒤에는 거백옥의 집을 주가로 정했다고 한다. 어쩌면 이 기사는 이러한 스캔들을 잠재우기 위한 '춘추가春秋家'의 '발명發明'인지도 모르겠다.(사마천은 역사가이기도 했지만 춘추가이기도 했다-저자) 춘추가들은 공자가 한조漢朝의 출현을 예언했다고 입버릇처럼 말해 왔다. 그런데 안탁추가 '양보'라는 땅의 '대도'였다면, 그의 집을 주가로 정한 것은 '성인' 공자의 위명에도 흠이 되지만, 한조의 성립을 이념적으로 정당화하는 데에도 막대한 장애가 될 수 있다. 그래서 이를 커버하기 위해 현대부로 이름 높은 '거백옥'을 출연시켜[62] 공자를 존숭해야 하는 춘추가로서의 의무를 다하고자 했는지도 모르겠다. 생각해 보면, 안탁추가 공자의 제자였다는 기사도 (비록 「공자세가」와 『여씨춘추』에 그에 관한 기사가 저록되어 있지만) 공자를 존경하는 마음을 다하기 위해 삽입한 기사인지도 모르겠다. 하지만 사마천의 이 연출도 끝내는 성공을 거두지 못했는데, 거백옥은 이미 오래전에 죽은 인물이기 때문이다. 유교의 역사라는 무대에서는 큰 흥행을 누렸는지 모르지만, 허구적인 것에 입론한 주장이기 때문에, 언젠가는 밝혀질 사실이었다.

　　안탁추가 자로의 처형이었다는 것도 가공의 설을 바탕으로 한

---

62　　공문 제자들은 공자가 위나라에서 존경한 인물은 '거백옥'이었다고 했다. "子曰 '直哉史魚! 邦有道如矢, 邦無道如矢. 君子哉蘧伯玉! 邦有道則仕, 邦無道則可卷而懷之.'"(「위령공」 6) "孔子之所嚴事, 於周則老子, 於衛, 蘧伯玉."(「중니제자열전」) 그런데 이 기사는 한(漢)에 이르러 각종 다양한 주장을 만들어낸다. 공자가 위나라에 체재할 때 거백옥의 집을 주가로 정했다는 주장도 이에 의거해 나온 것이다. 그러나 공자와 거백옥은 같은 시간 대에는 서로 마주칠 수 없는 인물들이다. 공자가 위나라에 도착했을 때 거백옥은 이미 죽은 뒤였기 때문이다. 거백옥의 생몰 연대에 대해서는 후술.

주장일 것이다. 안탁추는 당시 유명한 대도였지만 일설에 제나라를 위해 죽은 충성스런 장군이었다는 주장도 있고, 자로는 낭인이었지만 천하가 알아주는 의리의 사나이였으며,[63] 미자는 영공의 폐신이었지만 유능한 장군인데다 그의 처와 자로의 처가 형제 사이였고, 이 무렵 공자는 '치이자피鴟夷子皮'의 신세인데다 출사에 유난히 집착을 보였기 때문에, 이런 사실들이 결합되어 이와 같은 스캔들이 있게 되었는지도 모르겠다.[64]

공자가 천하 유력 기간 내내 제후와 대부들에게 냉대를 받았다는 것은 익히 알려진 사실이다.[65] 실제로 공자에게는 유력 기간 내

---

[63] 자로는 세상을 등진 은자들도 그 이름을 알고 있을 정도로 당시 유명한 사람이었다. "子路喜從游, 遇長沮·桀溺·荷篠丈人."(「중니제자열전」 '중유' 조) 또 자로는 소주(小邾)의 역(射)이 구역(句繹)을 가지고 도망해 와서 "계로(季路)[子路]가 나를 보증해 준다면 나는 결맹을 할 필요도 없습니다."라 할 정도로, 당시 대중들에게 신임이 두터운 사람이었다. "小邾, 射以句繹, 來奔, 曰 '使季路要我, 吾無盟矣.' 使子路, 子路辭. 季康子使冉有謂之曰 '千乘之國, 不信其盟, 而信子之言, 子何辱焉?' 對曰 '魯有事于小邾, 不敢問故, 彼不臣, 而濟其言, 是義之也, 由弗能.'"(『좌전』 애공 14년)

[64] 『맹자』에 의하면, 자로의 처와 미자의 처는 서로 형제 간이었다. 그런데 사마천의 말대로, 안탁추의 처와 자로의 처가 서로 형제 간이라면, 안탁추의 처는 미자하의 처와도 형제 간이 된다. 이런 관계라면 안탁추의 집을 주가로 정한 것이 미자의 집을 주가로 정하는 것과 별반 차이가 없게 된다. 그의 처와 미자의 처가 서로 형제 사이였다면, 당시 미자하가 영공의 행신(幸臣)이었다는 점을 고려할 때, 안탁추의 출사에 혹 미자하가 도움을 주었는지도 모르겠다. 이런 것들이 결합되어 만장(萬章)이 말한 추문이 생겨나게 되었는지도 모르겠다. 어찌 되었든 이때 공자는 영공에게 속(粟) 6만 두를 받고 출사했기 때문이다. 미자를 제외하고 어떤 연(緣)도 없었던 공자가 영공에게 '경'의 예우를 받으며 출사했다면 이는 대단히 이례적인 일이다.

[65] "在陳絕糧, 從者病莫能興."(「위령공」 1); "子曰 '由! 知德者鮮矣.'"(「위령공」 3); "孔子不悅於魯衛, 遭宋桓司馬將要而殺之, 微服而過宋."(『맹자』 「만장장구」 상 8); "楚狂接輿, 歌而過孔子曰 '鳳兮鳳兮, 何德之衰! 往者不可諫, 來者猶可追, 已而已而. 今之從政者殆而.' 孔子下, 欲與之言, 趨而辟之, 不得與之言."(「미자」 5); "(桀溺)曰 '滔滔者, 天下皆是也, 而誰以易之? 且而與其從辟人之士也, 豈若從辟世之士哉?'"(「미자」 6)

내 '야심이 많은 사람'이라는 평판이 따라 다녔다.⁶⁶ 세간에도 공자는 출사를 위해 다방면으로 줄을 댔다는 말이 적지 않게 떠돌고 있었다.⁶⁷ 그 가운데 하나를 들면,

> 1.10. 자금子禽이 자공子貢에게 물었다. "선생님[夫子]께서 어떤 나라에 이르시면 반드시 그 나라의 정사政事를 들으시는데, 선생님께서 요구한 것입니까, 아니면 그 나라 임금이 들려준 것입니까?" 자공이 말하였다. "선

---

66 "孔子擊磬. 有荷蕢而過門者, 曰 '有心哉, 擊磬乎! 硜硜乎, 莫己知也夫而已矣!'"(「공자세가」애공 2년 조); "桀溺曰 '悠悠者天下皆是也, 而誰以易之? 且與其從辟人之士, 豈若從辟世之士哉!'"(「공자세가」애공 5년 조); "昭王將以書社地七百里封孔子. 楚令尹子西曰 '…… 今孔丘得據土壤, 賢弟子爲佐, 非楚之福也.' 昭王乃止."(「공자세가」애공 6년 조); "楚狂接輿歌而過孔子, 曰 '鳳兮鳳兮, 何德之衰! 往者不可諫兮, 來者猶可追也! 已而已而, 今之從政者殆而!' 孔子下, 欲與之言. 趨而去, 弗得與之言."(「공자세가」애공 6년 조)

67 그 가운데 대표적인 것을 들면,「술이」제10장의 "子謂顏淵曰 '用之則行, 舍之則藏, 惟我與爾有是夫.'";「양화」제1장의 "陽貨欲見孔子, 孔子不見, 歸孔子豚. 孔子時其亡而往拜之, 遇諸途. 謂孔子曰 '來. 予與爾言.' '懷其寶而迷其邦, 可謂仁乎?' 曰 '不可.' '好從事而亟失時, 可謂知乎?' 曰 '不可.' '日月逝矣, 歲不我與.' 孔子曰 '諾. 吾將仕矣.'";「양화」제5장의 "公山弗擾以費畔, 召, 子欲往. 子路不說曰 '末之也已, 何必公山氏之之也?' 子曰 '夫召我者, 而豈徒哉? 如有用我者, 吾其爲東周乎.'";「헌문」제7장의 "佛肸召, 子欲往. 子路曰 '昔者, 由也聞諸夫子曰 '親於其身爲不善者, 君子不入也.」佛肸以中牟畔, 子之往也, 如之何?' 子曰 '然. 有是言也. 不曰堅乎, 磨而不磷. 不曰白乎, 涅而不緇. 吾豈匏瓜也哉, 焉能繫而不食.'";「헌문」제34장의 "微生畝謂孔子曰 '丘何爲是栖栖者與? 無乃爲佞乎?' 孔子曰 '非敢爲佞也, 疾固也.'";「헌문」제41장의 "子路宿於石門, 晨門曰 '奚自?' 子路曰 '自孔氏.' 曰 '是知其不可而爲之者與?'";「헌문」제42장의 "子擊磬於衛, 有荷蕢而過孔氏之門者, 曰 '有心哉! 擊磬乎!' 旣而曰 '鄙哉! 硜硜乎! 莫己知也, 斯已而已矣. 深則厲, 淺則揭.' 子曰 '果哉! 末之難矣.'";「미자」제5장의 "楚狂接輿, 歌而過孔子曰 '鳳兮鳳兮, 何德之衰! 往者不可諫, 來者猶可追, 已而已而. 今之從政者殆.' 孔子下, 欲與之言, 趨而辟之, 不得與之言.";「미자」제8장의 "逸民, 伯夷·叔齊·虞仲·夷逸·朱張·柳下惠·少連. 子曰 '不降其志, 不辱其身, 伯夷叔齊與.' 謂柳下惠·少連, '降志辱身矣, 言中倫, 行中慮, 其斯而已矣.' 謂虞仲·夷逸, '隱居放言, 身中淸, 廢中權. 我則異於是. 無可無不可.'"을 들 수 있겠다. 공자를 "孔子"로 칭한 것은 세간에서 장의 소재를 취했다는 뜻이다.

생님[夫子]께서는 온순하고[溫] 어질고[良] 공손하고[恭] 검소하고[儉] 겸양함으로써[讓] 듣게 되신 것이니, 선생님[夫子]께서 구하신 것은 그 다른 사람이 구하는 것과는 다를 것이네.[其諸……與]"[68]

앞에서도 지적했지만, 이 장에는 제나라의 방언方言이 들어 있다. 바로 "其諸……與"이다. 또 이 장에서는 공자를 '부자夫子'라고 칭하고 있다. 뿐만 아니라 공자가 강조한 덕목이 일목요연하게 정리되어 있다; '요컨대, 부자夫子의 덕을 정리하면 온溫·량良·공恭·검儉·양讓이라 할 수 있다.' 이런 서술 기법은 제논齊論[제나라에서 성립한 논어-저재에서 주로 나타나는 특징이다.[69] 뿐만 아니라 이 장에서는 자공子貢과 그의 제자로 추정되는 자금子禽이 등장하고 있다.[70] 자공은 공

---

68  "子禽問於子貢曰 '夫子至於是邦也, 必聞其政, 求之與, 抑與之與?' 子貢曰 '夫子溫·良·恭·儉·讓以得之, 夫子之求之也, 其諸異乎人之求之與.'"(「학이」 10)

69  제논(齊論)의 성립과 논어 각 장의 성립 경위에 대해서는 졸저, 『논어의 성립』 제2부 제2장 장의 성립 경위 및 제3부 제2장 제논(齊論)의 기록과 노논(魯論)의 기록 참조.

70  자금(子禽)에 대해 가어의 「칠십이제자해」에서는 "陳亢, 陳人, 字子亢, 一字子禽, 少孔子四十歲."(『공자가어』 「칠십이제자해」 '진항陳亢' 조)라 했으나, 사기의 제자전에는 그의 이름이 없다. 「자장」 제25장의 기사를 통해 유추하면 공자의 제자는 아니었을 것이다. "陳子禽謂子貢曰 '子爲恭也, 仲尼豈賢於子乎?' 子貢曰 '君子一言以爲知, 一言以爲不知, 言不可不愼也. 夫子之不可及也, 猶天之不可階而升也.'"(「자장」 25) 인용문에서도 보듯, 자금(子禽)은 자공에 대해서는 '자(子)'를, 공자에 대해서는 '중니(仲尼)'를 칭하고 있다. '자(子)'는 선생을 칭할 때 사용하던 호칭이고, '자(字)'[仲尼]는 동문 사우들 간에 서로를 칭할 때 사용하던 호칭이다. 자공은 스승으로 예우하고 공자는 동배로 대한 것이다. 공문 제자들은 공자에 대해 이런 호칭을 사용한 예가 없다. 반드시 '자(子)'를 칭했다. 간혹 '부자(夫子)'를 칭한 것도 있지만, 이것은 공문에서의 공자에 대한 '공식적' 호칭이 아니다. 이런 예는 주로 제(齊)에서 성립한 전송에서 많이 발견된다. 상기 인용문에서 제(齊)의 방언으로 의심되는 문구[其諸……與]가 발견되는 것도 참고가 된다. 이에 대해서는 졸저, 『논어의 성립』, 문사철, 2021, 제2장 장의 성립, 제1절 공자

자 몰후 위나라에서 벼슬하였는데, 오나라의 중원 경략[覇]을 무산시킨 뒤, 조나라와 노나라 사이에서 물건을 사고 파는 수법으로 큰 재물을 축적했고, 만년에는 제나라에 체재하다 그곳에서 죽었다고 한다.[71] 그는 워낙 유명한 인물이었기 때문에 그에 관한 이야기는 부풀려진 것들이 많다. 논어에 그에 관한 이야기를 기록한 장이 많은 것[72]도 각지에 전해지고 있던 이야기를 모두 채록했기 때문이다.

전체적으로 보아 이 장은 제논齊論에 있던 장[제나라에서 부가되었거나 윤색된 장]이다. 노나라는 공자의 고국이기 때문에 공자에 관한 전송이 많이 남겨져 있었다. 노논魯論은 공문 내에서 전해지던 이야기에서 소재를 취해 제작한 장이 비교적 많은 논어본이다. 하지만 제나라의 사정은 이와 달랐다. 공자에 관한 전송이 상대적으로 부족할 수밖에 없다. 그래서 세간에서 유행하던 전문傳聞들을 취해 장을 만들거나, 기존의 이야기에 새로운 내용을 부가하거나, 전해오는 이야기의 내용과 형식을 변경하여 윤색·보집한 장들이 많을 수밖에 없다. 그런데 이 장에서도 그런 특징들이 보인다. 그래서 이 장은 제나라에서 편집된 장이라고 본 것이다.[73]

---

와 관련된 장 참조. 이런 면에서도 자금(子禽)은 공자의 제자가 아닐 가능성이 높다.

71  "端木賜, 衛人, 字子貢. 少孔子三十一歲. ……子貢好廢舉, 與時轉貨貲. …… 常相魯衛, 家累千金, 卒終于齊."(「중니제자열전」'단목사' 조); "贛旣學於仲尼, 退而仕於衛, 廢著鬻財於曹·魯之間, 七十子之徒, 賜最爲饒益."(「화식열전」'자공' 조)

72  『논어』에는 자공에 대해 기록한 장이 35장에 이른다. 이것은 자로 다음으로 많은 것이다. 참고로 자로는 43장에 걸쳐 언급되고 있다. 자로 또한 천하의 명사였기 때문에 그에 관한 일화를 기록한 장이 많은 것이다.

73  제논(齊論)의 성립 및 특징에 대해서는 졸저, 『논어의 성립』, 제3부 제1장 삼논의 성립과 그 유래 참조.

자금과 자공의 대화에 의하면 공자는 이르는 곳마다 그곳의 정치에 대해 물었던 것 같다;

> 세간에 이런 말들이 돌고 있습니다. 선생님[子貢]께서 존경하시는 공자께서는 어느 나라에 가시든 그 나라의 정치와 정치계의 동향에 대해 많은 정보를 갖고 계셨다고 합니다. 공자께서는 그것들을 어떻게 얻으셨을까요? 정치가들을 일일이 찾아다니며 묻고 또 물어서 얻으셨을까요, 아니면 그 나라의 정치가들이 공자를 찾아 뵙고 그에 대해 들려줘서 얻으셨을까요?

비록 자공은 공자가 각 나라의 정사에 대해 묻고 들은 이유가 다른 이들의 그것[공명의 추구]과 성격이 다르다[인간다움의 구현]고 하였지만, 출사를 하지 못해 노심초사해 했던 공자의 심정[74]을 이해하는 데에는 무리가 없다;

> 선생님께서는 어느 나라에 가시든 그 나라의 정사에 대해 물으셨다. 정치가들을 찾아다니며 일일이 묻고 또 물으셨기에 많은 정보를 갖게 되셨다. 하지만 선생님께서 그렇게 하신 데는 다른 사람들과 달리 특별한 이유가 있다.

---

74 　공자는 자로가 섭공(葉公)에게 자신의 출사에 대해 보탬이 되지 않는 말을 했다는 소식을 듣고 심하게 질책한 적이 있다. "葉公問孔子於子路, 子路不對. 子曰 '女奚不曰? 其爲人也, 發憤忘食, 樂以忘憂, 不知老之將至'云爾.'"(「술이」 18) 아무도 자신을 써 주지 않아 답답해 했는데, 모처럼 맞은 기회를 자로 때문에 잃게 되자 격분하여 한 말이다. 앞서 인용한 「양화」 제5장의 공산불요(公山弗擾)의 초빙에 대한 기사, 제7장의 필힐(佛肸)의 초빙에 대한 기사도 이때의 심정을 표현한 것이라고 생각한다. 모두 출사가 궁했을 때 있었던 일을 기록한 것인데, 자신을 '대롱박'[「헌문」 7: "吾豈匏瓜也哉, 焉能繫而不食."]에 비유한 말에 공자의 절박한 심정이 잘 나타나 있다.

자공이 말한 대로 공자는 어느 나라에 가든 그 나라의 정사에 대해 많은 것을 알고자 했다. 출사를 하고자 하는 뜻이 간절했기 때문이다. 공자는 '학'에 뜻을 둔 이후 인간다움[仁]의 구현을 생의 목적으로 정했다.[75] 그런데 인간다움은 정치계에 나아가야 광범위하게 펼칠 수 있다. 그래서 '학'을 이룬 후에는 줄곧 출사를 하기 위해 애를 썼다. 공자에게 정치는 인간다움을 구현하는 수단이고 정치계는 그것을 실현하는 장이었다. 공자의 사상에서는 도덕의 구현이 곧 정치이고 정치의 구현이 곧 도덕의 완성이었다.[76]

이런 면은 위나라에 도착했을 때 염유冉有와 나눈 대화에서도 나타난다.

13.9. 공자께서 위나라로 가실 때 염유冉有가 수레를 몰았는데, (위나라에 백성들이 매우 많은 것을 보시고) 공자께서 말씀하셨다. "백성들이 참으로 많구나." 그러자 (정치에 관심이 많았던) 염유가 물었다. "이미 백성들이 많으면 또 무엇을 더해야 합니까?" (공자) "부유하게 해 주어야 한다." (염유)

---

[75] 논어에서는 공자가 학[군자의 삶]에 뜻을 둔 때가 15세 무렵이라고 하였지만,[「위정」 4: "吾十有五而志于學"] 그 시기를 반드시 15세 무렵이라고 단정할 필요는 없다. 30대 이후의 삶에 대해서는 10년 단위로 자신의 인생을 술회한 데 대해, 초년의 삶은 중간 단계(20대)를 거치지 않고 바로 30대의 삶으로 건너가고 있기 때문이다. 공자가 자신의 삶의 목적을 인간다움의 구현에 둔 것은 10대 후반의 어느 날부터 20대까지일 것이다. 15세 무렵에는 '육예(六藝)'의 연마에도 미달(未達)한 상태였다. 육예를 익히는 한편으로 틈틈이 군자의 학의 연마에 몰입했다고 보는 것이 자연스러울 것이다. 이에 대해서는 『공자의 청년시대』(문사철, 2020), 제3부 제2장 비로소 군자의 학에 뜻을 두다 참조.

[76] 공자가 생각한 이상적 삶에 대해서는 졸고, 「공자가 생각한 이상적 인간」, 《우계학보》 제38집, 2020 참조.

"이미 부유해지면 또 무엇을 더해야 합니까?" (공자) "가르쳐야 한다."[77]

공자가 위나라에 들어와 처음으로 한 말이 '위나라에는 참으로 사람이 많구나'였다는 것이다. 위나라에 인구가 많은 것을 눈여겨 보았다는 것인데, 일언하면 위나라의 국가 잠재력을 높이 평가했다는 것이다. 예나 지금이나 인구는 경제력과 군사력의 지표이다. 정치에 뜻을 둔 자라면 누구나 인구에 관심을 갖을 수밖에 없다.[78] 하지만 인구가 아무리 많아도 인민 대다수가 헐벗고 굶주리는 상황이라면 정치의 '효과'를 기대하기 어렵다. 어떤 정책을 펴든 불신과 반목이 조장될 뿐이다.[79] 이때 필요한 것이 조세 정의와 분배 정의의 구현

---

77 "子適衛, 冉有僕. 子曰'庶矣哉.' 冉有曰'旣庶矣, 又何加焉?'曰'富之.'曰'旣富矣, 又何加焉?'曰'敎之.'"(「자로」9)

78 "梁惠王曰'寡人之於國也, 盡心焉耳矣, 河內凶則移其民於河東, 移其粟於河內, 河東凶, 亦然, 察隣國之政, 無如寡人之用心者, 隣國之民, 不加少, 寡人之民, 不加多, 何也?'"(『맹자』「양혜왕장구」상 3)

79 위나라에서는 국가의 힘이 약해졌을 때 사회적 동요가 많았던 것 같다. 『좌전』 정공 8년 조에, 진나라[晉]에 결맹(結盟)의 조건으로 공자(公子)와 대부(大夫)의 아들들을 인질로 보내려 할 때, 왕손가(王孫賈)가 나서서 '위나라에 위난이 생겼을 때 공상인(工商人)이 난을 일으키지 않은 적이 없다'고 하자, 영공이 '공상인의 자제들도 함께 인질로 보내라'고 했다는 기사가 있다. "晉師將盟衛侯于鄟澤, 趙簡子曰'群臣誰敢盟衛君者?'涉佗·成何曰'我能盟之.'衛人請執牛耳, 成何曰'衛, 吾溫·原也, 焉得視諸侯?'將歃, 涉佗捘衛侯之手, 及捥, 衛侯怒. 王孫賈趨進曰'盟以信禮也, 有如衛君, 其敢不唯禮是事而受此盟也.'……公曰'又有患焉, 謂寡人,「必以而子與大夫之子爲質.」', 大夫曰'苟有益也, 公子則往, 群臣之子敢不皆負羈絏以從?'將行, 王孫賈曰'苟衛國有難, 工商未嘗不爲患, 使皆行而後可.' 公以告大夫, 乃皆行之. 行有日, 公朝國人, 使賈問焉曰'若衛叛晉, 晉五伐我, 病何如矣?'皆曰'五伐我, 猶可以能戰.'賈曰'然則如叛之. 病而後質焉, 何遲之有?'乃叛晉. 晉人請改盟, 弗許."(『좌전』정공 8년) 위나라에서는 군신 상하가 서로 반목하여 그 관계가 매우 불안정했음을 알 수 있다. 영공과 공숙수, 남자와 공숙수·괴외의 갈등은 이러한 반목이 드러난 현상이다. 당시 공자가 이런 사실을 알고 있었는지는 의문이지만, '노나라와 위나라의 사회 정치 상황은 (조종祖宗

이다.⁸⁰ 노약자에게는 부역을 면제해 주고, 가난한 자에게는 부세를 감면해 줘서, 모두가 균등한 조건에 살고 있다는 인식을 심어줘야 한다. 농지를 고르게 분배하는 일도 빼놓을 수 없는 중요한 일이다. 그런 다음 먹고 사는 문제로 고통 받는 일이 없을 때, 교육을 통해 바른 길로 들어설 수 있도록 인도하는 것이 정치가 해야 할 본분이다.

공자와 염구의 대화에는 이런 내용이 담겨 있다. 정치계는 인간다움이 구현되는 장이다. 그것을 이루기 위해서는 먼저 민생을 안정시켜야 한다.[先富] 생활을 안정시키기 위한 정책을 우선 시행해야 한다. 그런 다음 생활이 안정되었을 때 사람답게 살아야 하는 이유와 그 이치를 일러줘야 한다.[敎之] 그래야 (위나라에) 인간다움이 실현되는 것이다.

위나라에 도착해서도 인간다움의 구현을 향한 뜻[出仕]이 식지 않았음을 보여주는 것이다. 다만 정치계에 나아가는 것은 본인의 노력도 있어야겠지만 천명[命]도 있어야 하고 운運도 따라줘야 한다. 그래서 군자君子는 비록 출사하지 못하는 때에도 있는 자리에서 '효제孝悌' 도덕을 펼치며 때가 이르기를 기다리는 것이다.

2.21. 어떤 사람이 공자[孔子]를 가리키며 말했다. "선생님께서는 어찌하여 정치를 하지 않으십니까?" 그러자 공자[子]께서 말씀하셨다. "『서』에 이르

---

인 주공과 강숙의 사이가 그러했듯이) 서로 비슷한 면이 많다'[「자로」 7: "子曰 '魯衛之政兄弟也.'"]고 하였던 데에서 유추하면, 이에 대해 어떠한 지식도 없었다고 하기도 어렵다. 그래서 이같이 기술했다.

80  "丘也聞,「有國有家者, 不患寡而患不均, 不患貧而患不安.」 蓋均無貧, 和無寡, 安無傾. 夫如是."(「계씨」 1)

기를 '효를 중시해야 하나니! 부모에게 효도하며 형제 간에 우애하여 정사에 베푸네.'라 하였네. 이 역시 정치를 하는 것인데, 어찌 꼭 벼슬하는 것만이 정치를 하는 것이라고 하겠는가?[81]

공자를 '공자孔子'와 '자子'로 병칭한 것으로 보아, 질문은 공문 밖에서 있었고 그에 대한 답은 공문 내에서 있었을 것이다.[82] 어떤 사람이 공자에게 《지금 세간에 선생님에 대해 「인격으로 보나 재주로 보나 또 학식으로 보나 연륜으로 보나 충분히 벼슬할 만한 나이인데 왜 벼슬하지 않을까」라는 말이 돌고 있습니다》라고 하자, 이를 전해 들은 공자가 제자들이 있는 자리에서 《효제를 행하는 것도 정치인데 어찌 꼭 정치계에 나아가야 정치를 한다고 하겠느냐》고 답했다는 것이다.

중국 고대 사회는 자연발생적·혈연유대적 가족을 기체로 한 사회였다.[83] 이 사회에서 '효제'는 국가가 지향해야 할 이상적 공동체

---

81    "或謂孔子曰 '子, 奚不爲政?' 子曰 '書云「孝乎惟孝, 友于兄弟, 施於有政.」是亦爲政, 奚其爲爲政?'"(「위정」 21)

82    "공자왈(孔子曰)"과 "자왈(子曰)"이 동시에 나타나는 장의 성립 경위에 대해서는 졸저, 『논어의 성립』, 제2부 제2장 장의 성립 경위 참조.

83    전통 사회에서 사회의 기초 구성 단위는 가족·촌락·결사·길드와 같은 공동체였다. 이 가운데 가족과 촌락은 발생적으로 가장 이르고 또 가장 기초적인 사회였다. 전통 사회는 이들을 세포로 한 유기적 조직이었다 해도 과언이 아니다. 전통 사회는 전제 군주를 정점으로 한 '일군(一君)' '백료(百僚)' '만민(萬民)'으로 구성된 체제였다. 이 조직에서 가장 기본적인 단위는 '가족'[家]이었다. 때문에, 전체로서의 사회의 모습은 전제 군주 일가[家]가 백료의 가[百家]를 바탕으로 무수한 서민의 가[萬家]를 지배하는, 전제 군주 일성(一姓)이 모든 성[百姓]을 지배하는 일가(一家) 지배 체제였다. 말하자면 전제 군주를 가장(家長)으로 하고 만민(萬民)을 가솔(家率)로 하는 의제가족국가(擬制家族國家)의 형태를 띠고 있었던 것이다. 이런 배경에서 '군주는 만백성의 어버이'라

의 지배 이념이었다. 전통 사회에서 효제[禮]를 "도덕의 극치"[84]로 여긴 것은 그것이 관습적[자연발생적·혈연유대적] 질서의 전형이었던 까닭이다. 그래서 누구나 행해야 할 당위적·당연적 규범으로 이해되었다.[85] '예'는 관습적 질서의 전형이었고 사회 전체에 공통하는 '규범'이었다. 전통 사회에서 예는 '습속' 그 자체였다고 해도 과언이 아니다.

한대漢代에 유학[經學]이 백가百家를 제치고 독존적 지위를 점하게 된 것도 유교 경전 안에 습속에 알맞고 적절한 '효'를 간명하게 정리한 『효경』이 있었기 때문이다. 주자학[儒學]이 도불道佛을 제치고 지도 사상·지도이념으로 우뚝 서게 된 것도 그 사상의 기체를 '효제'에 두었기 때문이다. 자연발생적·혈연유대적 사회에서 무의식적으로 반복된 합리성의 조리[禮]는 당연히 '효제' 도덕에 기반한 것이어야 한다. 이 점을 통찰했기 때문에 경학經學과 주자학朱子學이 다른 사상과 종교의 도전을 따돌리고, 전후 1천 년을 서로 나누어 시대 정신으로서 또 지도 사상으로서 군림할 수 있었다.[86] 이 사상이 의거한 도덕이

---

는 말이 나왔다. 이 사회에서 가족[家]은 가장 기본적이고 가장 보편적인 기초 사회임과 동시에, 국가가 지향해야 할 이상적 공동체의 지배 이념의 근거였다.

84  "學惡乎始? 惡乎終? 曰'其數則始乎誦經, 終乎讀禮, 其義則始乎爲士, 終乎爲聖. ······.' 故書者政事之紀也, 詩者中聲之所止也, 禮者法之大分[群]類之綱紀也, 故學至乎禮而止矣. 夫是之謂道德之極. 禮之敬文也, 樂之中和也, 詩書之博也, 春秋之微也, 在天地之閒者畢矣."(『순자』 「권학」 7)

85  「학이」 제2장의 유약(有若)의 말 "本立而道生"은 고대로부터 전해오던 격언이다. "孝悌也者, 爲仁之本與"는 그 방도와 절목을 간명하게 보여준다. "有子曰'其爲人也孝弟, 而好犯上者鮮矣, 不好犯上, 而好作亂者未之有也. 君子務本, 本立而道生, 孝弟也者, 其爲仁之本與.'"(「학이」 2)

86  "子曰'夫孝, 德之本也, 教之所由生也.'"(『효경』 「개종명의장開宗明義章」); "子曰'教民親愛, 莫善於孝, 教民禮順, 莫善於悌, 移風易俗, 莫善於樂, 安上治民, 莫善於禮. ······ 此之謂要道也.'"(『효경』 「광요도장廣要道章」); "子曰'君子之事親孝, 故

바로 효제이다. '효제' 도덕은 전통 사회에서는 인간다움의 구현[정치] 방도요 그 본령이었다.

공자는 '미자彌子의 집을 주가主家로 정하게 되면 그의 도움으로 위나라의 경상 직을 얻을 수 있을 것'이라는 말을 들었을 때, '벼슬을 하고 안 하고는 명命에 달려 있다.'고 하면서 거절하였다. 공백료公伯寮의 참소를 받았을 때에는 '나의 도가 실현되느냐 폐기되느냐 하는 것은 명命에 달려 있다'고 하였다.[87] 또 '부자가 되는 것은 누구나 원하는 것이지만, 그것을 얻는 데는 명命이 있기 때문에, 나는 내가 하고 싶은 것을 하는 데 힘쓰겠다.'고 했다.[88] 세상에는 뜻대로 되지 않는 것이 있음을 인지한 발언이다.

『맹자』에 의하면 공자에게는 나름 특별한 출처出處의 도道가 있었다고 한다; '공자는 예禮로써 나아가고 의義로써 물러났다. 공자는 벼슬하는 것을 명命으로 여겼다.'[89] 또 '타국[遠方]에서 온 신하의 현부賢否를 알고 싶다면 그가 어떤 이의 집을 주가로 하는지 살펴보라'[90]고 했다. 맹자의 논법대로라면 공자가 안수유顔讐由의 집을 주가로 택한

---

忠可移於君, 事兄悌, 故順可移於長, 居家理, 故治可移於官, 是以行成於內, 而名立於後世矣.'"(「광양명장광양명장廣揚名章」) 또 기무라 에이치(木村英一), 「ジッテと朱子の學」, 『中國哲學の探究』, 創文社, 1971 참조. 또 모리모토 준이치로(守本順一郎) 지음, 김수길 옮김, 『동양정치사상사연구』(주자사상의 사회경제적 분석), 동녘, 1985, 제3장 주자의 생산론 참조.

87 "公伯寮愬子路於季孫, 子服景伯以告曰 '夫子固有惑志於公伯寮. 吾力猶能肆諸市朝.' 子曰 '道之將行也與, 命也, 道之將廢也與, 命也. 公伯寮其如命何?'"(「헌문」 38)
88 "子曰 '富而可求也, 雖執鞭之士, 吾亦爲之, 如不可求, 從吾所好.'"(「술이」 11)
89 "孔子 進以禮, 退以義, 得之不得, 曰 '有命'"(『맹자』「만장장구」 상 8)
90 "吾聞 觀近臣, 以其所爲主, 觀遠臣, 以其所主. 若孔子主癰疽與侍人瘠環, 何以爲孔子?"(『맹자』「만장장구」 상 8)

것은 '의義'로서 행한 것이고, 미자微子의 집을 주가로 택하지 않은 것은 '명命'을 받든 것이 된다. 같은 처형제 사이인데도 미자의 집을 주가로 택하지 않은 데는 이런 사정이 있었다.[91] 다만 맹자의 이 주장이 정당성을 학보하려면 안탁추가 현인이었다는 것이 입증되어야 하는데, 사서에는 이에 대한 기록이 전혀 보이지 않는다. 오히려 '양보라는 땅의 대도였다'는 기록만 다수 확인될 뿐이다.

미자하는 진나라(晉) 사람이다. 일찍이 위나라에서 벼슬하여 장군이 되었다. 처음에는 진나라의 수위戍衛(士)였다. 이름(名)은 모牟, 자하子瑕는 그의 자字이다. 그 뒤 미彌 땅에 봉封해져 그때부터 '미彌'를 성(氏)으로 삼았다.

그 선조는 도당陶唐의 후손(苗裔)인데, 하·상·주夏商周를 거쳐 주나라 성왕成王 때 사社로 이주하여 그곳의 대부(社伯)가 되었다. 그 후 주나라 선왕宣王이 사백社伯을 죽이자 그 자손인 습숙隰叔이 진나라로 달아나 사사士師가 되었다. 이때부터 사씨士氏라 불리게 되었다. 그 후 그 자손 가운데 수隨 땅과 범范 땅으로 이주하는 이가 있어, 수씨隨氏와 범씨范氏가 생겨, 사씨士氏 3족이 있게 되었다. 습숙이 사위士蔿를 낳았다.[92] 진나라 헌공獻公 때 사위가 환숙桓叔과 장백莊伯 일족을 제거한 공으로 경卿(大司空)이 되었다.[93] 그리고 그 아들인 사악탁士

---

91 물론 이것은 맹자의 입장에 근거할 때에만 성립할 수 있는 주장이다. 만일 안탁추(顔濁鄒)가 『여씨춘추』 등에 기록되어 있는 바와 같이, 공자를 만나기 전에 양보(梁父)의 대도(大盜)였다면 성립할 수 없는 주장이다.

92 "士氏, 陶唐之苗裔, 歷虞夏商周, 至成王遷之社, 爲伯, 宣王殺社伯, 其子隰叔奔晉, 爲士師, 故爲士氏. 其子孫居隨及范, 故又爲隨氏·范氏, 有三族焉. 隰叔生士蔿, 字子輿, 故謂之賜輿."(정초鄭樵, 『통지通志』「씨족략氏族略」)

93 "二十六年 春, 晉士蔿爲大司空."(『좌전』 장공 26년) ※ 사위(士蔿)가 진나라

渥濁이 진나라 도공悼公 때 태부太傅가 되어, 사회士會[范武子]가 세운 법을 손질[修]하였다.[94] 사악탁이 사개士匄를 낳고 사개가 사미모士彌牟를 낳았다. 이 사미모가 바로 미모彌牟 곧 미자하이다.[95]

노나라 소공 23년 미모는 경백敬伯이 되어 사백士伯이라 칭해졌다. 그해 진나라가 노나라의 행인行人[외교사절] 숙손야叔孫婼를 인질로 잡고 주나라 임금[邾人]과 교환한 적이 있다. 이때 미모가 집정 한선자韓宣子에게 계책을 간하여 성사시켰다. 이 일로 미모는 한선자에게 신임을 얻었다.[96] 이듬해 주나라에서 왕자王子 조朝의 난이 일어났을 때, 진나라 경공頃公이 미모를 주나라에 보내 상황을 관찰하게 했는데, 미

---

[晉] 헌공(獻公)의 명을 받아 진나라[晉]의 공족인 환숙(桓叔)과 장백(莊伯)을 제거한 사건은 노나라 장공(莊公) 23년, 진나라 헌공(獻公) 15년, b.c.671년에 있었다. "晉桓莊之族偪, 獻公患之. 士蔿曰 '去富子, 則群公子可謀也.' 公曰 '爾試其事.' 士蔿與群公子謀, 譖富子而去之."(『좌전』 장공 23년) 진나라 헌공은 환숙과 장백 일족의 세력이 지나치게 강성하여, 진나라 공실 안정에 위협이 되자, 사위(士蔿)를 시켜 환족과 장족 출신의 공자들을 죽여 난의 싹을 근절시켰다. 이로써 진나라는 명실상부한 군주 전정이 실현된다. 그런데 이 사건은 동시에 큰 폐단을 낳았다. 동성(同姓) 공족들을 폐립하면서 이성(異姓)의 경대부(卿大夫)들이 성장한 것이다. 뒤에 이것은 육경(六卿) 간의 대립, 나아가 진나라 삼분(三分)의 원인이 된다.

94  "二月 乙酉 朔, 晉悼公卽位于朝, 始命百官, 施舍已責, ……使魏相·士魴·魏頡·趙武爲卿, 荀家·荀會·欒黶·韓無忌爲公族大夫, 使訓卿之子弟共儉·孝弟, 使士渥濁爲大傅, 使修范武子之法, 右行辛爲司空, 使修士蔿之法, ……."(『좌전』 성공 18년)

95  미자하(彌子瑕)[士彌牟]의 세계(世系)에 대해서는 『사기』「진세계(晉世系)」 '습숙(隰叔)' 조 참조. 미모(彌牟)의 선조에 대해, 인터넷 사이트 百度BAIDU '미자하彌子瑕' 조에서는 '그 조상은 진나라[晉] 영공(靈公)의 동생인데 미(彌)에 봉(封)해졌기 때문에 뒤에 그것을 성(姓)[氏]으로 했다'[其祖爲晉靈公之弟, 封于彌, 遂以爲姓.]고 했으나 직접 확인해 보지는 못했다.

96  "韓宣子使邾人聚其衆, 將以叔孫與之. 叔孫聞之, 去衆與兵而朝, 士彌牟謂韓宣子曰 '子弗良圖, 而以叔孫與其讐, 叔孫必死之. 魯亡叔孫, 必亡邾, 邾君亡國, 死[將]焉歸? 子雖悔之, 何及? 所謂盟主, 討違命也, 若皆相執, 焉用盟主?' 乃弗與, 使各居一館. ……."(『좌전』 소공 23년) 두예의 주에 "彌牟, 士景伯"이라 했다.

모가 돌아와 사실대로 보고하자 이를 바탕으로 왕자 조의 청을 거절했다고 한다.[97] 소공 28년 한선자가 죽자 위헌자魏獻子가 집정이 되어, 기씨祁氏·양설씨羊舌氏의 땅을 열 개의 현縣으로 나누고, 미모를 오鄔 땅의 대부로 삼았다. 이때 미모는 사마司馬가 되었다.[98] 소공 32년 진나라가 주나라 천자를 위해 성을 쌓은 적이 있는데, 이때 미모가 나아가 공사 감독을 했다.[99] 정공 원년에는 송나라의 중기仲幾가 명을 거역하자 미모가 그를 체포했다.[100] 그 뒤 미모는 진나라의 공경公卿 자격으로 위나라의 조정에 출사했다.[101] 이 무렵 진나라는 패자霸者였고 위나라는 부용국附庸國이었다. 그래서 우호의 표시로 파견

---

97   "三月庚戌, 晉侯使士景伯涖問周故. 士伯立于乾祭, 而問於介衆, 晉人乃辭王子朝, 不納其使."(『좌전』 소공 24년)

98   "秋, 晉韓宣子卒, 魏獻子爲政, 分祁氏之田以爲七縣, 分羊舌氏之田以爲三縣, 司馬彌牟爲鄔大夫, 賈辛爲祁大夫, ……."(『좌전』 소공 28년)

99   "冬十一月, 晉魏舒韓不信如京師, 合諸侯之大夫于狄泉, 尋盟, 且令城成周. ……己丑, 士彌牟營成周, 計丈數, 揣高卑, 度厚薄, 仞溝洫, 物土方, 議遠邇, 量事期, 計徒庸, 慮材用, 書糇糧, 以令役於諸侯, 屬役賦丈. 書以授帥, 而效諸劉子. 韓簡子臨之, 以爲成命."(『좌전』 소공 32년)

100  "孟懿子會城成周, 庚寅, 栽. 宋仲幾不受功曰 '滕薛郳, 吾役也.' 薛宰曰 '宋爲無道, 絶我小國於周, 以我適楚. 故我常役於宋. 晉文公爲踐土之盟曰「凡我同盟, 各復舊職,」若從踐土, 若從宋, 亦唯命.' 仲幾曰 '踐土固然.' 薛宰曰 '薛之皇祖奚仲居薛, 以爲夏車正, 奚仲遷于邳, 仲虺居薛, 以爲湯左相, 若復舊職, 將承王官, 何故以役諸侯?' 仲幾曰 '三代各異物, 薛焉得有舊? 爲宋役, 亦其職也.' 士彌牟曰 '晉之從政者新, 子姑受功歸. 吾視諸故府.' 仲幾曰 '縱子忘之, 山川鬼神其忘諸乎?' 士伯怒, 謂韓簡子曰 '薛徵於人, 宋徵於鬼, 宋罪大矣. 且已無辭, 而抑我以神, 誣我也. 啓寵納侮, 其此之謂矣. 必以仲幾爲戮.' 乃執仲幾以歸. 三月, 歸諸京師."(『좌전』 정공 원년)

101  『좌전』 소공 5년 조에 "冬十月, 華登以吳師救華氏. 齊烏枝鳴戍宋, 廚人濮曰 '軍志有之, …….'"(『좌전』 소공 5년)라는 기사가 있다. 당시 송나라는 제나라와 친하게 지냈기 때문에, 제나라의 장군[烏枝鳴]이 송나라에 파견되어 송나라를 수위(戍衛)한 것이다. 사미모(士彌牟)가 위나라에 파견되어 수위한 것과 같은 것이다. 이 무렵 위나라는 진나라와 동맹 관계에 있었다.

된 사자[監察使者]의 자격으로 미모가 위나라의 조정에 출사하게 된 것이다. 미모는 세정世情에 밝고 지혜가 출중한데다 빈틈이 없고 처세에 능란하고 제반사에 형통하여 위나라 영공이 친애했다.[102] 그후 미자하는 거渠 땅에 봉해져 "거모渠牟"라 칭해지도 했다.

정공 6년 노나라가 진나라를 위해 정나라를 공격할 때, 위나라의 영내를 통과하면서도 위나라에 길을 빌려 달라 청하지 않았고, 돌아갈 때에는 위나라의 국도 부근을 통과하면서도 위나라에 통지하지 않는 일이 있었다.[103] 이때 노나라의 정치는 양호陽虎가 좌우했

---

102  『공자가어』「곤서」에 사추(史鰌)의 '시간(屍諫)' 고사가 인용되어 있다. 위(衛) 영공(靈公)이 폐신(嬖臣)[彌子瑕]을 친애하고 충신(忠臣)[蘧伯玉]을 멀리 하여 위나라의 정치가 도탄에 빠지자, 이를 걱정한 사추(史鰌)가 죽어서까지 영공에게 충간(忠諫)을 했다는 고사이다. 이 고사의 배경이 되는 사건이다.

103  당시 영공은 미자하(彌子瑕)에게 노군(魯軍)을 추격하라고 명령했다가, 공숙문자(公叔文子)의 간언을 듣고, 추격을 중지시킨 일이 있다. 영공이 제장(諸將)들을 제쳐두고 미자하에게 노나라 군사를 추격케 한 것은 이로 인해 발생할 수 있는 여러 가지 외교 문제[예를 들면, 노나라와의 외교적 마찰 등]를 무난하게 처리할 수 있는 미자하의 능력을 높이 샀기 때문이다. 미자하에 대한 영공의 두터운 신임을 보여주는 사건이다. "二月, 公侵鄭, 取匡, 爲晉討鄭之伐胥靡也. 往不假道於衛, 及還, 陽虎使季孟自南門入, 出自東門, 舍於豚澤, 衛侯怒, 使彌子瑕追之. 公叔文子老矣, 輦而如公曰'尤人而效之, 非禮也. 昭公之難, 君將以文之舒鼎, 成之昭兆, 定之鞶鑑,「苟可以納之, 擇020一焉. 公子與二三臣之子, 諸侯苟憂之, 將以爲之質.」此群臣之所聞也, 今將以小忿, 蒙舊德, 無乃不可乎? 大姒之子, 唯周公康叔爲相睦也, 而效小人以棄之, 不亦誣乎? 天將多陽虎之罪以斃之, 君姑待之, 若何?'乃止."(『좌전』정공 6년) ※ 한편 이때 양호(陽虎)는 광(匡) 땅에서 잡은 포로들을 진나라[晉]에 공물로 바쳤다. 이 일로 양호는 광 땅 사람들과 불구대천의 원수가 되었다. 공자는 애공 2년 위나라를 떠나 진나라를 향해 나아가다 조송(曹宋) 접경지대에서 사마 환퇴(司馬驩頹)의 사주를 받은 광인(匡人)들에게 에워싸여 목숨을 위협 받는 난을 겪었다. 이 난은 환퇴가 양호를 미워하는 광인들의 마음과 공자의 외모가 양호와 비슷한 점을 악용하여 공자를 제거하려고 일으킨 난이다. 일명 '광인의 난' 혹은 '사마 환퇴의 난'이라고 불리는 난이다. '광인의 난'은 이 사건에서 비롯된 것이다.

다.[104] 이 일은 영공의 분노를 자극하기 위해 양호가 꾸민 짓이다.[105] 이때 영공이 크게 노해 미자하로 하여금 군사를 이끌고 추격하게 한 적이 있다. 미모의 능력을 높이 산 까닭이다.

미모는 죽은 뒤 '문자文子'라는 시호를 얻었다. 공자는 공문자孔文子가 '문文'이라는 시호를 얻게 된 까닭을 묻는 자공子貢에게 "명민明敏하면서도 배우기를 좋아했으며, 아랫사람에게 묻기를 부끄러워하지 않았기 때문"이라고 일러주었다.[106] 『시법諡法』에 의하면 "배우기를 부지런히 하고 묻기를 좋아하는 것을 문文이라고 한다."고 하였다.[107]

---

104   "公至自侵鄭."(『춘추경』 애공 6년) 노나라에서는 지난 80년 동안 노공(魯公)이 군사를 거느리고 출전한 적이 없다. 그런데 이때에 이르러 '정나라를 공벌했다[侵鄭]'고 한 것은 공산불뉴·후범·공렴처보·양호 등이 정권을 독점하였기 때문이다. 그래서 「계씨」에 "정권이 대부의 손에 들어간 지가 4세[四世] 째이다. 그러므로 저 삼환(三桓)의 자손이 미약해진 것이다."라고 한 것이다. '孔子曰 '祿之去公室五世矣, 政逮於大夫四世矣. 故三桓之子孫微矣.'"(「계씨」 3)

105   정공 6년 양호는 노나라의 정권 찬탈 음모를 꾸미고, 노나라에서의 삼가의 권위와 신뢰를 떨어뜨리는 한편, 패자였던 진나라[晉]의 환심을 사기 위해 진나라에 반기를 든 정나라를 공벌하기로 결정하고, 계씨(季氏)와 맹씨(孟氏)를 압박하여 위나라의 경내를 아무런 통보도 없이 휘젓고 다니도록 했다. 이 무렵 천하 정세는 열국 제후의 연합 세력과 패자인 진나라가 서로 대항하는 형국이었다.(후술) 양호는 노나라 삼가(三家)가 제후 연합 세력에 의해 지탄의 대상이 되면 정변을 일으키는 데 유리하였기 때문에 이와 같은 짓을 꾸민 것이다. 그러나 이 계략은 공숙문자(公叔文子)에게 간파되어 무위에 그치고 만다. 이에 대해서는 『좌전』 정공 6년 조 "二月, 公侵鄭, 取匡, 爲晉討鄭之伐胥靡也. 往不假道於衛, 及還, 陽虎使季孟自南門入, 出自東門, 舍於豚澤, 衛侯怒, 使彌子瑕追之." 이하 참조

106   "子貢問曰 '孔文子何以謂之文也?' 子曰 '敏而好學, 不恥下問, 是以謂之文也.'"(「공야장」 14) 물론 이 대답에는 호승심이 유별난 자공의 성정을 고려한 점도 있다. 비단 이 장만이 아니다. 논어 각 편에 소개된 공자와 자공의 대화에는 모두 이런 점들이 녹아 있다.

107   "故, 諡法, 有以勤學好問爲文者, 蓋亦人所難也."(주희, 『논어집주』 「공야장」 14); "案諡法云 「勤學好問曰文」."(하안주·형병소, 『논어주소』 「공야장」 14)

미자에게도 이런 면이 있었던 것 같다.

역대의 주석가들은 미자를 거론할 때 긍정적인 면보다 부정적인 면을 더 강조했다. 영공을 대할 때 기쁘게 하는 데에만 힘쓰고 치도의 길로 인도하지 않았다는 것이다.[108] 그래서 그는 역사적으로 종종 비난의 대상이 되어 왔다. 혹 타국인[晉國]으로서 영공의 총애를 받았다는 것,[109] 위나라의 현대부인 사추史鰌에 의해 비판되었다는 것[屍諫],[110] 또 맹자에 의해 그 인품이 평가 절하되었기 때문에,[111] 그런 평판이 있게 되었는지도 모르겠다. 그러나 영공의 폐신이었다는 점 외에 그를 혹평해야 할 하등의 객관적 근거는 어디에도 존재하지 않는다.[112]

---

108　"子曰 '巧言令色, 鮮矣仁!'"(「학이」 1); "子曰 '君子之於天下也, 無適也, 無莫也, 義之與比.'"(「이인」 10); "子曰 '君子易事而難說也. 說之不以道, 不說也, 及其使人也, 器之. 小人難事而易說也. 說之雖不以道, 說也, 及其使人也, 求備焉.'"(「자로」 25) 논어의 이들 장과 사추(史鰌)의 시간(屍諫) 고사[이에 대해서는 후술], 『한비자』 「세난」의 기사를 서로 관련지어 볼 것.

109　아래의 인용문 참조. 『한비자』 「세난」; 『신서』 「잡사」 1 등.

110　"衛蘧伯玉賢, 而靈公不用, 彌子瑕不肖, 反任之, 史魚驟諫而不從. 史魚病, 將卒, 命其子曰 '吾在衛朝, 不能進蘧伯玉, 退彌子瑕, 是吾爲臣, 不能正其君也. 生而不能正其君, 則死無以成禮. 我死, 汝置屍牖下. 於我畢矣.' 其子從之. 靈公弔焉, 其子以其父言告公, 公曰 '是寡人之過也.' 於是, 命之殯於客位, 進蘧伯玉而用之, 退彌子瑕而遠之, 孔子聞之曰 '古之諫者, 死則已矣, 未有如史魚死而屍諫, 忠感其君者也, 可不謂直乎?'"(『공자가어』 「곤서」)

111　"彌子謂子路曰「孔子主我, 衛卿可得也.」 子路以告, 孔子曰「有命!」, 孔子 進以禮, 退以義, 得之不得, 曰「有命!」"(『맹자』 「만장장구」 상 8)

112　미자하(彌子瑕)에 대한 부정적 평판은 바로 앞에서도 말했지만, 군주[靈公]의 총애를 입은 자로서 영공을 바른 길로 인도하지 않은 것 때문에 생겨났는지도 모르겠다. 사추(史鰌)의 시간(屍諫) 고사에도 미자하는 불초(不肖)한 신하의 대표라고 기록되어 있다. 『한비자』 「세난」에도 총애를 잃은 신하의 말로를 보여주는 사례로써 인용되고 있다. 아래의 인용문 참조. 그런데 순자는 '사추는 명성을 훔친[盜名] 자'로서 그 나쁨은

다음은 미자하에 얽힌 후대의 이야기를 인용한 것이다.

● 『한비자』「세난」

옛날에 미자하彌子瑕는 위나라 임금에게 총애를 받았다. 위나라 법에는 임금의 수레를 몰래 타는 사람은 다리를 잘리는 형벌[刖刑]을 받게 되어 있었다. 미자하의 어머니가 병이 났는데, 어떤 사람이 듣고 밤 중에 가서 미자하에게 고하였다. 미자하는 임금의 명령이라 속이고 임금의 수레를 타고 나섰다. 그런데 임금이 이 사실을 듣고 말하기를 "효자로다. 어머니를 위하는 나머지 다리 잘리는 형벌까지 잊었도다."고 하였다. 그리고 또 어느날 임금과 더불어 과원果園에서 노닐 때 복숭아를 먹다가 맛이 달자 다 먹지 않고 그 반을 임금에게 먹이었다. 그러자 임금이 말하기를 "나를 사랑하도다. 자기의 입맛을 잊고서 나를 먹여주는구나."라고 하였다. 그러다 미자하의 아름다움이 시들고 임금의 사랑이 늦추어지게 되었을 때 임금에게 죄를 졌다. 임금이 말하기를 "이 자는 언젠가 나를 속이고 나의 수레를 탄 일이 있었다. 또 전에 자기가 먹다 남은 복숭아를 나에게 먹인 일도 있었다."라고 하였다. 본시 미자하의 행동은 처음과 변함이 없었

---

물건을 훔친 자에 비할 바가 아니라고 했다. "人之所惡者, 吾亦惡之. 夫富貴者則類傲之, 夫貧賤者則求柔之. 是非仁人之情也, 是姦人將以盜名于晻世者也, 險莫大焉. 故曰 '盜名不如盜貨.' 田仲·史鰌不如盜也."(『순자』「불구」) 이런 주장은 "直哉. 史魚."(「위령공」 6)라고 한 공자와 상반된 견해인데, 순자의 주장이 옳다면 이름을 훔친 사추의 시간(屍諫) 고사는 사료로 쓰기에는 무리가 있지 않을까 한다. 한편, 계찰(季札)이 위나라에 와서 만났다는 위나라의 현인 중에는 미자하의 이름이 보이지 않는다. 『좌전』 양공 29년 조 참조. 혹 미자하가 아직 위나라에 들어오기 전이었기 때문에 이같이 기록하였지도 모르겠다. 다만 『좌전』에 기록된 계찰의 행적은 이후의 역사 진행까지 고려하여 작성한 흔적이 역력하기 때문에, 반드시 그렇게 해석할 필요는 없을 것 같다. 유가의 문화관·역사관·가치관·인생관 때문에 그와 같이 평가된 것인지도 모르겠다.

다. 그런데 전에 어질다고 여겨졌던 것이 뒤에 가서는 죄로 된 것은 임금의 사랑과 미움의 변화 때문인 것이다. 그러므로 임금의 총애가 있으면 곧 지혜가 합당해져서 더욱 친근해지고, 임금의 미움이 있으면 곧 지혜도 합당하게 받아들여지지 않아 죄가 되고 더욱 멀어지는 것이다. 그러므로 임금에게 간언을 하거나 변론을 하려는 사람[說者]은 임금의 사랑과 미움을 잘 살핀 뒤에 유세하지 않으면 안 되는 것이다.[113]

※ 이 기사는 『사기』의 한비자전(「노자한비열전」)에도 실려 있다. 중복을 피하기 위해 여기서는 다시 인용하지 않았다.

● 『신서新書』「잡사雜事」1
위령공 때 거백옥蘧伯玉은 현명한데도 등용되지 않았고 미자微子는 불초한데도 소임이 주어졌다. 위나라 대부 사추史鰌가 이를 걱정하여 여러 차례 영공에게 간하였지만 영공은 듣지 않았다. 사추가 병이 들어 죽을 때 그 아들에게 말하였다. "내가 곧 죽게 되면 북당北堂에 빈소를 차리거라. 나는 거백옥을 나아가게 하고 미자하를 물러나게 하지 못했으니, 이는 임금을 바로 모신 것이 아니다. 살아서는 임금을 바로 모시지 못한 자가 죽어서 예禮를 차릴 수는 없다. 내 시신을 북당에 안치한다 해도 내게는 과분한 것이다." 사추가 죽자 영공이 가서 조문을 하는데 빈소가 북당에 있

---

113 "昔者 彌子瑕有寵於衛君. 衛國之法, 竊駕君車者罪刖. 彌子瑕母病, 人間往夜告彌子, 彌子矯駕君車以出, 君聞而賢之曰 '孝哉, 爲母之故, 忘其刖罪.' 異日, 與君遊於果園, 食桃而甘, 不盡, 以其半啗君, 君曰 '愛我哉, 忘其口味, 以啗寡人.' 及彌子色衰愛弛, 得罪於君, 君曰 '是固嘗矯駕吾車, 又嘗啗我以餘桃.' 故彌子之行未變於初也, 而以前之所以見賢, 而後獲罪者, 愛憎之變也. 故有愛於主則智當而加親, 有憎於主則智不當見罪而加疏. 故諫說談論之士, 不可不察愛憎之主而後說焉. 夫龍之爲蟲也, 柔可狎而騎也, 然其喉下有逆鱗徑尺, 若人有嬰之者則必殺人. 人主亦有逆鱗, 說者能無嬰人主之逆鱗, 則幾矣."(『한비자』「세난」)

는 것을 보고 그 연유를 물었다. 그러자 그 아들이 아버지의 유언을 영공에게 전했다. 영공이 어쩔 줄 몰라 하면서 황급히 안색을 바꾸고 흐트러진 자세를 바로잡고 경건한 표정으로 말했다. "선생께서는 살아계실 때 어진이를 나아가게 하고 불초한 이를 물러나게 하였는데, 죽어서도 충성심이 느슨해지지 않고 시체가 되어서도 충간을 하니 여전히 충성스러움이 쇠하지 않았구나." 이에 거백옥을 불러 등용하여 경卿으로 삼고 미자하를 자리에서 물러나게 하였다. 그리고는 빈소를 정당正堂으로 옮겨 예를 갖추게 한 뒤에 돌아가 위나라를 다스렸다.[114]

맹자는 공자가 위나라에 처음 도착하여 안수유[顔濁鄒]의 집을 주가로 정한 것은 '의義'로서 행한 것이고, 미자微子의 집을 주가로 택하지 않은 것은 '명命'을 받든 것이라는 취지로 설명했다. 하지만 안탁추의 집을 주가로 정한 것이 과연 '의'에 속하는 일인지에 대해서는 『여씨춘추』나 『한비자』 또 『사기』의 예에서도 보듯이 생각해 봐야 할 여지가 많다. 추후 연구가 필요한 부분이다. 이에 여기서는 세가의 기록에 따라, 공자가 처음 위나라에 도착하여 안탁추의 집을 주가로 정했다는 것만 수용하고, 기타의 것들에 대해서는 판단을 유보하겠다.

---

114　"衛靈公之時, 蘧伯玉賢而不用, 彌子瑕不肖而任事. 衛大夫史鰌患之, 數以諫靈公而不聽. 史鰌病且死, 謂其子曰 '我即死, 治喪于北堂. 吾不能進蘧伯玉而退彌子瑕, 是不能正君也, 生不能正君者, 死不當成禮, 置尸于北堂, 于我足矣.' 史鰌死, 靈公往吊, 經喪在北堂, 問其故? 其子以父言對靈公. 靈公蹴然易容, 寠然失位曰 '夫子生則欲進現而退不肖, 死且不懈, 又以尸諫, 可謂忠而不衰矣.' 于是乃召蘧伯玉, 而進之以爲卿, 退彌子瑕. 徙喪正堂, 成禮而後返, 衛国以治."(유향, 『신서』 「잡사」 1)

## 4. 위나라 영공에게 공양지사로 출사하다

다음은 영공에게 '공양지사供讓之仕'[115]로 출사했다는 기사이다.

위나라 영공이 공자에게 물었다. "노나라에 있을 적에 녹祿을 얼마나 받았는가?" 공자가 대답했다. "알곡[粟]으로 6만 두斗를 받았습니다." 위나라도 역시 공자에게 속 6만 두를 주었다.

공자가 영공에게 출사했다는 것은 「위강숙세가」와 그 연표에도 보인다.

---

115 '공양'에는 두 가지 의미가 있다. 하나는 '공양(供養)'이고 다른 하나는 '공양(公養)'이다. 전자는 불제자(佛弟子)가 부처에게 존경의 표시로 탕약·의복·공경·예배 등을 바치는 것처럼 진심에서 우러나와 예우하는 것이고, 후자는 요즘 말로 하면 국가에서 펼치는 빈민 구제 대책처럼 존경심의 표시 같은 것은 없고 단지 구호 차원에서 대우하는 것이다. 『맹자』(「고자장구」 하 14)에 이에 대한 기사가 있다. "진진(陳臻)이 말하였다. '옛날 군자들은 어떤 경우에 벼슬하였습니까?' 맹자가 말했다. '벼슬에 나아가는 경우가 세 가지이고, 떠나는 경우가 세 가지였네. ①맞이할 때 공경을 다하여 예(禮)가 있으며, 장차 그의 말을 행하겠다고 말하면 나아가고, 예모(禮貌)가 쇠하지는 않았으나 그의 말이 행해지지 않으면 떠났네. ②비록 그의 말을 행하지는 않으나 맞이할 때 공경을 다하여 예가 있으면 나아가고, 예모가 쇠하면 떠났네. ③아침도 먹지 못하고 저녁도 먹지 못하여 굶주리고 배고파 문을 나갈 수 없을 때, 임금이 이 말을 듣고 말하기를 「내 크게는 그의 도를 행하지 못하고 또 그의 말을 실천하지 못해서 내 땅에서 굶주리고 배고프게 했으니, 내 이를 부끄러워한다.」라 하고 구원해준다면, 또한 받을 수 있지만 죽음을 면하는 정도에 그칠 뿐이네.'"[陳子曰 "古之君子何如則仕?" 孟子曰 "所就三, 所去三. ①迎之致敬以有禮, 言將行其言也則就之, 禮貌未衰, 言弗行也則去之. ②其次, 雖未行其言也, 迎之致敬以有禮則就之, 禮貌衰則去之. ③其下, 朝不食夕不食, 飢餓不能出門戶, 君聞之曰 「吾大者, 不能行其道, 又不能從其言也, 使飢餓於我土地, 吾恥之.」周之, 亦可受也, 免死而已矣."] 이에 의하면 ②가 전자[供養]에 해당하고, ③이 후자[公養]에 해당할 것이다. 주자도 집주(集注)에서 위령공의 예우는 ②에 해당한다고 하였다. "所謂際可之仕, 若孔子於衛靈公, 是也. 故, 與公遊於囿, 公, 仰視蜚雁而後去之."(주희, 『맹자집주』, 「고자장구」 하 14)

영공 38년, 공자가 오자 녹祿을 노나라에서와 같이 주었다.[116]

이 기사는 『맹자』(「만장장구」 하 4)에도 보인다.

공자에게는 ①(道를) 행하는 것이 가능할 것으로 보여서 한 벼슬이 있고, ②교제交際하는 것이 가능할 것 같아서 한 벼슬이 있고,[供讓之仕] ③공양公養을 위하여 한 벼슬이 있었다.[公養之仕] 계환자에게는 '도道'를 행하는 것이 가능할 것으로 보아 벼슬하였고, 위령공에게는 교제를 하는 것이 가능할 것 같아 벼슬하였고. 위효공衛孝公에게는 '공양公養'을 하여 벼슬하였다.[117]

맹자에 의하면 공자에게는 나름대로 출사의 원칙[道]이 있었다고 한다. 도를 펼칠 만할 때 벼슬하였고, 교제할 만할 때 벼슬하였고, 군주가 자신을 우대할 때 그에 대한 답례로써 벼슬했다고 한다.

영공에게 출사한 것은 영공이 공자를 '예'[供養]로 대했기 때문일 것이다. 영공은 공자가 위나라에 왔을 때 노나라에서 받은 녹을 묻고 그에 합당한 대우[粟六萬斗]를 해 주었다. 그 뒤 주위의 참언을 듣고 감시하여 떠나가게 하는 잘못을 범하기도 했지만, 공자가 다시 왔을 때에는 공자가 돌아온다는 소식을 듣고 교외郊外에까지 나아가 영접

---

116 "三十八年, 孔子來, 祿之如魯."(「위강숙세가」 '영공' 조); "三十八, 孔子來, 祿之如魯."(「위국연표」 '영공 38년' 조)

117 "孔子 有見行可之仕, 有際可之仕, 有公養之仕. 於季桓子, 見行可之仕也, 於衛靈公, 際可之仕也, 於衛孝公, 公養之仕也."(『맹자』「만장장구」 하 4)

했다.[118] 그리고 포蒲 땅에서 일어난 난에 대해 해결할 방도를 묻기도 했다.

포蒲에서 일어난 난은 영공에게 버림을 받은 공숙수公叔戍가 노나라로 달아났다가 뒤에 포로 들어와 일으킨 난인데, 포는 초강대국 진나라[晉]와 초나라[楚]로 통하는 길목에 위치하였기 때문에, 위나라로서는 국가의 안위와 관련하여 반드시 사수해야 할 주요 전략 거점이기도 했다. 이에 대해 공자에게 자문했다는 것은 영공이 공자의 식견을 매우 높이 샀다는 뜻이다.

또 진나라[晉]의 공세에 대적하기 위해 진법의 설치와 운용 등 군사에 관한 것을 묻기도 했다.[119] 비록 공자는 이에 대해 답변을 기피했지만, '공양'을 하였을 뿐만 아니라 위나라의 정치에 대해 자주 의견을 묻고 들었다. 그래서 공자도 비록 등용되지는 않았지만, 예우에 대한 답례로서 그의 자문에 성실히 응했다. 오늘날로 말하면 영공의 '특별보좌관' 혹은 '정치고문'의 자격으로 위나라의 조정에 출사했을 것이다.

다만 이 기사에도 의문나는 내용이 있는데, 영공이 공자에게 '노나라에서 받은 녹'에 대해 묻고 공자가 '알곡으로 육만 두를 받았다'

---

118  이하의 기사는 「공자세가」 애공 2년 조에 기록되어 있는 기사를 바탕으로 작성한 것이다. 세가에는 이 사건이 애공 2년에 있었다고 하지만, 위나라에서 공자가 겪은 사정을 고려할 때, 이 사건은 정공 14년에 일어났을 것이다. 이에 대해서는 후술.

119  "他日, 靈公問兵陳. 孔子曰 '俎豆之事則嘗聞之, 軍旅之事未之學也.'"(「공자세가」 애공 2년 조) 세가에서는 이 문답이 애공 2년 공자가 진나라에서 돌아온 뒤에 있었다고 했지만, 나의 생각으로는 정공 15년 혹은 애공 1년에 있었을 것이다. 또 이때 위나라가 당면한 문제는 진나라[晉](趙簡子)의 '동남 경략'에 여하히 대응할 것인가 하는 것이었다. 그래서 "진나라[晉]의 공세에 대적하기 위해 ……"라는 표현을 사용했다. 이에 대해서는 애공 2년의 천하 유력을 고찰하는 자리에서 자세히 설명하겠다.

고 하자, 그와 똑같이 대우해 주었다는 기사이다. 이러한 현인 우대 정책은 춘추 시대의 풍속이 아니다. 재주나 능력이 있는 사람을 받들고 우대했던 전국 시대의 풍속이다.[120] 영공이 공자의 고매한 인품과 식견을 존중하여 예로써 대우한 것은 맞지만, 노나라에서 받은 녹에 대해 묻고 그에 합당한 예우를 해 줬다는 것은 믿기 어렵다.

또 이때 공자가 받았다는 속 6만 두斗의 녹봉도 과장되었을 가능성이 있다. 한조漢朝에도 구경九卿의 녹봉은 중이천석中二千石을 넘지 않았다.[121] 혹 작은 두斗를 사용하지 않았을까 의심하는데, 주대周代에 사용된 두斗·승升·척尺·량兩은 한대漢代의 것보다 모두 규모가 작았다.[122] 주대의 두斗小斗 6만은 한대의 2천 석 정도였다. 2천 석은 한漢의 구경九卿이 받던 녹봉이다. 영공의 대우도 이에 버금갔을 것이다. 그렇다면 영공이 공자를 특별히 '공양'했다고 보기는 어렵다.

---

120 "宣王喜文學游說之士, 自如騶衍·淳于髡·田駢·接予·慎到·環淵之徒七十六人, 皆賜列第, 為上大夫, 不治而議論. 是以齊稷下學士復盛, 且數百千人."(『사기』「전경중완세가」, '선왕' 조). 물론 『좌전』(소공 원년 조)에도 이런 사례가 있기는 하다. 진나라[秦] 경공(景公)의 아우 침(鍼)과 초(楚) 그리고 공자(公子) 비(比)가 진나라[晉]에 망명했을 때, 진나라[晉] 평공(平公)과 숙향(叔向)·조문자(趙文子) 등이 그들을 어떻게 예우할 것인가를 놓고 논의를 했다고 한다. 하지만 이런 행태는 전국 시대에 타국의 인재를 영입할 때 사용하던 수법이다. 혹 사마천이 이를 생각하고 부지불식간에 인용한 것이 아닐까 한다.

121 渡辺信一郎, 『中國古代國家の思想構造』, 校倉書房, 1994, 234-236쪽. 아래의 표는 236쪽의 표에서 재인용.

122 "[索隱]若六萬石似太多, 當是六萬斗, 亦與漢之秩祿不同. [正義]六萬小斗, 計當今二千石也. 周之斗升斤兩皆用小."(『사기집해』, 정공 14년 조)

한대 관료의 봉질표(俸秩表)

| 구분 | 질秩 | 인수印綬 | 관직官職 | 위位 |
|---|---|---|---|---|
| 장리長吏 | 만석萬石 | 금인자수<br>金印紫綬 | 승상丞相 | 공公 |
| 장리長吏 | 중이천석中二千石<br>:<br>비이천석比二千石 | 은인청수<br>銀印靑綬 | 구경九卿<br>군수郡守<br>군위郡尉 | 경卿 |
| 장리長吏 | 천석千石<br>:<br>비육백석比六百石 | 동인흑수<br>銅印黑綬 | 현령縣令<br>군승郡丞 | 대부大夫 |
| 장리長吏 | 오백석五百石<br>:<br>비이백석比二百石 | 동인황수<br>銅印黃綬 | 현장縣長<br>현승縣丞<br>현위縣尉 | 사士 |
| 소리小吏 | 백석百石<br>두식斗食<br>좌사佐史 | 반장인半章印<br>청감수靑紺綬 | 졸사卒史<br>가사仮史 | 서인재관자<br>庶人在官者 |

## 5. 영공과 사이가 벌어져 10개월 만에 위나라를 떠나다

다음은 영공과 사이가 벌어져 10개월 만에 사직하고 위나라를 떠났다는 기사이다. 『맹자』에도 이와 관련된 기사가 있는 것으로 보아,[123] 이 기사는 사실史實을 토대로 작성한 기사일 것이다.

공자는 정공 13년에 위나라에 도착하였다. 그 무렵 위나라는 국

---

123 "孔子不悅於魯衛, 遭宋桓司馬將要而殺之, 微服而過宋, ……."(『맹자』「만장장구」상 8)

정이 매우 혼란스러웠다. 군주인 영공은 정실正室 소생이 아니었다.[124] 그래서 시기와 질투·자격지심이 매우 심했다.[125] 또 연로하여 국정 현안을 바로보지 못했다.[126] 그러자 그 틈을 타고 군부인君夫人[127] 남자南子가 국정을 좌우했다.

남자는 '군부인'으로서의 지위와 타고난 미모를 바탕으로 위나라를 도탄에 이르게 한 장본이다. 그녀는 공자가 위나라에 도착해 공양지사로 출사해 있을 때[정공 14년], 출가하기 전부터 내연의 관계로 지내던 송조宋朝[128]를 불러들여 파당을 조성했다. 이에 태자인 괴외가 측근[戲陽速]을 시켜 남자를 죽이려 했지만, 도리어 남자에게 발각되어 송나라로 달아났다. 이때 그를 따르던 무리가 모두 국외로 망명하였다.

---

124  "九年, 襄公卒. 初, 襄公有賤妾, 幸之, 有身, 夢有人謂曰 '我康叔也, 令若子必有衛, 名而子曰「元」.' 妾怪之, 問孔成子. 子曰 '康叔者, 衛祖也.' 及生子, 男也, 以告襄公. 襄公曰 '天所置也.' 名之曰元. 襄公夫人無子, 於是乃立元爲嗣, 是爲靈公."(「위강숙세가」 '양공' 조)

125  "初, 衛公叔文子朝, 而請享靈公, 退, 見史鰌而告之, 史鰌曰 '子必禍矣. 子富而君貪, 罪其及子乎.' 文子曰 '然. 吾不先告子, 是吾罪也. 君旣許我矣, 其若之何?' 史鰌曰 '無害. 子臣, 可以免. 富而能臣, 必免于難, 上下同之. 戌也驕, 其亡乎. 富而不驕者鮮, 吾唯子之見, 驕而不亡者, 未之有也, 戌必與焉.' 及文子卒, 衛侯始惡於公叔戌, 以其富也. 公叔戌又將去夫人之黨, 夫人愬之曰 '戌將爲亂.'"(『좌전』 정공 13년)

126  "靈公老, 怠於政, 不用孔子. 孔子喟然歎曰 '苟有用我者, 期月而已, 三年有成.' 孔子行."(「공자세가」 애공 2년 조)

127  "邦君之妻, 君稱之曰夫人, 夫人自稱曰小童, 邦人稱之曰君夫人, 稱諸異邦曰寡小君, 異邦人稱之亦曰君夫人."(「계씨」 14)

128  『좌전』 정공 14년 조에 "衛侯爲夫人南子召宋朝南子."라 했는데 그 주[杜預]에 "宋女也. 朝, 宋公子, 舊通於南子, 在宋呼之."라 했다. 영공에게 출가하기 전부터 사통하던 사이였다.

○ 『춘추경』 정공 14년

위나라 세자世子 괴외가 송나라로 달아났다. 위나라의 공맹구公孟彄가 정나라로 달아났다.[129]

○ 『좌전』 정공 14년

위후[靈公]가 부인 남자南子를 위하여 송조宋朝를 불러왔다. (제후齊侯가 송공宋公과) 조洮에서 회합할 때 영공의 태자 괴외蒯聵가 제나라에 우읍盂邑을 바치기 위해 조洮로 가는 길에 송나라 촌야村野를 지났다. 촌야 사람이 노래하기를 "너의 암퇘지 이미 안정되었는데, 어찌 우리 늙은 수퇘지 돌려보내지 않느냐?"고 했다.[130] 태자[蒯聵]는 이 노래를 듣고 수치스럽게 여겨 희양 속戲陽速에게 일렀다. "(귀국한 뒤에) 내가 소군少君[南子]을 뵈러 갈 때 함께 따라가서, 소군이 나를 접견할 때 내가 뒤를 돌아보거든 즉시 소군을 죽여라." 희양 속이 "그리 하겠다"고 승낙하였다. (귀국한 뒤에) 두 사람이 함께 가서 부인夫人[南子]을 뵈니, 부인은 태자를 접견하였다. 태자가 세 번을 뒤로 돌아보았으나 희양 속이 앞으로 나오지 않았다. 부인은 태자의 얼굴빛을 보고 울면서 영공에게 달려가 "괴외가 나를 죽이려 한다."고 하였다. 영공은 부인의 손을 잡고서 대臺 위로 올라갔다. 태자는 송나라로 도망치듯 달아났다. 영공은 태자의 당여黨與를 모두 축출하였다. 그러므로 공맹구公孟彄가 정나라로 달아났다가 다시 제나라로 달아난

---

129  "衛世子蒯聵出奔宋. 衛公孟彄出奔鄭."(『춘추경』 정공 14년)

130  '루저(婁豬)'는 발정(發情)한 암퇘지이니 남자(南子)를 비유한 것이고, '애가(艾豭)'는 늙은 수퇘지이니 송조(宋朝)를 비유한 것이다. 대체로 발정한 암퇘지는 수퇘지를 만나면 안정이 되니, 남자가 이미 성욕을 만족히 채웠는데 어찌 송조를 돌려보내지 않느냐는 뜻이다.

것이다.[131]

○ 「위강숙세가」 '영공' 조
(영공) 39년, 태자 괴외가 영공의 부인인 남자와 원한이 있어 남자를 죽이려 했다. 괴외는 그의 무리인 희양 속과 모의하여 조회朝會 때 그로 하여금 부인을 죽이게 했다. 희양은 뒤탈을 걱정하여 과감하게 나서지 못했다. 괴외가 (희양에게) 몇 번이나 눈짓을 보내자 그녀가 눈치채고는 두려움에 떨며 외쳐 말했다. "태자가 나를 죽이려고 합니다." 영공이 노여워하자 태자 괴외는 송나라로 달아났다. 얼마 지나 진나라[晉]의 조씨趙氏[晉鞅]에게로 갔다.[132]

괴외의 망명 사건은 위나라의 국정을 더욱 혼란에 빠뜨렸다. 이에 앞서 위나라에서는 공숙수公叔戌가 노나라로 달아난 사건이 있었다.

○ 좌전 정공 14년
14년 봄, 위후衛侯가 공숙수公叔戌와 그 무리를 내쫓았다. 그 때문에 조양趙陽은 송나라로 달아나고, 공숙수는 우리 나라[魯]로 도망해 온 것이다. …… 여름에 위나라의 북궁결北宮結이 우리 나라[魯]로 도망해 왔다. 이는

---

131 "衛侯為夫人南子召宋朝. 會于洮, 大子蒯聵獻盂于齊, 過宋野. 野人歌之曰 '既定爾婁豬, 盍歸吾艾豭.' 大子羞之, 謂戲陽速曰 '從我而朝少君, 少君見我, 我顧, 乃殺之.' 速曰 '諾.' 乃朝夫人. 夫人見大子, 大子三顧, 速不進. 夫人見其色, 啼而走, 曰 '蒯聵將殺余.' 公執其手以登臺. 大子奔宋. 盡逐其黨, 故公孟彄出奔鄭, 自鄭奔齊."(「좌전」 정공 14년)

132 "三十九年, 太子蒯聵與靈公夫人南子有惡, 欲殺南子. 蒯聵與其徒戲陽遫謀, 朝, 使殺夫人. 戲陽後悔, 不果. 蒯聵數目之, 夫人覺之, 懼, 呼曰 '太子欲殺我!' 靈公怒, 太子蒯聵奔宋, 已而之晉趙氏."(「위강숙세가」 영공 조)

공숙수 때문이다.¹³³

공숙수는 위나라 헌공獻公의 손자인 공숙문자公叔文子의 아들이다.¹³⁴ 공숙문자는 영공과 사촌 간이니, 영공은 공숙수의 당숙이 되는 셈이다. 영공과는 대단히 가까운 사이이고, 위나라에서는 유력한 공족이라 할 수 있다.

언젠가 공숙문자는 조정에 들어가 영공에게 자기 집에서 향연을 베풀고 싶으니 방문해 달라고 청한 적이 있다. 그리고는 물러나와 사추史鰌에게 자신이 영공을 연회에 초청했다고 말하였다.¹³⁵

사추는 위나라의 현대부인 사어史魚이다.¹³⁶ 현인으로 이름 높은

---

133 "十四年春, 衛侯逐公叔戌與其黨, 故趙陽奔宋, 戌來奔. ……夏, 衛北宮結來奔, 公叔戌之故也."(『좌전』정공 14년)

134 정공 6년 노나라는 위나라의 허락도 받지 않은 채 위나라의 영내를 통과하여 정(鄭)[匡]을 공벌한 적이 있다. 그러자 영공이 미자하(彌子瑕)로 하여금 추적하도록 하였다. 그때 위나라와 노나라의 '특수' 관계를 거론하며 이를 만류한 사람이 공숙문자(公叔文子)이다. 앞에서 상론했다. "二月, 公侵鄭, 取匡, 爲晉討鄭之伐胥靡也. 往不假道於衛, 及還, 陽虎使季孟自南門入, 出自東門, 舍於豚澤, 衛侯怒, 使彌子瑕追之. 公叔文子老矣, 輦而如公曰 '尤人而效之, 非禮也. ……' 乃止."(『좌전』정공 6년)

135 "初, 衛公叔文子朝, 而請享靈公. 退, 見史鰌而告之. 史鰌曰 '子必禍矣! 子富而君貪, 罪其及子乎!' 文子曰 '然. 吾不先告子, 是吾罪也. 君旣許我矣, 其若之何.' 史鰌曰 '無害. 子臣. 可以免. 富而能臣, 必免於難. 上下同之. 戌也驕, 其亡乎! 富而不驕者鮮, 吾唯子之見. 驕而不亡者, 未之有也, 戌也與焉.' 及文子卒, 衛侯始惡於公叔戌, 以其富也. 公叔戌又將去夫人之黨. 夫人愬之曰 "戌將爲亂."(『좌전』정공 13년) 참조. 이하 이 사건과 관련된 구체적 사안은 이 주석을 참조하여 해석함.

136 사어(史魚). 위나라의 대부(大夫). 이름[名]은 '타(佗)', 자(字)는 자어(子魚). '사추(史鰌)'라 별칭되기도 함. 위(衛) 영공(靈公) 때 축사(祝史)에 임명되었는데, 사직(社稷)의 신(神)에 대한 제사 책임을 맡고 있었기 때문에 '축(祝)'이라 불리기도 함. 논어에서는 사어(史魚)를 거원(蘧瑗)[蘧伯玉]과 함께 기록하여, 공자가 상찬한 인물임을 특별히 밝히고 있다. "子曰 '直哉史魚! 邦有道如矢, 邦無道如矢. 君子哉蘧伯玉! 邦有道則仕, 邦無道則可卷而懷之.'"(「위령공」 6)

거백옥을 추천하지 못하고 폐신 미자하를 퇴진시키지 못한 죄책감 때문에, 죽음에 이르러서도 그 아들에게 정당正堂[대청]에서 치상하지 못하도록 유언했다는 인물이다. 영공이 조문을 할 때, 그 아들이 "선친께서는 신하의 도리를 다하지 못해 정당에서 치상하지 못하게 하셨습니다"고 하자, 그 말을 듣고 바로 거백옥을 등용하고 미자하를 퇴진시켰다는 이른바 '시간尸諫'[137]으로 유명한 인물이다. 거백옥과 더불어 공자가 상찬한 인물이다.

그러자 사추가 말했다; '그대는 틀림없이 화를 당할 것입니다. 그대는 부유하고 임금은 탐욕을 부리니 그 재앙이 그대에게 미칠 것입니다.' 이에 공숙문자가 '그렇군요. 제가 먼저 말하지 않은 것은 저의 허물입니다. 임금께서 이미 저에게 허락을 하셨으니 어찌하면 좋겠습니까?'라고 하자, 사추가 '해로울 건 없습니다. 그대가 신하의 도리를 다한다면 화를 면할 수 있습니다. 부유하면서도 신하 노릇을 잘 할 수 있으면 환란을 면할 수 있으니, 이는 윗사람이나 아랫사람이나 모두 같습니다. 그런데 당신의 아들 공숙수公叔戍는 교만하기 이를 데 없으니, 그는 필시 망하게 될 것입니다.'라 했다고 한다.

공숙수의 인물됨에 대해 말한 것인데, 공숙문자가 세상을 뜨자 사추의 말대로 영공은 공숙수를 미워하기 시작했다. 공숙수가 지닌 부富를 시기한 탓이다. 당시 영공의 군부인 남자는 자신의 미모를 바탕으로 위나라의 국정을 전횡하여, 공족과 대신들에게 공분과 지탄을 받고 있었다. 이에 평소 위나라의 정치에 대해 불만을 품고 있던

---

137 『한시외전』 권 7, 『신서』 「잡사」, 『한비자』 「세난」, 「공자가어」 「곤서」, 『설원』 「잡언」, 『사기』 「노자한비열전」 등에 그에 관한 고사가 전한다.

공숙수가 남자의 당여를 제거하려 하자, 남자가 영공에게 '공숙수가 난을 일으키려 한다'고 고변하였다. 그러자 평소에 공숙수를 탐탁하게 여기지 않고 있던 영공은 그 말을 듣고 공숙수를 제거하려고 하였다. 이에 공숙수와 그 당여[趙陽]가 노나라와 송나라로 달아났.

앞에 인용한 『좌전』의 기사[정공 14년 조]는 이때 영공이 공숙수를 제거하려 하자 공숙수 일당이 화를 피해 타국으로 달아난 사건을 기록한 것이다. 공숙수는 노나라로 도망한 후 얼마 지나지 않아 '포蒲'로 들어와 난을 일으켰다. 그 난이 「공자세가」 애공 2년에 기록된 '공숙씨公叔氏의 난'이다.[138]

공자는 진나라[陳]를 떠났다. 포蒲를 지날 때 마침 공숙씨公叔氏[公叔戌]가 포에서 반란을 일으켰기 때문에, 포인蒲人들이 공자를 억류하였다. 제자 가운데 공양유公良孺는 자기 수레 다섯 대를 끌고 공자를 따라다닌 사람인데,[139] 키도 크고 현명할 뿐만 아니라 용기와 힘도 있었다. 그는 결심하였다. "나는 일찍이 선생님을 따라 광匡 땅에서 곤란을 겪었는데, 지금 또 여기서 난을 만나니 이것은 운명이구나! 나는 선생님과 함께 다시 난

---

138  "過蒲, 會公叔氏以蒲畔, 蒲人止孔子. ……."(「공자세가」 애공 2년 조) 이 난은 후술하겠지만 정공 14년에 있었다. 그런데 「공자세가」에서는 애공 2년에 일어난 사건이라고 하였다. 사마천의 착오에 의한 오기이다. 이에 대해서는 후술.

139  공량유(公良孺)는 제자전[「중니제자열전」]에 "公良孺, 字子正."라 되어 있다. 정현(鄭玄)에 의하면 그는 어질고 용기가 있었다고 한다.(『史記集解』: "鄭玄曰 '陳人, 賢而有勇.'") 『사기색은』에 의하면 "가어[『孔子家語』]에는 '양유(良儒)'라고 되어 있다"[索隱"家語作'良儒'"]고 했는데, 현행본 『공자가어』(「칠십이제자해」)에는 '공양유(公良孺)'라고 되어 있다. "公良儒, 陳人, 字子正, 賢而有勇. 孔子周行, 常以家車五乘從." 진나라 사람으로 자(字)는 자정(子正)이다. 어질고 용기가 있었다고 한다. 공자가 천하를 주유할 때 항상 수레 5채를 몰고 공자를 따라 다녔다고 한다.

을 겪으니 차라리 싸우다 죽겠다." 그는 열심히 싸웠다. 포인들은 겁이 나서 공자에게 제안하였다. "만약 위나라로 돌아가지 않는다면 그대를 내보내 주겠다." 공자가 맹세를 하자 그들은 공자를 동문東門으로 내보냈다. 그러나 공자는 끝내 위나라로 들어갔다. 그러자 자공子貢이 물었다. "맹세를 저버릴 수 있습니까?" 공자가 말했다. "강요된 맹세는 신神이 듣지 않는 법이다." 영공은 공자가 온다는 소식을 듣고 기뻐서 교외郊外에까지 마중나왔다. ……140

공자는 노나라와 위나라의 정치는 '형제의 사이와 같다'는 이야기를 자주 했다.141 노나라는 주공周公의 나라이고 위나라는 강숙康叔의 나라인데, 이 두 사람은 같은 어머니[大姒]에게서 나온 자식인데다 우애가 남달리 돈독했다고 한다. 두 나라의 정치도 유사한 면이 많았다.142 공자도 위나라에 대해서만큼은 친근함을 느꼈던 것 같다. 유력을 떠날 때 지리나 정치 사정에 밝은 제나라를 제쳐두고 위나라로 간 데에는 이런 사정이 있었기 때문인지도 모르겠다. 공자에게 위나라는 노나라에 있을 때처럼 편안함을 주는 부모의 나라와 같은

---

140 "過蒲, 會公叔氏以蒲畔, 蒲人止孔子. 弟子有公良孺者, 以私車五乘從孔子. 其爲人長賢, 有勇力, 謂曰 '吾昔從夫子遇難於匡, 今又遇難於此, 命也已, 吾與夫子再罹難, 寧鬥而死.' 鬥甚疾. 蒲人懼, 謂孔子曰 '苟毋適衛, 吾出子.' 與之盟, 出孔子東門. 孔子遂適衛. 子貢曰 '盟可負邪?' 孔子曰 '要盟也, 神不聽.' 衛靈公聞孔子來, 喜, 郊迎. ……."(「공자세가」 애공 2년 조) 앞에서도 말했지만 이 난은 애공 2년에 일어난 난이 아니라 정공 14년에 일어난 난이다. 이에 대해서는 후술.

141 "魯衛之政, 兄弟也."(「공자세가」 애공 7년 조)

142 ①소공(昭公)의 망명과 괴외(蒯聵)의 출분, ②삼가(三家)에 의한 국정 농단과 남자(南子) 도당에 의한 국정 농단, ③외세[晉·齊]에 의해 좌우된 양국의 국제 정치 등.

곳이었다.

하지만 공자가 도착할 무렵의 위나라는 공자가 기대한 만큼 평안하지 못했다. 상하좌우가 서로 반목하여 정국이 매우 혼란했다. 영공은 사리를 분별하는 능력이 부족한데다 이미 나이가 들어 국정 운영에 관심이 없었고, 영공의 부인인 남자의 무리가 영공의 총애를 믿고 국정을 좌우했다. 그래서 곧은 자[蘧伯玉]가 등용되지 못하고 굽은 자[彌子瑕]가 내처지지 못했다.[143] 이런 정치에서는 누구라도 환난을 면하기 어렵다.

6.14. 공자께서 말씀하셨다. "축타祝鮀와 같은 말재주를 갖지 못하고 송조宋朝와 같은 미모만 가졌다면 지금 세상에서 환난을 면하기 어려울 것이다."[144]

축타祝鮀는 위나라 대부 자어子魚이다. 회맹할 때 제후들을 설득해[說] 영공이 먼저 피를 마실[歃血] 수 있게 했다. 위나라의 국격을 높인 것이다. 그래서 당시 사람들이 귀하게 여겼다.[145] 반면 송조宋朝는 송나라의

---

143 『공자가어』, 「곤서」 등에 인용된 사추(史鰌)의 '시간(屍諫)' 참조. 그 의미에 대해서는 "樊遲問仁. 子曰 '愛人.' 問知. 子曰 '知人.' 樊遲未達. 子曰 '擧直錯諸枉, 能使枉者直.' 樊遲退, 見子夏曰 '鄕也, 吾見於夫子而問知, 子曰「擧直錯諸枉, 能使枉者直.」何謂也?' 子夏曰 '富哉! 言乎. 舜有天下, 選於衆, 擧皐陶, 不仁者遠矣. 湯有天下, 選於衆, 擧伊尹, 不仁者遠矣.'"(「안연」 22) 참조.

144 "子曰 '不有祝鮀之佞, 而有宋朝之美, 難乎免於今之世矣.'"(「옹야」 14)

145 『춘추경』 정공 4년 조에 "소릉(昭陵)에서 회합하고 고유(皐鼬)에서 결맹하였다."[會于召陵, 盟于皐鼬.]라 하였는데, 그 전[『左傳』]에 "회합에 가려 할 적에 위나라 자행경자(子行敬子)가 영공에게 말하기를 '이번 회합은 (의견의 일치를 보기) 어렵습니다. 아마 서로 큰소리를 내며 많은 말을 할 것입니다. 그리 되면 우리가 원하는 대로 결

미남美男으로 간음을 잘했다.¹⁴⁶ 남자南子의 성욕을 채워준 것이다. 그래서 당시 사람들이 미워하였다. '사람이라면 마땅히 축타와 같은 말재주를 가져야 한다. 그래야 귀한 대접을 받을 수 있다. 반면 축타와 같은 재주도 없으면서, 송조와 같은 미모만을 가졌을 뿐이라면, 지금 세상에서는 환난을 면하기 어렵다.'¹⁴⁷ 사람에 대한 평가가 그가 가진 재주와 외모, 지능에 의해 평가될 뿐이라면, 정치의 본령(인간다움)을 구현하는 데 절실하게 필요한 도덕(仁) 같은 것은 들어설 자리가 없다. 이런 사회에서는 덕치와 예치는 고사하고,¹⁴⁸ 백성이든 관리든 윗사람의 명에 복종하지 않을뿐더러, 국정에 대한 신뢰도 기대하기 어렵다.¹⁴⁹

---

론을 이끌어내기[治] 어려우니 축타(祝鮀)를 데리고 가십시오. 축타라면 임금께서 원하는 결과를 얻어드릴 수 있을 것입니다.'[將會, 衛行敬子言於靈公曰 '會同難, 嘖有煩言, 莫之治也, 其使祝鮀從.' 公曰 '善.' 乃使子魚."]라 했다 한다. 이윽고 '고유에 당도하여 맹약하려 할 때, 누가 먼저 삽혈(歃血)하느냐를 둘러싸고 분쟁이 일어났다. 이때 채후(蔡侯)로 하여금 위후(衛侯)보다 먼저 삽혈하게 하자, 위후가 축타를 장홍(萇弘)에게 보내 유자(劉子)에게 고하고, 범헌자(范獻子)와 상의하여 위후가 먼저 삽혈하게 했다'고 한다. 축타 덕분에 위후의 체면이 세워지게 되었다는 것인데, 이 때문에 사람들이 그를 귀하게 여겼다고 한다.

146 『좌전』 정공 14년 조에 '위후(衛侯)가 부인(夫人) 남자(南子)를 위해 송조(宋朝)를 위나라로 불러왔다.'[衛侯爲夫人南子召宋朝]고 하였는데, 그 주[杜預]에 '남자(南子)는 송나라의 여자이고, 조(朝)는 송의 공자이다. 옛날부터 남자와 정을 통하였으므로 송나라에서 그를 불러온 것이다.'[南子, 宋女也. 朝, 宋公子, 舊通于南子, 在宋呼之.]라고 하였다. 조(朝)가 송나라의 미남으로 간음을 잘했다는 것이다. 이상 하안주·형병소, 『논어주소』, 「옹야」 16의 형병의 소 참조. "云 '宋朝, 宋之美人而善淫'者. 案定十四年左傳曰 '衛侯爲夫人南子, 召宋朝.' 杜注云 '南子, 宋女也. 朝, 宋公子, 舊通于南子. 在宋呼之.' 是朝爲宋之美人而善淫也."

147 "言當如祝鮀之佞, 而反如宋朝之美, 難乎免於今之世害也."(『논어주소』「옹야」 6)

148 "子曰 '道之以政, 齊之以刑, 民免而無恥. 道之以德, 齊之以禮, 有恥且格.'"(「위정」 3)

149 "哀公問曰 '何爲則民服?' 孔子對曰 '擧直錯諸枉, 則民服, 擧枉錯諸直, 則民不

3.13. 왕손가王孫賈가 물었다. "[세속에] '오奧에게 아첨[媚]하느니 차라리 조竈에게 아첨하라.'는 말이 있습니다. 무슨 뜻입니까?" 그러자 공자가 말하였다. "그렇지 않습니다. 하늘에 죄를 지으면 빌 곳이 없습니다."[150]

'미媚'는 '빌붙기 위해 달려가는' 모양이다. '오奧'는 안 또는 속이란 뜻이니 실내의 '서남쪽 깊숙한 곳'을 말한다. 그곳은 실내의 공간 배치 상 가장 조용하고 깊숙한 곳에 있기 때문에, 집안 어른 중에서도 가장 존귀한 분이 거처한다. 다만 그 분은 지위는 존귀하지만 한가롭고 고요하기에, 특별히 전담하는 일이 없다. 국가로 치면 지위는 존귀하나 실권이 없는 사람이다. 그래서 사람들의 기대에 부응할 수 없다.

이에 대해 '조竈'는 부엌 곧 음식이 나오는 곳이다. 비록 지위는 비천하지만 가정에서는 가장 긴요한 곳이다. 백성들과 직접 대면하며 이해상벌을 주는 권한을 쥐고 있기에, 사람들에게 이익을 줄 수 있는 자리이다. 나라로 치면 국정을 움켜쥔 자리[執政]에 해당한다.

일종의 속언인데, '한가하고 고요한 자리에 있는 자에게 빌붙는 것이 어찌 긴요한 부엌의 일을 맡은 자에게 빌붙는 것만 하겠느냐?'는 뜻이다. 곧 '전담하는 일이 없는 자[靈公]에게 벼슬을 구하는 것보다 권력을 쓰는 자[南子[151]]에게 벼슬을 구하는 것이 더 낫지 않느냐'

---

服.'"(「위정」19)

150 "王孫賈問曰 '與其媚於奧, 寧媚於竈, 何謂也?' 子曰 '不然. 獲罪於天, 無所禱也.'"(「팔일」13)

151 이해 공자는 군부인(君夫人) 남자(南子)의 초빙에 응했다가 구설에 오른 적이 있다. "靈公夫人有南子者, 使人謂孔子曰 '四方之君子不辱欲與寡君爲兄弟者, 必見寡

는 뜻이다.

왕손가王孫賈는 어질지는 않지만 당시 위나라의 조야에서 능력을 인정을 받았다.[152] 그래서 세간의 말을 들어, 그 이치를 모르는 것처

---

小君. 寡小君願見.' 孔子辭謝, 不得已而見之. 夫人在絺帷中. 孔子入門, 北面稽首. 夫人自帷中再拜, 環珮玉聲璆然. 孔子曰 '吾鄕爲弗見, 見之禮答焉.' 子路不說. 孔子矢之曰 '予所不者, 天厭之! 天厭之!'"(『공자세가』 정공 15년 조)

152 『좌전』에는 '왕손가(王孫賈)'라는 이름이 2조 보인다. ▲①정공 5년 조. "王賞鬪辛·王孫由于·王孫圉·鍾建·鬪巢·申包胥·王孫賈·宋木·鬪懷, 子西曰 '請舍懷也.'……."; ②정공 8년 조 "晉師將盟衛侯于鄟澤, 趙簡子曰 '群臣誰敢盟衛君者?' 涉佗·成何曰 '我能盟之.' 衛人請執牛耳, 成何曰 '衛, 吾溫原也, 焉得視諸侯?' 將歃, 涉佗捘衛侯之手, 及捥, 衛侯怒. 王孫賈趨進曰 '盟以信禮也, 有如衛君, 其敢不唯禮是事而受此盟也?' 衛侯欲叛晉, 而患諸大夫, 王孫賈使次于郊. 大夫問故, 公以『晉訴』語之, 且曰 '寡人辱社稷, 其改卜嗣. 寡人從焉.' 大夫曰 '是衛之禍, 豈君之過也?' 公曰 '又有患焉' 謂寡人, 「必以而子與大夫之子爲質」., 大夫曰 '苟有益也, 公子則, 群臣之子敢不皆負羈絏以從?' 將行, 王孫賈曰 '苟衛國有難, 工商未嘗不爲患, 使皆行而後可.' 公以告大夫, 乃皆將行之. 行有日, 公朝國人, 使賈問焉曰 '若衛叛晉, 晉五伐我, 病何如矣?' 皆曰 '五伐我, 猶可以能戰.' 賈曰 '然則如叛之. 如叛之. 病而後質焉, 何遲之有?' 乃叛晉. 晉人請改盟, 弗許." 그런데 ①에서는 초나라의 대부라고 되어 있고, ②에서는 위나라의 대부라고 되어 있다. ▲『전국책』에도 '왕손가(王孫賈)'라는 이름이 보인다. "王孫賈年十五, 事閔王. 王出走, 失王之處. 其母曰 '女朝出而晚來, 則吾倚門而望, 女暮出而不還, 則吾倚閭而望. 女今事王, 王出走, 女不知其處, 女尚何歸?' 王孫賈乃入市中, 曰 '淖齒亂齊國, 殺閔王, 欲與我誅者, 袒右!' 市人從者四百人, 與之誅淖齒, 刺而殺之."(『전국책』 「제책齊策」 6 '王孫賈年十五事閔王') ▲『설원』에는 '王孫商'이라고 되어 있다. "趙簡子使成何·涉他與衛靈公盟於鄟澤. 靈公未喋盟. 成何·涉他捘靈公之手而撙之, 靈公怒, 欲反趙. 王孫商曰 '君欲反趙, 不如與百姓同惡之.' 公曰 '若何?' 對曰 '請命臣令於國曰 「有姑姊妹女者家一人, 質於趙.」 百姓心怨, 君因反之矣.' 君曰 '善.' 乃令之三日, 遂徵之五日, 而令畢國人巷哭. 君乃召國大夫而謀曰 '趙爲無道, 反之可乎?' 大夫皆曰 '可.' 乃出西門, 閉東門, 越王聞之, 縛涉他而斬之, 以謝於衛, 成何走燕. 子貢曰 '王孫商可謂善謀矣. 憎人而能害之, 有患而能處之, 欲用民而能附之, 一舉而三物俱至, 可謂善謀矣.'"(『설원』 권 13) 성(姓)은 '왕손(王孫)'이고 '가(賈)'는 이름[名]일 것이다. ▲논어에는 그 이름이 2조 보인다. ⓐ"王孫賈問曰 「與其媚於奧, 寧媚於竈」, 何謂也?' 子曰 '不然. 獲罪於天, 無所禱也.'"(「팔일」 13); ⓑ"子言衛靈公之無道也, 康子曰 '夫如是, 奚而不喪' 孔子曰 '仲叔圉治賓客, 祝鮀治宗廟, 王孫賈治軍旅. 夫如是, 奚其喪?'"(「헌문」 20) 주자는 '왕손가(王孫賈)는 위나라의 대부인데, 어질지는 않았지만 그 재주가 쓸 만하여, 영공이 그를 등용하여 재주에 맞게 썼다'고 하였다.(『논어집주』

럼 가장하여, 공자에게 '이것이 무슨 뜻이냐?'고 물어, 출사를 바라는 공자에게 당금의 위나라의 조정의 실태를 알려, 뜻을 펼치고 싶으면 폐신에게 잘 보여야 한다는 것을 깨닫게 하려 했다. 하지만 이에 대한 공자의 대답은 매우 단호했다; '나의 생각은 세속의 말과 같지 않다.' 하늘은 군주를 의미할 것이다. 자신의 도가 행해지느냐 행해지지 않느냐 하는 것은 군주의 의지에 달린 것이지, 신하[嬖臣]에게 구해서 될 수 있는 일이 아니라는 뜻이다. 군주에게 죄를 얻으면 폐신에게 빈다 해도 면할 수 없다는 말이다. 당시 위나라의 국정이 몇몇 폐신들에 의해 좌우되었음을 보여주는 일화이다.

「헌문」 제20장의 말도 이런 취지로 이해할 수 있다.

14.20. ⓐ공자[子]께서 위나라 영공의 무도함에 대해 말씀하신 적이 있다. ⓑ이를 듣고 계강자季康子가 말하였다. "이와 같은데도 어찌하여 위나라가 망하지 않았습니까?" 그러자 공자[孔子]께서 말씀하셨다. "중숙어仲叔圉[孔圉]는 빈객을 다스렸고, 축타祝鮀[子魚]는 종묘를 다스렸으며, 왕손가王孫賈는 군대를 다스렸습니다. 대저 이같이 했으니 어찌 망하겠습니까?"[153]

이 장에서는 '자子'라는 호칭과 '공자孔子'라는 호칭이 함께 사용되고 있다. 문장 ⓐ[子]는 공문에서 전해지던 전송에서 소재를 취했

---

「팔일」 13; 「헌문」 20의 주자 주 참조) 『좌전』 정공 8년 조에 기록된 그의 행적과 『설원』에 기록된 자공(子貢)의 말[善謀]을 고려하면, 권모술수가 대단히 뛰어난 인물이었던 것 같다. 그래서 이같이 세간의 말을 빌어 공자를 희롱하였을 것이다.

153 "子言衛靈公之無道也, 康子曰 '夫如是, 奚而不喪?' 孔子曰 '仲叔圉治賓客, 祝鮀治宗廟, 王孫賈治軍旅. 夫如是, 奚其喪?'"(「헌문」 20)

다는 뜻이고, 문장 ⓑ[孔子] 이하는 세간에서 전해지던 전송에서 재료를 취했다는 뜻이다. 이 문장은 뒤에 논어를 제작할 때 두 전송을 합해 하나의 장으로 만들었을 것이다. '계강자'가 등장하는 것으로 보아, 이 사건은 공자가 천하 유력을 마치고 노나라로 돌아온 뒤인 만년에 있었을 것이다.

ⓐ언젠가 공자는 학원에서 영공의 무도함에 대해 이야기한 적이 있다. ⓑ그 후 계강자를 만났을 적에 계강자가 그 이야기를 꺼내며 위나라가 망하지 않은 이유를 물었다. 그러자 공자가 말했다. '영공이 무도하기는 하나, 위나라에는 능력이 출중한 사람들이 있었다. 비록 그들이 어질다고는 할 수 없으나, 영공이 각인의 재주를 잘 파악하여 적의하게 썼기 때문에, 위나라가 망하지 않을 수 있었다.'고 답해 주었다.

위나라는 남자와 송조가 국정을 농단하여 내외에 걸쳐 위험 요인이 많았다. 하지만 위나라에는 능력이 출중한 사람들이 많았다. 그들이 맡은 바의 직에서 충실하게 임무를 수행하여 사직을 지킬 수 있었다. 예를 들어 중숙어仲叔圉는 종종 자신의 직분을 벗어난 행위를 하기도 했지만,[154] 총명하고 호학하여 죽은 뒤 '문文'이라 시호[諡]되었다. 그래서 사람들도 '공문자孔文子'라 높여 불렀다.[155] 그는 공자가 위나라를 떠나 노나라로 돌아올 때 공자를 제지했던 인물이

---

154     예를 들면, 태숙(太叔) 질(疾)을 징벌한 일 등.『좌전』애공 11년 조의 "冬, 衛大叔疾出奔宋. 初, 疾娶于宋子朝, 其娣嬖.……" 이하 참조.
155     "子貢問曰 '孔文子何以謂之文也?' 子曰 '敏而好學, 不恥下問, 是以謂之文也.'"(「공야장」 14)

다.¹⁵⁶ 축타祝鮀는 '시간屍諫' 고사로 유명한 '사어史魚'로써, 특유의 말재주[祝鮀之佞]로 위나라의 국격을 높이는 데 기여했다.¹⁵⁷ '왕손가王孫賈' 또한 위나라의 장군으로써 진나라[晉]와의 외교 교섭 때 지혜를 발휘하여 진나라의 위협으로부터 위나라의 안위를 지켜냈다.¹⁵⁸

폐신에 의한 위나라 국정 농단의 실태를 보여주는 전송이다. 나라 안의 사정이 이같은 지경에 이르렀다면, 공족들의 반발이 거셀 수밖에 없다. 그것이 응결되어 폭발한 것이 공숙수의 모반 사건이요 괴외의 남자 시해 사건이다. 사서에서는 공숙수의 인물됨에 문제가 있어 영공이 그를 내쳤고[사추의 말 참조], 또 괴외에 대해서는 남자의 시해를 모의하여 축출되었다고 했지만, 그 이면에는 영공의 방종과 그를 뒷배로 한 남자 무리의 국정 농단, 그리고 위나라 공족 간의 치열한 권력 다툼이 있었다.

영공은 죽을 때 자영子郢을 위후에 세우려고 했다. 자영은 영공

---

156 이 일은 애공 11년에 있었다. "孔文子之將攻大叔也, 訪於仲尼, 仲尼曰 '胡簋之事則嘗學之矣, 甲兵之事, 未之聞也.' 退, 命駕而行 曰 '鳥則擇木, 木豈能擇鳥?' 文子遽止之曰 '圉豈敢度其私? 訪衛國之難也.' 將止, 魯人以幣召之, 乃歸."(『좌전』애공 11)

157 '축타(祝鮀)'라는 말은 '축(祝)[祝史]인 타(鮀)'라는 뜻인데, 그의 이름[鮀] 앞에 관직명[祝]을 붙인 것이다. '축사(祝史)'는 제사의 중책[祝]을 맡은 이를 높여[史] 부른 말이다. 고대에는 '사(事)' '사(史)' '리(吏)'가 같은 뜻으로 쓰였다. 하급관리의 우두머리를 이와 같이 칭했다. 한편 '타(鮀)'는 그의 이름인 '타(鮀)'가 물고기[모래무지]의 이름이라서 자(字)를 '자어(子魚)'라 하였다. 그래서 사서(史書)에는 그를 '사어(史魚)'라 칭한 곳도 있다. 말하자면 축(祝)인 타(鮀)를 높여 부른 말이라고 보면 된다. 자(字)를 '어(魚)'로 하는 축(祝)의 우두머리[大祝]인 타(鮀)라는 뜻이다. 말재주가 있어[祝鮀之佞] 당시 사람들이 귀하게 여겼다고 한다. 『좌전』정공 4년 조와 논어 「옹야」제14장, 「헌문」제20장에 그의 이름이 보인다.

158 왕손가(王孫賈)에 대해서는 앞에서 언급했기 때문에 여기서는 이에 그치겠다.

의 작은아들로 태자인 괴외와는 이복형제간이다. 하지만 자영은 위나라 정치계의 난맥상을 목도하고 왕위 승계를 거부했다.[159] 이에 괴외의 아들 첩輒[出公]을 위후에 세우게 되었다. 첩이 위후에 오르자 예상대로 괴외가 위나라에 들어가 왕위를 승계하고자 했다. 하지만 출공이 이를 막았고, 이에 괴외는 조간자의 위력과 양호의 간지奸智를 빌려 척戚으로 들어갔다.[160] 후대 유가의 명분론으로 자리잡는 '정명론'의 성립 배경이 되는 사건이다.[161]

이로써 위나라는 진나라[晉]와 대립하게 되었다. 그리고 위나라의 내부 혼란은 국제적인 문제가 되어 버렸다. 자신의 즉위를 도운 남자 무리에게 조종을 받는 출공과 그들을 원수처럼 여기는 괴외 등 위나라 공족들 간의 대립은, 겉에서 보면 부자간의 골육상잔으로 비춰지겠지만, 그 이면에는 매우 복잡한 국내·국제간의 대립이 있었다. 마치 휴화산이 폭발할 때를 기다리듯, 일촉즉발의 상황이 되어 버린

---

159　"初衛侯遊于郊, 子南僕, 公曰 '余無子, 將立女.' 不對. 他日, 又謂之, 對曰 '郢不足以辱社稷, 君其改圖. 君夫人[南子]在堂, 三揖[卿·大夫·士]在下, 君命祗辱.' 夏, 衛靈公卒. 夫人曰 '命公子郢為大子. 君命也.' 對曰 '郢異於他子, 且君沒於吾手, 若有之, 郢必聞之. 且亡人之子輒在.' 乃立輒."(『좌전』애공 2년); "四十二年春, 靈公游于郊, 令子郢僕. 郢, 靈公少子也, 字子南. 靈公怨太子出奔, 謂郢曰 '我將立若為後.' 郢對曰 '郢不足以辱社稷, 君更圖之.' 夏, 靈公卒, 夫人命子郢為太子, 曰 '此靈公命也.' 郢曰 '亡人太子蒯聵之子輒在也, 不敢當.' 於是衛乃以輒為君, 是為出公."(「위강숙세가」'영공' 조)

160　"六月乙酉, 趙簡子欲入蒯聵, 乃令陽虎詐命衛十餘人衰絰歸, 簡子送蒯聵. 衛人聞之, 發兵擊蒯聵. 蒯聵不得入, 入宿而保, 衛人亦罷兵."(「위강숙세가」'출공' 조)

161　"子路曰 '衛君[出公]輒待子而爲政, 子將奚先?' 子曰 '必也正名乎?' 子路曰 '有是哉? 子之迂也. 奚其正?' 子曰 '野哉! 由也. 君子於其所不知, 蓋闕如也. 名不正則言不順, 言不順則事不成, 事不成則禮樂不興, 禮樂不興則刑罰不中, 刑罰不中則民無所措(조)手足. 故, 君子名之, 必可言也, 言之, 必可行也, 君子於其言, 無所苟而已矣.'"(「자로」3)

것이다.

위나라는 출공 재위 기간 내내 대외 관계가 순탄하지 못했다. 이 무렵 진나라[晉]에서는 권력을 둘러싼 육경 간의 암투가 연일 계속되고 있었다. 진나라는 과거 문공文公[晉文公] 시절부터 중원의 패자로 군림했다. 때문에 진나라 내부의 정치적 대립은 주변국의 정세에 매우 큰 영향을 미쳤다. 각국의 정치 질서를 동요하게 하고, 크고 작은 변란과 소요·전쟁을 일으켰다. 진나라는 특히 제나라[齊]와 사이가 좋지 않았다. '소릉회담'[정공 4년] 이후 제나라가 위나라[衛]·정나라[鄭] 등을 구슬러 진나라에 대항했기 때문이다.[162] 이때 위나라는 진나라를 위하는 척하면서 뒤로는 제나라의 입장을 옹호하는 태도를 취했다. 때문에 진나라에서는 위나라를 곱게 보지 않았다. 과거의 우방국에서 믿을 수 없는 나라로 변해버린 것이다.[163] 왕손가王孫賈가 위나라

---

162  이에 대해서는 '소릉 회담'[정공 4년, b.c.506] 이후의 열국의 동향 참조. 앞에서 설명했다.

163  그 대표적인 예가 정공 7년 제나라 경공과 위나라 영공이 사(沙)에서 맹약을 할 때 위나라가 보인 태도이다. 이해 가을, 제후(齊侯)[齊景公]와 정백(鄭伯)[鄭獻公]이 함(鹹)에서 결맹하고, 위나라에 사람을 보내 함께 회맹하자고 했다. 위후(衛侯)는 진(晉)을 배반하고 제후(齊侯)·정백(鄭伯)과 함께 하고자 했으나, 진나라[晉]의 공격을 두려워 한 대부들이 극렬하게 반대하자, 북궁 결(北宮結)을 제나라에 보내고 이와 별도로 은밀히 사람을 보내, 외교 상의 문제를 트집 잡아 자국[衛]를 공격하라고 청하였다. 제나라와의 강화(講和)를 구실로 삼아 제후(齊侯)를 만나기 위함이었다. 이에 제후(齊侯)가 그의 말을 따르니 마침내 위후(衛侯)가 나와 쇄(瑣)에서 결맹(結盟)하였다. "秋, 齊侯鄭伯盟于鹹. 齊人執衛行人北宮結以侵衛. 齊侯衛侯盟于沙."(『춘추경』 정공 7년); "秋, 齊侯鄭伯盟于鹹, 徵會于衛, 衛侯欲叛晉. 諸大夫不可, 使北宮結如齊, 而私於齊侯曰 '執結以侵我.' 齊侯從之, 乃盟于瑣."(『좌전』 정공 7년) 이 사건 이후 진나라와 위나라는 적대적 관계가 된다. 앞서 인용한 택(澤)에서의 회맹 때 우이(牛耳)를 누가 잡느냐는 문제를 둘러싸고 진(晉)의 섭타(涉佗)와 성하(成何)가 영공(靈公)을 업신여긴 것[『좌전』 정공 8년: "晉師將盟衛侯于鄟澤, 趙簡子曰 '群臣誰敢盟衛君者?' 涉佗成何曰 '我能盟之.' 衛人請執牛耳, 成何曰 '衛, 吾溫·原也, 焉得視諸侯?'"]도 위나라의 이중적

를 구한 인물로 예우된 것도 강압적인 진나라의 요구를 지혜를 발휘해 큰 곤란 없이 무마했기 때문이다. 반군의 영수인 괴외(蒯聵)가 위나라[戚]로 들어갈 때 진나라[晉]의 조간자(趙簡子)가 그 뒷배 역할을 한 것[164]도 괴외를 위후(衛侯)에 앉혀, 배반을 종용하는 제나라를 견제하여 천하의 주도권을 되찾기 위함이었다. 물론 여기에는 조간자의 동남 경략(조나라[趙] 건국-저자)이 도사리고 있었다.[165] 하여튼 이 때문에 위나라는 '소릉 회담' 이후, 출공의 재임 기간 내내,[166] 또 괴외[衛莊公][167]의 재임 기간 동안, 진나라와 불편한 관계로 지냈다.[168]

공자는 바로 이러한 때에 노나라를 떠나 위나라에 왔다. 공자가 오자 위나라 정치권은 공자의 동태를 예의 주시했다. 공자가 어느 편에 서느냐에 따라 권력의 균형추가 그쪽으로 쏠릴 수 있기 때문이다.

---

태도를 못마땅해 한 데에서 촉발된 것이다. 이때 왕손가(王孫賈)가 꾀를 내어 위후(衛侯)를 곤경에서 구원했다고 한다.

164 "晉趙鞅帥師, 納衛世子蒯聵于戚."(『춘추경』 애공 2년)

165 조간자(趙簡子)에 의한 동남 경략은 뒤에 조나라[趙] 건국으로 나타난다. 이에 대해서는 필힐(佛肸)이 중모(中牟)를 근거로 모반한 뒤 공자를 초빙했다는 기사(「양화」 7)의 진위를 분변하는 곳[애공 2년의 천하 유력]에서 자세히 고찰하겠다.

166 첩(輒)은 노나라 애공(哀公) 2년(b.c.493) 영공(靈公)을 이어 즉위했다. 그가 바로 출공(出公)이다. 그는 재위 12년(노 애공 15년, b.c.480년) 공회(孔悝)의 난 때 부(父)인 괴외(蒯聵)에 의해 위후에서 쫓겨 났다. 이해 자로가 출공(出公)에 대한 의리를 지키다 괴외(蒯聵)에게 죽었다. 이에 대해서는 『좌전』 애공 15년 조 참조.

167 괴외(蒯聵)는 애공 15년 공회(孔悝)의 난 때 출공(出公) 첩(輒)을 몰아내고 위후(衛侯)에 올랐다. 그가 바로 장공(莊公)이다. b.c.480년 즉위. 이에 대해서는 『좌전』 정공 15년 조 참조.

168 뒤에 일어난 일이지만 장공(莊公)[蒯聵]이 위후(衛侯)의 자리에서 물러나게 된 것도 진나라[晉]의 뜻이 작용한 결과이다. 진(晉)은 위(衛) 장공(莊公)이 자신들의 뜻을 계속 거스리자 용도가 다했다고 보고 그를 권좌에서 쫓아내는 데 적극 협력한다. 이에 대해서는 『좌전』 애공 17년 조 참조

그것을 상징적으로 보여주는 사건이 공숙씨[公叔戌]의 난이다. 이 무렵 공자는 진나라를 향해 나아가다 국경 지역의 치안 상태가 불안하다는 소식을 듣고 위나라로 되돌아가던 중이었다. 이때 포蒲를 근거로 위나라를 배반한 공숙수가 공자 일행을 포위했다.[169] 공숙수로서는 공자가 위나라로 되돌아가는 것이 달갑지 않았다. 위나라로 돌아가 정치에 간여하면, 자신이 위나라로 복귀하는 일이 더 어려워질 수도 있다. 그래서 '위나라로 가지 않겠다는 맹세를 하면 포위를 풀겠다.'고 한 것이다. 공숙수가 보기에 공자는 위나라의 정치를 반석 위에 올려놓을 수 있는 충분한 능력을 지닌 사람이었다. 비록 영공이 등용하지 않아 무위에 그치고 말았지만, 과거의 전례로 보아 충분히 그러고도 남을 사람이었다.

공자로서는 매일의 일상이 불안하였다. 조국을 등진 망명객[喪家之狗[170]의 처지에서는 어쩔 수 없이 감내해야 할 고난이다. 하여튼 이때 공자의 체재를 못마땅해 한 측에서 영공에게 공자에 대한 참소를 하였다. 그리고 이런 일들이 반복되자 공자에 대한 영공의 믿음도 예전 같지 않게 되었다. 급기야 영공은 공족인 공손여가[公孫余假]를 시켜 공자가 하는 모든 일을 감시하게 했다. 공자로서는 당연히 생명의 위협을 느꼈을 것이다. 이에 영공에게 받은 벼슬을 반납하고 위나라

---

169    세가에서는 이때 공자가 당한 위난을 '광인(匡人)의 난'이라고 하였다. 하지만 이것은 사마천의 착오이다. 이 난은 공숙씨(公叔氏)의 난이다. 세가에는 이 난이 애공 2년 조에 기록되어 있다. 이에 대해서는 다음 절에서 자세히 설명하겠다.

170    "孔子適鄭, 與弟子相失, 孔子獨立郭東門. 鄭人或謂子貢曰 '東門有人, 其顙似堯, 其項類皋陶, 其肩類子產, 然自要以下不及禹三寸. 纍纍若喪家之狗.' 子貢以實告孔子. 孔子欣然笑曰 '形狀, 末也. 而謂似喪家之狗, 然哉! 然哉!'"(「공자세가」 정공 15년 조)

를 떠났다. 그리고 '도중에' 목적지로 잡은 곳이 남쪽에 있는 진나라[陳]였다.[171]

위나라의 북쪽에는 진나라[晉]가 있었고 동쪽에는 제나라가 있었지만, 제나라는 노나라와 적대하는 관계라서 처음부터 배제했고,[172]

[171] 세가의 기사를 고려하면, 정공 14년에는 처음부터 진나라로 갈 계획을 세우고 위나라를 떠난 것은 아니었을 것이다. "居頃之, 或譖孔子於衛靈公. 靈公使公孫余假一出一入. 孔子恐獲罪焉, 居十月, 去衛. 將適陳, 過匡顏刻爲僕, ……."(「공자세가」정공 14년 조) 영공의 감시와 압박이 시시각각으로 다가오자, 이에 위협을 느끼고 일단 화(禍)를 피하고 보자는 생각에, 어떠한 고려나 선택도 없이 무조건 위나라를 떠났고, 도중에 진나라를 향해 나아가기로 결정한 것이 아닐까 상상한다. 처음부터 진나라로 갈 생각이었다면, 공자의 평소 성정을 고려할 때, 국경 지역의 치안 상태가 불안하다 하여도, 어떻게든 진나라를 향해 나아갔을 것이다. 그런데 이때는 치안 상태가 불안하다는 것을 이유로 들어 다시 위나라로 돌아갔다. 이것은 애공 2년 진나라를 행해 나아가다 조·송(曹宋) 접경지대에서 난[桓魋의 난]을 만나 정나라를 피신한 후, 미복(微服)차림으로 송나라 들어와 사성정자(司城貞子)의 집에 유숙(留宿)하고, 소요가 가라앉은 틈을 타 진후(陳侯)의 주신(周臣)을 가장하여, 기어코 진나라로 간 행위와 지나치게 대비가 된다. 혹 위나라 측에서 어떤 제안이 왔는지도 모르겠다. "孔子使從者爲甯武子臣於衛, 然後得去." 자세한 것은 애공 2년의 천하 유력을 설명할 때 상세히 고찰하겠다.

[172] '군자(君子)는 망명을 하더라도 적국(敵國)으로는 가지 않는다'는 말이 있다. 애공 8년 노나라가 주(邾)를 공격하자 주(邾)는 오(吳)에 구원을 청했다. 그러자 오(吳)는 차제에 노나라를 부용국(附庸國)으로 만들 계획을 세우고, 주(邾)를 위한다는 명분으로 노나라를 치기로 결정하고, 숙손첩(叔孫輒)에게 그 방도를 물었다. 숙손첩은 정공 12년 공자가 삼도를 헐물 때[墮三都], 공산불뉴(公山不狃)와 함께 비(費)의 완민을 이끌고 노나라의 도성에 처들어 왔던 사람이다. 이때 공산불뉴와 함께 오(吳)에 머물고 있었다. 이때 숙손첩은 "노나라는 이름만 있고 실상이 없으니, 토벌하면 반드시 뜻을 이룰 수 있을 것입니다."라고 했다 한다. 그리고 물러나와 공산불뉴에게 이같은 사실을 고하니, 공산불뉴가 다음과 같이 말했다고 한다. '그렇게 말했다니 그것은 예가 아닙니다. <u>군자는 본국을 떠나 외국으로 망명하는 경우에도 원수의 나라로 가지 않으며, 도망 간 나라의 신하가 되기 전에는 그 나라가 본국을 치는 일이 있더라도 반드시 본국으로 돌아가서 임금의 명을 받고 달려가 싸우다가 죽어야 합니다.</u> 만일 이미 그 나라에 몸을 의탁하였으면 그 토벌에 참여하지 말고 몸을 숨겨야 합니다. 사람은 자기 나라를 떠난 경우에도 원한이 있다 하여 고향을 버리지 않는 법인데, 지금 당신께서는 작은 원한으로 종국(宗國)을 전복시키고자 하니 어렵지 않겠습니까? 만약 오왕(吳王)이 당신께 길을 인도하라 하거든 당신께서는 반드시 사양하십시오.' 혹 공자도 이런 마음이 있었기 때문에 제나라로 가지 않은 것이 아닐까 한다.

북쪽에 있는 진나라는 육경六卿의 힘이 진후晉侯를 압도하는데다 육경 간의 대립과 갈등이 워낙 심해 뜻을 펼치는 것이 어렵다고 생각했을 것이다.[173] 연전에 '반진反晉 연합'을 더욱 굳건히 한 것,(夾谷之會를 말함-저자) 또 양호陽虎가 활약하고 있다는 점도 작용했을 것이다.[174] 그래서 남쪽의 진나라[陳]를 향해 여정을 잡은 것이다. 남쪽에는 비록 소국이지만 진나라·채나라 등 수많은 열국들이 산재했고, 그보다 더 남쪽에는 신흥 강국인 오나라와 월나라 그리고 전통의 강국인 초나라가 있었다.

이때까지만 해도 공자는 초나라나 오나라 또는 월나라에까지 유

---

[173]  세가 애공 2년 조에 의하면, '공자는 위나라 영공이 자신을 등용하지 않자, 이에 불만을 품고 조간자(趙簡子)를 만나기 위해, 진나라[晉]를 향해 떠났다. 도중에 조간자가 현인[竇鳴犢·舜華]을 척살(刺殺)하였다는 소식을 듣고 다시 위나라로 돌아왔다'고 한다. 하지만 실제 이와 같은 일이 있었다고 보기는 어렵다. 앞에서도 말했지만 당시 위나라와 진나라는 적대적인 관계에 있었다. 위나라에 의탁하고 있는 공자가 작은 원한을 구실로 삼아 그 적대국[晉]에 가서 자신을 돌봐주고 있는 나라[衛]에 위해를 가할 정도로 사람됨이 불초했다고 보기는 어렵다. '군자는 망명하는 경우에도 적국이나 원수의 나라로 가지 않는다'는 공손불뉴의 말(앞의 주)도 참고가 된다. 또 진앙(晉鞅)은 공자와 정치적 이상이나 세계관, 가치관 등이 서로 어울리지 않는 사람이었다. 이것은 후인이 조설하여 삽입한 기사일 것이다. 이에 대해서는 애공 1년과 애공 2년의 공자의 천하 유력을 고찰하는 자리에서 자세히 설명하겠다. 이하는 세가에 기록된 공자의 진행(晉行) 기사이다. "孔子旣不得用於衛, 將西見趙簡子, 至於河而聞竇鳴犢·舜華之死也, 臨河而歎曰 '美哉水, 洋洋乎! 丘之不濟此, 命也夫!' 子貢趨而進曰 '敢問何謂也?' 孔子曰 '竇鳴犢, 舜華, 晉國之賢大夫也. 趙簡子未得志之時, 須此兩人而后從政; 及其已得志, 殺之乃從政. 丘聞之也, 刳胎殺夭則麒麟不至郊, 竭澤涸漁則蛟龍不合陰陽, 覆巢毀卵則鳳皇不翔. 何則? 君子諱傷其類也. 夫鳥獸之於不義也尚知辟之, 而況乎丘哉!' 乃還息乎陬鄕, 作為陬操以哀之. 而反乎衛, 入主蘧伯玉家."(『공자세가』 애공 2년 조)

[174]  거의 소설 같은 이야기라서 믿을 수 없지만, 시라카와 시주카(白川靜)의 『공자전』에 그런 내용의 이야기가 다수 실려 있다.(시라카와 시주카 저, 장원철·정영실 역, 『공자전』, 펄북스, 2016, 제1장 동서남북을 떠도는 사람 참조) 하지만 공자는 조앙(趙鞅)이 양호(陽虎)를 받아들였을 때 "조씨에게는 아마도 대대로 화란이 있을 것이다."라 하였다. "仲尼曰 '趙氏其世有亂乎!'"(『좌전』 정공 9년) 진나라[晉]에 대해서는 아무런 뜻이 없었다.

력할 생각은 아니었을 것이다. 중원 각국에 비하여 문화적으로 미개했고, 맹주[覇]를 자처하며 끊임없이 전쟁을 도발했다.[175] 이에 대해 진나라[陳]와 채나라[蔡](섭葉 땅의 대관이었던 섭공葉公을 포함하여-저자[176])는 진나라·초나라·오나라 등의 침입을 끊임없이 받아 안팎으로 사정이 좋지 않았지만, 안목과 식견을 갖춘 자[具眼之士]가 있다면, '공산불뉴의 초빙'이나 '필힐의 초빙'에서도 보듯이,[177] 혹 자신에게 손을 내미

---

[175] 「헌문」에도 기록되어 있지만 군자는 정치가 어지러운 나라에는 들어가지 않는다. 자칫 구차한 삶을 살 수 있고 몹쓸 짓을 당할 수도 있다. "子曰 '賢者辟世, 其次辟地, 其次辟色, 其次辟言.'"(「헌문」 39) 공자가 거백옥을 엄사(嚴師)한 이유도 이 때문이다. 거백옥이 "피세[辟世]" "피지[辟地]"한 사건에 대해서는 『좌전』의 양공 14년 조 및 26년 조 참조. "蒯懼, 告文子, 文子曰 '君忌我矣. 弗先, 必死.' 幷帑於戚而入, 見蘧伯玉曰 '君之暴虐, 子所知也. 大懼社稷之傾覆, 將若之何?' 對曰 '君制其國, 臣敢奸之? 雖奸之, 庸知愈乎, 遂行, 從近關出."(『좌전』 양공 14년) "甯喜告蘧伯玉, 伯玉曰 '瑗不得聞君之出, 敢聞其入, 遂行, 從近關出."(『좌전』 양공 26년) 또 제7절의 녕무자와 거백옥의 기록에 대한 진위 검토 참조.

[176] 섭공(葉公)은 주자(朱子)의 주석 때문에 그의 품성과 능력이 평가 절하되어 있지만,(「술이」 제18장의 "葉公問孔子於子路, 子路不對."에 대한 주자의 주에 "葉公, 楚葉縣尹沈諸梁, 字子高, 僭稱公也. 葉公, 不知孔子, 必有非所問而問者. 故, 子路不對. 抑亦以聖人之德, 實有未易名言者與?"라 되어 있다. 이상 주희, 『논어집주』, 「술이」 18 참조) 『좌전』에는 초나라를 중흥시킨 위대한 인물로 묘사되어 있다. "沈諸梁兼二事, 國寧, 乃使寧爲令尹, 使寬爲司馬, 而老於葉."(『좌전』 애공 16년) 이 심제량(沈諸梁)이 바로 섭공(葉公)이다. 자세한 것은 애공 5년의 천하 유력을 논하는 자리에서 상세히 고찰하겠다.

[177] "公山不狃以費畔季氏, 使人召孔子. 孔子循道彌久, 溫溫無所試, 莫能己用, 曰 '蓋周文武起豐鎬而王, 今費雖小, 儻庶幾乎.' 欲往. 子路不說, 止孔子. 孔子曰 '夫召我者豈徒哉? 如用我, 其為東周乎!' 然亦卒不行."(「공자세가」 정공 9년 조); "佛肸為中牟宰. 趙簡子攻范·中行·伐中牟. 佛肸畔, 使人召孔子. 孔子欲往. 子路曰 '由聞諸夫子,「其身親為不善者, 君子不入也.」 今佛肸親以中牟畔, 子欲往, 如之何?' 孔子曰 '有是言也. 不曰堅乎, 磨而不磷, 不曰白乎, 涅而不淄.」 我豈匏瓜也哉, 焉能繫而不食?'"(「공자세가」 애공 2년 조) 이 두 사건도 아마 이 무렵의 일과 연관되어 있지 않나 생각한다. 모두 출사가 궁했던 때에 일어난 일인데, 실제 그런 일이 있었다기보다 훗날 노나라에 돌아온 뒤 자로와 사적으로 대화할 때, (공자) "혹 그때 만일 공산불뉴(公山不狃)나 필힐(佛肸) 측에서 이런 제안이 들어왔다면 나는 어떻게 했을까? 수용했을까?"라고 하자,

는 사람이 있을지도 모른다는 생각을 했던 것 같다. 앞서 인용한 「학이」 제10장은 이런 사정을 배경으로 제작된 전송일 것이다.

> 1.10. 자금이 자공에게 물었다. "선생님[夫子]께서 어떤 나라에 이르시면 반드시 그 나라의 정사를 들으시는데, 그것은 요청해서 듣게 된 것입니까 아니면 그 나라 임금이 들려줘서 듣게 되신 것입니까?" 자공이 말하였다. "선생님[夫子]께서는 온순하고 어질고 공손하고 검소하고 겸양함으로써 듣게 되신 것이니, 선생님[夫子]께서 구하신 것은 다른 사람이 구하는 것과는 다를 것이네."

이르는 곳마다 그곳의 정국 사정에 대해 묻고 들었다는 것은 출사의 방도를 찾기 위함일 것이다.[178] 당시 세간에 이런 이야기들이 널리 유행하고 있었을 것이다.[179]

---

(자로) "가시지 않으셨겠죠. 선생님의 철학이나 인생관, 가치관과 모순되는 삶을 살았던 사람들이 아닙니까? 아마 가신다고 했어도 제가 말렸을 겁니다"라는 취지로 이야기한 것을 당시에 배석했던 누군가가 듣고 세간에 전했는데, 뒤에 논어를 편집할 때 이런 이야기가 세간이 유행하자 그것을 취해 형식과 내용을 조정하여 장(章)으로 만든 것이 이 이야기의 진실이 아닐까 생각한다. 이에 대해서는 졸저, 『공자의 청년시대』, 문사철, 2020, 322-328 참조.

178 이런 내용은 「헌문」 34에도 보인다. "微生畝謂孔子曰 '丘何爲是栖栖者與? 無乃爲佞乎?' 孔子曰 '非敢爲佞也, 疾固也.'" 모두 출사를 위해 동분서주했던 당시의 공자의 모습을 그린 것이다. 논어는 공자의 언행, 공자와 제자들 및 시인(時人)들 간의 대화, 제자들의 행적, 제자들 상호 간의 대화, 당시에 유행하던 말, 예로부터 전해오던 격언, 명언 들을 소재로 제작된 것이지만, 그 편집 의도는 객관적 사실을 전달하려는 데에 있던 것이 아니라, 가르침의 교훈으로 쓸 만한 '격언집'을 만들기 위해서였다. 이런 면을 고려한 상상이다.

179 이 장에는 제나라의 방언이 들어 있다. "其諸……與". 또 자공(子貢)이 등장한다. 뿐만 아니라 공자를 '부자(夫子)'로 호칭하고 있다. 게다가 공자의 덕목이 일목요연

## 6. 광匡 땅에서 난을 당하고 위나라로 되돌아가다

다음은 위나라에 도착한 지 10개월이 지날 무렵, 영공과 사이가 벌어져 위나라를 떠났다가 광匡 땅에서 난을 만나 다시 위나라에 돌아갔다는 기사이다. 세가에 의하면,

> 얼마 후 어떤 사람이 공자를 영공에게 참소하자 영공은 공손여가公孫余假를 시켜 공자를 감시하였다. 공자는 죄를 받을 것이 두려워 10개월 만에 위나라를 떠났다. 공자는 진나라로 가는 길에 광匡 땅을 지나게 되었는데, …… 광인匡人들이 이를 듣고 원수처럼 여기던 양호陽虎의 일행으로 여겼다. …… 그래서 공자 일행을 정지시켰는데, 공자가 양호와 닮았기 때문에 5일 간이나 공자를 구금하였다. …… 광인들이 공자를 더욱 다급하게 구속하자 제자들은 두려워 하였다. …… 공자는 종자從者 한 사람을 녕무자寗武子의 가신으로 위나라에 보낸 후에 풀려날 수 있었다. 풀려난 공자는 포蒲를 거쳐 1개월 여만에 다시 위나라로 돌아와 거백옥蘧伯玉의 집에 머물렀다. ……

이해에 공자가 위나라를 떠나 진나라를 향해 나아갔다는 것은 「진기세가」와 그 「연표」에도 보인다.

---

하게 정리되어 나열되고 있다. "夫子溫·良·恭·儉·讓以得之." 제논(齊論)에서 나타나는 특징들이 고루 보인다. 제논은 공문 내에서 전해지던 이야기에서 장의 소재를 취한 것도 있지만, 주로 세간에서 유행하던 이야기에서 소재를 취해 편집·보집·윤색한 장이 많은 논어본이다. 이 장 또한 공문 밖에서 유전되던 이야기를 뒤에 직하(稷下)의 학사(學士) 및 제나라의 유자(儒者)들이 취해 윤색한 장이다. 제논(齊論)에 대해서는 졸저, 『논어의 성립』, 문사철, 2021, 제3부 삼논에 대하여 참조.

○ 진기세가

> 혼공湣公 6년, 공자는 진나라 향해 나아갔다. 이해에 '오왕吳王' 부차夫差가 진나라를 공벌하고 세 읍을 취한 뒤 돌아갔다.[180]

○ 진국연표

> 6년, 공자가 '왔다'.[181]

진나라 혼공 6년은 「노국연표」로 정공 14년이 되는 해이다. 이해는 b.c.496년으로 공자가 56세 되던 해이다.

다만 이들 기사에는 사실과 다른 사건이 기록되어 있다. 그중의 하나가 부차夫差를 '오왕吳王'으로 표기한 「진기세가」의 기사이다. 부차는 정공 15년에 즉위했다. 직전 해에 오왕吳王 합려闔閭가 월나라를 공격하다 엄지발가락에 화살을 맞고 전사하자 그를 이어 왕이 되었다.[182] 그해는 「진국연표」로 혼공 7년이 되는 해이다. 「노국연표」로는 정공 15년이 되는 해이다. 「오국연표」에도 오왕 부차의 원년元年은 정공 15년 곧 b.c.495년이라고 되어 있다.[183] '오왕吳王'이란 표현은 어

---

180  "湣公六年, 孔子適陳. 吳王夫差伐陳, 取三邑而去."(「진기세가」 '혼공' 조)

181  "六年, 孔子來."(「진국연표」 '혼공' 조)

182  "吳伐越, 越子句踐禦之, 陳于檇李, 使死士再禽焉, 不動. 使罪人三行. 屬劍於頸, 而辭曰 '二君有治, 臣奸旗鼓. 不敏於君之行前, 不敢逃刑, 敢歸死.' 遂自剄也. 師屬之目, 越子因而伐之, 大敗之. 靈姑浮以戈擊闔廬, 闔廬傷將指, 取其一屨. 還, 卒於陘, 去檇李七里."(「좌전」 정공 14년); "十九年夏, 吳伐越, 越王句踐迎擊之檇李. 越使死士挑戰, 三行造吳師, 呼, 自剄. 吳師觀之, 越因伐吳, 敗之姑蘇, 傷吳王闔廬指, 軍却七里. 吳王病傷而死. 闔廬使立太子夫差, 謂曰 '爾而忘句踐殺汝父乎?' 對曰 '不敢!' 三年, 乃報越."(「오태백세가」 '합려' 조); "十九, 伐越, 敗我, 傷闔閭指, 以死."(「십이제후연표」 '오국연표' 합려 조)

183  "吳王夫差元年"(「오국연표」, 부차 조) 이해는 노나라 정공(定公) 15년, 주나라 경왕(敬王) 25년, b.c.495년이 되는 해이다.

울리지 않는다.

또 「진기세가」에서는 '이해에 오나라가 진나라를 공벌하고 세 읍을 취한 뒤 돌아갔다'고 했지만 이 기사도 사실이 아니다. 『좌전』에 의하면 오나라가 진나라를 공격한 것은 정공 14년이 아니라 2년 뒤인 애공 1년(b.c.494)이다. 그해 부차는 월나라를 공벌하여 선군先君[闔閭]의 원한을 갚은 후 구원舊怨[184]을 씻기 위해 진나라를 공격한 적이 있다.

「진국연표」에도 정확하지 않은 기록이 있다. 「연표」에서는 이해에 공자가 진나라에 왔다[孔子來]고 했지만, 그해 공자는 진나라에 도착한 사실이 없다. 진나라를 향해 나아가다 광匡 땅 부근에서 '광인의 난'을 만나 위나라로 되돌아갔다. 이에 대해 「진기세가」에서는 '공자가 진나라로 갔다[孔子適陳]'고 했는데 이것이 정확한 표현이다. '갔다'[適]는 것과 '왔다'[來]는 것은 내용이 다른 말이다.

---

184 정공 4년[b.c.506] 오나라가 초나라에 쳐들어갔을 때,[『좌전』 정공 4년: "冬, 蔡侯·吳子·唐侯伐楚, 舍舟于淮汭, 自豫章與楚夾漢."] 오자(吳子)[闔閭]가 사람을 보내어 진나라[陳] 회공(懷公)을 부른 적이 있다. 진나라는 전통적으로 초나라와 가까운 사이였지만, 당시 오나라는 남방의 최고 강국이었기 때문에, 오나라의 부름을 거절할 수가 없었다. 이에 이를 둘러싸고 어전에서 회의가 열렸는데, 이때 봉활(逢滑)의 의견을 따라 패자인 진나라[晉]를 핑계로 오나라의 부름을 거절했다고 한다. 그런데 애공 1년(b.c.494) 부차(夫差)가 월나라를 쳐서 이긴 뒤 이때의 일을 '구원(舊怨)'으로 여겨 진나라를 공벌한 것이다. 오나라가 중원 공략[覇]을 위해 벌인 사전 정지 작업의 일환이다. 『좌전』 정공 4년 조[前引]와 애공 원년 조에 그때의 일이 기록되어 있다. "吳之入楚也, 使召陳懷公, 懷公朝國人而問焉曰 '欲與楚者, 右, 欲與吳者, 左. 陳人從田, 無田從黨.' 逢滑當公而進 曰 '臣聞「國之興也以福, 其亡也以禍」, 今吳未有福, 楚未有禍, 楚未可棄, 吳未可從. 而晉盟主也, 若以晉辭吳, 若何?' 公曰 '國勝君亡, 非禍而何?' 對曰 '國之有是多矣, 何必不復? 小國猶復, 況大國乎? 臣聞「國之興也, 視民如傷, 是其福也, 其亡也, 以民爲土芥, 是其禍也」, 楚雖無德, 亦不艾殺其民, 吳日敝於兵, 暴骨如莽, 而未見德焉. 天其或者正訓楚也, 禍之適吳, 其何日之有?' 陳侯從之. 及夫差克越, 乃修先君之怨. 秋八月, 吳侵陳, 修舊怨也."(『좌전』 애공 1년)

뒤에 다시 설명하겠지만, 공자가 진나라에 도착한 것은 그로부터 3년이 지난 애공 2년이다. 그해 공자는 위나라를 떠나 그해 진나라에 도착했다. 영공의 죽음이 임박하자[185] 정변에 휩싸일까 우려하여 서둘러 위나라를 떠났다. 그해에 공자가 진나라에 도착했다는 것은 『좌전』과 세가의 기사에 의해 확인할 수 있다. 이듬해(애공 3년) 노나라에서 화재가 일어났는데, 공자는 그 소식을 진나라에서 들었다고 한다.[186] 정공 14년에는 진나라를 향해 나아가려 했을 뿐[適陳], 진나라에 도착한[來] 사실이 없다.

한편, 세가(「공자세가」 정공 14년 조)에도 납득하기 어려운 기사가 있는데, ㉮하나는 이해 공자가 진나라를 향해 나아가다 광匡 땅 부근에서 광인들에게 난을 당했다는 기사이고, ㉯다른 하나는 '광인의 난'에서 벗어난 뒤 다시 위나라로 되돌아갔다는 기사이다. ㉮에 대해서는 잠시 뒤에 고찰하기로 하고, 우선, ㉯에 대해 보면, 죄를 얻을까 두려워 떠난 사람이 왜 다시 호구 속으로 돌아갔는지 납득이 되지 않는다. 진나라로 가려 했다면 구속에서 풀려난 뒤 예정대로 진나라를 향해 나아갔어야 하지 않을까? 『맹자』에 묘사된 공자는 어떤 경우에도 계획했던 일을 미루거나 번복하는 스타일이 아니다.[187]

---

185 위나라 영공은 애공 2년, b.c.493년에 죽었다. "夏四月丙子, 衛侯元卒."(『춘추경』 애공 2년)

186 "五月 辛卯, 桓宮·僖宮災."(『춘추경』 애공 3년); "夏 五月 辛卯, 司鐸火, 火踰公宮, 桓·僖災. ……孔子在陳, 聞火, 曰 '其桓僖乎.'"(『좌전』 애공 3년); "夏, 魯桓釐廟燔, 南宮敬叔救火. 孔子在陳, 聞之 曰 '災必於桓釐廟乎?' 已而果然."(「공자세가」 애공 3년 조)

187 애공 2년, 공자는 환퇴(桓魋)의 난을 당한 뒤 잠시 정나라[鄭]로 피신했다가 기어코 송나라[宋]로 들어가 사성정자(司城貞子)의 집에 유숙했다. 송나라에는 자신을

이 두 사건은 천하를 유력하는 동안 공자가 겪은 위난의 성격과 종류를 가리는 데 매우 중요한 관건이 되므로, 지면을 할애해 살펴봐도 무리한 일이 아닐 것이다.

㉮

먼저, 공자가 광 땅 부근에서 광인들에게 당했다는 난에 대해 보자. 일반적으로 '광인의 난'[ⓒ]이라고 하면, 공자가 위나라를 떠나 진나라를 향해 나아가다 조나라[曹]와 송나라[宋]의 접경 지대(이하 '조송曹宋 접경 지대'라 칭함-저자)에서 광인들에게 당한 난을 일컫는다. 공자가 송나라를 향해 다가오자, 이에 위협을 느낀[188] 송나라의 사마司馬 환퇴桓魋가 공자가 송나라에 들어오는 것을 차단하기 위해, 계략을 써서 공자를 제거하려 했다는 것이다. 이 난은 공자가 진나라와 채나라 사이에서 겪었던 '진채지액陳蔡之厄'[189]과 함께, 공자가 천하를 유력하던

---

죽이려 한 환퇴(桓魋)가 집정하고 있는 곳이다. 공자는 대담성과 함께 모험성도 다분했던 사람이었다. "孔子不悅於魯衛, 遭宋桓司馬將要而殺之, 微服而過宋, 是時孔子當阨, 主司城貞子爲陳侯周臣."(『맹자』「만장장구」상 8) 한편, 세가(정공 15년 조)에는 공자가 진나라에 도착한 후 사성(司城) 정자(程子)의 집에 투숙했다고 되어 있는데,[孔子遂至陳, 主於司城貞子家] 『맹자』의 기사와 내용이 다른 것은 이전(異傳)을 취했기 때문으로 보인다. ※ 이 사건을 세가 정공 15년 조에 기록한 것은 사마천의 오기이다. 정공 15년에는 위나라를 떠난 적이 없다. 이에 대해서는 정공 15년의 천하유력 참조.

188   확인할 수 있는 사실이 있는 것은 아니지만, 송나라는 은나라[殷]의 완민(頑民)을 모아 건립한 나라이고 공자는 은인(殷人)의 후예라고 한다. "周公旣承成王命誅武庚, 殺管叔, 放蔡叔, 乃命微子開代殷後, 奉其先祀, 作微子之命以申之, 國于宋."(「송미자세가」) "吾聞將有達者曰孔丘, 聖人之後也, 而滅於宋."(『좌전』소공 7년) 이 무렵 송나라는 경공(景公)의 무능 및 환퇴[司馬魋頹]와 공족(公族) 간의 대립으로 내우외환이 극심하였기 때문에, 공자가 송나라에 들어오게 되면 자신[魋頹]에게 쏠려 있는 경공(景公)의 총애와 송나라의 권력이 혹 공자에게 전해질까 두려워, 이와 같은 짓을 저질렀는지도 모르겠다.

189   이른바 '진채지액(陳蔡之厄)' 사건은 공자가 섭(葉) 땅에서 섭공(葉公)을 면담하고,(애공5년) 진나라[陳]를 경유하여 채나라[蔡]로 돌아가던 중,(애공 6년) 진나라와

때에 겪었던 난을 설명할 때 자주 인용되는 사건이다. 논어에도 이와 관련된 기사가 2조 전하며,[190] 『맹자』[191]와 『장자』(「추수秋水」)[192]에도

---

채나라의 국경 지대에서 진나라와 채나라의 대부들에게 고립되어 조난을 당한 난을 말한다. 이 무렵 초나라 소왕[楚昭王]은 오나라[吳]의 중원 경략[覇]을 저지하기 위해, 도성인 영(郢)을 떠나 성보(城父)에 나와 있다가, 공자가 이 부근에 있다는 소식을 듣고, 공자를 면담을 하기 위해 공자를 초빙하였다. 그러자 공자가 초소왕에게 출사를 하게 되면, 자신들의 영향력이 줄어들게 될까 걱정한 진나라와 채나라의 대부들이 공자 일행을 에워싸고 초소왕에게 나아가지 못하게 제지하였다. 이때 공자 일행은 진채(陳蔡)의 사이의 들에 갇혀 오도 가도 못하는 처지에서 굶주림과 병마에 시달리며 수 개월 동안 조난을 당했다고 한다. "在陳絶糧, 從者病莫能興."(「위령공」 1); "孔子遷于蔡三歲, 吳伐陳. 楚救 陳, 軍于城父. 聞孔子在陳蔡之間, 楚使人聘孔子. 孔子將往拜禮, 陳蔡大夫謀曰 '孔子 賢者, 所刺譏皆中諸侯之疾. 今者久留陳蔡之間, 諸大夫所設行皆非仲尼之意. 今楚, 大國也, 來聘孔子. 孔子用於楚, 則陳蔡用事大夫危矣.' 於是乃相與發徒役圍孔子於野. 不得行, 絶糧. 從者病, 莫能興."(「공자세가」 애공 6년 조); "孟子曰 '君子之戹於陳蔡 之間, 無上下之交也.'"(『맹자』「진심장구」 하 18). '진채지액(陳蔡之厄)'은 이때 공자가 당한 난을 말한다. 이 '진채지액(陳蔡之厄)' 사건은 『순자』「유좌」, 『공자가어』「재액」, 『한시외전』 권7, 『여씨춘추』「신인」, 『장자』「양왕」, 『설원』「잡언」, 『풍속통』「궁통」 등에도 기록되어 있을 정도로 당시 널리 회자된 사건이다. 자세한 것은 '애공 6년의 공자의 천하 유력'을 고찰할 때 설명하겠다.

190   "子畏於匡. 曰 '文王旣沒, 文不在玆乎? 天之將喪斯文也, 後死者不得與於斯文也. 天之未喪斯文也, 匡人其如予何.'"(「자한」 5); "子畏於匡, 顔淵後. 子曰 '吾以女爲死矣.' 曰 '子在, 回何敢死.?'"(「선진」 22)

191   "孔子不悅於魯衛, 遭宋桓司馬, 將要而殺之, 微服而過宋, 是時孔子當阨, 主司城貞子, 爲陳侯周臣."(『맹자』「만장장구」 상 8)

192   "孔子游於匡, 宋人圍之數匝, 而弦歌不輟. … (子路入見 曰 '何夫子之娛也?' 孔子曰 '來, 吾語女. 我諱窮久矣, 而不免, 命也; 求通久矣, 而不得, 時也. 當堯, 舜而天下無窮人, 非知得也; 當桀, 紂而天下無通人, 非知失也; 時勢適然, 夫水行不避蛟龍者, 漁父之勇也; 陸行不避兕虎者, 獵夫之勇也; 白刃交於前, 視死若生者, 烈士之勇也; 知窮之有命, 知通之有時, 臨大難而不懼者, 聖人之勇也. 由處矣! 吾命有所制矣!') … 無幾何, 將甲者進, 辭曰 '以爲陽虎也, 故圍之'; 今非也, 請辭而退.'"(『장자』「추수」 제4장) ※ 사마 환퇴가 광인을 사주하여 공자에게 위해를 가하려 했다는 이야기는 오직 『장자』「추수」에만 보인다.(강조점 부분 참조) 떠도는 이야기[寓言·卮言·重言]를 모아 편집한 『장자』의 기사를 근거로 공자가 당한 위난을 설명했다[통설]는 것이 선뜻 납득이 되지 않는다.

이와 관련된 일화가 전해오고 있다.

그런데 세가(정공 14년 조)에서는 '이 난[ⓐ]은 광인들이 공자 일행의 말을 엿듣고 스스로 일으킨 난'이라고 하였다. 통설通說에서 말하는 '광인의 난'[ⓒ]과 성격이 다르다.(통설에서는 '광인들이 환퇴의 사주를 받아 일으킨 난'이라고 하였다) 난을 당한 장소도 다르다. 통설에서 말하는 '광인의 난'[ⓒ]은 위나라의 남쪽에 위치한 조나라와 송나라의 접경 지역에서 일어나고 있지만, 정공 14년의 '광인의 난'[ⓐ]은 위나라의 서쪽에 위치한 위나라와 정나라의 접경 지역[匡]에서 일어나고 있다. 뿐만 아니라 '광인의 난'[ⓒ]이라고 하면 '사마 환퇴'가 반드시 등장해야 하는데, 정공 14년의 광인의 난[ⓐ]에는 환퇴에 관한 이야기가 전혀 등장하지 않는다. 무엇보다 '광인의 난'[ⓒ]이라고 하면 공자의 도착지가 어찌 되었든 진나라이어야 하는데, 정공 14년의 광인의 난[ⓐ]은 위나라로 되어 있다. 구속에서 풀려난 뒤 한 달 여를 인근 지역[蒲]을 배회하다 결국 위나라로 다시 돌아갔다고 되어 있다.

도대체 이 난은 어떤 난일까? 통설에서 말하는 '광인의 난'[ⓒ] 외에, 광인匡人에게 당한 또다른 난이 존재한다는 말인가?

**광인의 난의 정체**

| 구분 | 난의 명칭 | 난의 원인 | 일어난 장소 | 비고 |
|---|---|---|---|---|
| ⓒ | 통설 | 환퇴의 사주 | 위의 남쪽<br>조·송 접경 지대 | 환퇴와 광인<br>모두 등장 |
| ⓐ | 정공<br>14년의 난 | 광인의 자발적 선택 | 위의 서쪽<br>위·정 접경 지대 | 환퇴에 대한<br>기사가 없음 |

이해할 수 없는 것은 정공 15년 조에 또 하나의 난[환퇴의 난 ⓑ]이 기록되어 있다는 것이다. 그해 공자는 영공에게 모욕을 당하고 재차 위나라를 떠나 진나라를 향해 가다 조송 접경 지대에서 사마 환퇴에게 난을 당했다고 한다.

풀려난 공자는 포를 거쳐 1개월여 만에 다시 위나라로 돌아와 거백옥蘧伯玉의 집에 머물렀다. …… 위나라에 머문 지 1개월 여 지났을 때 영공은 부인[南子]과 함께 수레를 타고 환자 옹거雍渠를 참승參乘[수레에 함께 타는 호위]으로 삼아 (궁을 나오다 공자를 보자) 그를 차승次乘[참승의 조수]으로 태우고 흔들거리며 시내를 한 바퀴 돌아왔다. 그러자 공자가 말했다. "나는 여색을 좋아하는 것처럼 덕을 좋아하는 사람을 본 일이 없다." 영공을 미워한 공자는 위나라를 떠나 조나라[曹]로 갔다. 이해 노나라 정공이 죽었다. 공자는 조나라를 떠나 송나라로 갔다. (도중에) 큰 나무 아래에서 제자들과 예를 익히고 있는데, 송나라 사마 환퇴가 공자를 죽이려고 사람을 시켜 그 나무를 쓰러뜨렸다. 공자는 자리를 떴고 제자들도 '속히 떠나자'며 서둘렀다. …… 공자는 정나라로 갔으나 제자들과 서로 길이 엇갈려 동문東門 앞에 혼자 서 있었다. 어떤 정나라 사람[鄭人]이 자공에게 말하였다. …… 공자는 마침내 진나라에 이르러 사성司城 정자貞子의 집에 머물렀다.[193]

---

193    "去即過蒲. 月餘, 反乎衛, 主蘧伯玉家. ……居衛月餘, 靈公與夫人同車, 宦者雍渠參乘, 出, 使孔子為次乘, 招搖市過之. 孔子曰 '吾未見好德如好色者也.' 於是醜之, 去衛, 過曹. 是歲, 魯定公卒. 孔子去曹適宋, 與弟子習禮大樹下. 宋司馬桓魋欲殺孔子, 拔其樹. 孔子去. 弟子曰 '可以速矣.' ……孔子適鄭, 與弟子相失, 孔子獨立郭東門. 鄭人或謂子貢曰 …… 孔子遂至陳, 主於司城貞子家."(「공자세가」 정공 15년 조) ※ 『맹자』에는 진나라[陳]에 도착하기 전 송나라[宋]에서 사성(司城) 정자(貞子)의 집에 머

이해 노나라 정공이 졸했다. 정공은 재위 15년이 되던 해에 졸했으니,[194] 이 기사는 정공 15년에 일어난 사건의 기록이라고 볼 수 있다. 그런데 이 난[ⓑ]에는 '광인匡人'이 등장하지 않는다. '사마 환퇴의 난'이라면 당연히 '광인'도 함께 등장해야 하는데, 광인들이 환퇴의 사주를 받아 공자에게 위해를 가했다는 내용이 일체 등장하지 않는 것이다.

**정공 15년 조에 기록된 사마 환퇴의 난**

| 구분 | 내용 |
| --- | --- |
| 명칭 | 사마 환퇴의 난 |
| 난의 원인 | 공자가 송으로 들어오는 것을 막기 위해 |
| 장소 | 위의 남쪽에 위치한 조송 접경 지대 |
| 비고 | 광인匡人에 대한 언급 없음 |

이를 통설에서 말하는 '광인의 난'[ⓒ], 정공 14년 조의 기록된 광인의 난[ⓐ]과 함께 정리하면,

■ ⓒ통설에서 말하는 '광인의 난'
공자가 위나라를 떠나 조나라를 거쳐 송나라로 들어가다 조송 접경 지역에서 광인匡人들에게 당한 난. 이 난은 공자가 송나라로 들어오

---

물렀다고 되어 있다. "孔子不悅於魯衛, 遭宋桓司馬將要而殺之, 微服而過宋, 是時孔子當阨, 主司城貞子爲陳侯周臣."(『만장장구』 상 8) 이에 대해서는 앞에서 서술했다.

194  "壬申, 公薨于高寢."(『춘추경』 정공 15년) 이해는 주나라 경왕(敬王) 25년, b.c.495년이다. 이해 공자는 57세 되었다.

는 것을 싫어한 **송나라 사마 환퇴가 광인들을 사주하여 일으킨 난**이다. 이때 공자는 난을 피해 정나라로 피신했다가, 잠시 소요가 가라앉은 틈을 타, 미복(微服)차림으로 진나라를 향해 나아갔다고 한다. 이 이야기에는 '사마 환퇴'와 '광인'이 모두 등장한다.

- ○ [정의] 사마 환퇴가 광인들을 사주하여 일으킨 난
- ○ [난이 일어난 시점] 애공 2년[195]
- ○ [난이 일어난 장소] 위나라와 조나라의 접경 지대. 위나라의 남쪽
- ○ [난이 발생했을 때의 공자의 이동 경로] 위衛 → 진나라를 향해 나아감 → 조曹 → 조송曹宋 접경 지대 → ★ 광인의 난 → 정나라로 피신 → 미복 차림으로 진나라를 향해 나아감 → 마침내 진나라에 도착하여 사성정자司城貞子의 집에 투숙함[196]
- ○ [종착지] 진나라

■ ⓐ정공 14년 조에 기록된 '광인의 난'

위나라 영공의 감시를 피해 (무작정[197]) 위나라를 떠나 진나라를 향해 나아가던 중 광 땅 부근에 광인들에게 당한 난. 세가에 의하면

---

[195] 공자가 진나라[陳]에 도착한 것은 애공 2년이기 때문에 '애공 2년'이라고 한 것이다.

[196] 『맹자』에는 난을 당한 후 다시 송나라로 들어가 사성정자(司城貞子)의 집에 투숙한 후 진나라를 향해 나아갔다고 기록되어 있다. "孔子不悅於魯衛, 遭宋桓司馬將要而殺之, 微服而過宋, 是時孔子當阨, 主司城貞子爲陳侯周臣."(「만장장구」 상 8)

[197] 이해 공자가 위나라를 떠난 것은 어떤 계획 하에 결행한 것이 아니라 우발적인 것이라고 보아 이같이 표현했다. 근거는 "居頃之, 或譖孔子於衛靈公. 靈公使公孫余假一出一入. 孔子恐獲罪焉, 居十月, 去衛. 將適陳, 過匡顔刻爲僕, 以其策指之曰 ……."이다. 세가의 서술 기법을 고려할 때 이런 표현[將…]은 진나라로 가는 여정이 처음부터 결정된 것은 아니라는 사실을 반영한다.

이 난은 공자 일행이 나눈 대화를 **광인들이** 엿듣고 과거 양호에게 당한 치욕을 떠올리며 **스스로 일으킨 난**이라고 한다. 이때 공자는 녕무자寗武子의 도움으로 구속에서 풀려난 뒤, 포蒲 땅 부근을 한 달여 배회하다 위나라로 되돌아갔다고 한다. 이 기사에는 '사마 환퇴'에 대한 이야기가 일체 언급되어 있지 않다.

○ [정의] 광인들이 '독자적으로' 일으킨 난

○ [난이 일어난 시점] 정공 14년

○ [난이 일어난 장소] 위나라와 정나라의 접경 지대. 위나라의 서쪽

○ [난이 발생했을 때의 공자의 이동 경로] 위(衛) → 진(陳)을 향해 나아감 → 광匡 → ★ **광인의 난** → 녕무자寗武子 → 포蒲 → 위衛

○ [종착지] 위나라

■ ⓑ정공 15년 조에 기록된 '사마 환퇴의 난'

영공에게 모욕을 당하고 진나라를 행해 가다 조송 접경 지역에서 **송나라 사마 환퇴에게 습격을 받은 난**. 세가의 기사에 의하면 이때 사마 환퇴가 직접 군사를 인솔하였다고 한다. 이때 공자 일행은 급히 정나라으로 피신했다가 (잠시 소요가 가라앉인 틈을 타) 예정대로 진나라를 향해 나아갔다고 한다. 이 기사에는 '광인'에 대한 언급이 없다.

○ [정의] 사마 환퇴가 직접 군대를 동원하여 일으킨 난

○ [난이 일어난 시점] 정공 15년

○ [난이 일어난 장소] 위나라와 조나라의 접경 지대. 위나라의 남쪽

○ [난이 발생했을 때의 공자의 이동 경로] 위衛 → 진陳을 향해 나아감 → 조曹 → 조송曹宋 접경지대 → ★ **사마 환퇴의 난** → 정鄭 방향으로 피신 → 진陳을 향해 나아감 → 진陳에 도착하여 사성정자司城貞子의 집에 투숙함

○ [종착지] 진나라

| 구분 | ⓐ 정공 14년 | ⓑ 정공 15년 | ⓒ 통설 |
|---|---|---|---|
| 난의 명칭 | 광인의 난 | 사마 환퇴의 난 | 광인의 난 |
| 난의 주체 | 광인 | 환퇴 | 광인[환퇴] |
| 난의 장소 | 광<br>위나라 서쪽 | 조송 접경 지대<br>위나라 남쪽 | 조송 접경 지대<br>위나라 남쪽 |
| 난의 원인 | 광인이 독자적으로<br>일으킨 난 | 환퇴가 직접<br>군사를 이끌고 일으킨 난 | 환퇴의 사주에 의해<br>광인이 일으킨 난 |
| 도착지 | 위衛 | 진陳 | 진陳 |
| 공자의<br>이동 경로 | 위→광→★→포→위 | 위→조→조송접경→★→<br>정→진[사성정자] | 위→조→조송접경→★→정<br>→송[사성정자]→진 |

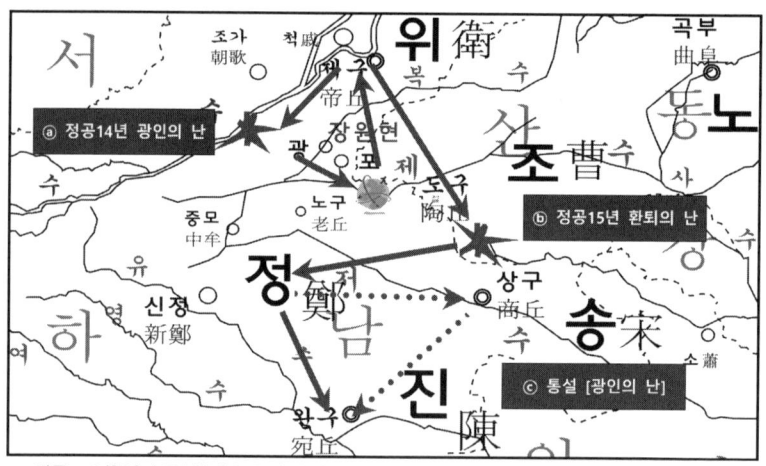

※ 정공 15년[ⓑ]와 통설[ⓒ]은 동선이 일치함. 단 정공 15년[ⓑ]에는 정(鄭)에서 바로 진(陳)으로 갔다고 되어 있으나, 통설[ⓒ]에서는 정(鄭)에서 송(宋)을 거쳐 진(陳)으로 갔다고 함. 한편 「공자세가」에서는 애공 2년에도 위(衛)에서 진(陳)으로 갔다고 하는데, 그때는 위(衛)에서 바로 진(陳)으로 갔다고 함.(애공 2년 조 참조)

정공 14년 광 땅에서 광인들에게 당했다는 난[ⓐ], 정공 15년 조송 접경 지대에서 환퇴에게 당했다는 난[ⓑ], 그리고 통설의 환퇴의 사주를 받은 광인들에게 당했다는 난[ⓒ]은 모두 별개의 사건일까? 그렇다면 통설의 '광인의 난'(혹은 '사마 환퇴의 난')[ⓒ]은 언제 어디서 일어난 난일까? 혹 종래에 알려진 '광인의 난' 외에, 제2·제3의 광인의 난이 있다는 말인가?

'광匡'이란 지명에 대해 『좌전』 문공 1년 조와 정공 6년 조에서는 모두 '정나라의 읍'이라고 하였다.

○ 『좌전』 문공 1년
진晉 문공文公 말년, 제후들이 진나라에 가서 조견朝見을 하는데, 위나라 성공成公은 조견을 하러 가지 않고, (오히려) 공달孔達을 보내 정나라를 침벌[侵攻]하여, 면緜 땅과 자訾 땅을 취하고 광匡 땅에 이르렀다.[198]

○ 『좌전』 정공 6년
2월에 정공이 정나라를 침공하여 광匡을 취했다. 진晉을 위해 정나라가 서미胥靡를 친 것을 징벌한 것이다. (공벌하러) 갈 때 위나라에 길을 빌리지 않았고, 돌아올 때는 양호가 계씨와 맹씨에게 위나라의 남문南門으로 들어가 동문東門으로 나와 돈택豚澤에 머물게 했다. 그러자 위후衛侯가 노하여 미자하를 보내어 노나라 군사를 추격하게 했다.[199]

198   "晉文公之季年, 諸侯朝晉. 衛成公不朝, 使孔達侵鄭, 伐緜·訾, 及匡."(『좌전』 문공 1년)
199   "二月, 公侵鄭, 取匡, 爲晉討鄭之伐胥靡也胥靡. 往不假道於衛. 及還, 陽虎使季·孟自南門入, 出自東門, 舍於豚澤. 衛侯怒, 使彌子瑕追之."(『좌전』 정공 6년)

그런데 『춘추경』 희공 15년 조에 인용된 두예의 주에는 광匡은 위나라의 땅이라고 되어 있다.

○ 『춘추경』 희공 15년
3월에 희공이 제후齊侯·송공宋公·진후陳侯·위후衛侯·정백鄭伯·허남許男·조백曹伯과 회합會合하여 모구牡丘에서 결맹結盟하고 드디어 광匡에 주둔했다.[200]

○ 두예杜預의 주注
광匡은 위나라의 땅으로 진류陳留 장원현長垣縣 서남쪽에 있다.[201]

**광 땅의 소재지에 대한 사서의 기록**

| 출전 | 기사 | 광匡의 소재 |
|---|---|---|
| 『좌전』 문공 1년 | 위衛 성공成公이 정鄭을 침벌하여 광匡 땅에 이르다. | 정鄭 |
| 『좌전』 정공 6년 | 노魯 정공定公이 위衛를 경유해 정鄭을 침공하여 광匡을 취하다. | 정鄭 |
| 『춘추경』 희공 15년 조의 두예의 주 | 광匡은 위衛의 땅으로 진류陳留 장원현長垣縣 서남쪽에 있다. | 위衛 |

희공 때에는 위나라 땅이었는데, 문공 때부터 정나라 땅이 된 것일까? 어쨌든 공자가 진나라를 향해 가던 때와 시기적으로 가장 근접한 『좌전』 정공 6년 조의 기사에, '노나라가 위나라의 영내를 가로

---

200 "三月, 公會齊侯·宋公·陳侯·衛侯·鄭伯·許男·曹伯盟于牡丘, 遂次于匡."(『춘추경』 희공 15년)
201 "匡, 衛地, 在陳留長垣縣西南."(『춘추경』 환공 3년 조의 "夏, 齊侯衛侯胥命于蒲."에 대한 두예의 주 참조)

질러 정나라를 침공하여 광 땅을 취했다'고 했으니,[202] 공자가 위나라를 떠나 진나라로 가던 때[정공 14년]에는 정나라의 땅이 되어 있었을 것이다. 그리고 이 무렵 위나라에서 진나라로 가는 코스는 정공 14년 조와 15년 조의 기사에 의하면,

정나라를 경유하는 코스 : 위衛 → 정鄭 → 진陳

조나라와 송나라를 경유하는 코스 : 위衛 → 조曹 → 송宋 → 진陳

등 두 코스가 있었던 것 같다.[203] 그래서 정공 14년에는 정나라를 경유해 진나라로 가려 했고,[204] 정공 15년에는 조나라와 송나라를 경유해 진나라로 갔을 것이다. 정공 15년에 조송曹宋 국경 지역에서 갑자기 방향을 바꿔 정나라 쪽으로 간 것은, 세가에도 나와 있지만, 환퇴의 난을 피해 부득이 도피해 간 것이니,[205] 예정에 없던 경로라고 봐야 한다.

---

202　"二月, 公侵鄭, 取匡, 爲晉討鄭之伐胥靡也. 往不假道於衛, 及還, 陽虎使季孟自南門入, 出自東門, 舍於豚澤, 衛侯怒, 使彌子瑕追之."(『좌전』 정공 6년)

203　정나라를 경유해 진나라로 가는 코스[鄭→陳]가 실제로 존재했는지는 알 수 없다. 이에 대해서는 '포인(蒲人)의 난'을 설명하는 곳에서 다시 설명하겠다.

204　물론 이해에 공자가 진나라를 향해 간 것은 처음부터 어떤 계획 하에 행한 것이 아니다. 위나라를 떠났다가 도중에 '갑작스럽게' 결정된 것이다. 따라서 정나라를 거쳐 진나라로 가려 했다는 것은 사실이 아니다. 다만 여기서는 세가의 기록을 따라 이같이 표기했을 뿐이다. 진나라로 가려 했다면 당연히 조나라와 송나라를 거치는 여정[衛→曹→宋→陳]을 잡았을 것이다.

205　"孔子去曹適宋, 與弟子習禮大樹下. 宋司馬桓魋欲殺孔子, 拔其樹. 孔子去. 弟子曰 '可以速矣.' 孔子曰 '天生德於予, 桓魋其如予何!' 孔子適鄭, 與弟子相失, 孔子獨立郭東門."(「공자세가」 정공 15년 조)

그렇다면 정공 14년에 광 땅에서 만났다는 난[ⓐ]과 정공 15년에 조송 접경지대에서 만났다는 사마 환퇴의 난[ⓑ]은 별개의 난일 것이다. 광 땅 부근에서 난을 만나 광인들에게 구금되었다면,[ⓐ] 이때 공자가 난을 당한 지역은 위나라와 정나라의 접경 지역이 되는데,(위나라의 서남쪽), 정공 15년 조에 기록되어 있는 대로 공자가 조나라와 송나라를 경유하여 진나라로 갔다면,[ⓑ] 공자 일행은 이 지역을 거쳐갈 수 없게 된다.[206] 통설에서 말하는 경로[ⓒ] 상에도 이 지역을 경유했다는 기록이 없다.

ⓐ 정공 14년 조에 기록된 공자의 유력 경로
　위衛 → 위나라 **서쪽** 국경 → 광匡 → 난을 당함

ⓑ 정공 15년 조에 기록된 공자의 유력 경로
　위衛 → 위나라 **남쪽** 국경 → 조曹 → 조송曹宋 접경지역 → 난을 당함

ⓒ 통설에서 말하는 공자의 유력 경로
　위衛 → 위나라 **남쪽** 국경 → 조曹 → 조송曹宋 접경지역 → 난을 당함

또 광인에게 억류되어 있다가 풀려난 뒤, 위나라로 되돌아가기 전

---

206　물론 공자가 이 지역을 거쳐갈 수는 있다. 그런데 이곳을 경우하려면, 남쪽에 있는 조나라 및 송나라 방향으로 한참 내려 가다, 도중에 길을 돌려 서북쪽으로 수 천리를 거슬로 올라가 광(匡) 땅 부근에서 난을 당하고, 다시 왔던 길을 되돌아 내려가 조나라와 송나라의 접경 지역에서 환퇴(桓魋)의 난을 다시 당해야 한다. 위(衛)→[南行]→조(曹)→[**서북** 방향으로 **수천 리** 이동]→광(匡)→광인(匡人)의 난[★]→……→[**동남** 방향으로 **수천 리** 이동]→조송(曹宋) 접경지대→사마환퇴(司馬驩頹)의 난[★]→정(鄭)→[宋]→진(陳). 하지만 아무리 길 눈이 어두운 여행자라도 이런 여정을 택하지는 않을 것이다. 게다가 광(匡) 땅 부근은 후술하겠지만 당시 무수히 많은 난이 일어나던 곳이다. [259 쪽의 지도 참조].

에 경유했다는 포蒲 땅이, 사서史書에 기록된 대로, 만일 정나라와 국경을 맞대고 있는 위나라의 서·남쪽 국경 지역에 있던 읍이라면, 이 지역 또한 정공 15년의 경로[ⓑ]와는 맞닿을 수 없다.

● 두예의 주
**[기사]**『춘추경』환공 3년 조에 "여름에 제후齊侯와 위후衛侯가 포蒲에서 서명胥命하였다."²⁰⁷라 했는데, 그 주注[杜預]에 "서명胥命은 약속한 말을 되풀이해 서로 명命하기만 하고 피는 마시지[歃血] 않는 것이다. 포는 위나라 땅으로, 진류陳留 장원현長垣縣 서남西南에 있다."라 되어 있다.²⁰⁸
**[함의]** 포蒲는 위나라에 속한 읍邑이다.

● 공자세가
**[기사]** 애공 2년, 공자는 진나라를 떠났다. 포蒲를 지날 때 마침 공숙씨公叔氏가 포에서 반란을 일으켰기 때문에 포인蒲人이 공자를 억류하였다. ……싸움이 격렬해지자 포인은 겁이 나서 공자에게 제안하였다. "만약 위나라로 돌아가지 않는다면 그대를 내 보내 주겠다." 공자가 맹세를 하자 공자를 동문으로 내 보냈다. 그러나 공자는 끝내 위나라로 들어갔다.²⁰⁹
**[함의]** 포蒲는 위나라의 도성의 서쪽에 있다.

---

207 "夏, 齊侯·衛侯胥命于蒲."(『춘추경』환공 3년 조)
208 "申約言以相命而不歃血也. 蒲, 衛地. 在陳留長垣縣西南."(두예 주)
209 "過蒲, 會公叔氏以蒲畔, 蒲人止孔子. ……鬥甚疾, 蒲人懼, 謂孔子曰 '苟毋適衛, 吾出子.' 與之盟, 出孔子東門. 孔子遂適衛."(「공자세가」애공 2년 조)

**포蒲 땅의 소재지**

| 연도 | 기사 | 함의 |
|---|---|---|
| 두예의 주 | 포蒲는 위衛의 땅으로 진류陳留 장원현長垣縣 서남쪽에 있다. | 포는 위의 읍이다 |
| 공자세가 | 공숙씨는 공자 일행을 위衛의 동문東門으로 내 보냈다. | 포는 위의 도성의 서쪽에 있다 |
| 통설 | 공자 일행은 위衛의 남쪽에 있는 조曹와 송宋을 거쳐 진陳으로 갔다. | 이런 여정이라면 공자는 포를 경유할 수 없다 |

　게다가 통설에서는 난[ⓑ]을 당한 뒤 어찌 되었든 마침내 진나라에 도착했다고 했지만, 정공 14년 조의 기사에서는 난[ⓐ]을 당한 뒤 위나라로 되돌아갔다고 했다. 말하자면 통설이나 정공 15년 조에 기록된 '광인의 난' 혹은 '사마 환퇴의 난'은 진나라를 향해 나아가다 당한 난이지만, 정공 14년에 당한 난은 진나라로 가는 여정과는 관계가 없고 위나라로 되돌아가던 도중에 당한 난이라는 말이다.[210] 그런 점에서도 이 두 난은 서로 어울릴 수 없는 난이다.

---

[210]　물론 세가 정공 14년 조에는 이같이 되어 있지 않다. 거기에서는 공자가 진나라를 향해 가다 광(匡) 땅에서 난을 당했다고 했다. "**將適陳**, 過匡顏刻為僕, 以其策指之曰 '昔吾入此, 由彼缺也.' 匡人聞之, 以為魯之陽虎. 陽虎嘗暴匡人, 匡人於是遂止孔子." 그러나 이 난은 진나라를 향해 가다 당한 난이 아니다. 이에 대해서는 잠시 뒤에 자세히 고찰하겠다.

ⓐ정공 14년, ⓑ정공 15년, ⓒ통설의 이동 경로 비교

| 연도 | 진행 방향 | 난이 일어난 곳 | 경유지 | 도착지 |
|---|---|---|---|---|
| ⓐ 정공 14년 | 서 | 위의 서쪽 | 위→광→포→위 | 위衛 |
| ⓑ 정공 15년 | 남 | 위의 남쪽 | 위→조→송→정→진 | 진陳 |
| ⓒ 통설 | 남 | 위의 남쪽 | 위→송→정→[송]→진 | 진陳 |

그렇다면 정공 14년에 공자가 당했다는 난[ⓐ]은 어떤 난인가? 정공 15년의 난[ⓑ]과 통설에서 말하는 '광인의 난'[ⓒ]은 경로가 일치하므로, 정공 15년에 공자가 위나라를 떠난 적이 없다는 것만 입증되면, 정공 15년의 '사마 환퇴의 난'[ⓑ]은 통설에서 말하는 '광인의 난'[ⓒ]의 착오 혹은 오기라고 정정할 수 있겠지만, 정공 14년의 난[ⓐ]은 별개의 난이기 때문에 그 진실이 밝혀져야 하는 것이다.[211]

---

211 ▲세가에서는 공자가 3번에 걸쳐 위(衛)에서 진(陳)을 향해 나아갔다고 했지만,[정공 14년, 정공 15년, 애공 2년] 이것은 사마천의 착오이다. 공자는 정공 14년과 애공 2년에 위(衛)를 떠나 진(陳)을 향해 나아갔을 뿐이다. 그 중 한 번은 도중에 가던 길을 되돌려 위(衛)로 돌아왔고, 나머지 한 번은 마침내 진(陳)에 도착했다. 전자는 정공 14년에 있었고 후자는 애공 2년에 있었다. 통설[ⓒ]에서 말하는 '광인의 난' 혹은 '사마 환퇴'의 난은 애공 2년 영공[衛靈公]의 죽음이 임박해 오자, 정난에 휘말릴까 두려워 급히 위(衛)를 떠나 진(陳)을 향해 나아가다, 조송(曹宋) 접경지대에서 송(宋)의 사마(司馬) 환퇴(桓魋)에게 당한 난이다.(물론 환퇴에게 직접 난을 당한 것은 아니고, 환퇴의 사주를 받은 광인에게 난을 당했다. 정공 15년에는 위衛를 떠난 적이 없기 때문에 난을 당할 하등의 이유가 없다. 이에 대해서는 후술-저자) ▲ 한편, 세가에서는 공자가 천하 유력 기간 중에 광(匡) 땅 부근에서 2번 난을 당했다고 하였지만,(①정공 14년. 이때 공자는 위衛에서 진陳을 향해 나아가다 국경 지역의 치안 상태가 불안하다는 소식을 듣고 위衛로 되돌아가던 중이었다. ②애공 2년. 이 무렵 공자는 진陳에 머물고 있었는데, 오吳·초楚·진晉 등이 연이어 진陳을 공격하자, 진陳을 떠나 위衛로 돌아가는 중

이 난의 정체를 규명하기 위해서는 이 무렵 이 부근에서 일어난 난과 소요를 모두 살펴야 한다. 다음은 『춘추경』에 기록된 정공 13년부터 정공 15년 사이에 일어난 난과 정치적 사건을 모두 정리한 것이다.

- ● 정공 13년
  - ○ 13-a. 13년 봄 제후와 위후가 수가垂葭에 주둔하였다.[十有三年春, 齊侯衛侯次于垂葭.212]
  - ○ 13-b. 위나라의 공맹구公孟彄가 군대를 거느리고 가서 조나라를 토벌하였다.[衛公孟彄帥師伐曹.]
  - ○ 13-c. 가을에 진나라의 조앙趙鞅이 진양晉陽으로 들어가서 배반[叛]하였다. 겨울에 진나라의 순인荀寅·사길석士吉射이 조가朝歌로 들어가서 배반하였다. 진나라의 조앙이 진나라로 돌아왔다.[秋, 晉趙鞅入于晉陽以叛. 冬, 晉荀寅士吉射入于朝歌以叛. 晉趙鞅歸于晉.]
  - ○ 13-d. 설나라[薛]에서 그 임금 비比가 시해되었다.[薛弑其君比.]

---

이었다고 한다. 이때 위衛를 향해 나아가다 광匡 땅 부근의 포蒲 땅에서 공숙씨公叔氏에게 난을 당했다고 한다. 일명 '포인蒲人의 난'으로 불리는 난이다. 이 난에 대해서는 후술-저자) 이것은 사마천의 착오이다. 아무리 길눈이 어두운 여행자라도, 경유지의 치안 상태가 불안하다는 것을 뻔히 알면서, 같은 곳을 경유하는 여정을 잡지는 않을 것이다.(당시 광 땅 주변에서는 무수히 많은 난이 있었다. 이에 대해서는 앞에서 설명했다-저자) 게다가 공자는 불과 2~3년 전[정공 14년]에 그 부근에서 난(세가에서 말하는 '광인의 난'-저자)을 겪지 않았는가? ▲ 공자가 광(匡) 땅 부근에서 난을 당한 것은 정공 14년 단 1회 뿐이다. 다만 정공 14년 광 땅 부근에서 일어난 난은, (후술하겠지만) 여러 정황상 광인이 일으킨 난이라고 보기 어렵기 때문에, 이 난에 광인(匡人)들이 개입했는지는 확신하기 어려운 면이 있다.(애공 2년에는 분명히 개입했을 것이다. 그래서 통설과 같은 '사마 환퇴의 난' 혹은 '광인의 난' 같은 말이 있는 것이다. 이에 대해서는 후술-저자) 그래서 이 난의 정체에 대해 고찰하려 하는 것이다. 이하 이에 대해 서술했다.

212  '수가(垂葭)'는 위나라의 땅이다. 그 전[『좌전』]에 "十三年春, 齊侯衛侯次于垂葭, 實郹氏."라 했다. 이하의 인용문은 모두 『춘추경』에서 인용하였다.

● 정공 14년

○ @ 14-a. 14년 봄에 위나라의 공숙수가 우리나라[魯]로 도망해 왔다. 위나라의 조양이 송나라로 달아났다.[十有四年, 春, 衛公叔戌來奔. 衛趙陽出奔宋.]

○ 4-b. 2월 신사일에 초나라 공자 결과 진나라 공손타인이 군대를 거느리고 가서 돈頓을 격멸하고 돈자頓子 장牂을 데리고 돌아갔다.[二月辛巳, 楚公子結陳公孫佗人帥師滅頓, 以頓子牂歸.]

○ @ 14-c. 여름에 위나라의 북궁결北宮結이 우리 나라[魯]로 도망해 왔다.[夏, 衛北宮結來奔.]

○ 14-d. 정공이 제후·위후와 견牽에서 회합하였다.[公會齊侯衛侯于牽.][213]

○ 14-e. 가을에 제후와 송공이 조洮에서 회합하였다.[秋, 齊侯宋公會于洮][214]

○ @ 14-f. 위나라 세자 괴외가 송나라로 달아났다.[衛世子蒯聵出奔宋.]

○ @ 14-g. 위나라 공맹구가 정나라로 달아났다.[衛公孟彄出奔鄭.]

○ @ 14-h. 송나라 경공의 아우 진이 소蕭에서 우리나라[魯]로 도망해 왔다.[宋公之弟辰自蕭來奔.]

○ 14-i. 비포比蒲에서 군사 훈련을 대대적으로 거행하였다.[大蒐于比蒲.]

○ 14-j. 주자가 와서 정공과 회합하였다.[邾子來會公.]

○ 14-k. 거보莒父와 소霄에 성을 쌓았다.[城莒父及霄.]

---

213 '견(牽)'은 위나라[衛]의 땅이다.
214 '조(洮)'는 조나라[曹]의 땅이다.

- 정공 15년
  - @ 15-a. 정나라의 한달韓達이 군대를 거느리고 가서 송나라를 토벌하였다.[鄭罕達帥師伐宋.]
  - @ 15-b. 제후齊侯와 위후衛侯가 거제渠蒢에 군대를 주둔시켰다.[齊侯衛侯次于渠蒢.]
  - 15-c. 겨울에 칠漆에 성을 쌓았다.[冬, 城漆.]

| 번호 | 인물 | 이동경로 | 출전 |
|---|---|---|---|
|  | 공자 | 위 → 광 → 포★ → 위 | 세가 정공 14년 |
| 1 | 공숙수 | 위 → 노 → 포★ | 좌전 정공 14년 |
| 2 | 조앙 | 위 → 송 | 좌전 정공 14년 |
| 3 | 북궁결 | 위 → 노 | 좌전 정공 14년 |
| 4 | 괴외 | 위 → 송 → 진晉 | 좌전 정공 14년 |
| 5 | 공맹구 | 위 → 정 → 제 | 좌전 정공 14년 |
| 6 | 송 공자 지 | 송 → 진 → 소蕭★ → (노) → 정 → ★ | 좌전 정공 14, 15년 |
| 7 | 한달 | 정 → 노구 → ★ | 좌전 정공 15년 |
| 8 | 환퇴 | 송 → 노구 → ★ | 좌전 정공 15년 |
| 9 | 제후·위후 | 제·위 → 거니遽挐 → ★ | 좌전 정공 15년 |
| 10 | 조간자 | 진양 → 조가·한단 → ★ | 좌전 정공 13, 14년 |

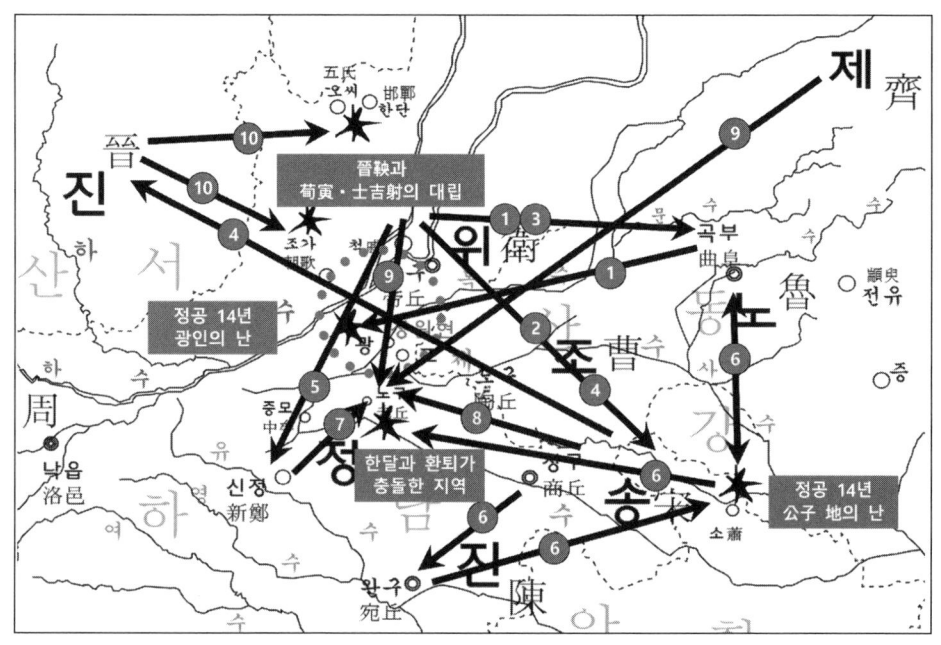

이 가운데 특히 주목해야 할 것이 [@](밑줄) 표시를 한 정공 14년 조의 공숙수·조양·북궁결, 그리고 괴외·공맹구 등의 탈주 사건이다. 이들은 정공 14년 위나라에서 있었던 공숙수 및 괴외의 정변과 관련하여 위나라를 떠났던 인물들이다. 이때 공숙수는 노나라로, 조양은 송나라로, 북궁결은 노나라로, 그리고 괴외는 송나라로, 공맹구는 정나라로 달아났다고 한다.

| 성명 | 소속 | 망명처 | 출전 |
|---|---|---|---|
| ① 공숙수 | 위의 공자 | 노 → 포 | 좌전 정공 14년 |
| ② 조양 | 공숙수의 당여 | 송 | 좌전 정공 14년 |
| ③ 북궁결 | 공숙수의 당여 | 노 | 좌전 정공 14년 |
| ④ 괴외 | 영공의 태자 | 송 → 진晉 | 좌전 정공 14년 |
| ⑤ 공맹구 | 괴외의 당여 | 정 | 좌전 정공 14년 |

사견이지만 이들의 탈주 사건이 정공 14년 공자가 광匡에서 당했다는 난에 관련되어 있지 않을까 상상한다.²¹⁵ 국내에서 난을 일으키고 외국으로 피해 달아났다면 쫓기어 달아나는 무리와 그들을 쫓는 무리가 곳곳에서 다투며 분주하게 이동했을 것이다. 그 가운데 한 무리가 광匡 땅 인근에 근거지를 마련하고 위나라에 대항하여 난을 도모하다 공자를 구속한 것은 아닐까 하는 상상이다.

그런데 세가에는 이들 난ⓐ광인의 난·ⓑ사마 환퇴의 난 외에 또 하나의 난이 애공 2년 조에 기록되어 있다. 바로 포蒲를 근거로 모반한 공숙씨公叔氏의 난[ⓓ]이다. 공숙씨는 정공 14년에 남자南子의 무리를 제거하려다 실패하여 노나라로 분주한 공숙수公叔戌를 말한다. 그 기사를 요약하면 다음과 같다.

공자는 정공 15년[b.c.494] 진나라[陳]에 도착하여, 그때부터 3년 간 진나라에 체재했다. 그런데 진나라가 진晉·초楚·오吳 등 강대국에 의해 계속 침공을 당하자 생명의 위협을 느끼고 다시 진나라를 떠나 위나라로 돌아가게 되었다. 이때가 애공 2년[b.c.493]이다. <u>그런데 진나라를 떠나 위나라로 가는 도중에 포蒲 땅 근처에서 우연히 공숙씨의 모반 사건을 만나 한 동안 포위되는 난을 겪었다.</u> 그때 공자는 위나라로 가지 않겠다는 약속을 하면 바로 포위를 풀겠다는 공숙씨와 그렇게 하

---

215   물론 이때 공자가 당한 난은 광인(匡人)의 난이 아니다. 후술하겠지만 그것은 포인(蒲人)의 난이다. 「공자세가」에는 포인의 난이 애공 2년 조에 일어났다고 기록되어 있지만, 그것은 연대 상의 착오로 인한 오기이다. 본고에서는 「공자세가」의 기록을 따라 공자의 일생을 서술하였기 때문에 이같이 기술하였을 뿐이다. 본 장의 마지막 부분에서 사건의 자초지종을 총결하면서 바로잡겠다. 번거롭게 한 점 독자의 양해를 바란다.

겠다는 맹세를 하고 위나라로 들어갔다. 공자가 다시 온다는 소식을 듣자 영공은 교외郊外에까지 나와 영접했다. 이때 공자는 영공이 도의道義의 정치를 펼칠 뜻을 보이자 정치적 자문을 하기도 했다. 그런데 영공은 정치에 대해 관심이 없었다. 위나라의 정치는 여전히 남자南子 무리의 손아귀에 있었다. 그래서 공자는 (출사를 포기하고) 재야在野에서 석경石磬을 연주하기도 하고, 사 양자師襄子에게 고금鼓琴을 배우기도 했다. 그 무렵 조간자趙簡子가 개혁 정치를 한다는 소식을 접하고 조간자를 만나기 위해 진晉을 향해 떠난 적도 있다. 그 뒤 영공이 '병진兵陳'에 대해 묻고, 자신을 불러놓고는 자신의 존재를 무시하는 행동을 보이자, 그 해(애공 2년) 다시 진나라로 돌아갔다.[216]

그런데 여기[애공 2년 조]에 열거된 사건들은 1년 동안에 일어났다고 보기에는 그 양이 지나치게 많다. 또한 진나라와 위나라는 중원의 남과 북에 위치하여 (노년의 공자로서는) '1개월'만에[217]에 도착할 수

---

216　이상 「공자세가」 애공 2년 조를 참조하여 서술함.

217　1개월이라 한 것은 다음 근거에 의한 추론이다. 세가에 의하면 공자는 이해 진나라를 출발하여 위나라에 도착했고, 영공(靈公)이 죽은 4월 이전에 위나라를 떠났다고 한다. "他日, 靈公問兵陳. 孔子曰 '俎豆之事則嘗聞之, 軍旅之事未之學也.' 明日, 與孔子語, 見蜚鴈, 仰視之, 色不在孔子. 孔子遂行, 復如陳. 夏, 衛靈公卒, 立孫輒, 是爲衛出公."(「공자세가」 애공 2년 조) 그런데 공자는 ①위나라에 도착하기 전 포(蒲) 땅에서 공숙씨(公叔氏)에게 구속되는 난을 겪고, ②위나라에 도착한 후에는 공숙씨(公叔氏)의 난에 대한 영공(靈公)의 자문에 응하고, ③수차례의 만남을 통해 영공에게 자신을 등용할 뜻이 없음을 확인한 후 도성을 떠나 재야에 있으면서, ④필힐(佛肸)의 초빙에 응할 것인지 여부를 여러 날 고민하고, ⑤석경(石磬)을 치다 하괴이과문자(荷蕢而過門者)에게 기롱을 당하고, ⑥악사(樂師)인 양자[師襄子]에게 금(琴)을 연주하는 법을 배우고, ⑦조간자(趙簡子)에게 유세(遊說)하기 위해 위진(衛晉) 접경지역[黃河]에까지 다녀오고, 이후에도 ⑧영공에게 자신을 쓸 의사가 있는지 계속 타진하고, ⑨영공에게

있는 거리도 아니다. 뿐만 아니라 이때의 영공은 죽음이 임박하여 정사를 돌볼 만한 상황이 아니었다.[218] 곧 죽을 사람에게 자신을 등용할 뜻이 있는지 의사를 타진했다는 것도 이상하지만, 공자가 다시 온다고 하자 국경에까지 나아가 영접했다는 것도 천수를 다한 영공의 기력을 생각하면 이해하기 어렵다. 무엇보다 이해 공자가 진나라를 출발해서 위나라로 왔다(세가에 의하면 공자는 지난 3년간 진나라에 체재했다고 한다-저자)는 것도 「위강숙세가」나 「진기세가」에는 보이지 않는다. 오직 「공자세가」에만 기록되어 있을 뿐이다. 진위 여부가 의심스러운 기사이다. 이 밖에도 근거가 없거나 혐의가 있는 기사들이 있다. 본문에는 서술하지 않았지만, 필힐佛肸이 중모中牟를 근거로 모반하고 공자를 불렀다는 것, 공자가 조간자趙簡子를 만나기 위해 진나라[晉]를 향해 떠났다는 것 등도 사실史實과 다른 것이다.[219]

---

자신을 등용할 뜻이 없음을 최종적으로 확인한 후 위나라를 떠나 진나라로 가는 도중에 영공이 죽었다는 소식을 들었다고 한다. 영공은 애공 2년 여름 4월에 죽었다. 이 4개월 안에 이 모든 일정을 소화할 수 있을까? 그해 공자의 나이는 61세였다. 건강한 청년이라도 이 여정[陳→衛→陳]을 수행하기 어렵다. 게다가 공자는 위나라에 당도하기 전 포(蒲) 땅에서 난을 겪었다. 진나라와 위나라는 중원의 남쪽과 북쪽에 위치해 있어서, 위나라에 도착한 후 바로 진나라를 향해 출발했다 해도, (공자의 나이를 고려할 때) 4개월 안에 진나라에 이 여정을 소화하기 힘들다. 서두에서 '1개월'이라 한 것은 이 모든 여정을 고려한 것이다. 세가 애공 2년 조의 기사는 믿기 어렵다.

218     영공은 노나라 애공 2년 4월에 죽었다. "夏 四月 丙子, 衛侯元卒."(『춘추경』 애공 2년) 그런데 여름 4월에 죽은 영공의 장례가 6개월이나 지난 겨울 10월에 치러지고 있다. "冬 十月, 葬衛靈公."(『춘추경』 애공 2년) 너무 늦다. 혹 이때 어떤 정치적 변고가 있지 않았을까 상상한다.

219     ▲공자는 진앙(晉鞅)[趙簡子]에 대해 매우 비판적이었다. 예를 들어, 진앙이 양호(陽虎)를 받아들였을 때 "조씨(趙氏)[趙簡子]는 아마도 대대로 화(禍)가 있을 것이다"[『좌전』 정공 9년: "仲尼曰 '趙氏其世有亂乎'"]라 하였고, 한단 오(邯鄲午)[趙午]를 죽였을 때에는 "가을에 진나라 조앙(趙鞅)이 진양(晉陽)으로 들어가서 배반(背叛)하였다"[『좌전』 정공 13년: "秋, 晉趙鞅入于晉陽以叛."]라고 했다. 조오(趙午)의 잘못으로

이 문제를 바로잡기 전에, 생각을 정돈하기 위해 정공 13년에서 부터 애공 2년 사이의 행적을 다시 정리해 보겠다.(이하의 기사는 실제 일어난 일과는 다르나 비판을 위해 세가의 기사를 그대로 인용했다-저자)

- 정공 13년
  그해 말 노나라를 떠나 위나라에 도착하다.

- 정공 14년
  영공을 알현하고 공양지사供讓之仕로 출사하다. 10여 개월만에 위나라를 떠나다. 진나라를 향해 나아가다 광匡 땅 부근에서 난을 만나 위나라로 되돌아가다. 위나라에 돌아와 남자南子를 면담하다.

- 정공 15년
  영공에게 모욕을 당하고 위나라를 떠나 조나라로 가다. 이해 노나라 정공이 죽다.[220] 조나라를 지나 송나라 국경 부근에서 제자들과 시서집례詩書執禮

인해 죽은 것인데도 '대부를 함부로 죽였다'는 이유로 "배반하였다"[叛]라고 폄하했다. 이때 진앙은 동남 경략(東南經略)[晉의 三分, 趙의 建國]에 온 힘을 경주하고 있었다. 이에 대해서는 애공 2년의 공자의 천하 유력을 고찰하는 곳에서 자세히 설명하겠다. 진앙은 공자가 생각한 정치의 본령과 결이 다른 정치관을 갖고 있던 사람이다. 그런 사람에게 도의의 정치를 기대하고 가려 했다는 것이 이해가 되지 않는다. ▲또 필힐(佛肸)이 중모(中牟)를 근거로 진앙(晉鞅)을 배반한 사건은 『좌전』의 기록에 의거할 때, 애공 2년이 아니라 애공 5년(혹은 6년)에 일어났을 가능성이 크다. 『좌전』에는 '중모(中牟)'라는 지명이 2번 보이는데, 정공 9년과 애공 5년에 보인다. "진나라[晉] 전차[兵車] 천승(千乘)이 중모(中牟)에 주둔하고 있었다."[定公 9년: "晉車千乘在中牟."]; "여름에 조앙(趙鞅)이 위나라를 토벌하였으니, 이는 범씨(范氏) 때문이었다. 드디어 중모(中牟)를 포위하였다."[애공 5년: "夏, 趙鞅伐衛, 范氏之故也. 遂圍中牟."] 이에 대해서는 애공 2년의 공자의 천하 유력을 고찰하는 곳에서 설명하겠다.

220 「공자세가」 정공 14년 조에는 정공 15년 조의 행적이 일부 포함되어 있다. 당시 공자는 위나라에 도착하여 10개월 여를 공양지사(供讓之仕)로 지내다 영공과 사이가 벌어져 위나라를 떠났다고 한다. 그 뒤 진나라를 향해 나아가다 광(匡) 땅에서 5일 간

를 익히고 있는데 갑자기 송나라 사마 환퇴가 군대를 이끌고 나타나 위협하다. 이에 정나라로 피신한 뒤 소요가 가라앉은 틈을 타 진나라로 가다.

● 정공 15년부터 애공 2년까지

마침내 진나라에 도착하다. 진나라에 도착한 후 혼공湣公의 자문에 응하다. 이후 3년 동안 진나라에 체재하다.

● 애공 2년

진晉·초楚·오吳가 계속해서 진나라를 공격하자 신변을 위협을 느끼고 위나라를 향해 떠나다. 포蒲 땅을 지나다 공숙씨公叔氏의 난을 만나다. '위나라로 들어가지 않겠다'는 맹세를 하고 포위에서 풀려난 뒤 위나라로 들어가다. 공자가 다시 온다고 하자 영공은 교외에까지 마중을 나오다. 공숙씨의 난 공략에 대해 영공이 묻자 그에 응하다. 영공이 자신을 등용하지 않자 도성을 떠나다[孔子行]. 필힐佛肸이 중모中牟를 근거로 모반하고 공자를 초빙하다. 공자는 가려고 했으나 자로가 반대해서 그만 두었다. 경磬을 치고 금琴을 배우며 지내다. 조간자趙簡子가 도덕 정치를 한다는 소식을 듣고 유세하기 위해 진나라[晉]를 향해 떠나다. 조간자가 현인을 죽였다는 소식을 듣고 다시 위나라로 되돌아오다. 영공이 병진兵陳에 대해 묻고 자신을 불러놓고는 존재감 없는 사람처럼 취급하자 다시 진나라[陳]를 향해 떠나다. 이해 영공이 죽고 손자인 첩輒이 위후衛侯에 오르다.

---

억류되어 녕무자(甯武子)의 도움으로 포위에서 벗어나, 포(蒲) 땅 부근에서 1개월 여를 배회하다 다시 위나라로 돌아왔다고 한다. 그렇다면 공자는 정공 15년 봄이 다 돼서야 위나라에 들어왔을 것이다. 그래서 '정공 15년' 조에 이 사건을 기록한 것이다.

기사의 내용을 유력 여정을 중심으로 정리하면 대개 다음과 같이 될 것이다.

- 정공 13년

    노魯 → 위衛

- 정공 14년

    위衛 → 안탁추顔濁鄒 → 공양지사供讓之仕 → 10개월 → 영공의 감시 → 위衛를 떠남 → 향진向陳 → 광匡 → ★ 광인의 난 → 포蒲 → 1개월 → 위衛 → 거백옥蘧伯玉

- 정공 15년

    위衛 → 남자南子 면대 → 영공에게 모욕을 당함 → 거위去衛 → 향진向陳 → 조曹 → 노魯 정공定公 죽음 → 조송曹宋 접경지대 → ★ 환퇴桓魋의 난 → 정鄭으로 피신 → [宋 → 司城貞子]²²¹ → 진陳

- 정공 15년에서 애공 2년까지

    3년 동안 진陳에 체재

---

221  이것은 『맹자』의 기사에 의한 것이다. "孔子不悅於魯衛, 遭宋桓司馬將要而殺之, 微服而過宋, 是時孔子當阨, 主司城貞子, 爲陳侯周臣......."(『맹자』「만장장구」상 8). 당시 공자는 예정대로 재차 송나라[宋]로 들어가 사성정자(司城貞子)의 집에 투숙하고, 잠시 소요가 가라앉은 틈을 타, 진후(陳侯)의 주신(周臣)을 가장하여 진나라[陳]를 향해 나아갔다고 한다. 이 점을 고려하여 '[宋→司城貞子]'라고 한 것이다. 자세한 것은 '애공 2년의 공자의 천하 유력'에서 설명하겠다. ※ 세가에는 이와 다르게 기록되어 있다. 정나라[鄭]에서 바로 진나라[陳]로 갔고, 진나라에 도착한 후 사성 정자(司城貞子)의 집에 투숙했다고 한다.[桓魋의 난→鄭→陳→司城貞子]. "孔子去曹適宋, 與弟子習禮大樹下. 宋司馬桓魋欲殺孔子, 拔其樹. 孔子去. ......孔子適鄭, 與弟子相失, 孔子獨立郭東門. ......孔子遂至陳, 主於司城貞子家."(「공자세가」 정공 15년 조)

● 애공 2년

진陳 → 위衛로 떠남 → 포蒲 → ★ 포인蒲人의 난 → 위衛 → 영공의 자문에 응함 → 위衛의 도성을 떠남 → 다양한 문화 체험 활동 → 진晉으로 떠남 → 황하黃河 → 위衛로 돌아옴 → 거백옥 → 영공에게 없는 사람 취급을 당함 → 위衛를 떠나 진陳으로 감 → 영공靈公 죽음→ 진陳에 도착

정공 13년부터 애공 2년까지의 행적 및 이동 경로 (출전: 공자세가)

| 시기 | 행적 |
|---|---|
| 정공 14년 (정공 13년) | [魯→衛] 계환자가 제에서 보내온 여악을 받고 조회를 거르다. 교제 뒤 번육을 나누어주지 않다. 노를 떠나다. 위에 도착하다. 위령공에게 출사하다. |
| 정공 14년 | [衛→去衛→匡→★→蒲→衛] 10여 개월 뒤 위를 떠나다. 도중에 진을 향해 나아가다. 광 땅 부근에서 광인에게 난을 당하다. 포위에서 벗어난 뒤 포 땅 부근에서 1개월 간 배회하다. 위로 돌아가다. |
| 정공 15년 | [衛→曹→曹宋접경지역→★→鄭→陳] 남자南子를 알현하다. 영공에게 모욕을 당하다. 위를 떠나다. 조·송 접경 지역에서 송의 사마 환퇴에게 난을 당하다. 정으로 도피하다. 진에 도착하여 사성정자의 집에 머물다. 이후 3년간 진에 체재하다. |
| 애공 1년 | [陳] 정공 15년부터 애공 2년까지 진에 체재하다 |
| 애공 2년 | [陳→去陳→蒲→★→衛→衛晉국경→陳] 진을 떠나 위로 향하다. 포에서 공숙씨의 난을 만나다. 위에 도착하다. 영공의 환대를 받다. 영공의 자문에 응하다. 쓰임을 받지 못하자 도성을 떠나다. 필힐의 초빙을 받다. 하괴이과문자荷蕢而過門者에게 비평을 당하다. 악사인 양자師襄子에게 고금鼓琴을 배우다. 조간자를 만나기 위해 진晉을 향해 나아가다. 도중에 위로 돌아오다. 영공에게 도를 행할 뜻이 없음을 확인하고 다시 진으로 가다. 마침내 진에 도착하다. |

다른 해에 일어난 사건은 차지하고 애공 2년의 행적에 대해서만 보자. 국경 지역의 치안 상태가 불안한 상황에서, 중원의 남쪽[陳]과 북쪽[衛] 사이를 1년 안에 오고 갔다는 것이 보통 사람의 눈높이에서 볼 때 과연 가능한 일일까? 위나라에 도착한 후 바로 진나라를 향

해 떠났다 해도, 진陳→위衛→진陳의 여정은 1년 안에는 도저히 불가능한 여정이다. 게다가 당시의 공자는 60세의 고령이었고, 위나라에 도착하기 전 큰 난[포인의 난]을 겪었다고 한다. 뿐만 아니라 위나라에 도착한 후에는 다양한 문화 활동을 체험하고 조간자를 만나기 위해 진나라[晉] 국경에까지 다녀왔다고 한다.

애공 2년 조의 기사에는 다른 해에 일어난 사건들이 다수 포함되어 있다는 것이 나의 생각이다. 가장 의심스러운 것은 이해에 공자가 진나라에서 위나라로 왔다는 기사이다. 이야기인 즉 그 전에 진나라에 도착해 있었다는 것인데, 사서史書에는 공자가 진나라를 향해 떠났다는 기록이 단 두 차례 밖에 없다.[222] 하나는 '계획 없이' 떠났다가 광 땅 부근에서 난을 당해 다시 위나라로 돌아왔다는 것이고, 다른 하나는 우여곡절 끝에 마침내 진나라에 도착했다는 것이다. 세가의 기록에 따르면 전자는 정공 14년에 있었던 사건을 말하고 후자는 애공 2년에 있었던 사건을 말할 것이다. (정공 15년의 진나라 행은 애공 2년의 착오로 보았다-저자) 그 사이에는 위나라에 체재했다. 애공

---

222 세가에서는 공자가 진나라[陳]를 향해 나아간 것이 3차례 기록되어 있지만, 이것은 사마천의 착오에 의한 오기이다. 공자는 총 2번에 걸쳐 진나라를 향해 갔다. ①정공 14년. 영공의 의심을 피해 무작정 떠났다가 도중에 진나라를 향해 가기로 결정했다. 하지만 이때는 광(匡)[蒲] 땅에서 난을 당하고 다시 위나라로 돌아갔다. ②애공 2년. 영공의 죽음으로 인한 정치적 혼란이 자신에게 해를 미칠까 두려워 진나라를 향해 떠났다. 도중에 크고 작은 소동을 여러 차례 겪었지만,[桓魋의 사주에 의한 匡人의 난] 마침내 진나라[陳]에 도착했다. 이해에 공자가 진나라에 도착했다는 것은 노나라에서 화재가 일어났을 때 그 소식을 진나라에서 들었다는 세가의 기사에서 확인된다. "夏, 魯桓釐廟燔, 南宮敬叔救火. 孔子在陳, 聞之 曰 '災必於桓釐廟乎?' 已而果然."(「공자세가」 애공 3년)

2년 조의 이 기사에는 정공 14년에서부터 애공 2년까지[223]의 행적이 모두 망라되어 있다고 보는 것이 자연스러울 것이다.

이렇게 생각해도 무리가 없다면, ▲진나라를 떠나 위나라로 향했다[224]는 기사(함의는 그 전에 이미 陳에 도착해 있었다는 것이다-저자)는 정공 14년 위나라를 떠나 진나라로 가던 때의 일을 (상상을 더해) 부풀려서 기록한 것으로 보이며,(물론 이해 공자는 衛로 돌아갔지만), ▲애공 2년 진나라에서 위나라에 도착한 뒤 행했다는 각종 다양한 일들[경磬을 치다, 금琴을 배우다, 공숙씨의 난에 대해 영공의 자문에 응하다, 필힐佛肸의 초빙을 받다, 조간자를 만나기 위해 진晉나라로 가다 등등]은, 정공 14년 광인의 난[실은 공숙씨의 난]을 겪고 위나라로 돌아온 뒤, 재차 진나라를 향해 떠났던 애공 2년 사이에 행했던 일들에 대한 기록일 것이다.

---

[223] 세가에 의하면, 공자는 영공(靈公)이 사망하기 직전 위나라를 떠났다고 한다. 세가 애공 2년 조의 기사에 "他日, 靈公問兵陳. 孔子曰 '俎豆之事則嘗聞之, 軍旅之事未之學也.' 明日, 與孔子語, 見蜚鴈, 仰視之, 色不在孔子. 孔子遂行, 復如陳."라 했는데 이 기사 바로 뒤에 "夏, 衛靈公卒, 立孫輒, 是為衛出公."라 되어 있다. 논어에도 이 무렵의 이야기가 기록되어 있다. "冉有曰 '夫子為衛君乎?' 子貢曰 '諾! 吾將問之.' 入曰 '伯夷叔齊何人也?' 曰 '古之賢人也.' 曰 '怨乎?' 曰 '求仁而得仁, 又何怨?' 出曰 '夫子不為也.'"(「술이」 14). 영공을 이어 즉위한 출공(出公)이 공자를 초빙하여 정치를 맡긴다면 어떻게 하실지 궁금해 하는 염구(冉求)를 위해, 자공(子貢)이 백이·숙제(伯夷叔弟)의 고사를 예로 들어 공자의 의중을 떠 본 것을 기록한 기사인데, 백이·숙제 또한 왕의 부름을 받지 못해 조정을 떠난 적이 있다. 당금의 공자의 처지가 그때의 백이·숙제의 처지와 유사하여 자공이 이같이 물은 것이다. 하지만 위나라의 조정에는 공자가 정사를 펴는 데 위험 요인이 많았다. 그래서 공자는 다시 돌아가지 않을 것이라고 단언한 것이다.[何怨] 공자는 왕위 승계 문제로 또다시 곤란한 지경에 빠질까 염려하여 위나라를 떠났을 것이다. 시간 상으로 보면 위나라를 떠난 것이 먼저이고 영공은 그 직후에 죽었을 것이다. 「술이」에 기록된 이 대화는 위나라를 떠나 진나라를 향해 가던 도중에 있었을 것이다.

[224] "孔子居陳三歲, 會晉楚爭彊, 更伐陳, 及吳侵陳, 陳常被寇. ……於是孔子去陳."(「공자세가」 애공 2년 조)

그리고 정공 14년 광[蒲] 땅에서 돌아온 뒤 재차 진나라를 향해 떠났던 애공 2년때까지 줄곧 위나라에 체재했다면, ▲정공 15년 조에 기록된 '사마 환퇴의 난'은 애공 2년 진나라를 향해 나아가다 조송 접경 지대에서 겪었다는 통설의 이른바 '사마 환퇴의 난' 혹은 '광인의 난'의 오기일 것이다. 이렇게 보는 것이 자연스럽다. 여정 끝에 도착한 곳이 두 해 (정공 14년과 애공 2년) 모두 위나라로 기록되어 있다는 점,[225] 공자는 애공 2년 전에는 진나라에 도착한 적이 없다는 점, 영공이 교외에까지 영접을 나왔다는 점[애공 2년], 이 무렵 위나라 서쪽 국경 지대에서 크고 작은 난과 소동이 있었다는 점을 고려한 상상이다.

정공 14년에는 영공이 아직 정정하던 때이다. 공숙씨의 난을 공벌하는 데 관심을 가졌다 해도 전혀 이상할 것이 없다. 공자가 온다고 하자 교외에까지 나아가 공자를 영접했다는 것도 공숙씨의 난을 다스려 진나라[晉]와 초나라[楚]의 침략에 대비해야 하는 위후衛侯로서는 당연히 해야 할 일이다. 그러나 애공 2년은 사정은 다르다. 후계 문제를 거론할 정도로,[226] 이미 천수를 다하여 정치[공숙씨의 난에 관

---

[225] 실제로 정공 14년 조의 기사에 보면, 공자는 광(匡) 땅에서 난을 당한 뒤 포(蒲)를 거쳐 위나라로 들어갔다고 되어 있다. "孔子使從者爲甯武子臣於衛, 然後得去. 去即過蒲. 月餘, 反乎衛, 主蘧伯玉家."(「공자세가」 애공 14년 조) 그런데 기사의 내용이 애공 2년 진나라를 떠나 위나라로 돌아갔을 때의 여정[기록]과 대단히 유사하다. "孔子居陳三歲, 會晉楚爭彊, 更伐陳, 及吳侵陳, 陳常被寇. 孔子曰 '歸與歸與! 吾黨之小子狂簡, 進取不忘其初.' 於是孔子去陳. 過蒲, 會公叔氏以蒲畔, 蒲人止孔子. …… 鬥甚疾. 蒲人懼, 謂孔子曰 '苟毋適衛, 吾出子.' 與之盟, 出孔子東門. …… 衛靈公聞孔子來, 喜, 郊迎."(「공자세가」 애공 2년) 그래서 이같이 추측했다.

[226] "初衛侯遊于郊, 子南僕. 公曰 '余無子, 將立女.' 不對. 他日, 又謂之, 對曰 '郢不足以辱社稷, 君其改圖. 君夫人在堂, 三揖在下, 君命祗辱.'"(『좌전』 애공 2년)

심을 가질 만한 기력이 없었다. 국경에까지 나아가 공자를 영접했다는 것도 노쇠한 영공의 처지를 고려하면 일어날 수 없는 일이다.

정공 14년에 공자에게 위해를 가한 것은 '광인'[ⓐ]이 아니라 '공숙씨'[ⓓ]일 것이다. 여정의 종착지가 위나라로 되어 있고, 공숙씨 무리의 연이은 분주 사건이 이해에 있었다. 그리고 정공 15년 조에 기록된 '사마 환퇴의 난'[ⓑ]은 통설에서 말하는 '광인의 난'[ⓒ]일 것이다. 그 사이에는 위나라를 떠난 적이 없고, 어찌 되었든 여정의 최종 목적지가 진나라로 되어 있다. 이들 기사에는 정공 14년에서부터 애공 2년까지의 일들이 뒤섞여 있다. 진나라로 간 것은 두 번 뿐인데, 세 번 간 것으로 기록하는 과정에서 벌어진 오류이다. 혹 당시에 그런 이야기들이 전해져서 이같이 기록했는지도 모르겠다.

이를 바로잡으려면 정공 15년의 사마 환퇴의 난[ⓑ]은 애공 2년 위나라를 떠나 진나라로 갈 때 일어난 난[ⓒ]으로 다시 편집하고, 그 자리에는 애공 2년 포인의 난[ⓓ]을 겪은 뒤 위나라로 돌아와 펼쳤다는 활동 및 문화 체험 활동을 넣어야 한다. 그리고 정공 14년의 광인의 난[ⓐ] 자리에는 애공 2년 조에 기록된 '공숙씨의 난' 곧 포인의 난[ⓓ]을 넣어야 한다. 이렇게 하면 엉성하기는 해도 공자가 당했다는 난을 연대순으로 정리하는 데 무리가 없다. 그런 다음, 논어[227]와 맹자,[228] 그리

---

227 "子曰 '天生德於予, 桓魋其如予何!'"(「술이」 22); "子畏於匡. 曰 '文王既沒, 文不在玆乎? 天之將喪斯文也, 後死者不得與於斯文也. 天之未喪斯文也, 匡人其如予何.'"(「자한」 5); "子畏於匡, 顏淵後. 子曰 '吾以女爲死矣.' 曰 '子在, 回何敢死.?'"(「선진」 22)

228 "孔子不悅於魯衛, 遭宋桓司馬, 將要而殺之, 微服而過宋. 是時孔子當阨, 主司城貞子, 爲陳侯周臣."(『맹자』 「만장장구」 상 8)

고 『장자』²²⁹의 기사를 참고하여 통설에서 말하는 '광인의 난'[ⓒ]을 구성하면 모든 문제가 정리될 것이다.

| 연도 | 세가의 난 | 조정 |
|---|---|---|
| 정공 14년 | 광인의 난 | 기사는 그대로 두고<br>난의 주체를 '광인'에서 '포인'으로 변경 |
| 정공 15년 | 사마환퇴의 난 | 기사 전체 기사를 애공 2년으로 옮기고<br>난의 주체를 '사마 환퇴'에서 '광인'으로 변경 |
| 애공 2년 | 포인의 난 | 기사 전체를 정공 14년으로 옮기고<br>그 자리에는 정공 15년의 사마 '환퇴의 난'을 넣음 |

'광'과 '포'는 지리적으로도 가깝고, 무엇보다 '광 땅에서 일어난 난'[ⓐ]과 '포 땅에서 일어난 난'[ⓓ]에 사마 환퇴가 등장하지 않는다는 점도 참작이 된다.

○ 광匡은 위나라의 땅으로 진류陳留 장원현長垣縣 서남쪽에 있다.²³⁰

○ 포蒲는 위나라 땅으로, 진류 장원현 서남쪽에 있다.²³¹

○ 공자는 진나라로 가는 길에 광 땅을 지나게 되었는데, …… 광인들이 이를 듣고 원수처럼 여기던 양호의 일행으로 여겼다. …… 그래서 공자

---

229 "孔子遊於匡, 宋人, 圍之數匝, 而弦歌不惙, 子路入見曰 '何夫子之娛也.' 孔子曰 '來. 吾語女. ……由! 處矣. 吾命, 有所制矣.' 無幾何, 將甲者進辭, 曰 '以爲陽虎也, 故, 圍之. 今, 非也, 請辭而退.'"(『장자』「추수」 4)

230 『춘추경』 환공 3년 조의 "夏, 齊侯衛侯胥命于蒲."에 대한 두예의 주에 "匡, 衛地, 在陳留長垣縣西南."라 되어 있다.

231 『춘추경』 환공 3년 조의 "夏, 齊侯·衛侯胥命于蒲."에 대한 두예의 주에 "申約言以相命而不歃血也. 蒲, 衛地. 在陳留長垣縣西南."라 되어 있다.

일행을 정지시켰는데, 공자가 양호와 닮았기 때문에 5일 간이나 공자를 구금하였다. …… 광인들이 공자를 더욱 다급하게 구속하자 제자들은 두려워하였다. …… 풀려난 공자는 포를 거쳐 1개월 여만에 다시 위나라로 돌아와 거백옥의 집에 머물렀다.[232]

○ 애공 2년, 공자는 진나라를 떠났다. 포를 지날 때 마침 공숙씨가 포에서 반란을 일으켰기 때문에 포인이 공자를 억류하였다. …… 싸움이 격렬해지자 포인은 겁이 나서 공자에게 제안하였다. "만약 위나라로 돌아가지 않는다면 그대를 내 보내 주겠다." 공자가 맹세를 하자 공자를 동문으로 내 보냈다. 그러나 공자는 끝내 위나라로 들어갔다.[233]

정공 14년 위나라에서 일어난 정변과 그와 관련된 다수의 인물들의 분주 사건도 사건의 재구성에 참고가 된다.

○ 봄에 위나라의 공숙수公叔戌가 우리나라[魯]로 도망해 왔다.

○ 위나라의 조양趙陽이 송나라로 도망해 달아났다.

○ 여름에 위나라의 북궁결北宮結이 우리나라[魯]로 도망해 왔다.

○ 위나라의 세자世子 괴외蒯聵가 송나라로 도망해 달아났다.

○ 위나라의 공맹구公孟彄가 정나라로 도망해 달아났다.

---

[232] "將適陳, 過匡……. 匡人聞之, 以爲魯之陽虎. ……匡人於是遂止孔子. 孔子狀類陽虎, 拘焉五日. ……匡人拘孔子益急, 弟子懼, ……然後得去. 去即過蒲. 月餘, 反乎衛, 主蘧伯玉家."(「공자세가」 정공 14년)

[233] "過蒲, 會公叔氏以蒲畔, 蒲人止孔子. ……鬪甚疾, 蒲人懼, 謂孔子曰 '苟毋適衛, 吾出子.' 與之盟, 出孔子東門. 孔子遂適衛."(「공자세가」 애공 2년 조)

정공 14년에 일어난 난은 '사마 환퇴' 혹은 '광인'과 전혀 관계가 없고, 위나라에서 일어난 정변과 관련된 난이다.

이상의 고찰을 바탕으로 정공 14년의 공자의 행적을 다시 정리하면, 대략 다음과 같이 될 것이다.

○ 정공 13년 가을, 공자는 삼가의 본읍을 허무는 사업이 실패하자 정치적 책임을 지고 노나라를 떠나 위나라로 갔다. 공자가 도착하자 영공은 공자에게 노나라에서 받던 녹으로 대우했다. 이후 공자는 영공의 특별보좌관으로 출사했다. 이때가 정공 14년이다.

○ 그런데 정공 14년의 위나라는 정치적으로 매우 불안한 상태였다. 영공은 연로한데다 시기와 질투에 눈이 멀어 사리 판단이 흐렸고, 그 틈을 이용해 군부인 남자와 위나라의 공족들이 세력 확장을 위해 서로 다투었다. 방아쇠는 남자가 당겼다. 송조를 불러들여 정치를 맡긴 것이다. 그러자 공숙수·괴외 등이 반발했다. 이 다툼은 남자의 승리로 끝났다. 이에 공숙수·조양·북궁결·괴외·공맹구 등이 다른 나라로 망명했다.

○ 그해[정공 14년] 말 공자는 위나라의 정치 권력들 상호 간의 갈등에 휘말려 화를 입게 될 조짐이 보이자 위나라를 떠났다.[234] 위나라를 떠나기 전, 진나라로 가려는 계획을 세웠는지는 분명하지 않다. 세가에서도 "장적진將適陳"이라는 표현을 사용하여, 진나라로 가는 여정이

---

234  세가에서는 죄를 얻을까 두려워 떠났다고 했다. "居頃之, 或譖孔子於衛靈公. 靈公使公孫余假一出一入. 孔子恐獲罪焉, 居十月, 去衛."(「공자세가」 정공 14년 조) 혼란의 조짐이 보여 그에 휘말리게 될까 염려하여 떠났을 것이다.

도중에 결정된 것임을 시사하고 있다. 아마 이 때문에 광 땅 부근에서 난을 당한 뒤 진나라로 가지 않고 위나라로 되돌아갔는지도 모르겠다. 이때까지만 해도 공자에게는 위나라를 떠나야 할 이유가 없었다. 잠시 영공의 의심을 피하기 위해, 혹은 자신에게는 정치 권력들 상호 간의 이해 충돌에 개입할 의사가 전혀 없음을 보여주기 위해, 위나라를 떠났는지도 모르겠다.

○ 그런데 위나라의 강역을 벗어나 진나라 행을 고민하고 있을 때, 국경 지역에서 크고 작은 소동이 일어나, 진나라로 가는 길의 치안 상태가 매우 불안하다는 소식이 들려왔다. 이 무렵 위나라의 국경 지역에서는 남자와의 권력 투쟁에서 패한 위나라의 공족들이 주변국으로 탈주하는 사태가 이어지고 있었다. 위나라를 탈출하려는 무리와 그들을 뒤쫓아 가서 잡으려는 무리의 다툼이 끊이질 않았다. 국경을 통과하는 무리에 대한 감시와 검문도 매우 철저하였다.

○ 소요는 위나라의 국경 지역에서만 일어난 것이 아니다. 송나라 접경 지역에서도 공족들의 망명이 끊이지 않았다. 최근 몇 년간 사마 환퇴가 송나라 경공의 총애를 믿고 국정을 농단하는 한편으로, 자신의 정적을 제거하는 사업을 지속적으로 벌이자 이를 피해 국경을 넘어가는 무리가 쇄도했다.[235] 이해에도 송나라 경공의 아우 진辰이 소蕭

---

[235] 송나라 경공(景公)의 폐신(嬖臣) 환퇴(桓魋)와 경공의 제(弟)[公子 地, 公子 辰] 사이의 권력 암투에 대해서는 『춘추경』 정공 10년 및 그 전(『좌전』) 참조. "宋公子地出奔陳. …… 宋公之弟辰暨仲佗石彄出奔陳."(『춘추경』 정공 10년); "宋公子地嬖蘧富獵, 十一分其室, 而以其五與之. 公子地有白馬四, 公嬖向魋, 魋欲之, 公取而朱其尾鬣以 與之, 地怒, 使其徒抶魋而奪之, 魋懼, 將走, 公閉門而泣之, 目盡腫. 母弟辰曰 '子分 室以與獵也, 而獨卑魋, 亦有頗焉. 子爲君禮, 不過出竟, 君必止子.' 公子地出奔 陳, 公 弗止, 辰爲之請, 弗聽, 辰曰 '是我迂吾兄也. 吾以國人出, 君誰與處?' 冬, 母弟

에서 난을 일으키고 노나라로 망명하는 사건이 있었다.[236] 이듬해[정공 15년]에는 이들이 정나라로 도망해 오자 사마 상소向巢가 이들을 토벌하기 위해 출정하였고, 정나라의 한달罕達이 군대를 거느리고 가서 상소의 군사를 물리친 일이 있었다. 그러자 제후齊侯와 위후衛侯가 정나라의 공격으로부터 송나라를 구원하기 위해 군대를 거나蓮挐에 주둔시켰다고 한다.[237]

---

辰曁仲 佗·石彄出奔陳."(『좌전』 정공 10년) 정공 10년 송나라 대부 악대심(樂大心)이 조나라[曹]로 출분한 것도 이 사건과 관련 있다. "宋樂大心出奔曹"(『춘추경』 정공 10년) 악대심(樂大心)은 이듬해 가을 조(曹)에서 소(蕭)로 들어갔다. "秋, 宋樂大心自曹入于蕭."(『춘추경』 정공 11년) 그해 봄 송(宋) 공자(公子) 진(辰)이 중타(仲佗), 석구(石彄), 공자(公子) 지(地) 등과 함께 진(陳)에서 소(蕭)로 들어가 난을 일으켰는데,(『춘추경』 정공 11년: "十有一年春, 宋公之弟辰及仲佗石彄公子地, 自陳入于蕭以叛.") 소식을 듣고 그에 합류하기 위해 소(蕭)로 들어간 것이다. 소(蕭)는 송의 읍이다.(두예의 주에 소蕭는 송의 읍이라고 되어 있다. "蕭, 宋邑.") 이들은 3년 뒤 소(蕭)에서 정(鄭)으로 분주한다. 그때의 일이 『좌전』 애공 12년 조에 기록되어 있다. 『춘추경』 애공 12년 조에 "宋向巢帥師伐鄭."라 되어 있는데, 그 전(『좌전』)에 "宋鄭之間有隙地焉, 曰「彌作·頃丘·玉暢·嵒·戈·錫」. 子産與宋人爲成曰 '勿有是.' 及宋平元之族自蕭奔鄭, 鄭人爲之城嵒·戈·錫, 九月, 宋向巢伐鄭, 取錫, 殺元公之孫, 遂圍嵒. 十二月, 鄭罕達救嵒, 丙申, 圍宋師."(『좌전』 애공 12년)라 되어 있다. 이에 대한 자세한 설명은 아래의 각주 참조. 그에 앞서(정공 14년) 공자(公子) 진(辰)이 소(蕭)에서 노나라로 분주했다는 기사가 『춘추경』에 보이는데,(『춘추경』 정공 14년: "宋公之弟辰自蕭來奔.") 송(宋) 측에서 대대적인 공벌이 있었던 것 같다.

236 "宋公之弟辰自蕭來奔."(『춘추경』 정공 14년)

237 "鄭罕達帥師伐宋."(『춘추경』 정공 15년); "鄭罕達敗宋師于老丘."(『좌전』 정공 15년) ※ 정공 15년 송나라 공자(公子) 지(地)가 노나라에서 정나라로 망명해 왔다. 그러자 정나라가 그를 위해 송나라와 정나라 사이에 있는 '완충지역'[閒田]의 땅에 성을 쌓아 그곳에 살게 했다. 이곳은 과거 송나라와 정나라가 서로 침범하지 않기로 약속한 땅이다. 이에 대한 기사는 『좌전』 애공 12년 조에 실려 있다. "宋鄭之間有隙地焉, 曰彌作·頃丘·玉暢·嵒·戈·錫. 子産與宋人爲成曰 '勿有是.' 及宋平元之族自蕭奔鄭, 鄭人爲之城嵒戈錫, 九月, 宋向巢伐鄭, 取錫, 殺元公之孫, 遂圍嵒. 十二月, 鄭罕達救嵒, 丙申, 圍宋師." 말하자면 정나라가 공자(公子) 지(地)를 위해 송나라와 맺은 협약을 일방적으로 파기한 것이다. 그래서 송나라가 상소로 하여금 출병하게 한 것인데, 정나라가 또 이를 막기 위해 출병하였다. 두 군대는 송나라의 노구(老丘)에서 부딪혔고, 정나

○ 한편, 북쪽의 진나라(晉)에서는 권력을 놓고 육경六卿 간의 다툼이 끊이지 않았다. 특히 진晉은 얼마 전까지만 해도 중원의 패자였기 때문에, 그 세력 다툼에 주변국들이 연루되는 경우가 많았다. 약소한 나라들은 강대국의 정치 변화에 매우 민감하다. 누구에게 권력이 있고 누구의 편에 어떻게 서느냐에 따라 자국의 장래와 국익이 변하기 때문이다. 당연한 것이지만 많은 로비스트lobbyist들이 자신의 클라이언트client들과 정보를 주고 받으며, 때로는 병력을 지원하기도 하고 때로는 자금을 대기도 하면서, 변화의 추이를 눈여겨 보고 있었다. 게다가 이 무렵에는 진晉과 중원 제국들이 서로 등을 맞대고 갈등을 빚고 있었기 때문에,[238] 각국의 정치 군사 외교적 사정이 어느 때보다 어수선했다.

○ 중원의 남쪽에서도 큰 혼란이 일어났다. 오나라가 월나라와 초나라를 차례로 제압하고 중원 경략(覇)에 나선 것이다. 신흥 강국 오나라와 전통적 강국 초나라 사이에 벌어진 건곤일척의 대전쟁[239]은 주변국을 대혼란에 빠뜨렸다. 이에 따라 중원 지역도 서서히 대혼란의 도가니 속으로 빨려들어가고 있었다. 오나라와 월나라의 전쟁, 오나라의 팽창(覇)에

---

라의 군대가 승리하여 송나라의 군사는 패퇴하였다. 그러자 제후(齊侯)와 위후(衛侯)가 정나라의 공격으로부터 송나라를 구원하기 위해 군대를 거나(遽拏)에 주둔시켰다. "齊侯衛侯次于渠蒢."(『춘추경』 정공 15년) 자세한 것은 정공 15년의 공자의 천하 유력, '포인의 난' 조 참조.

238  소릉(召陵)에서의 회맹(會盟) 이후에 벌어진 진나라[晉]과 제후국들 간의 갈등을 말함. 공자가 '상(相)'으로 참여한 노나라와 제나라 간의 정상회담[夾谷之會]도 이 때문에 열린 것이다. 이에 대해서는 앞에서 서술했다.

239  "冬 十有一月 庚午, 蔡侯以吳子及楚人戰于柏擧, 楚師敗績, 楚囊瓦出奔鄭. 庚辰, 吳入郢."(『춘추경』 정공 4년)

대한 초나라의 경계, 노나라 애공 즉위 이후 계속된 오나라와 초나라의 진나라·채나라 공격,[240] 채나라 소후의 피살,[241] 채나라의 천이은 천도,[242] 진채지액陳蔡之厄,[243] 오나라가 노나라에 요구한 굴욕적인 백뢰百牢의 향연,[244] 노나라와 제나라의 전쟁,[245] 제나라에서 일어난 천이은 군주 시해,[246] 자공의 국제외교 무대에서의 활약[247] 등은 모두 남방에

---

240    이 사건은 애공 원년(b.c.494)에서 부터 애공 6년(b.c.489)까지 계속해서 일어난다.

241    이 사건은 애공 4년에 있었다. "四年 春, 蔡昭侯將如吳, 諸大夫恐其又遷也, 承公孫翩逐而射之, 入於家人而卒."(『좌전』 애공 4년)

242    채나라[蔡]가 신채(新蔡)로 천도한 사건은 애공 원년에 있었고, 주래(州來)로 천도한 사건은 애공 2년에 있었다. "元年春, 楚子圍蔡, 報柏擧也. 里而栽, 廣丈高倍, 夫屯晝夜九日, 如子西之素, 蔡人男女以辨. 使疆于江汝之間而還, 蔡於是乎請遷于吳."(『좌전』 애공 원년); "十有一月에 蔡遷于州來."(『춘추경』 애공 2년)

243    이 사건은 공자가 진나라와 채나라의 접경 지대에서 진나라와 채나라의 대부들에게 에워싸여 고립된 사건을 말한다. 애공 6년에 있었다. "孔子遷于蔡三歲, 吳伐陳. 楚救陳, 軍于城父. 聞孔子在陳蔡之間, 楚使人聘孔子. 孔子將往拜禮, 陳蔡大夫謀曰 '孔子賢者, 所刺譏皆中諸侯之疾. 今者久留陳蔡之間, 諸大夫所設行皆非仲尼之意. 今楚, 大國也, 來聘孔子. 孔子用於楚, 則陳蔡用事大夫危矣.' 於是乃相與發徒役圍孔子於野. 不得行, 絕糧. 從者病, 莫能興. 孔子講誦弦歌不衰. 子路慍見曰 '君子亦有窮乎?' 孔子曰 '君子固窮, 小人窮斯濫矣.'"(「공자세가」 애공 6년 조)

244    이 사건은 애공 7년에 있었다. "夏, 公會吳于鄫. 吳來徵百牢, 子服景伯對曰 '先王未之有也.' 吳人曰 '宋百牢我, 魯不可以後宋, 且魯牢晉大夫過十, 吳王百牢, 不亦可乎?' 景伯曰 '晉范鞅貪而棄禮, 以大國懼敝邑. 故敝邑十一年之. 君若以禮命於諸侯, 則有數矣, 若亦棄禮, 則有淫者矣. 周之王也, 制禮, 上物不過十二, 以爲天之大數也. 今棄周禮, 而曰「必百牢」, 亦唯執事.' 吳人弗聽. 景伯曰 '吳將亡矣. 棄天而背本. 不與, 必棄疾於我.' 乃與之."(『좌전』 애공 7년)

245    이 사건은 오나라[吳]가 진나라[晉]를 동쪽으로부터 고립시키기 위해 노나라[魯]를 발판으로 제나라[齊]를 압박하는 과정에서 일어났다. 이에 대해서는 공자의 애공 6년의 천하 유력을 설명하는 곳에서 자세히 고찰하겠다.

246    애공 10년(b.c.485) 도공(悼公) 시해; 애공 14년(b.c.481) 간공(簡公) 시해.

247    자공(子貢)이 국제외교 무대에 처음 등장하는 것은 애공 6년이지만,[「공자세가」 애공 6년 조: "於是使子貢至楚. 楚昭王興師迎孔子, 然後得免."] 사서(史書)에 그 이름이 처음 보이는 것은 정공 15년에 있었던 노나라와 주나라[邾]의 정상회담 때이다.

서 일어난 패권 다툼이 중원 지역에 미친 영향들이다.

○ 공자는 바로 이러한 때에 천하 유력을 떠났고, 위나라에서 (나중에 결정된 것이지만) 진나라를 향해 나아갔다. 도중에 국경 지역의 치안 상태가 불안하여 진나라로 가려는 계획을 보류하고 위나라로 되돌아가게 되었는데, 광匡과 인접한 포蒲 부근에 이르렀을 때, 마침 포를 근거로 배반한 공숙씨 일당과 마주쳤다. 영공의 체포를 피해 노나라·송나라·정나라 등으로 달아났던 공숙수 일당이 국경 지역에 있는 포에 들어와 난을 일으킨 것이다.

'포'는 춘추 시대에는 위나라의 한 읍이었다고 한다. 두예에 의하면 "포는 위나라의 땅으로 진류陳留 장원현長垣縣 서남쪽에 있었다"고 한다.[248] 『사기집해』에서는 서광徐廣의 말을 인용하여, "장원현에는 광성廣城과 포향蒲鄉이 있었다"고 했다. 한편, 『사기정의』에서는 『괄지지』의 기록을 인용하여, "옛날의 포성蒲城은 활주滑州 광성현廣城縣 북쪽 15리 지

---

"十五年春, 邾隱公來朝, 子貢觀焉."(『좌전』 정공 15년) 다만 이 회담에서 자공이 어떤 역할을 했는지는 분명하지 않다. 자공이 국제외교 무대에서 본격적으로 활동하는 것은 애공 7년부터이다. 『좌전』에 그때의 일화가 기록되어 있다. "大宰嚭召季康子, 康子使子貢辭. 大宰嚭曰 '國君道長, 而大夫不出門, 此何禮也?' 對曰 '豈以爲禮? 畏大國也. 大國不以禮命於諸侯, 苟不以禮, 豈可量也? 寡君旣共命焉, 其老豈敢棄其國? 大伯端委, 以治周禮, 仲雍嗣之, 斷髮文身, 嬴以爲飾, 豈禮也哉? 有由然也.' 反自鄫, 以吳爲無能爲也."(『좌전』 애공 7년)

[248] 『춘추경』 환공 3년 조에 "여름에 제후(齊侯)와 위후(衛侯)가 포(蒲)에서 서명(胥命)했다."[夏, 齊侯衛侯胥命于蒲.]고 했는데, 그 주[杜預]에 "포(蒲)는 위나라 땅으로 진류(陳留) 장원현(長垣縣) 서남(西南)에 있다."[蒲, 衛地, 在陳留長垣縣西南.]라 되어 있다.

점에 있었는데, 광성廣城은 한나라 때에는 장원현이었다"고 했다.[249] '광'과 '포'는 모두 같은 현縣에 속해 있던 땅으로, 그 거리가 15리에 불과한 서로 인접한 읍이었다.

광과 포의 위치도

공자가 포인의 난을 벗어나 위나라로 들어오자 영공은 교외에까지 나와 공자 일행을 영접하였다. '포'는 진나라[晉]와 초나라[楚]가 서에서 동으로 갈 때 반드시 지나야 하는 길목이었다.[250] 위나라로서는 도성 방위를 위해서라도 방비를 철저히 해야 하는 곳이었다. 그런데 이런 전략적 요충지에 공숙씨 일당이 들어와 난을 일으켰던 것이다. 혹여 공숙씨의 난을 진압하다 포인들과 충돌을 빚게 되면, 포에 주둔하고 있는 군 병력 전체를 적으로 돌리게 될 수도 있다. 향후 진초晉楚의 침공이 있을 때 이에 맞설 대책이 없게 된다. 군사적으로는 어떨지 몰라도 정치적으로는 뾰족한 방안이 없었다. 그러던 차에 공자가 공숙수의 난을 뚫고 위나라에 들어왔다. 영공으로서는 포의 상황과 공자의 생각을 직접 듣고 싶은 마음이 간절했을 것이다. 그래서 공자가 온다고 하자

---

249 「공자세가」 정공 14년 조의 "去即過蒲. 月餘, 反乎衛."에 대한 『집해』 및 『정의』 참조; "[集解]徐廣曰 '長垣縣有匡城·蒲鄉.' [正義]括地志云 '故蒲城在滑州匡城縣北十五里. 匡城本漢長垣縣.'"

250 "[正義]衛在濮州, 蒲在滑州, 在衛西也. 韓魏及楚從西向東伐, 先在蒲, 後及衛."(『사기집해』 애공 2년 조) 또 54쪽의 지도 [포 땅의 위치도] 참고.

교외에까지 나아가 포에 대한 국내 정치계의 의견을 말하고 그에 대한 공자의 조언을 들으려 한 것이다.

그러자 공자가 말했다. '설사 그런 일이 있더라도 포인들은 절대 동요하지 않을 것입니다. 포의 남자들은 죽기를 각오하고 온 힘을 다해 싸움에 임할 것입니다. 그 부인들도 서하西河를 보호하기 위해 적극적으로 나설 것입니다.'[251] 함의는 포인들은 위나라의 정책에 절대적으로 협조할 것이니 그에 대해서는 걱정하지 말고, 더 큰 환란이 일어나기 전에 속히 공숙씨를 징벌하라는 것이다. 혹여 공숙씨가 진晉·초楚의 '괴뢰' 역을 자임하게 되면 사태는 걷잡을 수 없이 악화될 수 있기 때문이다. 게다가 지금은 남방[吳·楚]에서도 그렇거니와 북방[齊·晉]에서도 전란이 일어날 조짐이 있다. 이러한 조언에는 공자의 확신도 작용했을 것이다. 포에서 난을 일으킨 자들은 공숙씨의 도당 4~5인에 불과하기 때문에 이들만 제압하면 포인들의 동요는 금방 가라앉을 것이라고 본 것이다.

언젠가 공자는 '정사'에 대해 묻는 자로에게 "덕으로써 인도하고 백성들의 신임을 얻은 뒤에 노역을 시켜라"라고 일러준 적이 있다. 더 말해 주기를 청하자 "게을리 하지 말아야 한다"고 일러 줬다.[252] 애공 15년 자로가 '포'의 재로 부임하던 때에 있었던 문답을 기록한 것인데, 이 이야기는 제자전에도 기록되어 있다.

---

251   "孔子曰'其男子有死之志, 婦人有保西河之志. 吾所伐者不過四五人.' ……."(「공자세가」 애공 2년 조)

252   "子路問政. 子曰'先之勞之.' 請益. 曰'無倦.'"(「자로」 1)

자로가 포蒲의 대부大夫가 되었다. 떠나기에 앞서 공자에게 인사차 들렸다. 공자가 말했다. "포에는 장사壯士들이 많다. 다스리기가 쉽지 않을 것이다. 내 너에게 도움이 될 만한 것들을 말해 주겠다. 몸가짐을 항상 바르게 하고 백성들을 대할 때는 항상 애틋하게 여기는 마음을 가져라. 그리하면 그들에게 있는 용기를 좋은 방향으로 인도할 수 있을 것이다. 관대하게 대하되 적의함에서 벗어나지 않도록 해라. 그리하면 대중들이 모두 너에게 기댈 것이다. 몸가짐을 바르게 하고 애틋한 마음으로 관대하게 대하되 그 대함이 적의함에서 벗어나지 않게 되면, 그들의 반감과 저항감이 자연스럽게 누그러질 것이다. 그때가 되면 모든 사람들이 너에게 보답하는 길을 찾으려고 노력할 것이다.[253]

온화하면서도 엄숙하고 위엄이 있으면서도 사납지 않고 공손하면서도 남을 편안하게 하는[254] 공자의 모습이 연상되는 가르침이다. 이 가르침은 '옳은 일이 있다는 소식을 들으면 결코 묵혀 두는 일이 없었던' 자로의 불같은 성격과 '야인' 기질, 또 '옳은 목적과 좋은 결과를 위해서라면 형식과 절차는 어떠해도 괜찮다'는 자로의 도덕관을 고려한 것이겠지만,[255] 포 땅을 지날 때 자신이 직접 보고 듣고 겪었던 포인들의 기질·성정·위력에 대한 공자 개인의 반성적 고민이 반영되어 있다. 사마천도 자로에 대한 전기를 쓸 때 논어의 이 기사

---

253 "子路爲蒲大夫, 辭孔子. 孔子曰 '蒲多壯士, 又難治. 然吾語汝. 恭以敬, 可以執勇, 寬以正, 可以比眾, 恭正以靜, 可以報上.'"(「중니제자열전」 '중유' 조)

254 "子溫而厲, 威而不猛, 恭而安."(「술이」 37)

255 자로의 성정에 대해서는 「중니제자열전」 '중유' 조. 또 졸고 「자로의 인물됨과 사승 관계 고찰」, 《동방학》 제37집, 한서대학교 동양고전연구소, 2017 참조.

와 당시 포 땅에서 일어난 여러 정황들을 상고하여 서로 연결지었다. 포를 지날 무렵 공자가 겪은 포인들의 성정, 포를 대하는 위나라의 정책, 포의 지정학적 위치를 함께 생각하였다. 그 지정학적 위치 때문에 늘 침략과 핍박을 받아, 정치와 도덕을 불신하고 저항심이 유독 강했던 포인들의 심리와 행동하는 모습이 연상된다.

당시 공숙수 일당이 공자를 억류한 것은 공자가 위나라에 들어가 남자 무리에 협조하게 되면 자신들의 복귀가 요원해질지도 모른다는 우려 때문이었다. 공자가 중도의 재·사공·대사구로 재직하는 동안 펼쳤던 정치[256]는 천하 제후들에게 벤치 마켓의 대상이었다. 치도의 모범적 사례로 인정된 것이다. 그래서 공자 일행을 억류하게 되었는데, 공자 쪽의 반발이 예상 외로 거세고 여론의 향배도 적극적인 동조를 보이지 않자, 급기야 '위나라로 들어가지 않겠다는 약속을 하면 포위를 풀겠다'는 제안을 하게 되었다. 공자로서는 이 제안을 거절할 이유가 없었다. 일단 포위에서 벗어나는 일이 시급하였기 때문이다. 이에 공숙수 일당이 요구하는 대로 신명神明께 맹세하고 [257] 포위에서 벗어난 뒤 한 달 여를 주변에서 배회하다 위나라로 들

---

[256] "其後定公以孔子爲中都宰, 一年, 四方皆則之. 由中都宰爲司空, 由司空爲大司寇."(「공자세가」 정공 9년 조); "定公十四年, 孔子年五十六, 由大司寇行攝相事, 有喜色. 門人曰 '聞君子禍至不懼, 福至不喜.' 孔子曰 '有是言也. 不曰「樂其以貴下人」乎?' 於是誅魯大夫亂政者少正卯. 與聞國政三月, 粥羔豚者弗飾賈, 男女行者別於塗, 塗不拾遺, 四方之客至乎邑者不求有司, 皆予之以歸."(「공자세가」 정공 14년 조); "孔子初仕, 爲中都宰, 制爲養生送死之節, 長幼異食, 彊弱異任, 男女別塗, 路無拾遺, 器不彫僞, 爲四寸之棺, 五寸之槨, 因丘陵爲墳, 不封不樹. 行之一年, 而西方之諸侯則焉. 定公謂孔子曰 '學子此法, 以治魯國, 何如?' 孔子對曰 '雖天下, 可乎, 何但魯國而已哉?'"(「공자가어」 「상노」)

[257] 최술(崔述)은 공자가 포(蒲) 땅에서 공숙수(公叔戌)와 맹세했다는 세가의 기사

어갔다. 공자로서는 달리 선택할 만한 뾰족한 수가 없었을 것이다. 치

는 날조된 것이라고 비판했다. 그런데 그의 비판은 공숙수의 난이 애공 2년 공자가 진나라에서 위나라를 향해 나아가다 당한 난이라고 본 데에 기인한 오해가 아닐까 생각한다. 포(蒲)는 위나라의 서쪽에 있고 진나라는 위나라의 남쪽에 있다. 또 당시 진나라에서 위나라로 가는 가장 빠른 길은 송나라와 조나라를 통과하는 경로이다.[陳→宋→曹→衛] 무엇보다 이 즈음의 포(蒲)는 그 지리적·전략적 사정 때문에 크고 작은 난이 많이 일어나던 지역이다. 그런데 공자는 왜 굳이 (먼 길을 돌아) 포(蒲)를 경유하여 위나라로 가려 했을까?[陳→宋→鄭→蒲→衛] 그러나 만일 내가 서술한 것처럼 공숙수의 난은 진나라에서 위나라를 행해 나아가다 겪은 난이 아니라,[애공 2년 조] 위나라에서의 정치적 소요를 피해 잠시 위나라를 떠나 진나라를 향해 나아가다 광(匡) 땅 부근해서 국경 지역의 치안 사태가 불안하다는 소식을 듣고 다시 위나라로 돌아가다 당한 난이라면,[정공 14년 조] 상황은 달라진다.[衛→向陳→匡→치안부재→衛로 방향을 돌림→蒲→난★→衛]

또 『춘추경』의 경문(經文)이나 『좌전』의 기사에는 '공숙씨(公叔氏)가 포 땅에서 난을 일으켰다는 기사가 없다'고 했는데, 『춘추경』에서는 대부나 가신(陪臣)들이 제후와 나라를 '배반'한 경우에는 의도적으로 사실을 기록하지 않는 경향이 있다. 예를 들어, 『춘추경』 정공 6년 조에 "二月, 公侵鄭. 公至自侵鄭."이라는 기사가 있다. 『춘추경』에서는 선공(宣公) 말년으로부터 모든 침벌(侵伐)에 '공(公)'을 말하지 않았다. 임금이 군사를 거느리고 출전한 적이 없기 때문이다. 그 기간이 80년이 되었다. 그런데 이때에 이르러 '침정(侵鄭)'이라 한 것은 공산불뉴(公山不狃)·후범(侯犯)·양호(陽虎)가 정권을 독점했기 때문이다. 또 정공 8년 조에 보면 "盜竊寶玉大弓"라는 기사가 있는데, '도(盜)'는 양호를 이른다. 가신은 비천하기 때문에 명씨(名氏)를 나타내지 않는다. 경(卿)이 되어야 비로소 그 명과 씨를 경(經)에 기록한다. 이것이 『춘추경』의 서술 기법이다. 그래서 '도(盜)'라 한 것이다. 혹 이런 서술 기법 때문에 기록에서 누락되었을 가능성도 있다.

또 최술(崔述)은 공자가 포인(蒲人)과의 맹세를 저버리고 위나라로 들어간 행위에 대해서도 '어찌 성인(聖人)이 그리 해겠느냐'고 비판했지만,[崔述의 비판에 대해서는 최술 저, 『수사고신록』, 이재하 외 역, 한길사. 2009, 264-266쪽 참조] 공자는 지킬 수 있는 약속에 대해서만 신의(信義)를 다하라고 했다. 약속을 어기지 않는다는 의미의 신(信)은 상대와 신뢰 관계를 맺는 한에서만 중요한 덕목이다. 복잡하고 유동적인 사회 관계에서는 신(信)을 지키는 것이 '의(義)' 곧 합목적적 합리성과 모순되는 경우도 있다. 그때는 '의'를 무시하고 '신'을 지키는 것이 고루하고, '신'을 버리고 '의'에 따르는 쪽이 오히려 고도의 선(善)이 되기도 한다. "有子曰 '信近於義, 言可復也.'"(『학이』 13); "子貢問曰 '何如斯可謂之士矣?' …… '敢問其次.' …… '敢問其次.' …… 曰 '言必信, 行必果, 硜硜然小人哉, 抑亦可以爲次矣.'"(『자로』 20) 맹자도 이와 유사한 취지의 발언을 한 적이 있다. "大人者, 言不必信, 行不必果 惟義所在."(『맹자』「이루장구」 하 11) '의'를 무시하고 '신'에만 구속되는 것은 '소인스러운' 것이라는 것이다. 공자의 취지는 바로 이와 같은 뜻이 아니었을까 상상한다.

안 상태가 불안하여 갈 만한 곳도 없고, 애초에 어떤 목적이나 계획이 있어서 떠난 여정이 아니었기 때문이다.

공자가 포인과의 약속을 저버리고 위나라로 돌아가자 자공이 물었다. "포인과의 약속을 어겨도 되겠습니까?" 평소 공자의 가르침을 행위의 도덕으로 삼았던 자공으로서는 공자가 취한 행위 방식이 선뜻 이해되지 않았을 것이다. 도의에 어긋난 것이기 때문이다. 그래서 이같이 물었던 것인데, 공자는 아무렇지도 않게 대답해 주었다. "강요된 맹세는 신神도 듣지 않는 법이다."[258]

이 무렵 '포'와 '광' 부근에서는 2~3년을 터울로 유사한 난이 선후로 일어났다. 그래서 기억의 착오로 인해 부지불식간에 '공숙씨의 난'과 '광인의 난'을 혼동하여 '포'와 '광'의 지명을 바꾸어 넣은 것 같다. 사실 정공 15년에 재차 진나라를 향해 나아가다 조송曹宋 국경지대에서 만났다는 '사마 환퇴의 난'도 공자의 천하 유력과는 관계가 없는 것이다. 일반적으로 사서史書에서 말하는 '환퇴의 난'은 애공 3년 환퇴가 조나라[曹]를 침공하여 일어난 난을 말하는데,[259] 난이 일어났을 때 공자는 이미 진나라에 도착해 있었다.[260] 거의 같은 시기에 같은 지역 boundary에서 일어난 무수히 많은 난을 착오 없이 정리한다는 것은 정

---

258  "孔子遂適衛. 子貢曰 '盟可負邪?' 孔子曰 '要盟也, 神不聽.'"(「공자세가」 애공 2년 조) ※ 사마천은 이 사건이 애공 2년에 있었다고 했지만, 그것은 사마천의 착오이다. 이에 대해서는 앞에서 서술했다.

259  "宋樂髡帥師伐曹."(『춘추경』 애공 3년)

260  그해 노나라 환공(桓公)과 희공(僖公)의 사당에서 화재가 났는데 공자는 그 소식을 진나라에서 들었다고 한다. "夏 五月 辛卯, 司鐸火, 火踰公宮, 桓僖災. ······孔子在陳, 聞火, 曰 '其桓僖乎.'"(『좌전』 애공 3년); "夏, 魯桓釐廟燔, 南宮敬叔救火. 孔子在陳, 聞之 曰 '災必於桓釐廟乎?' 已而果然."(「공자세가」 애공 3년 조)

리 기술이 발달한 오늘날에도 결코 용이한 일이 아니다. 게다가 이 무렵의 포와 광 그리고 조나라와 송나라의 접경 지역은 이른바 패자[霸]를 꿈꾸며 중원을 경략하려는 무리가 분주하게 움직이던 곳이다.[261] 이와 같은 혼란은 이 즈음에는 언제든지 일어날 수 있는 일이었다.

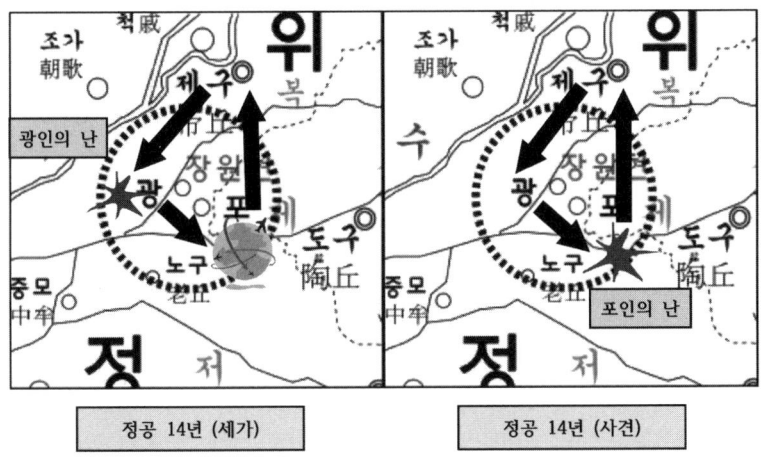

정공 14년 (세가)      정공 14년 (사견)

---

261   ▲『좌전』에 보면, 제나라의 진환(陳瓛)이 초나라에 갈 적에 포(蒲)를 거쳐 갔다는 기사가 있다. "秋, 齊陳瓛如楚, 過衛, 仲由見之, 曰 ······."(『좌전』 애공 15년) 포 땅이 중원의 북쪽에서 남쪽으로 가는 길목이었기 때문에 이곳을 거쳐 갔을 것이다. ▲또 『좌전』 애공 7년 조에 보면, 오나라가 노나라에 백뢰(百牢)의 향연을 베풀라고 요구하면서, '송나라 또한 백뢰(百牢)로써 향연(饗宴)을 베풀었으니, 노나라가 송나라보다 못해서는 곤란하지 않겠느냐'고 했다는 기사가 있다. "夏, 公會吳于鄫. 吳來徵百牢, 子服景伯對曰 '先王未之有也.' 吳人曰 '宋百牢我, 魯不可以後宋.'"(『좌전』 애공 7년) 당시 오나라는 중원 경략[霸]을 서두르고 있었는데, 패자가 되기 위해서는 반드시 진나라[晉]를 굴복시켜야 했다. 이를 위해 오나라가 세운 전략이 남쪽에서는 위나라를 통해 진나라를 압박하고, 서쪽에서는 제나라를 통해 진나라를 압박하는 양동 작전이었다. 그런데 오나라에서 위나라와 제나라로 가기 위해서는 반드시 송나라과 노나라를 거쳐야 했다. 그래서 송나라과 노나라에 오나라의 부용(附庸)[위성국]임을 자인하는 백뢰의 향연을 요구한 것이다. 이 때문에 조나라와 송나라 그리고 노나라의 접경 지대에서는 늘 전화(戰禍)가 끊이지 않았다. 이에 대해서는 애공 7년의 공자의 천하 유력을 고찰하는 곳에서 자세히 설명하겠다.

| 구분 | 공자세가 | 사건 |
|---|---|---|
| 난의 명칭 | 광인의 난 | 포인의 난[공숙씨의 난] |
| 발생 년도 | 정공 14년 | 정공 14년 ~ 15년 |
| 발생 장소 | 광 | 포 |
| 공자의 이동경로 | 위→광→★→포→위 | 위→광→포→★→위 |
| 이후의 여정 | 한 달 후 위를 떠나 진으로 감 | 애공 2년까지 위에 체재 |

앞에 인용한 「진기세가」의 기록도 마찬가지이다. 「진기세가」 혼공 6년 조에 의하면 '이해 오나라 왕 부차夫差가 진나라를 침략하여 읍 3개를 취하고 돌아갔다.'고 했다.[262] 그런데 혼공 6년(b.c.496)은 부차가 오나라 왕으로 즉위하기 전이다.[263] 또 사서(『좌전』)에는 이해 오나라가 진나라를 공벌했다는 기록이 없다. 그 연표(「진국연표」)에도 이해에 오나라가 진나라를 공벌했다는 기록이 없다. 이해에 부차가 진나라를 공벌했다는 기사는 사실이 아니다. 오나라가 진나라를 공벌한 것은 그로부터 2년 뒤인 애공 1년에 있었다. 그해 부차는 월나라를 공격하여 합려闔閭의 복수를 한 뒤, 진나라를 침공하여 과거의 원한[舊怨]을 보복했다.[264] 그 연표(「진국연표」)에도 그렇게 기록되어 있다.[265] 이 무렵에는 중원의 남쪽에서도 1~2년을 터울로 크고 작은 난이 끊

---

262 "湣公六年, 孔子適陳. 吳王夫差伐陳, 取三邑而去."(「진기세가」 '혼공' 조)

263 오왕(吳王) 부차(夫差)는 이듬해인 노나라 정공 15년(b.c.495)에 즉위했다. "吳子光卒."(『춘추경』 정공 14년, b.c.496년); "吳王夫差元年"(「십이제후연표」 '오국연표'). 오왕 부차 원년은 주나라 경왕 25년, 노나라 정공 15년, 진나라 혼공 7년, b.c.495년이 되는 해이다.

264 "秋八月, 吳侵陳, 修舊怨也."(『좌전』 애공 원년)

265 "吳伐我."(「십이제후연표」 '진국연표' 혼공 8년 조). 진나라 혼공 8년은 노나라 애공 원년으로 b.c.494년이 되는 해이다.

이지 않았다. 기억의 착오로 인해 사건에 대한 오기가 있었다 해도 무리한 일이 아니다.

그러나 이것은 어디까지나 나의 의견일 뿐으로, 그해에 광 땅에서 과연 그와 같은 일이 실제로 일어났는지는 알 수가 없다. (「공자세가」 애공 2년 조의 기사 외에는 증험할 수 있는 문헌이 없다.-저자)

공자는 포 땅을 지나다 우연히 공숙씨의 난과 마주쳤다. 양측 간에 치열한 격전이 수차례 있은 뒤, 공숙씨 측에서 제안이 들어왔다. '만일 위나라로 돌아가지 않겠다는 맹세를 하면 바로 포위에서 벗어날 수 있도록 조치하겠다'. 그러자 공자는 그리하겠다는 맹세를 하고 포위에서 벗어나 주위를 배회하다 위나라로 들어갔다. (「공자세가」 애공 2년 조) 정공 14년 조의 기사와 사건의 구성이나 내용의 전개가 너무 유사하지 않은가? 또 진나라를 향해 가는 여정이었다면 굳이 공숙수가 공자에게 '위나라로 돌아가지 않겠다.'는 맹세를 하라고 요구할 턱이 있었겠는가? 공자 일행이 위나라로 돌아가는 길이었기 때문에 이 같은 요구를 하였을 것이다. 이 대목이 나의 연구의 시발점이다.

### 정공 14년, 정공 15년, 애공 2년의 기사 및 나의 의견 비교

| 구분 | | 정공 14년 | 정공 15년<br>~ 애공 2년 | 애공 2년 |
|---|---|---|---|---|
| 이동<br>경로 | 세가 | 위를 떠남→[진을 향해 나아감]→광→★→포→위 | 위→조→조송접경지대→★→정→진→[사마정자]→3년간 체재 | 진→포→★→위→[쯥]→위→진 |
| | 사견 | 위를 떠남→[진을 향해 나아감]→광→[위로 돌아감]→포→★→위에 도착함 | 애공 2년 재차 진을 향해 떠날 때까지 위에 체재함 | 위를 떠남→조→조송→★→정→송[사마정자]→진 |
| 난 | 세가 | 광인의 난 | 환퇴의 난 | 포인의 난 |
| | 사견 | 포인의 난 | | 광인의 난 |
| 행적 | 세가 | 대사구로서 공직 수행. 노를 떠나 위로 감. 영공에게 출사함. 10개월 체재. 위를 떠남. 진을 향해 나아감. 광 땅 부근에서 광인의 난★을 만남. 포 땅 주위에서 한 달여를 배회하다 위로 돌아감 | 위를 떠남. 조송 접경지대에서 환퇴의 난을 당함. 정을 경유하여 진에 도착함. 사성정자의 집에 머묾. 애공 2년 위를 향해 떠날 때까지 줄곧 진에 체재함. 진혼공의 자문에 응함. | 진을 떠나 위를 향해 나아감. 포 땅에서 포인의 난★을 만남. 위에 도착. 영공의 자문에 응함. 문화체험 활동. 조간자를 만나기 위해 진쯥으로 떠남. 위로 돌아옴. 진을 향해 떠남. 진에 도착함 |
| | 사견 | 영공에게 출사함. 10개월 체재. 영공의 감시를 피해 위를 떠남. 진을 향해 나아감. 광 땅 부근에서 위로 돌아가다 포 땅에서 공숙수의 난★을 만남. 격전. | 격전. 공숙수와 맹세하고 포위에서 벗어난 뒤 위로 들어감. 영공의 자문에 응함. 남자를 면대함. 애공 2년 조에 기록된 각종 문화 체험 활동 수행. | 위를 떠나 진으로 감. 조송접경지대에서 광인의 난★을 만나 정으로 피신. 기어코 송으로 들어가 사성정자의 집에 투숙함. 마침내 진에 도착함 |

㈏

다음은, 광인의 구속에서 풀려난 뒤 바로 위나라로 돌아가지 않고, 포 땅 주변에서 '한 달여[月餘]를 배회하다 위나라로 되돌아갔다'는 기사이다.

세가에 의하면, 공자가 위나라를 떠난 이유는 위인衛人의 참소와 영공의 감찰로 인한 죽음의 위협 때문이었다.[266] 그런데 당시 상황이 이와 같았다면 굳이 위나라로 되돌아갈 이유가 없지 않을까? 이미 진나라를 향해 가기로 마음을 정하였다면 오던 길을 되돌아갈 것이 아니라 어떻게 해서든 진나라를 향해 갔어야 하지 않을까? 진나라로 가야 할 어떤 특별한 이유 같은 게 없었기 때문일까? 하지만 세가에는 이에 대한 어떠한 설명도 없다. 구금에서 풀려난 뒤 포 땅 부근에서 달포를 배회하다 위나라로 들어가 거백옥의 집을 주가로 하였다고만 기록되어 있을 뿐이다.

그러나 위나라를 떠난 것이 진나라를 향해 가려고 했던 것이 아니라, '무언가 다급한 사정이 생겨' 일단 위기에서 벗어나고자 하는 마음에서 '무작정' 결행한 것이라면 의문은 저절로 풀린다. 위나라의 정치계는 공자가 위나라에 도착하기 전부터 권력을 둘러싼 정쟁이 끊이질 않았다. 공자는 그 정쟁이 한참 무르익었을 때 노나라에서 위나라에 도착했다. 그리고 격변이 일어났을 때[괴외의 망명] 그에 휘말리는 상황이 되자 서둘러 위나라를 떠났다.

처음부터 진나라로 갈 계획을 세우고 위나라를 떠난 것이 아니라, 먼저 위나라를 떠난 뒤 '도중에' 진나라로 향해 가기로 결정한

---

266  "或譖孔子於衛靈公. 靈公使公孫余假一出一入. 孔子恐獲罪焉, 居十月, 去衛."(「공자세가」정공 14년 조)

것이다. '포인과 한 맹세를 어겨도 됩니까'라고 자공이 물었을 때, 조금의 주저함도 없이 '강요된 맹세는 신도 듣지 않는 법이다'고 답한 것,[267] 공자가 다시 온다고 하자 영공이 교외에까지 영접을 나온 것,[268] 영공에게 재차 도의 정치를 기대한 것,[269] 이와 같은 것들이 이런 추측을 뒷받침해 준다.[270] 공자는 처음부터 위나라를 떠날 생각이 없었던 것이다. 다만 이것 역시 나의 견해일 뿐으로 사실은 이와 완전히 다를 수도 있다.

## 7. 녕무자와 거백옥의 기록에 대한 진위 검토

이제 마지막으로 지금까지 서술한 것을 바탕으로 의문시되는

---

[267] "與之盟, 出孔子東門. 孔子遂適衛. 子貢曰 '盟可負邪?' 孔子曰 '要盟也, 神不聽.'"(「공자세가」 애공 2년 조)

[268] "衛靈公聞孔子來, 喜, 郊迎."(「공자세가」 애공 2년 조)

[269] "靈公老, 怠於政, 不用孔子. 孔子喟然歎曰 '苟有用我者, 期月而已, 三年有成.' 孔子行."(「공자세가」 애공 2년 조) 맹자는 공자가 공양지사(供讓之仕)로 출사한 것에 대해 "於衛靈公, 際可之仕也"(『맹자』 「만장장구」 하 4)라 했다.

[270] 이것은 애공 2년 조의 기사에서 추측한 것이다. 사견이지만 애공 2년에 공자가 당했다는 포인(蒲人)의 난은 정공 14년 진나라를 행해 나아가다 국경 부근의 치안 상태가 불안하다는 소식을 전해 듣고 위나라로 되돌아가다 당한 난이다. 당시 위나라의 국경 부근에서는 크고 작은 소요가 늘 있었고, 남쪽에서도 오나라[吳]·초나라[楚]·진나라[晉] 사이의 다툼(오나라의 중원 공략과 이를 저지하려는 초나라의 반격, 또 영향력 확대를 위한 진나라[晉]의 개입, 그리고 이에 따른 진나라[陳]·채나라[蔡] 등 약소국의 혼란 등-저자)이 끊이질 않았다. "孔子居陳三歲, 會晉楚爭彊, 更伐陳, 及吳侵陳, 陳常被寇. 孔子曰 '歸與歸與! 吾黨之小子狂簡, 進取不忘其初.' 於是孔子去陳."(「공자세가」 애공 2년 조) 그래서 치안 상태가 매우 불안했다. 이 무렵의 중원 남쪽의 정세에 대해서는 애공 1년과 애공 2년의 공자의 천하 유력을 고찰하는 곳에서 자세히 설명하겠다.

몇 가지 문제에 대해 토론한 후 이 장을 마치겠다.

㉮

우선, 세가에서는 공자는 광인들에게 구속되었을 때 녕무자甯武子의 도움으로 5일 만에 구속에서 풀려났다고 한다. 그런데 녕무자는 공자가 태어나기도 전에 이미 죽은 인물이다. 어떻게 이런 일이 일어날 수 있을까?

「공야장」 제20장에 이런 말이 있다.

5.20. 녕무자甯武子는 나라에 도가 있을 때에는 지혜로웠고, 나라에 도가 없을 때에는 어리석었으니, 그 지혜에는 미칠 수 있으나 그 어리석음에는 미칠 수 없다.[271]

녕무자의 덕을 찬미한 것인데, 그 내용이 『좌전』에 보인다. 『춘추경』 문공 4년 조에 "위후衛成公가 우리나라[魯]에 녕유甯兪를 보내어 와서 조문했다."라는 말이 있는데,[272] 그 전(『좌전』)에 다음과 같은 기사가 있다.

위나라 녕무자가 와서 빙문하였다. 공[魯文公]이 연회를 열어 그를 접대할 때 「담로」와 「동궁」을 읊었다. 그런데 녕무자는 사례하는 말도 하지 않고, 답하는 시詩도 읊지 않았다. 공이 행인行人[외교 업무를 담당하는 사람]을 보내 사사로이 그 이유를 물어보니 녕무자는 이렇게 답하였다. "신[甯武]은

---

271 "子曰 '甯武子, 邦有道則知, 邦無道則愚, 其知, 可及也, 其愚, 不可及也.'"(「공야장」 20)
272 "衛侯使甯兪來聘."(『좌전』 문공 4년)

악공들이 연습 삼아 그 곡을 연주하는 줄 알았습니다. 옛날 제후들이 정월正月에 천자天子를 찾아뵐 때 천자께서는 제후들에게 잔치를 베풀어 즐기시며 그 자리에서 「담로」라는 시를 읊으셨습니다. 이는 천자는 태양에 해당하고 제후는 천자의 명을 받들어 수행한다는 뜻에서 그리 하신 것입니다. 그리고 제후들이 천자께서 분하게 여기시는 자를 쳐서 바치면 천자께서는 제후들에게 붉은 칠을 한 활[彤弓] 한 자루, 붉은 칠을 한 화살[彤矢] 1백 개, 검은 칠을 한 활과 검은 칠을 한 화살[旅弓矢]을 1천 개씩 하사하셔서 그 공에 보답하는 연회임을 알도록 하셨습니다. 지금 배신[陪臣]은 오랜 우호를 이어가기 위해 왔습니다. 그런데 임금께서 황공스럽게도 그와 같은 시를 읊어주시니 어찌 감히 대례大禮를 범하여 스스로 죄를 받는 일을 하겠습니까?"[273]

문공文公이 예禮에 어긋나는 방식으로 자신을 대우하자 짐짓 어리석은 체하며 그에 응하지 않았다는 것이다. 곧 노나라에 빙문하기 위해 갔을 때, 문공이 자신을 대하는 예는 천자가 제후를 대할 때 사용하는 예임을 알고, 그것이 외교 관례에도 어긋날 뿐더러 천하의 통의에도 부합하지 않으므로, 시치미를 떼고 일체 반응하지 않았다는 것이다. 이를 수용하면 천자에게 죄를 짓는 것이 되고, 수용하지 않으면 상대국에 대한 행인[외교관]의 예가 아니기 때문이다. 녕무자의 지혜로운 처신이 돋보이는 장면이다. 시법諡法에 의하면 '무武'는 '사람됨이 강

---

273 "衛甯武子來聘. 公與之宴, 爲賦湛露及彤弓, 不辭, 又不答賦. 使行人私焉, 對曰 '臣以爲肄業及之也. 昔諸侯朝正於王, 王宴樂之, 於是乎賦湛露, 則天子當陽, 諸侯用命也. 諸侯敵王所愾, 而獻其功, 王於是乎賜之彤弓, 彤矢百, 旅弓矢千, 以覺報宴. 今陪臣來繼舊好, 君辱貺之, 其敢干大禮, 以自取戾.'"(『좌전』 문공 5년)

하고 도리가 정직한' 사람에게 내리는 것이라고 한다.274 때문에 공자도 녕무자의 이런 점을 들어 "그 지혜는 미칠 수 있으나 그 어리석음은 미칠 수 없다."라 하였던 것이다.

문제는 녕무자의 생몰 연대이다. 세가에서는 공자가 광인에게 구속되자 일행 중 한 명을 녕무자의 가신으로 들어보낸 후 비로소 구속에서 풀려났다고 했다. 그런데 녕무자가 활동할 무렵의 노나라 군주는 문공이었다. 문공은 b.c.626년에 즉위하여 18년간 재위했다.275 그리고 공자는 노나라 양공 22년, b.c.551년에 태어났다.276 녕무자가 장수했다 하여도 이때까지 생존해 있었을 리 만무하다. 세가의 이 문구는 이해하기 어려운 면이 있다.

㉯

다음은 포인에게 난을 당한 후 위나라에 돌아와 거백옥蘧伯玉의 집을 주가主家로 삼았다는 기사이다. 공자는 위나라에 처음 도착하여 안탁추의 집을 주가로 정했다고 한다. 그런데 위나라를 떠났다가 돌아온 뒤에는 거백옥의 집을 주가로 정하고 있다. 공자는 왜 주가를 변경한 것일까?

풀리지 않는 의문은 또 있다. 바로 '거백옥'이란 인물이다. '거백옥蘧伯玉'이란 이름은 논어에 2번 보인다.

---

274　"諡法云 剛彊直理曰「武」."(『논어주소』「공야장」 20의 형병의 소 참조)

275　"元年 春 王正月, 公卽位."(『춘추경』 문공 원년. 이해는 b.c.626년이다); "十有八年 春 王二月 丁丑, 公薨于臺下."(『춘추경』 문공 18년. 이해는 b.c.609년이다)

276　"孔子生魯昌平鄕陬邑. 其先宋人也, 曰「孔防叔」. 防叔生伯夏, 伯夏生叔梁紇. 紇與顔氏女野合而生孔子, 禱於尼丘得孔子, 魯襄公二十二年而孔子生, 生而首上圩頂, 故因名曰「丘」云. 字仲尼, 姓孔氏."(「공자세가」) 이해는 b.c.551년이다.

14.26. ①거백옥이 공자[孔子]에게 사자使者를 보낸 적이 있다. (그때) 공자[孔子]께서 사자와 함께 앉으셨다. (공자) "(요즘) 부자夫子는 무엇을 하고 계시는가?" (사자가) 대답하였다. "부자夫子께서는 자신의 과오를 줄이고자 하시지만 아직 능하지 못하십니다." 사자가 나가자 ②공자[子]께서 말씀하셨다. "사자使者답구나. 사자답구나."²⁷⁷

15.6. 공자께서 말씀하셨다. "곧도다. 사어史魚요. 나라에 도가 있을 때에도 (행실이) 대쪽[矢] 같았고, 나라가 도가 없을 때에도 (행실이) 대쪽 같았다. 군자로다 거백옥蘧伯玉이요. 나라가 도가 있으면 벼슬하고, 나라가 도가 없으면 (재능을) 거두어 간직하였다."²⁷⁸

전자[16.26]는 거백옥이 공자에게 사신을 보내왔을 때 공자가 그를 맞아 거백옥의 안부를 물었다는 내용이다. 그런데 문장의 형식이 외부에서 전해지던 이야기에서 재료를 취해 만든 듯한 모양을 취하고 있다.[①孔子] 실제 이와 같은 일이 일어났다기보다 세간에 그런 소문이 돌고 있어 그 말을 취해 공자가 평소 하던 말[②子]과 합해 장을 구성했다는 뜻이다. 후자[15.6]는 공자가 거백옥의 '군자다움'을 찬미한 것인데, 사추의 대쪽 같은 성품을 찬미한 것은 사추의 '시간屍諫'²⁷⁹을 염두에 둔 발언일 것이다.

277   "蘧伯玉使人於孔子. 孔子與之坐而問焉 曰 '夫子何爲?' 對曰 '夫子欲寡其過而未能也.' 使者出, 子曰 '使乎使乎.'"(「헌문」 26)
278   "子曰 '直哉史魚! 邦有道如矢, 邦無道如矢. 君子哉蘧伯玉! 邦有道則仕, 邦無道則可卷而懷之.'"(「위령공」 6)
279   사추(史鰌)의 시간(屍諫)에 대해서는 『공자가어』「곤서」의 "衛蘧伯玉賢而靈公不用" 이하 참조.

거백옥에 대해 『대대례기』에서는 다음과 같이 말했다.

겉으로 볼 때는 관대하나 안으로는 강직하여, 자신을 닦는[隱括[280]] 가운데 스스로 즐기며, 자신을 바르게 하는 데 힘쓸 뿐 남의 바르지 않음을 탓하지 않으며, 인仁을 행하는 데 급급하여, 이로써 삶과 죽음을 잘 하려고 노력하는 것은 대개 거백옥의 행실이다.[281]

또 사마천은 제자전에서 "공자는 위나라에서는 거백옥을 엄사嚴師했다"고 했다.[282] 공자와는 막역한 사이였던 것 같은데, 문제는 이 거백옥이란 인물의 생몰 연대이다.

거백옥이 사서史書에 처음 등장하는 것은 노나라 양공 때이다. 양공은 b.c.572부터 b.c.542까지 재위했다. 『춘추경』 양공 14년 조에 "을미 일에 위후衛侯가 제나라로 달아났다"[283]라는 기사가 있다. 위나라 헌공이 손임보孫林父 등에 의해 축출된 사건을 기록한 것인데, 그 전[『좌전』]에 다음과 같이 기록되어 있다.

위나라 헌공衛獻公이 손문자孫文子·녕혜자甯惠子에게 함께 식사를 하자고 명하니[戒], 두 사람 모두 조복을 입고 조정에 나아가 명을 기다렸다. 그런

---

280  모난 것을 둥글게 하는 것을 '은(隱)'이라 하고 굽은 것을 곧게 하는 것을 괄(括)이라고 한다. 그래서 '스스로를 닦는'이라고 해석했다.
281  "外寬而內直, 自娛於隱括之中, 直己而不直人, 汲汲于仁, 以善存亡, 蓋蘧伯玉之行也."(『대대례기』「위장군문자」)
282  "孔子之所嚴事, 於周則老子, 於衛蘧伯玉, ……."(「중니제자열전」)
283  "己未, 衛侯出奔齊"(『춘추경』 양공 14년)

데 헌공은 날이 저물도록 이들을 부르지 않고 사냥터[園囿]에서 기러기 사냥만 하였다. 이에 두 사람이 원유園囿로 찾아가자 헌공은 피관皮冠[사냥할 때 쓰는 모자]도 벗지 않은 채 두 사람에게 말을 하였다. 이에 두 사람이 노하였다.

손문자가 자신의 영지인 척戚으로 가서 그 아들 괴[孫蒯]를 보내 입조하게 하니, 헌공이 손괴孫蒯에게 술을 접대하며, 태사太師에게 「교언」의 졸장卒章을 노래하게 하였다. 태사가 사양하니, 악사인 조[師曹]가 "제가 노래하겠습니다"라고 청했다. 당초 헌공이 악사인 조로 하여금 자기의 애첩에게 거문고를 가르치게 한 일이 있는데, 그때 악사인 조가 그녀에게 매를 가하자, 헌공이 노하여 악사인 조에게 3백 대의 매질을 가한 일이 있었다. 그러므로 악사인 조는 「교언」을 노래하여 손자孫子[孫林父]를 노하게 해서, 헌공에게 보복하고자 한 것이다.

헌공이 그에게 노래하게 하니, 그는 드디어 그 시를 낭송하였다. 손괴가 이 낭송을 듣고 두려워 돌아가서 손문자에게 고하니, 문자文子가 말하기를 "임금이 나를 꺼리고 있으니 먼저 손을 쓰지 않으면 반드시 내가 죽게 될 것이다."라 하고, 그 가솔들을 척戚²⁸⁴에 모으고 가병들을 거느리고 도성으로 들어가, 거백옥을 만나 다음과 같이 말했다. "임금이 포악스럽

---

284   척(戚)은 손문자(孫文子)의 채읍(采邑)이다. 『좌전』 양공 29년 조에 오나라[吳]의 연주래(延州來) 계찰(季札)이 오자(吳子) 여제(餘祭)의 빙문사(聘問使)로 위나라[衛]에 왔다가 진나라[晉]에 갈 적에, 척(戚)에 들려 손문자(孫文子)를 만났다는 기사가 있다. "適衛, 說蘧瑗·史狗·史鰌·公子荊·公叔發·公子朝 曰 '衛多君子, 未有患也.' 自衛如晉, 將宿於戚, 聞鐘聲焉, 曰 '異哉. 吾聞之也, 辯而不德, 必加於戮. 夫子獲罪於君以在此, 懼猶不足, 而又何樂? 夫子之在此也, 猶燕之巢于幕上, 君又在殯, 而可以樂乎?' 遂去之. 文子聞之, 終身不聽琴瑟."(『좌전』 정공 29년) 이 손문자가 바로 이 사건에 등장하는 손임보(孫林父)이다. ※ 물론 연주래 계찰이 손임보를 만났다는 기사는 사실이 아니다. 이에 대해서는 『공자의 청년시대』(문사철, 2020) 제2부 제3장에서 고찰했다.

다는 것은 그대도 아는 바이다. 사직이 망할까 크게 두려우니 장차 어찌 하면 좋겠는가?" 그러자 거백옥이 말했다. "임금이 자기 나라를 통치하는데 신하가 감히 침범해서야 되겠습니까? 침범하여 임금을 바꾼다 해도 새 임금이 옛 임금보다 나을 줄을 어찌 알겠습니까?" 그리고는 드디어 떠나 가까운 관문關門을 통해 국외로 나갔다.[285]

위나라 헌공은 노나라 성공 15년(b.c.576)에 즉위하여, 노나라 양공 14년(b.c.559) 손임보孫林父와 녕식甯殖에게 축출 당했다. 그리고 12년 뒤[노나라 양공 27년, b.c.546] 복위하여, 노나라 양공 29년(b.c.544)까지 위후로 재위했다. 그 성정이 포악하고 탐욕스런 인물이었다고 한다.[286]

「교언」의 졸장卒章은 의젓하지 못한 소인小人이 난동을 부린다 한들 겁낼 것이 없다는 것을 비유 조로 노래한 시인데, 헌공이 이 시를 읊게 한 것은 '손문자가 자신의 영지[戚]에서 계략을 꾸민다 한들 겁낼 것이 없다'는 뜻을 전하기 위해서였다. 그 가운데 마지막 장은 손임보를 자극하기에 충분했을 것이다.

---

285 "衛獻公戒孫文子甯惠子食, 皆服而朝, 日旰不召, 而射鴻於囿. 二子從之, 不釋皮冠而與之言, 二子怒. 孫文子如戚, 孫蒯入使, 公飮之酒, 使大師歌「巧言」之卒章, 大師辭, 師曹請爲之. 初, 公有嬖妾, 使師曹誨之琴, 師曹鞭之, 公怒, 鞭師曹三百. 故師曹欲歌之, 以怒孫子, 以報公. 公使歌之, 遂誦之. 蒯懼, 告文子, 文子曰 '君忌我矣. 弗先, 必死.' 并帑於戚而入, 見蘧伯玉曰 '君之暴虐, 子所知也. 大懼社稷之傾覆, 將若之何?' 對曰 '君制其國, 臣敢奸之? 雖奸之, 庸知愈乎?' 遂行, 從近關出."(『좌전』 양공 14년)

286 『좌전』 양공 14년 조에 "齊人以郲寄衛侯, 及其復也, 以郲糧歸."라는 기사가 있다. 위헌공(衛獻公)은 위후(衛侯)로 복귀할 때 제나라가 그를 위해 마련해 준 주(邾)의 부세(賦稅)[糧穀]를 모두 거두어 갈 정도로 탐욕스러웠다고 한다.

저는 어떤 사람인고? 하수河水가<sup>287</sup>에 살고 있도다.

힘도 없고 용맹도 없으면서 오로지 난亂의 단계만 만드는구나.

이미 정강이가 병들어 수종다리가 되었으니 네 용맹이 무엇인고?

꾀하기를 크게 많이 하나 너와 함께 거처하는 무리가 몇이나 되는고?<sup>288</sup>

위나라의 태사太師는 손임보의 '실력'을 알고 있었기 때문에, 헌공이 이 시를 읊으라고 했을 때, 차마 그럴 수 없다며 거절했다. 그러나 악사인 조[師曹]는 과거 헌공에게 수모를 당한 적이 있기 때문에, 차제에 손문자의 힘을 빌어 헌공에게 복수하고자 스스로 청하여 손괴가 보는 앞에서 이 시를 낭송했다.

그러자 이 소식을 전해 들은 손임보는 가솔들을 자신의 영지로 불러 모으고, 가병들을 이끌고 헌공을 공격하기 위해 도성으로 향했다. 도중에 현자로 이름 높은 거백옥을 만나 자초지종을 설명하고 그의 동조를 구했다. 하지만 거백옥은 이에 동조하지 않았다. 누가 임금이

---

287 손임보(孫林父)의 채지인 척(戚)은 황하 남쪽에 있었다. 이곳은 노나라 애공 2년 진앙(晉鞅)이 위나라의 태자 괴외(蒯聵)를 군사를 동원하여 들여보낸 곳이기도 하다. 괴외가 척에 들어갈 때 양호(陽虎)가 길 안내를 했다. "晉趙鞅帥師, 納衛世子蒯聵于戚."(『춘추경』 애공 2년); "六月 乙酉, 晉趙鞅納衛大子于戚, 宵迷. 陽虎曰 '右河而南, 必至焉.' 使大子絻, 八人衰絰, 僞自衛逆者, 告于門, 哭而入, 遂居之."(『좌전』 애공 2년)

288 그 전문을 인용하면 다음과 같다. 인용한 장에는 강조점을 표시해 두었다. "悠悠昊天, 曰父母且. 罪無辜, 亂如此憮. 昊天已威, 予慎無罪; 昊天泰憮, 予慎無辜. 亂之初生, 僭始既涵; 亂之又生, 君子信讒. 君子如怒, 亂庶遄沮; 君子如祉, 亂庶遄已. 君子屢盟, 亂是用長; 君子信盜, 亂是用暴. 盜言孔甘, 亂是用餤. 匪其止共, 維王之邛; 奕奕寢廟, 君子作之. 秩秩大猷, 聖人莫之. 他人有心, 予忖度之. 躍躍毚兔, 遇犬獲之; 荏染柔木, 君子樹之. 往來行言, 心焉數之. 蛇蛇碩言, 出自口矣. 巧言如簧, 顏之厚矣; 彼何人斯, 居河之麋. 無拳無勇, 職為亂階. 既微且尰, 爾勇伊何? 為猶將多, 爾居徒幾何?"(『시』「소아」'교언')

되든 상황이 더 나아질 것 같지 않았기 때문이다. 그렇다고 손문자를 막을 만한 명분도 없었기 때문에 위나라를 떠나 타국으로 향했다.

『설원』에 의하면, 거백옥이 위나라의 군주에게 죄를 지어 진나라[晉]로 분주했을 때, 진나라 대부 목문자고木門子高에게 많은 도움을 받았다[切親]고 한다. 2년 뒤 위후衛侯가 죄를 사면하여 위나라로 돌아갈 때 국경에까지 전송 나온 자고에게 이렇게 말했다고 한다. '훗날 그대에게 은혜를 꼭 갚겠소.' 그 뒤 자고子高가 임금에게 죄를 짓고 달아났을 때 거백옥에게 몸을 의탁하니, 약속대로 위군衛君에게 추천하여 경卿이 되도록 했다고 한다.[289]

녕무자는 짐짓 어리석은 체하며 난처한 상황을 모면했지만, 거백옥은 다른 나라로 도피했다. "어진 사람은 세상을 피하고, 그 다음 단계의 사람은 어지러운 곳이 있으면 피하고, 그 다음 단계의 사람은 싫어하는 안색을 보이면 피하고, 그 다음 단계의 사람은 구설이 있으면 피한다."는 말이 있다.[290] 거백옥은 두 번째인 단계인 '어지러운 나라를 떠나 다스려진 나라로 간' 사람이다.

맹자에 의하면, 옛날 군자들에게는 벼슬에 나아가는 경우와 떠나는 경우가 각각 3가지 있었다고 한다. ⓐ군주가 그를 맞이함에 공경함을 다하고 예가 있으며 장차 그의 말을 행하겠다고 하면 나아가고, 예모가 쇠하지는 않았으나 그의 말이 행해지지 않으면 떠났으며,

---

289  "蘧伯玉得罪於衛君, 走而之晉, 晉大夫有木門子高, 蘧伯玉舍其家. 居二年, 衛君赦其罪而反之, 木門子高使其子送之, 至於境. 蘧伯玉曰 '鄙夫之, 子反矣.' 木門子高後得罪於晉君, 歸蘧伯玉, 伯玉言之衛君曰 '晉之賢大夫木門子高, 得罪於晉君, 願君禮之.' 於是衛君郊迎之, 竟以爲上卿."(『설원』 제6권 제18장)

290  "子曰 '賢者辟世, 其次辟地, 其次辟色, 其次辟言.'"(「헌문」 39)

ⓑ비록 그의 말을 행하지는 않으나 맞이할 때 공경을 다하고 예가 있으면 나아가고, 예를 갖춘 모양이 쇠하면 떠났으며, ⓒ굶주리고 있을 때 군주가 '그의 도를 행하지 못하고 또 그의 말을 실천하지 못해서 굶주리고 배고프게 했으니 내 이를 부끄러워한다'고 하면 나아갔지만 겨우 호구를 면할 뿐이었다고 한다.[291]

거백옥과 공자 모두 위군衛君[거백옥은 위 헌공에게, 공자는 위 영공에게]이 진언進言을 이행하지 않았지만, 예우하는 것이 합당해서[奉粟六萬] 벼슬하였을 것이다. 그래서 '공자는 군주가 예우하는 것이 합당할 경우에 벼슬한 예가 있는데, 위령공의 정청에 나아간 것이 그런 경우이다'라는 말이 있게 된 것이다.

거백옥의 이름이 사서史書에 마지막으로 등장하는 것은 노나라 양공 26년[b.c.547]이다.[292] 그해 헌공[衛獻公]을 축출하는 데 손임보와 힘을 합쳤던 녕식[甯殖]의 아들 녕희甯喜가 헌공의 복위 문제를 상의하기 위해 거백옥을 찾았다. 하지만 거백옥은 "나 원瑗은 옛날[노 양공 14년, b.c.559] 임금께서 국외로 출망할 때에도 그 소식을 듣지 못했는데, 지금 와서 어찌 감히 복위하는 일을 들을 수 있겠습니까?"라 하면서 거절했다고 한다. 그리고는 가까운 관문을 통해 도망치듯 출국하였다고

---

291 "陳子曰 '古之君子, 何如則仕?' 孟子曰 '所就三, 所去三. 迎之致敬以有禮, 言將行其言也, 則就之, 禮貌未衰, 言弗行也, 則去之. 其次, 雖未行其言也, 迎之致敬以有禮, 則就之, 禮貌衰, 則去之. 其下, 朝不食, 夕不食, 飢餓不能出門戶, 君, 聞之曰「吾大者, 不能行其道, 又不能從其言也, 使飢餓於我土地, 吾恥之」, 周之, 亦可受也, 免死而已矣.'"(『맹자』「고자장구」하 14)

292 거백옥(蘧伯玉)[蘧瑗]의 이름은 『좌전』 양공(襄公) 29년 조에도 보인다. "適衛, 說蘧瑗·史狗·史鰌·公子荊·公叔發·公子朝, 曰『衛多君子, 未有患也.'"(『좌전』 양공 29년) 그러나 이 조는 후인의 조설이 의심된다. 그래서 택하지 않았다.

한다.[293] 이후 거백옥의 이름은 사서에 등장하지 않는다.

추측건대, 손임보가 거사에 앞서 그에게 협력을 구했다면, 그 무렵(b.c.559) 거백옥의 나이는 아무리 적게 잡아도 40세는 되었을 것이다. 그때 공자는 아직 태어나지도 않았다. 그리고 그로부터 12년이 지난 노나라 양공 26년(b.c.547) 헌공은 위나라로 돌아왔다. 그해 봄 2월에 녕희[甯喜]가 위후[衛殤公]를 시해하자, 헌공을 맞이하여 다시 위후로 세운 것이다.[294] 이해 공자는 5~6세가 되었다. 그리고 공자는 그로부터 50년이 지난 노나라 정공 13년(b.c.497)에 위나라에 도착했다. 그해 공자는 55세 되었고, 거백옥은 생존했다면 100세가 넘었을 때였다.

| 노국 연표 | BC | 거백옥(추정) | | | 공자 | 사건 |
|---|---|---|---|---|---|---|
| 양공 14년 | 559 | 30 | 35 | 40 | - | 위헌공, 제로 망명함 |
| 양공 22년 | 551 | 38 | 43 | 48 | 1 | 공자, 출생 |
| 양공 26년 | 547 | 42 | 47 | 52 | 5 | 위헌공 복위 |
| 양공 29년 | 544 | 45 | 50 | 55 | 8 | 연주래 계찰 빙문 |
| 정공 13년 | 497 | 92 | 97 | 102 | 55 | 공자, 위에 도착함. 주가=안탁추 |
| 정공 15년 | 495 | 94 | 99 | 104 | 57 | 광 땅에서 돌아온 뒤 주인을 거백옥으로 바꿈 |
| 애공 2년 | 493 | 97 | 101 | 106 | 59 | 조간자를 예방하기 위해 위를 떠났다 돌아온 뒤 거백옥의 집에 유숙함 |
| 애공 11년 | 484 | 105 | 110 | 115 | 68 | 공자, 유력을 마치고 노로 돌아감 |

---

293 "甯喜告蘧伯玉, 伯玉曰 '瑗不得聞君之出, 敢聞其入?' 遂行, 從近關出."(『좌전』 양공 26년)

294 "二十有六年, 春 王二月 辛卯, 衛甯喜弑其君剽. 衛孫林父入于戚以叛. 甲午, 衛侯衎復歸于衛."(『춘추경』 양공 26년)

세가에서는 공자가 위나라에 도착한 후 1년이 지난 뒤 거백옥의 집을 주가主家로 정했다고 한다. 공자와 거백옥이 그토록 가까운 사이였다면 왜 도착하던 해에 거백옥의 집을 제쳐두고 안탁추의 집을 주가로 정했을까? 당시만 해도 안탁추는 양보梁父의 대도大盜로서,²⁹⁵ 악명이 자자했던 인물이 아닌가? 또 공자는 잠시 위나라를 떠났다가 돌아온 뒤, 주가를 안탁추의 집에서 거백옥의 집으로 변경하고 있다. 그 이유는 무엇인가? 또 공자가 천하 유력을 마치고 노나라에 돌아온 때는 68세 겨울 무렵이다. 거백옥이 보낸 사자와 면대했다면 공자는 70세 가량 되었을 것이다. 그때 거백옥은 115세가 훨씬 넘은 나이였다. 그때까지 거백옥이 생존했을까? 또 그때에 이르러서도 잘못을 줄이기 위해 온 힘을 다해 노력했을까?²⁹⁶

『장자』는 그 책이 성립하던 때에 유행하던 '우언寓言' '중언重言' '치언巵言' 등을 기록한 것이기 때문에,²⁹⁷ 거기에 기록된 것을 죄다 믿을 수는 없지만, 「인간세」에 의하면 거백옥의 인생관은 세속에 구애받지 않고 자유롭게 인생을 즐기며 사는 삶이었다고 한다.²⁹⁸ 거백옥이 이

---

295 "子張, 魯之鄙家也, 顏涿聚, 梁父之大盜也, 學於孔子."(『여씨춘추』「존사」)
296 "蘧伯玉使人於孔子. 孔子與之坐而問焉 曰 '夫子何爲?' 對曰 '夫子欲寡其過而未能也.' 使者出, 子曰 '使乎使乎.'"(「헌문」 26)
297 "莊子者, 蒙人也, 名周. 周嘗爲蒙漆園吏, 與梁惠王·齊宣王同時. 其學無所不闚, 然其要本歸於老子之言. 故其著書十餘萬言, 大抵率寓言也. 作漁父·盜跖·胠篋, 以詆訿孔子之徒, 以明老子之術. 畏累虛·亢桑子之屬, 皆空語無事實. 然善屬書離辭, 指事類情, 用剽剝儒·墨, 雖當世宿學不能自解免也. 其言洸洋自恣以適己, 故自王公大人不能器之."(『사기』「노자한비열전」 '장자' 조); "寓言, 十九, 重言, 十七, 巵言, 日出, 和以天倪. ……."(『장자』「우언」 제1장)
298 "顏闔將傅衛靈公大子, 而問於蘧伯玉, 曰 '有人於此, 其德天殺. 與之爲無方, 則危吾國, 與之爲有方, 則危吾身. 其知適足以知人之過, 而不知其所以過, 若然者, 吾

와 같은 인생관을 갖고 살았다면 그가 장수했다는 것은 사실일지도 모르겠다. 그런데「칙양」에 의하면 거백옥은 행년行年 50세 무렵에는 49년 동안의 과오를 반성했고, 60세 무렵에는 59년 동안의 잘못을 반성했다고 한다.[299] 거백옥이 과거의 잘못을 반성하며 향후의 일을 경계했다는 이야기는 『회남자』에도 기록되어 있고,[300] 논어에도 기록되어 있다.[301]

그런데 논어(「헌문」 26)에 의하면 거백옥은 공자가 천하 유력에서 돌아온 뒤에도 사자를 보내 서로 안부를 물을 정도로 절친했고, 그때까지도 거백옥은 자신의 잘못을 바로잡기 위해 애를 썼다고 한다. 공자가 천하 유력에서 돌아온 해는 애공 11년으로 이해는 b.c.484년이다. 만일 그때까지 거백옥이 생존해 있었다면 그의 나이는 110여 세가 훨씬 넘었을 것이다. 그렇다면 거백옥의 행적을 말할 때 행년 50세 혹은 60세가 아니라, 행년 100세 혹은 110세라고 했어야 하

---

奈之何?' 蘧伯玉曰 '善哉. 問乎. 戒之愼之, 正女身也哉. 形, 莫若就, 心, 莫若和, 雖然, 之二者, 有患, 就不欲入, 和不欲出. 形就而入, 且爲顚爲滅, 爲崩爲蹶, 心和而出, 且爲聲爲名, 爲妖爲孼, 彼且爲嬰兒, 亦與之爲嬰兒, 彼且爲無町畦, 亦與之爲無町畦, 彼且爲無崖, 亦與之爲無崖, 達之, 入於無疵. 汝, 不知夫螳蜋乎? 怒其臂, 以當車轍, 不知其不勝任也, 是其才之美者也. 戒之愼之. 積伐而美者, 以犯之, 幾矣. 汝, 不知夫養虎者乎? 不敢以生物, 與之, 爲其殺之之怒也, 不敢以全物, 與之, 爲其決之之怒也. 時其飢飽, 達其怒心, 虎之與人, 異類, 而媚養己者, 順也, 故其殺者, 逆也. 夫愛馬者以筐, 盛矢, 以蜄, 盛溺, 適有蚊虻, 僕緣, 而拊之不時, 則缺銜, 毁首, 碎胸, 意有所至, 而愛有所亡, 可不愼邪.'"(『장자』「인간세」제3장)

299　"蘧伯玉, 行年六十而六十化, 未嘗不始於是之 而卒詘之以非也, 未知今之所謂是之非五十九年非也."(『장자』「칙양」제7장)

300　"蘧伯玉年五十而知四十九年非."(『회남자』「원도훈」)

301　"蘧伯玉使人於孔子. 孔子與之坐而問焉 曰 '夫子何爲?' 對曰 '夫子欲寡其過而未能也.' 使者出, 子曰 '使乎使乎.'"(「헌문」 26)

지 않을까? 인생 100세는 상수上壽로서 상징하는 의미가 매우 큰 것이다. 그런데도 「칙양」의 저자는 거백옥의 인생 행적을 50세, 60세에 한정하여 설명하고 있다.[302]

공자가 잠시 위나라를 떠났다가 다시 돌아온 뒤 거백옥의 집을 주가로 정했다는 세가의 기사는, 공자가 녕무자에게 종자를 신하로 들여보낸 뒤에야 광인의 구속에서 풀려날 수 있었다는 기사와 함께, 믿기 어려운 면이 있다. 공자가 거백옥의 집을 주가로 변경했다면, 공자를 존숭했던 사마천의 태도로 미루어 볼 때, 또 사마천이 세가를 쓸 때 지녔던 태도로 볼 때,[303] 그 까닭을 한두 가지 정도는 기록해 두었을 것이다. 그런데 세가에는 공자가 거백옥의 집을 주가로 정했다는 것 외에 다른 기록이 일체 존재하지 않는다. 혹여 이 때문에 「헌문」에서 거백옥이 보낸 사자使者와 면대한 장면을 기록할 때 공자의 호칭을 '공자孔子'라고 한 것이 아닐까?

---

[302] 주희(朱熹)는 「헌문」 제26장에 대해 "공자께서 위나라에 계실 적에 일찍이 그의 집에 머물며 주인(主人)을 삼으셨는데 이윽고 노나라로 돌아오셨다. 그러므로 거백옥이 사람을 보내온 것이다."[孔子居衛, 嘗主於其家, 旣而反魯. 故, 伯玉, 使人來也.]; "장주(莊周)가 이르길 '거백옥은 나이 50세에 49년 동안의 잘못을 알았다.'고 하였고, 또 '나이 60세가 되자 60세에 (氣質이) 변화하였.'고 하였으니 그 덕을 진전(進展)하는 공부가 늙어서도 게을러지지 않은 것이다. 이 때문에 실천[踐履]이 독실하고 빛나는 덕이 드러나서 오직 사자(使者)만 그것을 알았을 뿐만 아니라 부자(夫子)께서도 또한 믿으신 것이다."[按莊周稱伯玉行年五十而知四十九年之非, 又曰 伯玉行年六十而六十化, 蓋其進德之功, 老而不倦. 是以, 踐履篤實, 光輝宣著, 不惟使者知之. 而夫子亦信之也.] 라고 주석하였다. 천하 유력에서 돌아온 뒤까지도 거백옥이 생존했다고 보고 주석한 것인데, 만일 거백옥이 이때까지 생존했다면 그의 나이는 아마 110세가 넘었을 것이다. 상식적으로 이해가 되지 않는 주석이다.

[303] 졸저, 『공자의 청년시대』, 문사철, 2020, 29-30쪽 참조

14.26. 거백옥蘧伯玉이 공자[孔子]①에게 사자使者를 보낸 적이 있다. (그때) 공자[孔子]①께서 사자와 함께 앉으셨다. (공자) "(요즘) 부자夫子는 무엇을 하고 계시는가?" (사자가) 대답하였다. "부자夫子께서는 자신의 과오를 줄이고자 하시지만 아직 능하지 못하십니다." 사자가 나가자 공자[子]②께서 말씀하셨다. "사자답구나. 사자답구나."[304]

앞에서도 말했지만, 이 장은 외부에서 전해지던 이야기에서 재료를 취해 문장을 구성한 듯한 형식을 취하고 있다.[①孔子] 실제 이와 같은 일이 일어났다기보다 세간에 그런 소문이 돌고 있어, 그 말을 취해 공자가 평소 하던 말[②子]과 합해 장을 구성한 듯한 뉘앙스를 풍긴다. 이 장을 논어 성립의 취지에 맞게 해석하면 대개 다음과 같은 뜻이 된다.

①세간에 이런 말이 있다. 언젠가 거백옥蘧伯玉이 공 선생[孔子]께 사신使臣을 보내 안부를 물은 적이 있는데, 그때 공 선생[孔子]께서는 사자使者를 면담하면서 거백옥蘧伯玉의 근황을 물었고 사자使者는 "과오를 줄이는 일에 전념하고 계십니다"라 했다고 한다. 사자使者가 면담을 마치고 돌아갔다.
②어떤 제자가 선생님께 여쭈었다. "세간에 이런 말[①]이 있는데, 만일 사자使者로 와서 이같이 답했다면 어떻겠습니까?" 그러자 선생님[子]께서 말씀하셨다. "사자使者의 역할을 제대로 수행했다고 할 수 있지. 암 그렇고 말고. 사자使者라면 응당 그렇게 해야지."

---

304 "蘧伯玉使人於孔子. 孔子與之坐而問焉 曰 '夫子何爲?' 對曰 '夫子欲寡其過而未能也.' 使者出, 子曰 '使乎使乎.'"(「헌문」 26)

"공자"라는 호칭과 "자"라는 호칭이 함께 사용된 것으로 보아 ①과 ②는 같은 날, 같은 장소에서 있었던 일은 아닐 것이다. 훗날 논어를 편집할 때 가르침의 소재로 삼기 위해 내용과 형식을 조정하여 하나의 문장으로 만들었을 것이다. 다만 그 소재를 ①은 세간에서 ②는 공문 내에서 취했기 때문에, 이같이 호칭을 달리 했을 것이다. 공자는 사자를 만난 적이 없다. 거백옥의 근황에 대해 물은 적도 없다.

어떤 제자가 세간에 흘러다니는 말을 예로 들며,(혹은 가르침의 뜻을 전하기 위해 논어 편집자가 지어낸 말인지도 모르겠다.-저자) '사신으로 나아가 이렇게 한다면 어떻겠습니까'라고 묻자, '그런 사람이라면 사신의 역할을 충실히 수행했다고 할 수 있다'고 답했다는 것이 이 이야기의 진실일 것이다. 나의 생각으로는 질문한 제자는 자공子貢일 것이다. 자공은 타고난 총명함과 예리한 현실 감각, 외교적 교섭 능력, 변설 능력, 뛰어난 정치적 수완과 경제적 능력, 풍부한 인맥을 두루 갖춘 인재였다.[305] 다만 자공은 자신의 재주를 믿고 반성을 게을리하여 공자에게 꾸중을 들은 적이 적지 않다. 그래서 이와 같은 말로 그의 과오를 일깨워주려 했는지도 모르겠다.

공자는 조간자를 만나기 위해 진나라[晉]를 향해 떠났다가 다시 돌아온 뒤에도 거백옥의 집을 주가로 정했다고 한다.[306] 물론 이 기사도 믿을 수 없기는 마찬가지이다. 공자와 조간자는 어떤 면에서도 어울리는 사람이 아니었기 때문이다. 거백옥이 등장하는 세가의 기

---

305  자공에게 이런 능력이 있었다는 것은 공문 밖에서 더 인정했다. 이에 대해서는 「자장」제23장, 제24장, 제25장 참조.

306  "孔子旣不得用於衛, 將西見趙簡子. ……乃還息乎陬鄉, 作為陬操以哀之. 而反乎衛, 入主蘧伯玉家."(「공자세가」 애공 2년 조)

사는 믿기 어려운 면이 있다.

    이상, 정공 14년 조의 행적을 마치고 다음 장에서는 위나라로 돌아온 공자에게 또 어떤 일이 일어났는지 「공자세가」 정공 15년 조의 기사를 바탕으로 살펴보겠다.

## 2장

# 정공 15년의 천하 유력

정공 13년, 공자는 노나라를 떠나 위나라로 갔다. 공자가 오자 영공은 노나라에서 받은 녹을 묻고 그에 해당하는 벼슬[粟六萬斗]로 예우했다. 그 뒤 영공에게 군자의 도를 진언했지만, 예기치 않은 정치계의 반발과 영공의 미심적은 태도로 인해, 도의 실현은 고사하고 망명처로서의 안전조차 보장받지 못하게 되자, 10개월 여만에 위나라를 떠났다. 정공 13년 가을 혹은 겨울 무렵에 위나라에 도착했다면, 아마 정공 14년 가을이거나 겨울 무렵에 위나라를 떠나지 않았을까 상상한다.

이후의 행적에 대해 「진국연표」에서는 이해[정공 14년] 공자가 진나라에 "왔다"고 했지만,[307] 이는 사실이 아니다. 공자가 진나라에 "왔다"는 기록은 사서 가운데 「진국연표」 외에는 없다. 혹 진나라에 도착했다가 한 달 뒤 다시 위나라로 돌아간 것은 아닐까 생각할 수도

---

[307] "孔子來."(「진국연표」 '혼공' 6년 조) 그런데 「진기세가」에서는 '왔다'[來]라고 되어 있지 않고 '나아갔다'[適]고 되어 있다. "湣公六年, 孔子適陳."(「진기세가」, '혼공' 조). 진나라 혼공 8년은 노나라 정공 14년, b.c.496, 공자가 56세 되던 해이다.

있겠지만, 진나라와 위나라는 중원의 남쪽과 북쪽에 위치해 있어서, 도착한 후 바로 떠났다 해도 '한 달 안'[308]에 도착할 수 있는 거리가 아니다. 게다가 공자는 귀로에 광인匡人들에게 에워싸여 5일 간 구금되고, 녕무자甯武子의 도움으로 포위에서 벗어난 뒤에도, 한동안 포蒲 땅 주위에서 배회하다 위나라로 돌아갔다고 한다.[309] 이러한 여정을 《한 달여》만에 수행할 수 있을까? 오히려 그보다는 진나라를 향해 나아가다 국경 지대의 치안 상태가 불안하다는 소식을 듣고, 위나라로 되돌아가다 광 땅 부근에서 난을 당하고, 포위에서 풀려난 뒤 포 땅 근처에서 여러 날을 보내다 (마땅히 갈 만한 곳을 찾지 못해) 위나라로 되돌아갔다고 보는 것이 자연스러울 것이다. 정공 14년에는 공자가 진나라에 도착한 사실이 없다.

한편, 세가에서는 이때 광 땅을 지나다 '광인들에게' 난을 당했다고 했지만,[310] 이때 공자가 만난 난은 포蒲를 근거로 위나라를 배반한 '공숙씨의 난'이다. 이에 대해서는 앞에서 고증, 분석하였기 때문에 여기서는 재론하지 않겠다.

다음은 세가에 기록된 정공 15년의 행적이다. 이해를 돕기 위해 정공 14년 조의 기록을 잠시 검토한 후 15년의 행적으로 들어가겠다.(이하 ▶[사견]이라고 표시된 문장은 앞에서 고찰한 내용이다.-저자)

---

308   세가에는 이해[정공 14년] 진나라를 향해 떠났다가 광(匡) 땅에서 난을 만나 녕무자(甯武子)의 도움으로 포위에서 풀려난 뒤 포(蒲) 땅 부근에서 1개월 간 배회하다 위나라로 돌아갔다고 되어 있다. 그래서 이같이[한 달 안에] 기술했다..

309   "將適陳, 過匡顏刻爲僕, 以其策指之曰 '昔吾入此, 由彼缺也.' 匡人聞之, 以爲魯之陽虎. 陽虎嘗暴匡人, 匡人於是遂止孔子. 孔子狀類陽虎, 拘焉五日, ……孔子使從者爲甯武子臣於衛, 然後得去. 去即過蒲. 月餘, 反乎衛."(「공자세가」정공 14년 조)

310   앞의 주 참조

# 1. 공자세가 정공 14년의 기록 검토

● [세가] 공자는 위나라에 도착한 후 10여 개월 가량 머물다 영공과 뜻이 맞지 않아 위나라를 떠났다. 그 후 진나라[陳]를 향해 나아가다 광匡 땅에서 광인에게 포위되는 난을 만났다. 이때 공자는 '하늘이 이 문화를 파괴하려 하지 않는데, 광인 따위가 나를 어떻게 할 수 있겠는가?'라고 하면서 일행을 안심시켰다고 한다. 그 뒤 공자는 시종 가운데 한 사람을 녕무자(甯武子)의 가신으로 들여보낸 후 포위에서 벗어날 수 있었다.³¹¹

▶ [사견] '광匡'은 '포蒲'로 바꾸어서 읽어야 한다. 이때 공자가 광匡 땅에서 만났다고 한 난은 '광인匡人의 난'이 아니라 '공숙씨公叔氏의 난'이다. 한편, 이 기사에는 안연顏淵이 늦게 도착하자 공자는 「나는 네가 죽은 줄로만 알았다」고 했고, 이에 대해 안연은 「선생님께서 계신데 어찌 제가 감히 죽을 수 있겠습니까」라 했다는 기사가 있는데, 안연에 관한 기사는 사실 여부를 확정할 수 없지만, 이것도 이때 있었던 일이 아니라 애공 2년에 있었던 일이다. 그때 공자는 광인[사마 환퇴]들이 급습하여 급히 정나라로 피신하는 과정에서 제자들과 잠시 헤어진 적이 있다.³¹² 이 기사는 이때 일

---

311 "居十月, 去衛. ……陽虎嘗暴匡人, 匡人於是遂止孔子. 孔子狀類陽虎, 拘焉五日. 顏淵後, 子曰 '吾以汝爲死矣.' 顏淵曰 '子在, 回何敢死!' 匡人拘孔子益急, 弟子懼. 孔子曰 '文王旣沒, 文不在茲乎? 天之將喪斯文也, 後死者不得與于斯文也. 天之未喪斯文也, 匡人其如予何!' 孔子使從者爲甯武子臣於衛, 然後得去."(「공자세가」, 정공 14년 조)

312 "孔子去曹適宋, 與弟子習禮大樹下. 宋司馬桓魋欲殺孔子, 拔其樹. 孔子去. 弟子曰 '可以速矣.' 孔子曰 '天生德於予, 桓魋其如予何!' 孔子適鄭, 與弟子相失, 孔子獨立郭東門. 鄭人或謂子貢曰 ……."(「공자세가」, 정공 15년 조) 이 기사는 정공 15년 조에 기록되어 있지만, 이것은 사마천의 오기이다. 이해 공자는 위나라를 떠나지 않았다. 진나라를 향해 나아간 적도 없다. 공자가 재차 진나라를 향해 나아간 것은 애공 2년이다. 그래서 애공 2년에 일어난 사건이라고 하였다. 한편, 이해에 환퇴(桓魋)[向巢]가 군사를

어난 일의 오기이다.

광인匡人들이 급습하자 두려움에 떠는 제자들을 안심시키기 위해 '하늘이 이 문화를 파괴하려 하지 않는데, 광인 따위가 나를 어떻게 할 수 있겠는가?'라고 했다는 기사도 이해에 있었던 일이 아니다. 애공 2년에 일어난 일이다.[313] '일행 가운데 한 사람을 녕무자의 시종으로 (가장하여) 들여보낸 뒤에야 풀려날 수 있었다'는 기사도 녕무자甯武子는 이미 오래 전에 죽은 인물이기 때문에 사실이라고 보기 어렵다.

● [세가] 광인의 포위에서 풀려나 포를 거쳐 1개월 여만에 위나라로 돌아와 거백옥의 집에 머물렀다.[314]

▶ [사견] 이 사건은 정공 14년에 일어났을 수도 있고 15년에 일어났을 수도 있다. 공자가 노나라를 떠난 것이 정공 13년 가을 무렵이라면, 위나라에 도착한 것은 아마 그해 겨울 무렵일 것이다. 그리고 이로부터 10여 개월 가량 체재하다 위나라를 떠났다면, 공자가 대략 정공 14년 늦가을 혹은 초겨울 무렵에 위나라를 떠났을 것이다. 이후 진나라로 가려 했지만, 어떤 이유 때문인지는 몰라도,[315] 다시 위나라로 되돌아가게 되었다. 그리고 위나라로

---

움직인 것은 사실이지만, 그것도 공자를 죽이기 위해 한 것이 아니라, 정(鄭)이 송(宋)과 맺은 평화 협정을 일방적으로 파기하여 그것을 응징하기 위한 것이었다. 공자와는 전혀 관계가 없는 사건이다. 이에 대해서는 후술.

313   이 말은 정공 15년 조에도 보인다. "孔子去曹適宋, 與弟子習禮大樹下. 宋司馬桓魋欲殺孔子, 拔其樹. 孔子去. 弟子曰 '可以速矣.' 孔子曰 '天生德於予, 桓魋其如予何!'"(「공자세가」 정공 15년 조) 그런데 이 기사는 정공 14년 조에 기록된 "匡人拘孔子益急, 弟子懼. 孔子曰 '文王旣沒, 文不在茲乎? 天之將喪斯文也, 後死者不得與于斯文也. 天之未喪斯文也, 匡人其如予何!'"와 상황과 취지가 매우 유사하다. 다만 이해에는 공자가 위나라를 떠난 적이 없어, 이같이 추정해 본 것이다.

314   "去卽過蒲. 月餘, 反乎衛, 主蘧伯玉家."(「공자세가」 정공 14년 조)

315   치안 상태의 부재가 가장 큰 원인이었을 것이다. 이 무렵 국경 부근에서는 크고

돌아가다 포 땅 근처에서 '공숙씨의 난'을 만나 몇 차례 격전을 벌이고, 풀려
난 뒤에도 한 달 가량을 국경 부근에서 서성이다 위나라로 돌아갔다.[316] 그
렇다면 공자는 국경 지역에서 겨울을 난 뒤 이듬해(정공 15년) 봄에 위나라로
돌아갔을 것이다. 세가에서는 정공 14년에 위나라로 돌아갔다고 하지만, 시
간적으로 또 물리적으로, 그해 안에는 위나라에 도착하기 어렵다. 조금 무리
를 한다면 국경 지역에서 겨울을 난 뒤 이듬해(정공 15년) 봄이 다 되어서야
위나라에 도착하지 않았을까 상상한다.

한편, 거백옥의 집을 주가로 정했다는 것은 이 무렵 거백옥은 이미 100세가
넘는 나이였고, 또 그때까지 생존했는지도 의심스럽기 때문에 믿기 어려운
면이 있다.[317] 위나라에 처음 도착했을 때에는 안탁추의 집을 주가로 정하
고, 1년 뒤에는 거백옥의 집으로 변경했다는 것도 납득이 되지 않는다. 그토
록 거백옥을 존경하였다면 왜 처음부터 거백옥의 집을 주가로 정하지 않았
을까? 공자가 거백옥을 존경했다는 논어의 기사[318]와 '거백옥'이라는 인물
의 세평[319]을 고려하여, 어떻게든 거백옥과 공자를 연결지으려고 했기 때문

---

작은 난과 소동이 계속 일어났다. 이에 대해서는 앞에서 이미 설명했다.

316 이에 대해서는 「공자세가」 정공 14년 조와 애공 2년 조 참조. "於是孔子去陳. 過蒲, 會公叔氏以蒲畔, 蒲人止孔子. 弟子有公良孺者, 以私車五乘從孔子, 其為人長 賢, 有勇力, 謂曰 '吾昔從夫子遇難於匡, 今又遇難於此, 命也已. 吾與夫子再罹難, 寧 鬪而死.' 鬪甚疾. 蒲人懼, 謂孔子曰 '苟母適衛, 吾出子. 與之盟, 出孔子東門. 孔子遂適 衛. 子貢曰 盟可負邪?' 孔子曰 '要盟也, 神不聽.' 衛靈公聞孔子來, 喜, 郊迎."(「공자세 가」 애공 2년); "孔子使從者為甯武子臣於衛, 然後得去. 去即過蒲. 月餘, 反乎衛, 主蘧 伯玉家."(「공자세가」 정공 14년 조)

317 이에 대해서는 앞장에서 논증했다.

318 "子曰 '……君子哉蘧伯玉! 邦有道則仕, 邦無道則可卷而懷之.'"(「위령공」 6). 사 마천은 제자전에서 "孔子之所嚴事, ……於衛, 蘧伯玉."(「중니제자열전」)라 하여, 논어 의 이 기사를 기성의 사실로 확인하고 있다.

319 이 문장에서는 공자를 "공자(孔子)"라 칭하고 있다. "蘧伯玉使人於孔子. 孔子

에, 이와 같은 무리한 기록을 남기게 되었을 것이다. 세가에는 거백옥을 주인으로 정했다는 기록이 이외에도 2조 전한다. 모두 공자를 존경한 사마천의 충정에서 비롯된 오기라고 보아도 무리가 아닐 것이다.

- [세가] 위나라로 돌아온 후 영공의 군부인인 남자南子를 면담했다.[320]
- ▶ [사견] 이 사건은 분명히 정공 15년에 있었을 것이다.

이 외에도 다양하고 많은 사건들이 있었을 것이다. 이 부분은 앞으로 토론을 진행해 가면서 살펴보겠다. 이제 이를 바탕으로 세가에 기록된 정공 15년의 기사를 보자.

## 2. 공자세가 애공 15년의 기록

풀려난 후 공자는 포蒲를 거쳐 1개월 여만에 위나라로 돌아와 거백옥蘧伯玉의 집에 머물렀다. 영공靈公의 부인 남자南子가 사람을 보내어 공자에게 연락하였다. "사방의 군자들은 우리 주군과 형제 맺는 것을 영광으로 여기고, 찾아오면 반드시 그 부인도 만나봅니다. 부인께서도 선생을 만나고 싶어 하십니다." 공자는 처음에는 거절하였으나 부득이 만나지 않을 수 없었다. 부인이 휘장 안에서 공자를 (맞았다). 공자가 문으로 들어가 북쪽을 보고 절을 하자 부인은 휘장 안에서 두 번 배례하였다. 부인의 구슬 장신구가

---

與之坐而問焉 曰 '夫子何爲?' 對曰 '夫子欲寡其過而未能也.' 使者出."(「헌문」 26) 세간에서 소재를 취해 제작한 전송이라는 뜻이다. 이에 대해서는 앞에서 논증했다.

320 　"靈公夫人有南子者, 使人謂孔子曰 '四方之君子不辱欲與寡君爲兄弟者, 必見寡小君. 寡小君願見.' 孔子辭謝, 不得已而見之."(「공자세가」 정공 15년 조)

아름답게 소리를 내었다. (그후 공자는 제자들에게) 변명하였다. "처음에는 그녀를 만나지 않으려고 하였지만, 일단 만났으니 예법에 따르지 않을 수 없었던 것 뿐이다." 자로가 불쾌하게 여기자 공자는 맹세하였다. "만약 내가 잘못하였다면 하늘이 나를 벌할 것이다! 하늘이 나를 벌할 것이다!"

위나라에 머문지 달포 정도 되었을 때 영공이 부인과 함께 수레를 타고 환자宦者 옹거雍渠를 참승參乘으로 삼아 (궁을 나오다 공자를 보았다) 공자를 차승次乘으로 태우고 흔들거리며 시내를 한 바퀴 돌아왔다. 공자가 말했다. "나는 여색을 좋아하는 것처럼 덕을 좋아하는 사람을 본 일이 없다." 영공을 미워한 공자는 위나라를 떠나 조나라로 갔다. 이해에 정공이 졸하였다.

공자는 조나라를 떠나 송나라로 갔다. (도중에) 큰 나무 아래에서 제자들과 예를 익히고 있는데, 송나라의 사마司馬 환퇴桓魋가 공자를 죽이려고 (사람을 시켜) 그 나무를 쓰러뜨렸다. 공자는 자리를 떴고 제자들도 '속히 떠나자'며 서둘렀다. 그러자 공자가 말했다. "하늘이 나에게 덕을 부여하였는데, 환퇴 따위가 나를 어쩌겠는가?" 공자는 정나라로 갔으나 제자들과 서로 길이 엇갈려 혼자 동문東門 앞에 서 있었는데, 어떤 정인鄭人이 자공을 보고 말하였다. "동문 앞에 어떤 사람이 서 있는데 그 이마는 요堯와 닮았고 그 목은 고요皐陶와 유사하며 그 어깨는 자산子産과 비슷하다. 그러나 허리 아래는 우禹보다 3촌 짧은데, 풀 죽은 모습이 마치 집을 잃고 떠도는 개[喪家之狗]와 같았다." 자공이 사실대로 고하자, 공자는 흔연히 웃으면서 말하였다. "용모는 중요하지 않으니 (무어라 해도 상관 없지만) 집을 잃고 떠도는 개를 닮았다는 말은 틀림 없는 사실이다. 암, 틀림없고 말고!"

공자는 마침내 진나라에 이르러 사성司城 정자貞子의 집에 유숙留宿하였다.[321]

정리하면,

a. 공자는 광인의 구속에서 풀려난 뒤 포를 거쳐 한 달 여만에 위나라로 돌아와 거백옥의 집에 머물렀다.

b. 영공의 부인인 남자의 요청으로 그녀를 만났다. 자로가 불쾌해 하자, 공자는 매우 강한 어조로 "내가 잘못을 하였다면 하늘이 나를 벌할 것이다"며 변명했다.

c. 위나라에 머문지 한 달여 지났을 때 영공과 남자에게 모욕을 당했다.

d. "나는 여색을 좋아하는 것처럼 덕을 좋아하는 사람을 본 적이 없다"고 하면서 위나라를 떠나 조나라로 갔다.

e. 이해에 노나라 정공이 죽었다.

f. 공자는 조나라를 떠나 송나라를 향해 나아갔다.

g. 큰 나무 아래에서 예를 익히고 있는데 송나라의 사마 환퇴가 급습을 해 와서 정나라로 피신했다.

h. 피신하면서 "하늘이 나에게 덕을 부여하였는데, 환퇴 따위가 나를 어쩌겠는가?"라 했다.

---

321 "去即過蒲. 月餘, 反乎衛, 主蘧伯玉家. 靈公夫人有南子者, 使人謂孔子曰 '四方之君子不辱欲與寡君爲兄弟者, 必見寡小君. 寡小君願見.' 孔子辭謝, 不得已而見之. 夫人在絺帷中. 孔子入門, 北面稽首. 夫人自帷中再拜, 環珮玉聲璆然. 孔子曰 '吾鄉爲弗見, 見之禮答焉.' 子路不說. 孔子矢之曰 '予所不者, 天厭之! 天厭之!' 居衛月餘, 靈公與夫人同車, 宦者雍渠參乘, 出, 使孔子爲次乘, 招搖市過之. 孔子曰 '吾未見好德如好色者也.' 於是醜之, 去衛, 過曹. 是歲, 魯定公卒. 孔子去曹適宋, 與弟子習禮大樹下. 宋司馬桓魋欲殺孔子, 拔其樹. 孔子去. 弟子曰 '可以速矣.' 孔子曰 '天生德於予, 桓魋其如予何!' 孔子適鄭, 與弟子相失, 孔子獨立郭東門. 鄭人或謂子貢曰 '東門有人, 其顙似堯, 其項類皋陶, 其肩類子產, 然自要以下不及禹三寸. 纍纍若喪家之狗.' 子貢以實告孔子. 孔子欣然笑曰 '形狀, 末也. 而謂似喪家之狗, 然哉! 然哉!' 孔子遂至陳, 主於司城貞子家."(「공자세가」 정공 15년 조)

i. 제자들과 헤어져 동문東門 앞에 서 있는데, 어떤 정인鄭人이 '집을 잃고 떠돌아 다니는 개와 같다'고 했다.

j. 마침내 진나라에 도착하여 사성 정자의 집에 유숙하였다.

먼저, 광인의 포위에서 풀려난 후 포를 거쳐 한 달 여만에 위나라로 돌아와 거백옥의 집에 머물렀다는 기사를 보자.

여기서 말하는 '광인'이 공숙수 일당이라는 것은 앞에서 지적했다. 진나라를 향해 나아가다 국경 지역의 치안이 불안하다는 소식을 듣고, 진나라로 가는 계획을 잠시 보류하고 위나라를 향해 되돌아가는데, 마침 이때 포에 들어와 위나라를 배반한 공숙수 일당과 마주치게 되었다. 이때 공자 일행은 공숙수와 여러 차례 공방전을 거듭하다 공숙수와 맹약을 하고 포위에서 벗어나 여러 날 동안 주위에서 배회하다 위나라로 들어갔다. 위나라에 들어가서는 거백옥의 집에 머물렀다.

거백옥은 공자가 '군자君子'라 칭송하며 엄사嚴師했던 인물이다.[322] 논어에 그에 관한 기사가 2조 전한다.[323] 유력 기간 내내 공자와 교류하였고, 공자가 노나라로 돌아온 뒤에도 계속 관계를 이어갔다고 한다. 공자 몰후에도 공문에서는 거백옥을 공자의 학[儒敎]이 성립하는 데 큰 기여를 한 인물이라며 군자의 사표로서 존숭해 마지

---

322　"子曰 '……君子哉蘧伯玉! 邦有道則仕, 邦無道則可卷而懷之.'"(「위령공」 6); "孔子之所嚴事, ……於衛, 蘧伯玉."(「중니제자열전」)

323　"蘧伯玉使人於孔子. 孔子與之坐而問焉 曰 '夫子何爲?' 對曰 '夫子欲寡其過而未能也.' 使者出, 子曰 '使乎使乎.'"(「헌문」 26); "子曰 '直哉史魚! 邦有道如矢, 邦無道如矢. 君子哉蘧伯玉! 邦有道則仕, 邦無道則可卷而懷之.'"(「위령공」 6)

않았다.

그런데 거백옥은 앞서도 말했지만 공자가 태어나던 해에 이미 '불혹不惑'을 지나 '지명知命'에 든 인물이다.[324] 공자가 위나라에 도착하던 때(b.c.497) 공자의 나이는 이미 55세였다. 그때 거백옥은 100세 가까이 되었거나 100세를 넘긴 나이였다. 이때까지 거백옥이 생존했을 것이라고는 생각되지 않는다. 거백옥에 관한 세가와 논어의 기사는 믿기 어려운 면이 있다.

다음은 영공靈公의 부인인 남자南子를 만난 사건이다. 남자는 영공의 '군부인君夫人'[325]이다. 그녀는 송나라 출신이다.[326] 타고난 미모와 군부인이라는 지위를 이용해 위나라의 정치와 국사에 간여하여, 위나라의 공실과 정계에 큰 혼란을 일으켰던 여인이다. 직전 해(정공 14년)에 영공의 당질堂姪인 공숙수가 노나라로 달아나고[327] 태자 괴외가 송나라로 도망친 것[328]도 남자의 정치 간섭과 음행에서 비롯되었

---

[324] 공자는 노나라 양공 22년, b.c.551년에 태어났다. 이때 거백옥은 이미 대부가 되어 있었다. 그에 관한 기사가 『좌전』 양공 14년 조에 보인다. "蒯懼, 告文子, 文子曰 '君忌我矣. 弗先, 必死.' 幷帑於戚而入, 見蘧伯玉曰 '君之暴虐, 子所知也. 大懼社稷之傾覆, 將若之何?' 對曰 '君制其國, 臣敢奸之? 雖奸之, 庸知愈乎?' 遂行, 從近關出."(『좌전』 양공 14년)

[325] "邦君之妻, 君稱之曰夫人, 夫人自稱曰小童, 邦人稱之曰君夫人, 稱諸異邦曰寡小君, 異邦人稱之亦曰君夫人."(『계씨』 14)

[326] "賈逵曰 '南子, 宋女.'"(『사기집해』)

[327] "及文子卒, 衛侯始惡於公叔戌, 以其富也. 公叔戌又將去夫人之黨, 夫人愬之曰 '戌將爲亂.'"(『좌전』 정공 13년); "十四年春, 衛侯逐公叔戌與其黨. 故趙陽奔宋, 戌來奔."(『좌전』 정공 14년)

[328] "衛侯爲夫人南子召宋朝, 會于洮. 大子蒯聵獻盂于齊, 過宋野, 野人歌之曰 '旣定爾婁豬, 盍歸吾艾豭.' 大子羞之, 謂戲陽速曰 '從我而朝少君, 少君見我, 我顧, 乃殺之.' 速曰 '諾.' 乃朝夫人, 夫人見大子, 大子三顧, 速不進, 夫人見其色, 啼而走, 曰 '蒯

다. 인용문에도 정치에 간섭하는 남자의 모습이 은유적으로 표현되어 있다.

사방의 군자들은 우리 주군과 형제 맺는 것을 영광으로 여기고, 찾아오면 반드시 그 부인도 만나 봅니다. 부인께서 선생을 만나고 싶어하십니다.[四方之君子不辱欲與寡君爲兄弟者, 必見寡小君. 寡小君願見.]

위나라에서 벼슬하기 위해서는 남자의 사전 승인을 받지 않고는 불가능했다는 것을 우회적으로 표현한 말이다. 이 무렵 영공은 남자에게 정신을 빼앗겨, 거의 모든 것을 남자에게 의존했다. 남자가 송조와 사통하는 사이라는 것을 알고도 그녀를 치죄하기는커녕, 그녀를 위해 송조를 초빙하여 위나라의 정치를 맡겼다.[329] 그래서 위나라의 정치가 남자와 송조의 손아귀에 있게 되었다.

6.14. "축타와 같은 말재주를 갖지 못하고 송조와 같은 미모만 가졌다면, 지금 세상에서 환난을 면하기 어려울 것이다."[子曰 "不有祝鮀之佞, 而有宋朝之美, 難乎免於今之世矣."]

축타와 같은 이는 언변에 재주가 있어서 나라에 도움이 되는 면

---

聵將殺余,' 公執其手以登臺, 大子奔宋, 盡逐其黨. 故公孟彄出奔鄭, 自鄭奔齊,……."(『좌전』 정공 14년)

329　"衛侯爲夫人南子召宋朝, 會于洮, 大子蒯聵獻盂于齊, 過宋野, 野人歌之曰 '旣定爾婁豬, 盍歸吾艾豭?'"(『좌전』 정공 14년)

이 있지만,330 송조는 단지 외모만 잘 생겼을 뿐으로, 간음하는 용도 외에는 쓸모가 없다는 것이다. 위나라의 정치가 안에서부터 부패하고 있음을 힐란한 말이다.

'오奧의 신에게 치성을 드리는 것보다 조竈의 신에게 기도하는 것이 오히려 낫지 않느냐'는 말이 시전市廛에 회자되었던 것도 남자와 송조에 의한 국정의 전횡을 보여준다.331 그래서 공자도 처음에는 남자의 요청에 응하지 않다가 마지못해 만났는데, 위나라에서 망명 생활을 이어가려면 청을 받아들이지 않을 수 없었을 것이다. '도道'에 뜻을 둔 군자라도 '세勢' 앞에서는 어찌할 수 없는 듯 하다.

공자를 만나자 남자는 예상한 대로 공자를 유혹하는 음행을 저질렀다. '주렴을 내려 상대가 자신을 바라볼 수 없게 한 다음, 구슬로 장식한 옷을 입고, 그 구슬들이 서로 부딪히며 내는 은은한 소리를 면담 중의 공자가 듣게 하여, 공자의 심지를 흐트러뜨리는' 방법으로 공자를 유혹한 것이다. 공자로서는 몹시 당황했을 것이다. 하지만 공자는 '굴욕'을 참으며 끝까지 예법에 의거해 남자南子를 대했다고 한다.

---

330 『춘추경』 정공 4년 조에 "소릉(召陵)에서 회합하고 고유(皋鼬)에서 결맹하였다."라 하였는데, 그 전[『左傳』]에 "회합에 가려 할 적에, 위나라 자행경자(子行敬子)가 영공에게 '이번 회합에서는 의견의 일치를 보기 어렵습니다. 서로 큰소리를 내며 많은 말을 한다면 다스릴 수 없으니 축타(祝鮀)를 데려가십시오.'라 하니, 영공이 '좋다.'라 하고, 자어(子魚)[祝鮀]를 수행하게 했다."라 하였다. 『좌전』에는 또 "고유(皋鼬)에 당도하여 맹약하려 할 적에 채후(蔡侯)가 위후(衛侯)보다 먼저 삽혈(歃血)하게 하자 위후가 축타를 보내 사사로이 장홍(萇弘)에게 말하게 하였다. (글이 많아서 생략하고 기재하지 않는다.-저자) 장홍이 기뻐하여 유자(劉子)에게 고하고 범헌자(范獻子)와 상의하여 마침내 위후가 먼저 삽혈하게 하였다."라 하였다. 위후의 체면을 세워준 것이다. 그래서 당시 사람들이 그를 귀하게 여겼다고 한다.

331 "王孫賈問曰 '與其媚於奧, 寧媚於竈, 何謂也?' 子曰 '不然. 獲罪於天, 無所禱也.'"(「팔일」 13)

이런 일이 있은 후 제자들이 불만을 토로하기 시작했다. 주위에서도 쑤근거렸다. 평소 공자가 보여왔던 말이나 행동, 도덕관[332]에 어울리지 않는 처신이었기 때문이다. 그래서 뒤에 제자들에게 "처음에는 나도 그녀를 만나지 않으려고 하였지만, 일단 만났으니 예법에 따르지 않을 수 없었던 것 뿐이다."[333]라고 하면서 자신의 행위를 변호했던 것이다. 남자를 만난 것에 대해 제자들의 불만이 적지 않았음을 시사하는 내용이다.

그중 자로의 반응이 가장 격렬했다. 자로는 이익을 보면 항상 의를 생각하고, 위급함이 보이면 목숨부터 바칠 생각을 했던 인물이다.[334] 지나칠 정도로 강직하여(行行如) 공자는 자로가 죽을 자리를 찾

---

[332] 공자는 필힐(佛肸)이 중모(中牟)를 배반하고 불렀을 때 자로가 반대하여 끝내 나아가지 않았다고 한다. "佛肸為中牟宰. 趙簡子攻范·中行·伐中牟. 佛肸畔, 使人召孔子. 孔子欲往. 子路曰 '由聞諸夫子, 「其身親為不善者, 君子不入也.」 今佛肸親以中牟畔, 子欲往, 如之何?' 孔子曰 '有是言也. 不曰堅乎, 磨而不磷. 不曰白乎, 涅而不淄. 我豈匏瓜也哉, 焉能繫而不食?'"(「공자세가」 애공 2년 조) 세가에는 이 기사가 애공 2년 조에 기록되어 있으나 전후 사정을 고려하면 애공 5년에 있었던 일일 것이다. 이에 대해서는 애공 5년의 천하 유력을 설명하는 자리에서 자세히 고찰하겠다. 그런데 이 기사의 자로의 말 속에 공자가 평소 했다는 말이 나온다. 「其身親為不善者, 君子不入也.」(@) 아마 공자는 주위 사람들과 대화할 때 늘 이런 말을 했던 것 같다. 공자는 공산불뉴(公山不狃)가 비(費)를 배반하고 불렀을 때도 자로가 반대하여 끝내 나아가지 않았다고 한다. "定公九年, 陽虎不勝, 奔于齊. 是時孔子年五十. 公山不狃以費畔季氏, 使人召孔子. 孔子循道彌久, 溫溫無所試, 莫能己用, 曰 '蓋周文武起豐鎬而王, 今費雖小, 儻庶幾乎.' 欲往. 子路不說, 止孔子. 孔子曰 '夫召我者豈徒哉? 如用我, 其為東周乎!' 然亦卒不行."(「공자세가」 정공 9년 조) 아마 이때에도 공자는 출사 문제를 놓고 자로와 다투었고, 자로 또한 @을 소재로 공자의 생각을 반박하지 않았을까 상상한다.

[333] "孔子曰 '吾鄕為弗見, 見之禮答焉.' 子路不說. 孔子矢之曰 '予所不者, 天厭之! 天厭之!'"(「공자세가」 정공 15년 조).

[334] "子路問'成人'. 子曰 '若臧武仲之知, 公綽之不欲, 卞莊子之勇, 冉求之藝, 文之以禮樂, 亦可以為成人矣.' 曰 '今之成人者, 何必然? 見利思義, 見危授命, 久要不忘生之言, 亦可以為成人矣.'"(「헌문」 13)

지 못하게 될까 늘 염려했다.³³⁵ 자로의 입장에서 보면, 남자의 초청에 응한 공자의 처신은 설령 목숨을 잃는 한이 있더라도 행해서는 안 되는 일이었다. 그만큼 공자가 남자를 만난 것에 대해서는 정치계에서든 세간에서든 곱지 않은 시선 일색이었다.

    소주小邾의 역射이 구역句繹을 가지고 도망해 와서 말했다. "계로季路가 나를 보증해 준다면 나는 결맹을 할 필요도 없습니다." 자로에게 그렇게 하라고 하자, 자로가 사절하였다. 계강자가 염유를 시켜 자로에게 말하게 하였다. "우리는 천승의 나라인데, 우리와의 맹약은 불신한 채 그대의 말을 믿겠다고 하는데, 그대는 어찌 그런 일을 수치스럽게 여기는가?" 그러자 자로가 대답하였다. "노나라와 소주 사이에 일이 생긴다면, (나는 이유야 어찌 되었던) 감히 그 까닭을 묻지 않고, (射을 위해 싸워야 합니다). 저 사람은 신하답지 못한 자인데, (그의 말을 들어준다면) 이는 그를 의로운 사람으로 여기는 것이 되니, 나는 그리 할 수 없습니다."³³⁶

    여기에 보이는 자로의 말과 행동은 '잔꾀가 많았던' 염유³³⁷나

---

335   "閔子侍側, 誾誾如如也, 子路行行如也, 冉有子貢侃侃如也. 子樂. 曰 '若由也, 不得其死然.'"(『선진』 12)

336   "小邾, 射以句繹, 來奔, 曰 '使季路要我, 吾無盟矣.' 使子路, 子路辭. 季康子使冉有謂之曰 '千乘之國, 不信其盟, 而信子之言, 子何辱焉?' 對曰 '魯有事于小邾, 不敢問故, 彼不臣, 而濟其言, 是義之也, 由弗能.'"(『좌전』 애공 14년)

337   염구(冉求)는 자로(子路)와 거의 모든 면에서 상반된 사람이었다. 자로는 열정이 지나쳐 통제를 받아야 바로 설 수 있지만, 염구는 반대로 열정이 부족하여 자극을 받아야 바로 설 수 있는 사람이었다. "子曰 '求也退, 故進之, 由也兼人, 故退之.'"(『술이』 21) "冉求曰 '非不說子之道, 力不足也.' 子曰 '力不足者, 中道而廢, 今女畫.'"(『옹야』 10) 염구는 화술에도 능하였고 행정·외교에도 능하였으며 군사 방면에도 탁월한 재주

'맹세를 저버린' 공자[338]와 전혀 다른 모습이다. 자로는 행실은 거칠었지만 나름 신의가 있던 사람이다.[久要不忘平生之言] 그래서 늘 주위의 신임과 존경을 받았다. 공자도 '자로를 얻은 뒤 나쁜 소문이 들리지 않았다'[339]고 하였다. 의협심과 신의가 있는 자로가 선택한 주군이

가 있던 사람이었다. "求也藝, 於從政乎何有?"(「옹야」 6); "子路問成人. 子曰 '若臧武仲之知, 公綽之不欲, 卞莊子之勇, 冉求之藝, 文之以禮樂, 亦可以爲成人矣.'"(「헌문」 13); "其明年, 冉有爲季氏將師, 與齊戰於郎, 克之. 季康子曰 '子之於軍旅, 學之乎? 性之乎?' 冉有曰 '學之於孔子.'"(「공자세가」 애공 11년 조); "二十三年春, 宋景曹卒. 季康子使冉有弔, 且送葬, 曰 ⋯⋯."(『좌전』 애공 23년) 그는 어떤 길을 택하기 전에 항상 예상되는 이익을 냉정하게 저울질한 사람이었다. 이익이 있는 쪽을 향해 약싹바르게 움직이는 그의 재주는 정치적 출세에 큰 도움이 되었다. "秋, 季桓子病, 輦而見魯城, 喟然歎曰 '昔此國幾興矣, 以吾獲罪於孔子, 故不興也.' 顧謂其嗣康子曰 '我即死, 若必相魯; 相魯, 必召仲尼.' 後數日, 桓子卒, 康子代立. 已葬, 欲召仲尼. 公之魚曰 '昔吾先君用之不終, 終爲諸侯笑. 今又用之, 不能終, 是再爲諸侯笑.' 康子曰 '則誰召而可?' 曰 '必召冉求.' 於是使使召冉求."(「공자세가」 애공 3년 조) 염구는 공자에 의해 계씨에게 취직이 되었을 때, 앞으로 자신의 출세를 도울 사람은 공자가 아니라 계씨라는 것을 즉각 간파하고, 공자의 가르침보다 계씨의 정책을 추진하는 사람으로 자신을 재빠르게 설정하였다. 계씨가 태산(泰山)에서 여제(旅祭)를 지냈을 때,(「팔일」 제6장) 계씨가 부세를 인상했을 때,(「선진」 제16장) 계씨가 전유(顓臾)를 치려고 했을 때,(「계씨」 제1장) 공자의 청을 뿌리치고 계씨의 편을 든 장면 참조. 자로는 승산이 없음에도 의리를 지키다 목숨을 잃었지만,(『좌전』 애공 15년 조: "季子將入, 遇子羔將出, 曰 '門已閉矣.' 季子曰 '吾姑至焉.' 子羔曰 '弗及, 不踐其難.' 季子曰 '食焉, 不辟其難.' 子羔遂出, 子路入. ⋯⋯孔子聞衛亂, 曰 '柴也其來, 由也死矣.'") 염구는 공자가 몰한 후에도 승승장구하여 사서(史書)에 그의 이름이 보이지 않을 때까지 출세하였고 신임도 받았다. 염구의 이름은 『좌전』 애공 23년 조에도 등장한다. "二十三年春, 宋景曹卒. 季康子使冉有弔, 且送葬, 曰 ⋯⋯." 이상 크릴 저, 이성규 역, 『공자, 인간과 신화』, 지식산업사, 1985년 재판본, 제6장 제자 '염구' 조 참조하여 서술.

338  공자는 포(蒲) 땅에서 위난을 당했을 때(정공 14년), 공숙수의 요구에 응해 천지신명께 '위나라로 돌아가지 않겠다'는 맹세를 한 뒤, 얼마 지나지 않아 형세가 좋지 않음을 알고 다시 위나라로 돌아갔다. 그러자 자공이 물었다. "맹세를 저버려도 되는 겁니까?" 그러자 공자는 별 다른 말 없이 짧게 답했다. "강요된 맹세는 신(神)도 듣지 않는 법이다." 위기 상황이었다고 하지만, 공자의 처신에는 '위선적으로' 비춰질 수 있는 것들이 있다. 이것은 자로의 도덕관과 매우 다른 것이다.

339  "孔子曰 '自吾得由, 惡言不聞於耳.'"(「중니제자열전」 '중유' 조)

공자였기 때문이다.340 사건이지만 사마천이 남자 면담 사건에 자로의 반응을 인용한 것도, 남자를 만난 공자의 행동이 공자의 도덕관이나 평소의 행실에 준하여 매우 파격적인 것임을 드러내려는 뜻이 있지 않았을까 상상한다.

이런 성정을 지닌 자로가 불쾌한 모습을 지었다면, 공자가 남자를 만난 것은 묵과할 수 있는 사건이 아니다. 그래서 공자도 제자들이 수군거리는 것을 알고 "나도 처음에는 그녀를 만나지 않으려고 했지만, 일단 만났으니 예에 따르지 않을 수 없었던 것뿐이다."라고 변명했던 것이다.

> 나도 처음에는 그녀의 요구에 응하지 않으려 했지만, 초청에 응하지 않을 경우 초래될 정치적 탄압을 고려하지 않을 수 없었다. 이런 경우에는 '경經'의 원칙보다 '권權'의 도덕을 따르는 것이 현명하다. 그래서 부득이 초청에 응하게 된 것인데, 만나는 동안에는 예에 맞게 처신했다. 만일 내가 예에 맞게 처신하지 않았다면 하늘이 용서치 않을 것이다.

그러나 자로의 입장에서는 남자를 만난 행위 자체가 이미 불의不義이다. 그래서 불쾌하게 여겼는데, 공자는 자신의 적절치 못한 처신[見南子]에 대해서는 일절 함구한 채, 남자를 만났을 때 '예에 어긋나

---

340 이 문장의 함의에 대해 왕숙(王肅)은 '자로가 시위(侍衛) 역을 해서 공자에게 나쁜 말을 하지 못했다'고 했지만,["集解 王肅曰 '子路為孔子侍衛, 故侮慢之人不敢有惡言, 是以惡言不聞於孔子耳.'"] 자로의 인물됨과 사승(師承) 관계를 고려하여 본고에서는 취하지 않았다. 졸고, 「자로의 인물됨과 사승관계 고찰」, 《동방학》 제37집, 한서대학교 동방고전연구소, 2017 참고.

게 처신하지 않았다'[予所否者]는 것만 강조했다. "만약 내가 잘못 하였다면 하늘이 나를 벌할 것이다. 하늘이 나를 벌할 것이다."

공자의 도덕관에서는 종종 이런 면이 나타난다. 포 땅에서 위난을 당했을 때 공숙씨와 한 맹세를 어기고 위나라로 돌아간 사건도 그런 예 가운데 하나이다. 그때에도 공자는 자공이 '맹세를 저버릴 수 있습니까?'라고 묻자 '강요된 맹세는 신이 듣지 않는 법이다'라고 하면서 얼버무린 적이 있다.[341]

공자는 평소 다음과 같이 말했다.

2.22. 사람이 진실성이 없으면 그를 어떻게 해야 할지 모르겠다. 큰 수레에 수레채 마구리가 없고 작은 수레에 멍에막이가 없다면 어떻게 수레가 갈 수 있겠느냐?[342]

12.7. 자공이 '정사'에 대해 묻자 공자가 말하였다. "양식을 풍족하게 하고 군대를 풍족하게 하고 백성들에게 신의를 지키는 것이다." …… "양식을 버려야 한다. 예로부터 사람은 누구나 죽게 마련이지만 백성들에게 믿음을 얻지 못하면 존립할 수가 없다."[343]

19.10. 자하가 말하였다. "군자는 백성들에게 신임을 얻은 뒤에 백성들을 부리니, 백성들에게 신임을 얻지 못하면 백성들은 자신들을 괴롭힌다고 여긴다. 군자는 신임을 얻은 뒤에 간하니 윗사람에게 신임을 얻지 못하면

---

341 "蒲人懼, 謂孔子曰 '苟毋適衛, 吾出子.' 與之盟, 出孔子東門. 孔子遂適衛. 子貢曰 '盟可負邪?' 孔子曰 '要盟也, 神不聽.'"(「공자세가」 애공 2년 조)
342 "子曰 '人而無信, 不知其可也. 大車無輗, 小車無軏, 其何以行之哉.'"(「위정」 22)
343 "子貢問政. 子曰 '足食, 足兵, 民信之矣.' … 曰 … '去食. 自古皆有死. 民無信不立.'"(「안연」 7)

윗사람은 자신을 비방한다고 여긴다."³⁴⁴

13.4. 번지가 농사일 하는 법을 배우고 싶다고 청하자 공자가 말하였다. …… "윗 사람이 예를 좋아하면 백성들이 감히 공경하지 않음이 없고, 윗 사람이 의를 좋아하면 백성들이 감히 복종하지 않음이 없고, 윗 사람이 믿음을 좋아하면 백성들이 감히 사실대로 하지 않음이 없다. 이렇게 되면 사방의 백성들이 자식을 포대기에 업고 올 것이니, 어찌 농사일을 배울 필요가 있겠는가."³⁴⁵

8.16. 공자가 말하였다 "고지식하면서 정직하지 않으며 무지하면서 삼가지 않으며 무능하면서 성실하지 않은 사람은 나도 어쩔 수 없다.³⁴⁶

모두 '신信' 곧 약속을 소중하게 생각한 발언이다.

그런데 공자는 '사士'의 본분을 묻는 자공에게 '몸가짐에 염치가 있으며, 사방에 사신으로 가서 임금의 명을 욕되게 하지 않는 것이 첫째이고, 종족이 효성스럽다고 칭찬하고 지방에서 공손하다고 칭찬하는 것이 둘째이며, 말을 반드시 미덥게 하고 행실을 반드시 과단성 있게 하는 것이 그 다음이다. 이렇게 하는 것이 도량이 좁은 소인이기는 하나 그래도 또한 그 다음이 될 수 있다.'라 했다."³⁴⁷ 맹자는 이

---

344 "子夏曰 '君子信而後勞其民, 未信則以爲厲己也. 信而後諫, 未信則以爲謗己也.'"(「자장」 10)

345 "樊遲請學稼. 子曰 … '上好禮則民莫敢不敬, 上好義則民莫敢不服, 上好信則民莫敢不用情, 夫如是則四方之民, 襁負其子而至矣, 焉用稼?'"(「자로」 4)

346 "子曰 '狂而不直, 侗而不愿, 悾悾而不信, 吾不知之矣.'"(「태백」 16)

347 "子貢問曰 '何如, 斯可謂之士矣?' 子曰 '行己有恥, 使於四方, 不辱君命, 可謂士矣.' 曰 '敢問其次.' 曰 '宗族, 稱孝焉, 鄕黨, 稱弟焉.' 曰 '敢問其次.' 曰 '言必信, 行必果, 硜硜然小人哉, 抑亦可以爲次矣.'"(「자로」 20)

사상을 이어 "대인은 말을 함에 무조건 신의가 있게 하기를 기약하지 않고, 행동을 함에 과단성 있게 하기를 기약하지 않으며, 오직 의가 있는 곳이면 그에 따라 말하고 행동한다."[348]라 했다. 유약有若도 "약속한 바가 의에 맞아야 말한 바를 실천할 할 수 있다."[349]라 했다. 이런 논리라면, 맹세를 저버린 공자의 행위는 대인大人의 행위로 정당화되고, 계씨의 요청을 거절한 자로의 행위[350]는 오히려 소인小人스러운 일이 된다. 공자의 도덕 체계에서는 종종 이같이 모순된 도덕관이 나타난다.[351]

이에 대해 송유宋儒들은 '그 나라에 출사하게 되면 소군小君을 만나보는 것이 예禮이다. 그래서 공자도 어쩔 수 없이 남자를 만난 것이다. 그런데 자로는 이 점을 깨닫지 못하고 불쾌한 표정을 지었다.'고 했지만,[352] 고례古禮에 이런 '예'가 있었는지는 의문이다.[353] 『좌전』에도 이와 같은 예가 있었다는 기록이 없다. 공안국孔安國이 지적한 대

---

348 "大人者, 言不必信, 行不必果, 惟義所在."(『맹자』 「이루장구」 하 11)
349 "有子曰 '信近於義, 言可復也.……'"(「학이」 13)
350 "小邾, 射以句繹, 來奔, 曰 '使季路要我, 吾無盟矣.' 使子路, 子路辭. 季康子使冉有謂之曰 '千乘之國, 不信其盟, 而信子之言, 子何辱焉?' 對曰 '魯有事于小邾, 不敢問故, 彼不臣, 而濟其言, 是義之也, 由弗能.'"(『좌전』 애공 14년)
351 이 문제를 명확히 하려면 '인(仁)'의 절목(節目)인 '신(信)'과 '의(義)'의 관계를 분석해야 하지만, 본고에서는 지면 관계상 그것까지는 고찰하지 않았다. 뒤에 고찰할 때가 있을 것이다.
352 "蓋古者, 仕於其國, 有見其小君之禮, 而子路以夫子見此淫亂之人爲辱. 故, 不悅."(『논어집주』, 「옹야」 26)
353 「공자세가」에도 이 회담은 남자(南子) 측에서 요청한 것으로 되어 있다. "靈公夫人有南子者, 使人謂孔子曰 '四方之君子不辱欲與寡君爲兄弟者, 必見寡小君. 寡小君願見.' 孔子辭謝, 不得已而見之.……"(정공 15년 조)

로, 남자를 만난 것이 영공을 치도의 길로 인도[行道]하기 위한 일종의 '방편'[權]이었다고 하더라도 그런 일은 부인이 할 만한 일이 아니다. 또 '행도行道'에 '부인'을 간여시키는 것은 도를 행하기 위해 원칙을 저버리는 것[以道殉乎人354]으로서 도에 뜻을 둔 이가 취할 만한 처신이라고 보기 어렵다.355 남녀가 유별하다면 처음부터 만나지 말았어야 하며, 더욱이 음란하기조차 하다면 바로 거절했어야 한다. 하늘에 두고 맹세한다는 것도 공자의 평소 언어 습관에 맞지 않는다.356 그래서 공안국도 실제 이런 일이 있었는지 의심했고, 하안何晏도 이 문장을 주석할 때 이를 의심하여 공안국의 설을 채택한 뒤 별다른 의견을 덧붙이지 않았다.357

결국 공자는 이 일로 인한 것인지는 몰라도 한 달여 지났을 때 '모욕적인 일'을 당한다.

---

354 맹자는 '천하에 도가 있을 때에는 자신을 통해 도를 실현하고, 천하에 도가 없을 때에는 도를 위해 자신을 희생하니, 도를 가지고[도를 실현하기 위해] 남을 따른다는 말은 듣지 못하였다.'고 하였다. "孟子曰 '天下有道, 以道殉身, 天下無道, 以身殉道. 未聞以道殉乎人者也.'"(『맹자』「진심장구」 상 42)

355 이보다 앞서 공자는, 위나라의 권신(權臣) 왕손가(王孫賈)가 '세간에 「군주[奧]에게 잘 보이기보다 권신[竈]에게 잘 보이는 것이 낫다」는 말이 있는데 혹 그 뜻을 아느냐'고 묻자, '그렇지 않다. 하늘에 죄를 지으면 누구에게 빌어도 소용이 없다.'고 답한 적이 있다.(「팔일」 13) 공자는 망명지에서도 꼿꼿한 자세를 유지했던 것 같다. 그런데 이때의 태도는 그와 달랐다. 그래서 자로가 불쾌한 표정을 지었던 것이다.

356 공자는 하늘[天] 혹은 명(命)에 기대어 목표를 이루기보다 노력을 통하여 목표에 도달하는 것을 더 선호했던 사람이다. "子貢曰 '夫子之文章, 可得而聞也, 夫子之言性與天道, 不可得而聞也.'"(「공야장」 12) 그런데 여기에서는 느닷없이 하늘[天]이 등장하고 있다. 공자에서는 매우 드문 언어 사용 습관이다.

357 "孔曰 '舊以南子者, 衛靈公夫人. 淫亂而靈公惑之. 孔子見之者, 欲因以說靈公, 使行治道. 矢, 誓也. 子路不說, 故夫子誓之.' 行道既非婦人之事, 而弟子不說, 與之呪誓, 義可疑焉."(하안주·형병소, 『논어주소』 「옹야」 26)

위나라에 머문지 한 달여 지났을 때 영공은 부인과 함께 수레를 타고 환자宦者 옹거雍渠를 참승參乘으로 삼아 궁을 나오다 공자를 보았다. 공자를 차승次乘으로 태우고 흔들거리며 시내를 한 바퀴 돌아왔다.[358]

'나는 여색을 좋아하는 것처럼 덕을 좋아하는 사람을 본 일이 없다.'[359] 이 말은 이때 공자가 위나라를 떠나면서 한 말이라고 한다.[360]
한편 최술崔述은 공자가 남자를 만난 사건을 기록한 「옹야」 제 26장에 대해

이런 생각이 들기도 한다. 공자가 남자를 만났다는 이 장은 「옹야」편의 끝부분에 놓여 있으며, 이 장 뒤로는 겨우 두 장 뿐이다. 「옹야」에는 대체로 순수한 것들이 많지만, 논어 각 편의 끝부분에는 흔히 한두 장 정도 서로 어울리지 않는 게 들어 있다. 예컨대, 「향당」 말미의 '색거장色擧章', 「선진」 말미의 '시좌장侍坐章', 「계씨」 말미의 '방군장邦君章', 「미자」 말미의 '주

---

[358] "居衛月餘, 靈公與夫人同車, 宦者雍渠參乘, 出, 使孔子爲次乘, 招搖市過之."(「孔子世家」 정공 15년 조). 물론 이 사건은 정공 15년에 일어난 것이 아니다. 다만 「공자세가」의 기사에 따라 이렇게 표현했을 뿐이다. 이 사건은 공자가 진나라를 향해 떠나던 애공 2년[b.c.493]에 있었다. 다음 절에 자세히 설명해 놓았다.

[359] "子曰 '吾未見好德如好色者也.'"(「자한」 17); "孔子曰 '吾未見好德如好色者也.' 於是醜之, 去衛, 過曹. 是歲, 魯定公卒."(「공자세가」 정공 15년 조)

[360] 세가에서는 이 사건 이후에 공자가 위나라를 떠났고 도중에 조송(曹宋) 접경지대에서 사마 환퇴에게 난을 당했다고 기록했다. "居衛月餘, 靈公與夫人同車, 宦者雍渠參乘, 出, 使孔子爲次乘, 招搖市過之. 孔子曰 '吾未見好德如好色者也.' 於是醜之, 去衛, 過曹. 是歲, 魯定公卒. 孔子去曹適宋, 與弟子習禮大樹下. 宋司馬桓魋欲殺孔子, 拔其樹."(「공자세가」 정공 15년 조) 하지만 이것은 사마천의 오기이다. 이해 공자는 위나라를 떠난 적이 없다. 이 무렵 영공은 너무 늙어 사리를 분별할 능력이 없었다. 공자에게 제대로 된 예우를 했을리 만무하다.

유팔사장周有八士章' 등은 의미나 문체가 모두 각 편의 앞부분과 어울리지 않으며, 말 또한 때때로 완전치 못하다. 모두 이지러진 죽간竹簡을 후세 사람들이 끼워넣은 것으로 여겨진다. 이런 현상은 아마 맨 처음에는 논어의 편들이 모두 별도로 엮여 있었는데, 그것을 전하는 사람들이 뒤에 발견한 것을 편의 뒤쪽에 덧붙였기에 그러하리라. 더구나 논어에서 공자에 대해 기록할 때는 모두 '자子'라 일컬었는데, 오로지 이 장 및 '시좌장侍坐章',[361] '예오장羿奡章',[362] 무성장武城章[363] 세 장에서만 '부자夫子'라 일컫고 있다. 이것도 의심스러운 부분이다. 그렇다면 「옹야」의 뒤쪽 3장도 대체로 후세 사람들이 다른 책의 글을 따다가 뒤쪽에 덧붙였기에 미처 알곡과 쭉정이를 구별할 겨를이 없었던 것은 아닌지 모르겠다. 따라서 공자가 남자를 만난 것 자체가 반드시 있었던 일이 아닐 수도 있으므로, 굳이 왜곡하여 해석할 필요가 없겠다.[364]

라 했는데, 최술의 이 주장은 탁견이라 할 만하다. 이 주장에는 논어의 성립과 관련하여 매우 중요한 단서가 언급되어 있다.[공자의 호칭 가운데 '부자夫子'라는 말이 들어간 문장의 성립 경위와 성립 연대 고찰] 이에 대해서는

---

[361] "子路曾晳冉有公西華侍坐. 子曰 '以吾一日長乎爾, 毋吾以也. 居則曰「不吾知也.」如或知爾, 則何以哉?' 子路率爾而對曰 '千乘之國, 攝乎大國之間, 加之以師旅, 因之以饑饉, 由也爲之, 比及三年, 可使有勇, 且知方也.' 夫子哂之. ……."(「선진」 25)

[362] "南宮适問於孔子曰 '羿善射, 奡盪舟, 俱不得其死, 然禹·稷躬稼而有天下.' 夫子不答, 南宮适出. 子曰 '君子哉若人, 尙德哉若人.'"(「헌문」 6)

[363] "子之武城, 聞弦歌之聲, 夫子莞爾而笑曰 '割鷄焉用牛刀?' 子游對曰, '昔者, 偃也聞諸夫子, 曰「君子學道則愛人, 小人學道則易使也.」' 子曰 '二三子! 偃之言是也. 前言戱之耳.'"(「양화」 4)

[364] 최술 저, 『수사고신록』, 이재하 외 역, 한길사, 2009, 261~262쪽에서 재인용.

나도 전적으로 동의한다. 다만 여기서는 지면 관계상 이에 대해 전론할 수 없다. 이에 대해서는 추후 고찰할 때가 있을 것이다.[365]

다음은 영공과 남자에게 모욕을 당하고 위나라를 떠나 조나라[曹]로 갔다는 기사이다.

> 위나라에 머문지 한 달여 만에 영공은 부인과 함께 수레를 타고 환자宦者 옹거雍渠를 참승參乘으로 삼아 (궁을 나오다 공자를 보았다) 공자를 차승次乘으로 태우고 흔들거리며 시내를 한 바퀴 돌아왔다. 공자가 말했다. "나는 여색을 좋아하는 것처럼 덕을 좋아하는 사람을 본 일이 없다." 영공을 미워한 공자는 위나라를 떠나 조나라로 갔다. 이해에 노나라 정공이 졸하였다.

결론부터 말하면 이 사건도 이해에 일어난 일이 아니다. 이해 공자는 위나라를 떠난 적이 없다. 나의 생각으로는 이 기사는 애공 2년에 일어난 사건의 오기이다.

물론 그해[애공 2년]에 위나라를 떠나게 된 것도 이 사건 때문이 아니다. 여러 복합적인 요인이 얽혀 있다. 세가에서는 그해[애공] 공자가 위나라를 떠나 진나라로 간 이유에 대해, 영공이 '군사'에 대해 묻고 자신을 불러다 놓고는 기러기를 쳐다보는 등의 자신의 존재를 잊은 듯한 비상식적 언행을 하여, 이에 실망하여 위나라를 떠나 진

---

365 　졸저, 『논어의 성립』, 문사철, 2021, 제2장 장(章)의 성립 경위 참조. 그중에서도 제1절 공자와 관련된 장(章)의 '부자(夫子)'로 표기된 문장의 성립 경위 참조.

나라로 다시 갔다고 했지만,[366] 진나라의 상황도 불안하기는 위나라와 마찬가지였다. 오히려 더 심했다.[367] 당시 중원에서는 국가간의 전쟁 뿐 아니라 국가 내에서의 갈등이 매우 심했다. 그래서 위나라를 떠나는 순간 죽임의 위협에 노출될 수 있었다. 우리는 그것을 '공숙씨의 난'과 '광인의 난', 또 '진나라에서 일어난 육경 간의 대립', '송나라에서 일어난 환퇴와 공족 간의 대립'에서 본 적이 있다. 그런데도 영공이 자신을 무시하는 태도를 보였다 하여, 이에 실망하여 상대적으로 안전한 위나라를 떠나 위험한 진나라 행을 감행했다고 한다. 이를 믿을 수 있을까?[368]

영공은 공자가 위나라에 처음 도착했을 때 공양供養을 하며 예우했던 사람이다. 기본적으로 공자를 아끼고 사랑하는 마음이 있었다. 그런데도 영공이 보인 작은 잘못을 구실로 삼아 위나라를 떠났다고 한다. 그 정도로 공자는 옹졸한 사람이었을까? 이해 위나라를 떠났는지의 여부와 관계없이, 이 기사는 어떤 면에서도 납득되지 않는 면이 있다.

---

366    "他日, 靈公問'兵陳'. 孔子曰 '俎豆之事則嘗聞之, 軍旅之事未之學也.' 明日, 與孔子語, 見蜚鴈, 仰視之, 色不在孔子. 孔子遂行, 復如陳."「공자세가」 애공 2년 조)

367    이에 대해서는 378쪽의 표 [공자 천하 유력 기간 중에 일어난 분쟁] 참조

368    공자는 춘추 시대 말기에서 전국 시대 초기로 접어들던 때에 천하 유력을 떠났다. 제후 간의 갈등, 제후와 대부 간의 갈등, 대부 간의 갈등, 또 주군과 배신 간의 갈등이 매우 첨예하던 때였다. 특히 그 동안 중원의 패자로 군림하였던 진나라[晉]의 분열이 노골적으로 진행되었기 때문에, 거기에 의존해 세력을 확장하던 각국에서는 진나라에서의 권력 이동에 따라 서로 갈등하며 이합집산했다. 이러한 때에 영공이 자신에게 '병진(兵陳)'에게 대해 묻고 자신의 존재를 잊은 듯한 행동을 하였다 하여, 상대적으로 안전한 위나라를 떠나 생명의 안전조차 보장 받을 수 없는 호구 속으로 들어가는 선택을 할 수 있을까?

위나라를 떠날 수밖에 없는 (실제로는 결행하지 않았지만, 그렇게라도 하지 않으면 도저히 견딜 수 없는 정도의-저자) 어떤 급박하고 중차대한 일이 일어났을 것이다. 그것이 바로 앞에 인용한 영공과 남자에게 당한 모욕이다.369

위나라에 머문 지 한 달여 지났을 때 영공은 부인과 함께 수레를 타고 환자宦者 옹거雍渠를 참승參乘으로 삼아 궁을 나오다 공자를 보았다. 그러자 공자를 차승次乘으로 태우고 흔들거리며 온 시내를 돌아다녔다.

공자가 노나라를 떠나 위나라로 간 것은 노나라의 정치적 상황에도 원인이 있겠지만,(墮三都로 인한 기득권층의 반발과 참소-저자) 무엇보다 자신과 함께 도를 구현할 군주를 만나기 위해서였다. 그래서 모든 것이 노나라와 비슷한 위나라를 망명지로 택했다.370 하지만 당시에

---

369 물론 결정적인 원인은 영공의 죽음으로 인한 위나라의 정치계의 대혼란이다. 다만 이 사건은 정공 15년 조의 논지 전개에 어울리지 않는 면이 있어, 여기서는 '위령공에게 당한 모욕'에 대해서만 논하고, 자세한 것은 애공 2년의 공자의 천하 유력을 설명하는 자리에서 고찰하겠다.

370 "子曰 '魯衛之政兄弟也.'"(「자로」 7) 진나라[晉]는 육경(六卿) 간의 다툼이 심해 매우 혼란한데다(「헌문」 39: "子曰 '賢者辟世, 其次辟地, 其次辟色, 其次辟言.'") 진앙(晉鞅)에 대한 불신이 매우 컸고,(『좌전』 정공 9년: "陽虎……奔宋, 遂奔晉, 適趙氏. 仲尼曰 '趙氏其世有亂乎!'"; 『춘추』 정공 13년: "秋, 晉趙鞅入于晉陽以叛.") 제나라는 노나라와 사이가 좋지 않았다. 군자는 망명을 떠나더라도 적국으로는 가지 않는다는 고대의 격언도 작용했을 것이다.(『좌전』 애공 8년: "君子違, 不適讐國, 未臣而有伐之, 奔命焉, 死之可也, 所託也則隱.") 송나라[宋]도 군주(景公)가 암군인데다 환퇴(桓魋)의 국정 농단이 심해 도를 펼치기에는 적절하지 않다고 생각했을 것이다.(『춘추』 정공 10년: "宋樂大心出奔曹. 宋公子地出奔陳. ……宋公之弟辰暨仲佗石彄出奔陳.") 초나라[楚]에는 중흥(中興)의 군주 소왕(昭王)이 있었지만,(『좌전』 애공 6년: "孔子曰 '楚昭王知大道矣, 其不失國也宜哉.'") 거기까지 가기에는 치안 문제라든가 교통의 여건

는 위나라도 공자가 운신하기에는 여건이 녹록치 않았다. 권력과 왕위 승계 문제를 둘러싸고 연일 갈등이 계속되었다. 태자인 괴외는 밖에 나가 있고, 영공이 총애하는 소자少子 영郢子男은 정치계의 난맥상을 꿰뚫어 보고 왕위 승계를 거절했다.[371] 게다가 남자와 송조의 국정 농단은 날이 갈수록 거세지고 있었다. 그리고 공족과 대신들은 이에 대해 아무런 저항도 하지 않았다.[372] 공족인 공숙수와 태자인 괴외가 모두 실각하여 다른 나라로 떠난 상황에서 남자와 송조의 폭정에 항거할 수 있는 위인偉人은 없었다.[373] 게다가 군주인 영공의 마음이 남자에게 가 있었기 때문에 '곧은 자'가 뜻을 펴기 어려

---

상 쉽지 않은 여정이라고 생각했을 것이다. 이 무렵에는 위나라의 영공(靈公)만이 자신과 생각을 공유할 만한 인물이었다.(『맹자』「만장장구」하 4: "於衛靈公, 際可之仕也") 비록 부인[南子]에게 미혹되어 무도한 짓을 반복했지만 위나라에는 위인(偉人)이 많았다.(『좌전』양공 29년: "適衛, 說蘧瑗·史狗·史鰌·公子荊·公叔發·公子朝, 曰 '衛多君子, 未有患也.'";「헌문」20: "子言衛靈公之無道也, 康子曰 '夫如是, 奚而不喪?' 孔子曰 '仲叔圉治賓客, 祝鮀治宗廟, 王孫賈治軍旅. 夫如是, 奚其喪?'") 이런 면이 위나라를 망명처로 정하게 했을 것이다.

371   "初衛侯遊于郊, 子南僕. 公曰 '余無子, 將立女.' 不對. 他日, 又謂之, 對曰 '郢不足以辱社稷, 君其改圖. 君夫人在堂, 三揖在下, 君命祗辱.' 夏, 衛靈公卒. 夫人曰 '命公子郢爲大子, 君命也.' 對曰 '郢異於他子, 且君沒於吾手, 若有之, 郢必聞之, 且亡人之子輒在.' 乃立輒."(『좌전』애공 2년)

372   "衛蘧伯玉賢而靈公不用, 彌子瑕不肖反任之, 史魚驟諫而不從, 史魚病將卒, 命其子曰 '吾在衛朝不能進蘧伯玉, 退彌子瑕, 是吾爲臣不能正君也, 生而不能正君, 則死無以成禮, 我死, 汝置屍牖下, 於我畢矣.' 其子從之. 靈公弔焉, 怪而問焉, 其子以其父言告公, 公愕然失容曰 '是寡人之過也.' 於是命之殯於客位. 進蘧伯玉而用之, 退彌子瑕而遠之. 孔子聞之曰 '古之列諫之者, 死則已矣, 未有若史魚死而屍諫, 忠感其君者也, 不可謂直乎.'"(『공자가어』「곤서」)

373   "王孫賈問曰 '與其媚於奧, 寧媚於竈', 何謂也?' 子曰 '不然. 獲罪於天, 無所禱也.'"(「팔일」13) ※ 사추(史鰌)는 이를 부끄럽게 여겨 죽은 뒤 '시간(屍諫)' 고사를 남겼다.

운 상황이었다.374

공자로서는 출처와 진퇴를 고민해야 하는 상황이 연일 계속되고 있었다. 그러던 차에 공자의 결정에 방아쇠를 당긴 일이 일어났다. 영공과 남자가 수레를 타고 궁 밖으로 나오다 우연찮게 공자를 보고, 공자를 마부의 조수(參乘)석에 태운 다음 온 시내를 떠들썩하게 돌아다녔다. 공자가 영공과 남자의 시인(侍人)이 되었음을 천하에 알린 것이다. 공자로서는 견디기 힘들었을 것이다. 더 이상 체재하다가는 더 큰 모욕을 당할 수 있다. 이런 일들이 재차 위나라를 떠나 진나라로 가던 애공 2년까지 계속되었다. 이에 위나라를 떠나기로 결정했다고 보는 것이다.375

다음은 조나라를 떠나 송나라로 가던 중 큰 나무 아래에서 예禮를 익히고 있는데, 갑자기 송의 사마 환퇴가 급습하여 정나라로 피신했다는 기사이다.

결론부터 말하면, 이 사건도 이해에 일어난 일이 아니다. 일반적으로 사서史書에서 말하는 '환퇴의 난'(환퇴가 직접 군대를 인솔하여 일으킨 난-저자)은 환퇴가 조나라[曹]를 침략하여 일어난 혼란을 가리킨다. 그런데 이 난은 정공 15년이 아니라 그로부터 3년이 지난 애공 3년에

---

374 "哀公問曰 '何爲則民服?' 孔子對曰 '擧直錯諸枉, 則民服, 擧枉錯諸直, 則民不服.'"(「위정」 19); "衛蘧伯玉賢而靈公不用, 彌子瑕不肖反任之, 史魚驟諫而不從, 史魚病將卒, 命其子曰 '吾在衛朝不能進蘧伯玉, 退彌子瑕, 是吾爲臣不能正君也, 生而不能正君, 則死無以成禮, 我死, 汝置屍牖下, 於我畢矣.' 其子從之. 靈公弔焉, 怪而問焉, 其子以其父言告公, 公愕然失容曰 '是寡人之過也.' 於是命之殯於客位. 進蘧伯玉而用之, 退彌子瑕而遠之. 孔子聞之曰 '古之列諫之者, 死則已矣, 未有若史魚死而屍諫, 忠感其君者也, 不可謂直乎.'"(『공자가어』 「곤서」)

375 물론 위나라를 떠나게 된 결정적 원인이 영공의 죽음[애공 2년]으로 인한 정치계의 혼란이었다는 것은 앞에서 지적했다.

일어났다.³⁷⁶ 또 이 난이 일어났을 때 공자는 이미 진나라에 도착해 있었다. 그해 노나라의 환공과 희공의 사당에서 화재가 일어났는데, 공자는 그 소식을 진나라에서 들었다고 한다.³⁷⁷ 『춘추』와 『좌전』에도 그렇게 기록되어 있다.³⁷⁸ 사마 환퇴가 일으킨 난과 공자가 당한 난 사이에는 연결되는 바가 일체 없는 것이다. 이것은 전적으로 사마천의 오기이거나 착오이다.³⁷⁹

혹 정공 15년 정나라와 송나라 사이에 있었던 분쟁을 공자의 유력에 연결시킨 것인지도 모르겠다. 이해 정나라 한달罕達이 노구老丘에서 송나라의 군사를 패퇴시키자, 제후齊侯와 위후衛侯가 거나蘧挐에서 송나라를 구원하기 위한 긴급 정상 회담을 가진 적이 있다.³⁸⁰

송나라과 정나라 사이에 한전閒田이 있으니, 미작彌作·경구頃丘·옥창玉暢·암품嵒品·과戈·석錫이다. 자산子産이 송인宋人과 화평을 맺고, "(양국이 함께) 이 땅을 점하지 말자."고 하였다. 그런데 송나라의 평공平公과 원공元公의

---

376   "宋樂髡帥師伐曹."(『춘추경』 애공 3년); "十三年, 宋伐我"(『조국연표曹國年表』 '백양伯陽' 조)

377   "夏, 魯桓釐廟燔, 南宮敬叔救火. 孔子在陳, 聞之 曰 '災必於桓釐廟乎?' 已而果然."(『공자세가』 애공 3년)

378   "五月 辛卯, 桓宮僖宮災."(『춘추』 애공 3년); "孔子在陳, 聞火, 曰 '其桓僖乎?'"(『좌전』 애공 3년)

379   물론 「송미자세가」와 그 「연표」에 환퇴가 공자를 죽이려 했다는 내용의 기사가 실려 있기는 하다. "二十五年, 孔子過宋, 宋司馬桓魋惡之, 欲殺孔子, 孔子微服去."(「송미자세가」 경공 조); "二十五, 孔子過宋, 桓魋惡之."(「송국연표」 경공 조) 송나라 경공 25년은 「노국연표」로 노나라 애공 3년이 되는 해이다. 다만 이 기사 또한 사마천의 오기이거나 착오라고 생각된다. 이해에 공자는 이미 진나라[陳]에 도착해 있었다.

380   "鄭罕達敗宋師于老丘. 齊侯衛侯次于蘧挐, 謀救宋也."(『좌전』 정공 15년)

종족宗族이 소읍蕭邑에서 정나라로 달아나자 정인鄭人이 그들을 위해 암嵒·
과戈·석錫에 성을 쌓아 거주하게 하였다. 이에 9월, 송나라의 상소向巢[桓
魋의 형]가 정나라를 토벌하여 석錫을 점령하여 원공元公의 손자를 죽이고
드디어 암嵒을 포위하였다. 12월에 정나라의 한달罕達이 암嵒을 구원하기
위해 병신丙申 날에 송군宋軍을 포위하였다.³⁸¹

과거 송나라와 정나라 사이에는 개간하지 않은 땅 여섯 읍이 있었
다. 일찍이 정나라 자산은 송나라와 평화조약을 맺으며, '우리 두 나라
어느 누구도 이 땅을 소유하지 말자.'고 제안했다. 이를테면 두 나라 사
이에 긴장 완화를 위한 완충지대로서, 오늘날로 말하면 비무장지대 혹
은 민간인 출입금지 지역을 만들어 놓자고 제안한 것이다. 이후 이 지
역은 어느 나라의 소유도 아닌 채 '한전閒田'으로 남겨져 있었다.

그런데 정공 15년 송나라의 평공과 원공의 자손들[休 公子 地]이 노나라
와 송나라[蕭]에서 정나라로 도망해 오는 사건이 일어났다.³⁸² 그러자 정

---

381  송나라와 정나라의 분쟁은 정공 15년에 일어났지만, 『좌전』에는 이 사건이 애
공 12년 조에 기록되어 있다. "宋鄭之間有隙地焉, 日 '彌作頃丘玉暢嵒戈錫.' 子産與
宋人爲成, 日 '勿有是.' 及宋平元之族自蕭奔鄭, 鄭人爲之城嵒戈錫. 九月, 宋向巢伐鄭,
取錫, 殺元公之孫, 遂圍嵒. 十二月, 鄭罕達救嵒. 丙申, 圍宋師."(『좌전』애공 12년 조)
382  이 사건의 배후에는 송나라의 공족과 환퇴 사이의 정치적 갈등이 있다. 그래서
상소가 애공 12년에 이곳을 공벌하여 송나라의 공족을 죽인 것이다. 내막을 보면 이렇
다. 송나라의 공자(公子) 지(地)[宋 景公의 아우. 宋 元公의 아들]가 거부렵(蘧富獵)을
사랑하여, 그 가산(家山)을 11등분으로 나누어 그 5분을 거부렵에게 준 일이 있다. 공
자 지(地)에게는 백마 네 필이 있었는데, 향퇴(向魋)[桓魋]가 그 백마를 가지고 싶어 했
다. 그러자 환퇴를 총애한 송나라 경공이 공자 지(地)의 백마를 빼앗아, 그 꼬리와 갈기
에 붉은 물을 들여 향퇴에게 주었다. 그러자 공자 지(地)가 노하여 자기의 가복(家僕)
[徒]을 보내 향퇴를 두들겨 패고 그 말을 빼앗아 오게 했다. 환퇴가 겁이 나서 도망가려
하니, 경공은 도망가지 못하도록 문을 닫고서 눈이 다 붓도록 울었다. 그러자 경공의 친
제인 진(辰)[公子 地의 동생]이 공자 지(地)에게 말했다. "형님은 가산을 나누어 거부렵

나라에서는 그들을 위해 암·과·석 등에 성을 쌓아 거처를 마련해 주었다.[383] 공자公子 지地를 위한다는 핑계로 송나라와 맺은 조약을 일방적으로 파기하고, 양국 간 소유하지 않기로 한 땅闕田을 차지해 버린 것이다.

이에 송나라 경공이 상소向巢에게 명해 군사를 동원해 이들을 공격하게 하였는데,(물론 여기에는 이들을 미워한 그의 동생 환퇴桓魋의 개인 감정도 섞여 있었을 것이다. 상소는 환퇴의 형이다.-저자) 이에 맞서 정나라의 한달罕達이 이들을 구원하기 위해 군사를 동원하여 노구老丘[老丘는 宋의 땅이다-저재에서 송나라의 군사를 포위하고 패퇴시켜 버렸다. 그러자 제나라 경공과 위나라 영공이 송나라를 구원할 방도를 협의하기 위해 거나蘧挐에서 회담을 가졌다.[384] 송宋 향퇴向魋은 이때의 치욕을 마음에 담아두었다가 애공 12년[송 경공 24년] 마침내 이곳을 공격하여 공자公子 지地의 자손을 죽여 한을 풀었다.

사서에는 정공 15년에 이 사건 외에 송나라 국경 지대에서 난이

---

에게 주으면서, 유독 향퇴만은 천하게 대하니, 형님 또한 공평하지 못합니다. 형님은 임금님을 위해 출분하십시오. 그러면 국경을 벗어나기 전에 임금[景公]께서 반드시 사람을 보내어 형님[公子 地]을 만류할 것입니다."라고 하였다. 이에 공자 지(地)가 진나라 [陳]로 출분하였는데, 국경에 이르렀는데도 경공이 만류하지 않고, 진(辰)이 만류하라고 청하여도 듣지 않았다. 이에 진(辰)이 말하기를 "바로 내가 나의 형님을 속인 것이다. 내가 대부[國人]들을 거느리고 출분한다면 임금께서는 누구와 함께 나라를 지킬 것인가?"라 하고, 겨울에 중타(仲佗)·석구(石彄)와 함께 진나라[陳]로 출분하였다.(이상 『좌전』 정공 10년 조 참조) 그리고 이때에 이르러 정나라[鄭]로 다시 분주한 것이다.

383 두예에 의하면 이 일은 정공 15년에 있었다고 한다. "在定十五年"(『좌전』 애공 12년의 "及宋平元之族自蕭奔鄭"에 대한 두예의 주 참조)

384 '거나(蘧挐)'는 『춘추경』에 '거제(渠蒢)'라 되어 있는데[『춘추경』 정공 15년: "齊侯衛侯次于渠蒢"], 『공양전』에는 '거제(蘧篨)'라고 되어 있다.[『공양전』 정공 15년: "鄭軒達帥師伐宋. 齊侯·衛侯次于蘧篨."], 지금의 하북(河北) 장원현(長垣縣) 부근에 있었을 것으로 추정된다.

일어났다는 기록이 없다. 난이 일어난 계기도 공자에게 위해를 가하기 위한 것이 아니었다. 정나라가 서로 점유하지 않기로 약속한 완충 지역의 세 읍을 강점하여 일어난 사건이다. 이 사건과 환퇴가 공자를 죽이려 한 사건은 무관하다.

공자가 환퇴에게 화를 당했다면 그것은 애공 2년에 있었던 사건일 것이다.[385]

이해[386]에 정공이 졸하였다. 공자는 조나라[曹]를 떠나 송나라로 갔다. (도중에) 큰 나무 아래에서 제자들과 예禮를 익히고 있었는데, 송나라의 사마 환퇴가 공자를 죽이려고 (사람을 시켜) 그 나무를 쓰러뜨렸다. 공자는 자리를 떴고 제자들도 '속히 떠나자'며 서둘렀다.[是歲, 魯定公卒. 孔子去曹適宋, 與弟子習禮大樹下. 宋司馬桓魋欲殺孔子, 拔其樹. 孔子去. 弟子曰 "可以速矣."]

이 기사는 『맹자』에도 실려 있다.

공자께서 노나라와 위나라에 머물기를 좋아하지 않으시어 그곳을 떠나 송나라로 가셨는데, 그때 송나라 사마 환퇴가 길목에서 기다리고 있다가 공자를 죽이려 하자, 공자께서는 미복 차림으로 송나라를 지나가셨네. 이

---

385   세가에는 이 사건이 정공 15년에 일어났다고 하지만, 이해에는 공자가 위나라를 떠난 적이 없다. 공자가 재차 위나라를 떠난 것은 애공 2년이다. 이 기사는 애공 2년의 오기이다.
386   노나라 정공은 재위 15년에 죽었다. 사마천은 공자가 사마 환퇴에게 난을 당한 해가 정공 15년이라고 했기 때문에 이같이 기록한 것이다. 그러나 이 사건은 애공 2년에 있었다.

## 진陳 공자公子 지地와 진辰의 분주奔走 및 송나라과 정나라의 분쟁

| 노국연표 | 송국연표 | 기원 | 사건 | 번호 |
|---|---|---|---|---|
| 정공 10년 | 경공 17년 | 500 | 송 공자 지와 진 등, 송에서 진으로 달아나다 | 1 |
| 정공 11년 | 경공 18년 | 499 | 진에서 소소蕭[宋]에 들어와 난을 일으키다. | 2 |
| 정공 14년 | 경공 21년 | 496 | 공자 진, 소蕭에서 난을 일으키고 노로 달아나다 | 3 |
| 애공 15년 | 경공 22년 | 495 | 공자 지, 소蕭에서 정으로 들어가다 | 4 |
| | | | 정, 공자 지 등을 위해 암·과·석 등에 성을 쌓다 | |
| | | | 송, 환퇴를 보내 공자 지 등을 공격하다 | 5 |
| | | | 정, 한달을 보내 노구老丘에서 송의 군사를 격퇴하다 | 6 |
| | | | 제후와 위후, 송을 위해 거니蘧挐에 군사를 주둔시키다 | 7 |
| 애공 12년 | 경공 34년 | 483 | 송[桓魋], 마침내 공자 지 등을 죽이다 | |

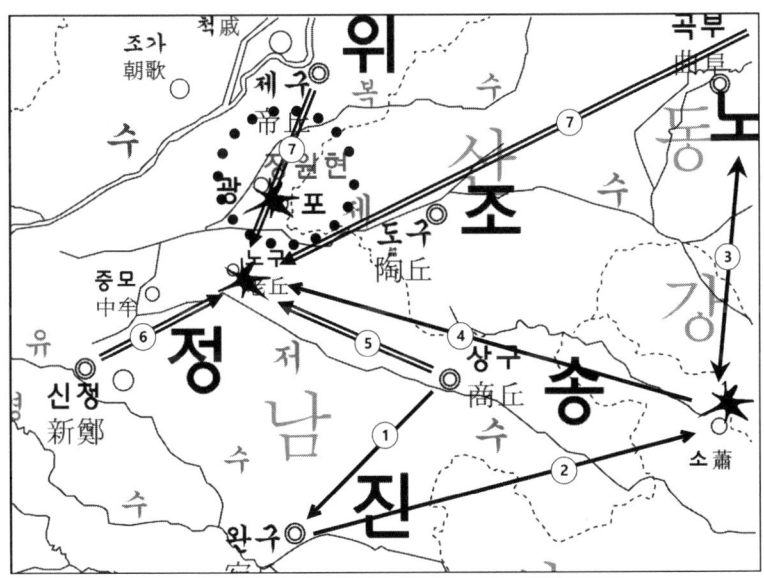

때에 공자께서 위급한 상황에 당면하시어 사성 정자司城貞子의 집에서 머무셨는데 그는 진후陳侯 주신周臣이라네.³⁸⁷

이해 공자가 송나라를 향해 다가오자 송의 사마 환퇴는 공자가 송나라에 들어오는 것을 싫어하여 (광인들을 사주하여) 공자를 죽이려 했고, 이에 서둘러 송나라를 떠난 적이 있다. 기사의 내용이 『맹자』의 기록과 다른 것³⁸⁸은 이전異傳을 채록했기 때문이다.

한편, 「송미자세가」와 「송국연표」에는 이 사건이 정공 15년이 아니라 애공 3년에 일어났다고 기록되어 있는데,(송나라 경공 25년은 「노국연표」로는 애공 3년이 되는 해이다).

### 「송미자세가」 경공 25년 조

(송 경공) 25년 공자는 송나라를 지나게 되었다. 송나라의 사마인 환퇴는 공자가 (송나라에 오는 것을) 싫어하여 공자를 죽이려고 하였다. 공자는 미복 차림으로 송나라를 떠났다.³⁸⁹

---

387　"孔子不悅於魯衛, 遭宋, 桓司馬將要而殺之, 微服而過宋. 是時, 孔子當阨, 主司城貞子, 爲陳侯周臣."(『맹자』「만장장구」 상 8) 한편 "陳侯周臣"에 대해 주자(朱子)는 송나라[宋]의 현대부(賢大夫)로서 진후(陳侯) 주(周)의 신하된 사람이라고 주석했는데,[司城貞子, 亦宋大夫之賢者也. 陳侯名周.] 이는 억설(臆說)이다. 역대의 진후(陳侯) 가운데에는 '주(周)'라는 이름을 가진 제후는 없다. 이에 대해서는 애공 2년의 천하 유력을 고찰할 때 자세히 서술하겠다.

388　세가에서는 공자가 진(陳)에 도착한 뒤 사성(司城) 정자(貞子)의 집에 유숙했다고 했지만,[孔子遂至陳, 主於司城貞子家] 『맹자』에서는 난을 당했을 때 사성 정자의 집에 유숙했다고 했다. "是時 孔子當阨, 主司城貞子, 爲陳侯周臣."(「만장장구」 상 8) 이에 대해서는 장문의 고찰을 해야 하기 때문에 여기서는 논할 수 없다. 애공 2년의 천하 유력을 설명하는 자리에서 상세히 고찰하겠다.

389　"二十五年, 孔子過宋, 宋司馬桓魋惡之, 欲殺孔子, 孔子微服去."(「송미자세가」

「송국연표」 경공 25년 조
공자가 송나라를 지나는데 환퇴는 (공자가 송나라에 오는 것을) 싫어했다.[390]

다만 이 기사에도 사실과 다른 면이 있다. 이해는 공자가 이미 진나라에 도착해 있었던 때였다. 또 이 난은 환퇴가 직접 군사를 거느리고 일으킨 난도 아니다. 환퇴가 광인들을 사주하여 일으킨 난이다. 이해 환퇴가 군사를 일으킨 적은 있지만, 그것은 조나라[曹]를 공략하기 위한 것일 뿐,[391] 공자와는 무관한 사건이다.

정공 15년 조송曹宋 접경 지대에서 사마 환퇴에게 난(사마 환퇴가 직접 군사를 동원하여 일으킨 난-저자)을 당했다는 세가의 기사는 사마천의 착오이다. 2~3년을 터울로 일어난 여러 난을 그 정황과 함께 연도별로 정리하다 기억의 착오로 인해 범한 실수이다.

환퇴가 급습하여 두려워하는 제자들에게 "하늘이 나에게 덕을 부여하였는데, 환퇴 따위가 나를 어쩌겠는가?"라 했다는 기사도 이해에 일어난 사건의 기록이 아니다. 이해에 환퇴에게 봉변을 당한 일이 없다면 이 기사 또한 성립할 수 없다. 제자들과 헤어져 정나라의 동문 앞에 서 있다, '집을 잃고 떠돌아 다니는 개와 같다'는 말을 들었다는 것도 사실이 아니다. 공자는 이해에 위나라를 떠난 적도 없고 난을 당한 적도 없다. 이 기사 역시 애공 2년에 일어난 사건의 오

'경공' 조)

390   "孔子過宋, 桓魋惡之."(「송국연표」 경공 25년 조)
391   "宋樂髡帥師伐曹."(『춘추경』 애공 3년); "十三年, 宋伐我"(「조국연표曹國年表」 '백양伯陽' 조)

기이다. 마침내 진나라에 도착하여 사성 정자의 집에 투숙하였다는 기사도 사실이 아니다.

세가에 기록된 정공 15년 조의 기사는 사실이 아닌 것들이 다수 실려 있다. 영공에게 모욕을 당하고 위나라를 떠나 조나라로 갔다, 조나라를 떠나 송나라로 가는 도중에 송나라의 사마 환퇴에게 급습을 당해 정나라로 피신했다, 피신한 정나라에서 "집을 잃고 떠도는 개"라는 말을 들었다, 마침내 진나라에 도착하여 사성정자司城貞子의 집에 머물렀다는 것은 모두 애공 2년에 일어난 사건의 오기이다. 이해에 일어난 사건은 포 땅에서 난을 당한 뒤 위나라에 돌아와 거백옥의 집에 머물렀다는 것,[392] 영공의 부인인 남자의 요청에 의해 그녀를 만나 추문에 휩싸였다는 것뿐이다.

그렇다면 이해에 공자에게는 어떤 일이 있었을까? 이를 구명하기 위해서는 세가에 기록된 공자의 행적[특히 천하 유력 기간의 행적] 전체를 『좌전』 혹은 『사기』의 다른 곳에 기록된 내용과 일일이 대조하여 비교해 나가는 수밖에 없다. 사마천이 살았던 시대에 공자의 전기가 전해졌는지 알 수 없기에, 현재로서는 사마천의 기록을 바탕으로 하여 공자의 행적을 찾을 수밖에 없다.

다행히 사마천은 세가를 작성할 때 『좌전』의 기사를 참고해《당해 연도에 일어난 사건들과 공자의 행적을 서로 연관 짓는》방식을 취하고 있다. 때문에 그가 사용한 방법을 역으로 이용하여, 그가 선별하

---

[392] "거백옥의 집에 머물렀다는 것도 거백옥의 생몰 연대를 고려하면 사실이 아닐 가능성이 크다.

여 정리한 공자의 연대기적 행적이 그가 말한 대로 과연 당해 연도에 발생한 사건들과 실제로 관련되어 있는지, 관련되어 있다면 어떻게 관련되고 있는지를 구명하면, 공자의 행적의 실체적 진실에 어느 정도는 다가설 수 있을 것이다. 거기에 더하여 『맹자』라든가 『장자』 등의 기록을 참고하면 공자의 행적은 더 자세히 드러날 것이다. 이들 고전과 사서에는 사마천이 미처 접하지 못했거나 간과했을 것으로 생각되는 이전異傳의 기록들이 다수 실려 있다.

## 3. 정공 15년의 공자의 행적

이런 면을 고려할 때 가장 눈에 띄는 것이 세가 애공 2년 조의 기사이다.[393]

공자는 진나라를 떠나 위나라로 갔다. 포蒲를 지날 때 마침 공숙씨公叔氏가 포에 들어와 난을 일으켰기 때문에 포인蒲人들에게 억류되었다. 제자 가운데 공양유公良孺는 자기 수레 다섯 대를 끌고 공자를 따라 다닌 사람인데, 키도 크고 현명할 뿐만 아니라 용기와 힘도 있었다. 그는 결심하였다. "나는 일찍이 선생님을 따라 광匡에서 곤란을 겪었는데, 지금 또 여기서 난을 만나니, 이것은 운명인 듯하다. 나는 선생님과 함께 다시 난을 겪느니 차라리 싸우다 죽겠다." 그는 열심히 싸웠다. 포인들은 겁이 나서 공자에게 제안했다. "만약 위나라로 가지 않겠다면 그대를 보내 주겠다." 공

---

393  공자가 남자(南子)를 만났다는 것, 거백옥(蘧伯玉)의 집을 주가(主家)로 정했다는 것에 대해서는 이미 앞에서 고찰했기 때문에 여기서는 다시 언급하지 않겠다.

자가 맹세를 하자 그들은 공자를 동문東門으로 내보냈다. 그러나 공자는 끝내 위나라로 갔다. 자공이 말했다. "맹세를 저버릴 수 있습니까?" 공자가 말했다. "강요된 맹세는 신神이 듣지 않는 법이다."

영공은 공자가 다시 온다는 소식을 듣고 기뻐서 교외에까지 마중나왔다. 영공이 물었다. "포를 공벌할 수 있겠습니까?" 공자가 말했다. "있습니다." 영공이 말했다. "우리 대부들은 안 된다고 합니다. 지금 포는 위나라가 진나라[晉]와 초나라[楚]를 맞아 싸우는 (要地인데) 위나라가 그것을 공벌하는 것은 불가능하지 않겠습니까?" 공자가 말했다. "그곳의 남자들은 (우리를 위해) 죽을 각오를 하고 있고, 부녀들은 서하西河를 지킬 뜻이 있으니, 우리가 공벌하는 것은 반도叛徒 4~5인에 불과합니다." 영공이 말했다. "옳은 말입니다." 그러나 영공은 포를 공벌하지 않았다. 영공은 늙어 정사를 게을리하였고, 공자를 등용하지 않았다. 공자는 크게 탄식하였다. "진실로 1년만이라도 나를 써 줄 사람이 있다면 좋겠지! 3년만 (내가 정치를 하면) 큰 성과가 있을 텐데……." 공자는 위나라를 떠났다. (당시) 필힐佛肸은 중모中牟를 관리하고 있었다. 조간자趙簡子가 범씨范氏·중행씨中行氏를 공격하고 중모를 정벌하자, 필힐은 반기를 들고 공자를 불렀다. 공자는 가려고 하였으나 자로가 반대하였다. …… 어느날 공자는 석경石磬을 치고 있었다. 소쿠리를 진 사람[荷蕢而過門者]이 문 앞을 지나며 말하였다. …… 공자는 악사인 양자[師襄子]에게 금琴을 타는 것을 배웠다. …… 공자는 위나라에서 쓰임을 받지 못하자 조간자를 만나려고 하였다. 황하에 이르러 (조간자에 의해) 두명독竇鳴犢과 순화舜華가 죽었다는 소식을 듣고 …… 이에 돌아와 추향陬鄉에 머물며 「추조陬操」라는 곡을 지어 두 사람을 애도하였다. 그리고 위나라로 돌아와 거백옥의 집에 머물렀다. 어느날 영공이 공자에게 전쟁에 관한 것을 물었다. …… 다음날 영공은 공자와 이야기하던 중 기러기가 나는 것을 보자, 그것을 쳐다볼 뿐 공자의 존재를 잊은 것 같았다. 그래서 공자는 위나라를 떠나 다시 진나라[陳]로 갔다. 그해 여름, 영공[衛靈公]이 죽고 그 손자 첩輒이 즉위하였는데, 그가 바로 위 출공 衛出公이다.394

정리하면 다음과 같다.

Ⓐ 공자는 3년간 진나라에 체류하다 위나라로 돌아갔다.

Ⓑ 돌아가는 길에 포蒲 땅을 지나다

Ⓒ 마침 포 땅에 들어와 난을 일으킨 공숙씨公叔氏를 만나,

Ⓓ 여러 날을 격전에 휩싸였다.

Ⓔ 이후 공숙씨와 '위나라로 들어가지 않겠다'는 맹세를 하고 포위에서 벗어나 (여러 날을 주변에서 서성이다) 위나라로 들어갔다.

---

394 "過蒲, 會公叔氏以蒲畔, 蒲人止孔子. 弟子有公良孺者, 以私車五乘從孔子. 其爲人長賢, 有勇力, 謂曰 '吾昔從夫子遇難於匡, 今又遇難於此, 命也已, 吾與夫子再罹難, 寧鬥而死.' 鬥甚疾. 蒲人懼, 謂孔子曰 '苟毋適衛, 吾出子.' 與之盟, 出孔子東門. 孔子遂適衛. 子貢曰 '盟可負邪?' 孔子曰 '要盟也, 神不聽.' 衛靈公聞孔子來, 喜, 郊迎. 問曰 '蒲可伐乎?' 對曰 '可.' 靈公曰 '吾大夫以為不可. 今蒲, 衛之所以待晉楚也, 以衛伐之, 無乃不可乎?' 孔子曰 '其男子有死之志, 婦人有保西河之志. 吾所伐者不過四五人.' 靈公曰 '善.' 然不伐蒲. 靈公老, 怠於政, 不用孔子. 孔子喟然歎曰 '苟有用我者, 期月而已, 三年有成.' 孔子行. 佛肸為中牟宰. 趙簡子攻范·中行, 伐中牟. 佛肸畔, 使人召孔子. 孔子欲往. 子路曰 '由聞諸夫子, 「其身親為不善者, 君子不入也」. …… 孔子擊磬. 有荷蕢而過門者, 曰 ……. 孔子學鼓琴師襄子. ……. 孔子既不得用於衛, 將西見趙簡子. 至於河而聞竇鳴犢·舜華之死也, …… 乃還息乎陬鄉, 作為「陬操」以哀之. 而反乎衛, 入主蘧伯玉家. 他日, 靈公問兵陳. …… 明日, 與孔子語, 見蜚鴈, 仰視之, 色不在孔子. 孔子遂行, 復如陳. 夏, 衛靈公卒, 立孫輒, 是為衛出公."(「공자세가」 애공 2년 조)

Ⓕ 공자가 다시 온다는 소식을 듣자 영공은 교외에까지 나와 영접했다.

Ⓖ 영공이 공숙수의 난에 대해 자문을 요청하여 성심껏 조언했지만,

Ⓗ 영공은 이미 늙은 데다 정치에 태만하여 공자의 조언을 받아들이지 않았다.

Ⓘ 이에 공자는 출사해야겠다는 뜻을 접었다.

Ⓙ 필힐이 초빙하였으나 응하지 않다.

Ⓚ 석경을 치다 소쿠리를 진 사람[荷蕢過門者]에게 기롱을 당하다. 악사인 양자[師襄子]에게 금을 연주하는 법을 배우다.

Ⓛ 조간자를 만나러 진나라[晉]로 향하다. 조간자가 현인을 죽였다는 소식을 듣고 돌아오다.

Ⓜ 영공이 병사에 관한 일[兵陳]을 묻고 자신을 불러다 놓고는 자신을 잊은 듯한 태도를 취하자 위나라를 떠나다. 마침내 진나라[陳]에 도착하다.

일견하기에도 애공 2년 조의 사건 중 Ⓑ·Ⓒ·Ⓓ·Ⓔ는, 정공 14년 진나라를 향해 나아가다 광匡 땅에서 난을 만나 5일간 구금되었다가, 녕무자甯武子의 도움으로 위기에서 벗어난 뒤, 포蒲를 거쳐 한 달여 만에 위나라에 돌아왔다는 정공 14년 조의 기사(사건 ⓒ·ⓓ·ⓔ)와 바꾸어서 읽어도 줄거리가 연결된다.

**「공자세가」 애공 2년의 기사와 정공 14년, 15년 조의 기사 비교**

| 애공 2년 | 정공 14년 ~ 정공 15년 | 비고 |
|---|---|---|
| Ⓐ3년간 진에 체재하다 위로 돌아가다 | ⓐ위에 도착하여 영공에게 출사하다 | |
| Ⓑ도중에 포땅을 지나다 | ⓑ참소를 받고 위를 떠나다 | 옛날 포蒲와 광은 인접한 읍이었다. "포성은 활주滑州 광성현廣城縣 북쪽 15리에 있었다."³⁹⁵ |
| Ⓒ포 땅에서 공숙씨의 난을 만나다 | ⓒ진을 향해 나아가다 광 땅에서 광인의 난을 당하다 | 공양유는 제자전에 공자의 제자라고 기록되어 있다. |
| Ⓓ여러날을 격전에 휩싸이다. | ⓓ광인에게 5일간 구금되다 | |
| Ⓔ공숙씨와 맹세를 하고 포위에서 벗어났지만 끝내 위로 들어가다 | ⓔ녕무자의 도움으로 풀려나 포땅 부근에서 1달간 배회하다 위로 들어가다 | 격전을 벌이고 맹세를 하다 보면 한달은 금방 지나간다. |
| Ⓕ공자가 다시 온다고 하자 영공이 교외로 영접을 나오다 | ⓕ거백옥의 집을 주가로 정하다 | 애공 2년의 기사라고 보기 어렵다.³⁹⁶ |
| Ⓖ포인의 난에 대한 영공의 자문에 응하다. | ⓖ남자의 초빙에 응하다 | 애공 2년의 기사라고 보기 어렵다. |
| Ⓗ영공은 늙어 정사를 태만히 하다 | ⓗ영공에게 모욕을 당하다 | 위衛의 정치는 정공 15년 이후 남자에 의해 좌우되었다 |
| Ⓘ영공이 자신을 등용하지 않자 위를 떠나다 | ⓘ위를 떠나 조로 가다 | |
| Ⓙ필힐의 초빙을 받다 | ⓚ환퇴의 난을 당하여 정으로 피신하다 | 애공 5년 혹은 6년에 있었던 일이 아닌가 의심됨 |
| Ⓚ문화적 체험활동을 하다 | | 정공 15년부터 애공 1년 사이의 행적으로 의심됨 |
| Ⓛ조간자를 만나기 위해 진을 향해 가다 | | 후인의 조설로 의심됨 |
| Ⓜ위를 떠나다. 마침내 진에 도착하다 | ⓛ마침내 진에 도착하여 사성정자의 집에 머물다. | 애공 2년의 오기이다 |

395 "徐廣曰 '長垣縣有匡城·蒲鄕.'"(『사기집해』) "'括地志'云 '故蒲城在滑州匡城縣北十五里. 匡城本漢長垣縣.'"(『사기정의』)

396 영공은 이미 늙어 정사에 태만했다. "靈公老, 怠於政."(「공자세가」 애공 2년 조)

우선, Ⓐ는 사실이 아니기 때문에 배제하고, Ⓑ와 Ⓒ는 정공 14년의 ⓒ와 조응한다. Ⓓ의 공숙씨와 여러 날 동안 격전하였다는 것도 광인匡人에게 5일간 구금되었다는 ⓓ와 조응한다. 공숙씨와 맹세를 하고 포위에서 벗어났지만 끝내 위로 돌아갔다는 기사Ⓔ도 녕무자의 도움으로 포위에서 벗어나 '한 달여 만에 위나라로 돌아왔다'는 기사 ⓔ와 서로 맞닿는다. 약간의 소동을 벌이고 협상을 하다 보면 1개월은 금방 지나간다.

한편, Ⓕ의 이하는 애공 2년에 일어난 사건이라고 보기 어려운데, 아마 그 가운데 일부는 다른 해에 일어난 사건일 것이다. 예를 들어. 공자가 온다는 소식을 듣자 영공이 기뻐서 교외에까지 마중을 나왔다는 기사[Ⓕ]는 이때 영공은 죽음에 임박하여 정사를 돌볼 만한 상황이 아니었다는 점에서 사실이라고 보기 어렵다. Ⓗ가 그것을 말해준다. 공숙씨의 난에 대해 공자에게 자문을 요청했다는 기사[Ⓖ]도 납득하기 어렵다. 이 무렵 영공은 너무 늙어 정치를 돌볼 만한 형편이 아니었다. 천수가 얼마 남지 않은 상태였다. 조간자를 만나러 진나라晉를 향해 갔다는 기사[Ⓛ], 여러 가지 문화적 체험 활동을 했다는 기사[Ⓚ]도 애공 2년의 행적이 아니다. 이런 일을 수행하기에는 시간이 너무 촉박하다. 영공은 여름 4월에 죽었다.[397] 그리고 공자는 영공이 죽기 전에 위나라를 떠났다.[398] 늦어도 3월경에는

---

397  영공은 노나라 애공 2년 여름 4월에 죽었다. "夏四月丙子, 衛侯元卒."(『춘추경』 애공 2년)

398  「술이」에 "冉有曰 '夫子爲衛君乎?' 子貢曰 '諾! 吾將問之.' 入曰 '伯夷叔齊何人也?' 曰 '古之賢人也.' 曰 '怨乎?' 曰 '求仁而得仁, 又何怨?' 出曰 '夫子不爲也.'"라는 기사가 있다. 이해 위나라를 떠나 진나라로 가는 도중에 출공(出公)이 즉위했다는 소식을

위나라를 떠났을 텐데, 진나라[陳]에서 위나라로 오는 도중에 포인과 격전을 벌이고, 한 달여를 그 주위에서 배회하고, 도착해서는 영공과 공숙씨 및 위나라의 정치에 대해 회견會見하고, 각종 문화 활동을 체험하고, (무위에 그쳤지만) 조간자를 만나기 위해 국경에까지 다녀오고, 그 사이에 틈틈이 영공의 자문에 응하고, …… 이 모든 일을 3개월 안에 소화할 수 있을까? 무엇보다 이해 공자는 진나라에서 왔다고 한다. 진나라에 체재하다 위나라로 와서 이 일을 수행했다고 한다. 하지만 진나라와 위나라는 중원의 남과 북에 위치하여 한두 달 안에 왕래할 수 있는 거리가 아니다. 게다가 국경 지역의 치안 상태도 매우 불안했다. 줄곧 위나라에 체재했다 해도 이 모든 것을 수행하기에는 시간적으로 불가능하다. 이 사건들은 이해에 일어난 일이 아니다.

세가 애공 2년 조의 기사는 애공 2년에 일어난 사건을 기록한 것이라고 보기 어렵다. Ⓗ, Ⓘ, Ⓜ 외의 기사는 다른 해에 있었던 사건들의 기록이다. 사건의 추이로 볼 때, 사건 Ⓚ와 Ⓛ은 애공 1년의 행적일 것이다. 사건 Ⓙ는 애공 5년 또는 6년에 있었던 일이거나 후인이 지어서 삽입한 것일 가능성이 크다.³⁹⁹ 그리고 사건 Ⓑ, Ⓒ, Ⓓ, Ⓔ, Ⓕ, Ⓖ 등은 정공 14년 혹은 정공 15년의 행적일 것이다. 공자는 정공 14년에 위나라에 도착하여 10개월이 지났을 무렵 위나라를 떠났다고 한다. 그렇다면 정공 14년 겨울이 다 되어서야 위나라를 떠

듣고, 정치에 관심이 많은 염유(冉有)가 자공(子貢)에게 '위후(衛侯)가 부르면 선생님께서 갈는지' 궁금해서 묻게 한 것이다. 그러나 공자의 대답은 단호했다고 한다.
399   이에 대해서는 애공 2년 및 애공 6년의 천하 유력을 고찰하는 곳에서 자세히 설명하겠다

났을 것이다. 그리고 광匡에 도착했을 때에는 이미 해가 바뀌었을 것이다. 게다가 광인蒲人에게 구금되는 난을 겪고 서로 협상하다 보면 한 달은 금방 지나간다. 그 뒤에도 여러 날을 주위에서 배회했다면 2~3개월은 족히 소요되었을 것이다. 공자는 국경 지역에서 겨울을 난 뒤 이듬해 봄이 다 되어서야 위나라에 도착했을 것이다. 그렇다면 사건 Ⓔ, Ⓕ, Ⓖ는 정공 15년에 있었던 일이라고 생각되며, 사건 Ⓑ, Ⓒ, Ⓓ 가운데 일부도 정공 15년에 일어났을 것이다. 그리고 사건 Ⓑ, Ⓒ, Ⓓ는 정공 14년 조의 ⓑ, ⓒ, ⓓ와 치환해도 사건의 전개나 흐름상 무리가 없다. 정공 14년에 일어난 일의 오기일 가능성이 크다.

지금까지 분석한 것을 정리하면 다음과 같다.

공자는 위나라에 도착한 후 10여 개월 가량 머물다 영공과 뜻이 맞지 않아 위나라를 떠났다. 이해는 b.c.496년, 정공 14년, 공자가 56세 되던 해이다. 그 뒤 진나라를 향해 나아가다 광匡 땅 부근에서 난을 만났다.[400] 이때 공자가 만난 난은 '광인의 난'이 아니라 '공숙씨의 난'이다.[401] 난이 일어난 장소도 '광匡'이 아니라 '포蒲'이다. 난이 일어난 때도 진나라를 향해 가던 때가 아니라 위나라로 되돌아가던 때이다. 이때 공자는 국경 부근의 치안 상태가 불안하다는 소식을 듣고 광匡 땅 부근에서 가던 길을 돌려 위나라로 돌아가는 중이었다. 이 무렵 남자南子와의 권력 다툼에서 패해 노나라로 분주했

---

400　"居十月, 去衛. 將適陳, 過匡顏刻為僕, 以其策指之曰 '昔吾入此, 由彼缺也.' 匡人聞之, 以為魯之陽虎. 陽虎嘗暴匡人, 匡人於是遂止孔子. 孔子狀類陽虎, 拘焉五日."(「공자세가」 정공 15년 조)

401　이에 대해서는 앞장[정공 14년의 천하 유력]에서 자세히 고찰했다.

던 공숙수公叔戍 일당이 포浦에 들어와 난을 일으켰다. 포는 지정학적으로 위나라의 안보에 매우 중요한 전략적 요충지이다. 그때 마침 공자는 그곳을 지나다 공숙수 일행에게 포위되었다(애공 2년 조의 기사 참조). 이후 몇 차례 격전을 치른 후 '위나라로 들어가지 않겠다'는 맹세를 하고 포위에서 벗어났다. 그 뒤 한 달 가량을 주위에서 배회하다 위나라로 들어갔다(애공 2년 조의 기사 참조). 위나라에 들어간 공자는 거백옥蘧伯玉의 집에 유숙했다. 그 뒤 남자南子의 요청에 응해 남자와 면대했다. 이에 앞서 영공은 공자가 온다는 소식을 듣자 기뻐서 국경 부근에까지 영접을 나왔다. 영공이 '공숙씨의 난'에 대한 의견을 묻자 공자는 성심껏 자문에 응해 주었다. 이때 공자는 영공에게 도를 행할 뜻이 있음을 알고 내심 기뻐했다. 하지만 영공은 공자의 조언을 받아들이지 않았고 공자를 등용하지도 않았다. 이미 늙어서 정치에 태만했다. 국정을 장악한 남자 무리도 공자가 위나라에 체재하는 것을 달가워하지 않았다. 그래서 공자는 한탄하며 말했다. "진실로 1년만이라도 나를 써 줄 사람이 있다면 좋겠군! 3년만 (내가 정치를 하면) 큰 성과를 낼 수 있을 텐데……." 이후 공자는 출사에 대한 미련을 접고 위나라[도성]를 떠나 재야에서 경磬을 치기도 하고 금琴을 배우면서 삶을 이어갔다. 간간히 영공의 초대에 응해 국정에 대한 자문을 해 주었다. 그러던 중 (애공 2년에 이르러) 영공의 죽음이 임박해 오자 정치적 소용돌이에 휘말릴까 두려워 위나라를 떠나 진나라[陳]로 갔다. 도중에 조송曹宋 접경지역에서 양호陽虎로 오인 받아 광인匡人에게 난을 겪었다. 급히 피신한 정나라[鄭]에서는 "집을 잃고 떠도는 개"[喪家之狗]라는 놀림을 당했다. 소요가 가라앉은 틈을 타 다시 송나라로 들어가 사성司城 정자貞子의 집에 투숙하고, 진후陳侯의 주신周臣을 가장하여 진나라를 향해 나아갔다. 그리고 마침내 진나라에 도착했다.

세가에서는 이해(정공 15년) 공자가 위나라를 떠나 진나라를 향해 갔다고 했지만 이것은 사실이 아니다. 이해 공자는 위나라를 떠난 적이 없다. 도성을 떠나 재야에서 문화 체험을 하는 한편, 간간히 영공의 자문에 응하며 보냈다. 이때에도 공자는 영공에게 출사해 있었다.

이것이 정공 13년 위나라에 도착한 뒤, 이듬해(정공 14년) 위나라를 떠나 진나라를 향해 나아가다, 포 땅에서 공숙씨의 난을 당하고, 다시 위나라로 돌아올 때까지의 사건의 전말이다. 공자가 노나라를 떠난 것은 정공 13년 늦가을 혹은 초겨울이다. 노나라에서 위나라까지의 거리, 노나라를 떠날 때 잠시 머뭇거리기를 반복했다는 것을 고려하면, 공자는 그해 겨울이거나 이듬해 정월이 다 되어서야 위나라에 도착했을 것이다. 그리고 위나라에 도착해서 영공을 면대하고 10여 개월여를 '공양지사'로 지내다 위나라를 떠났다. 그렇다면 공자는 정공 14년 겨울 혹은 이듬해 정월이 다 돼서야 위나라를 떠났을 것이다. 이후 진나라를 향해 나아가다 광 땅 부근에서 길을 돌려 위나라로 돌아가다 포 땅 부근에서 '공숙씨의 난'을 만났다. 그리고 몇 차례 격전을 벌인 뒤 공숙씨와 맹세를 하고, 한 달여를 주위에서 배회하다 위나라에 들어갔다(「공자세가」 정공 14년 조 및 애공 2년 조의 기사 참조). 위나라의 도성에서 광 땅까지의 거리, 공숙씨와 벌인 격전, 한 달여를 주위에서 배회한 것 등을 고려하면, 공자는 이듬해(정공 15년) 봄이 다 돼서야 위나라로 돌아갔을 것이다.

이제 이를 바탕으로 정공 15년의 공자의 행적에 대해 고찰해 보자.

a. 포 땅에서 공숙수의 난을 겪고 다시 위나라에 돌아오다.
b. 공자가 온다는 소식을 듣고 영공은 기뻐서 국경 밖[郊外]에까지 마중

을 나가다.

c. 영공이 공숙씨의 난에 대해 자문을 청하자 그에 응해 주다.

d. 영공은 이미 늙어 정치에 태만하다.

e. 공자를 등용하지 않다.

f. 출사를 포기하고 문화적 체험 활동을 하다

※ 세가에서는 이해 영공에게 모욕을 당하고[402] 재차 위나라를 떠나 진나라를 향해 나아갔다고 하지만, 이는 사실이 아니다. 조송 접경 지역에서 사마 환퇴에게 난을 당했다는 것도 사실이 아니다. 진나라에 도착하여 애공 2년까지 3년간 체재했다는 것도 사실이 아니다. 정공 15년부터 재차 진나라를 향해 떠나던 애공 2년까지 위나라에서 문화적 체험활동을 하며 보냈다.

이 기사는 세가의 애공 2년 조에서 가져온 것이다. 사건의 내용으로 볼 때 애공 2년 조의 행적이라고 보기에는 자연스럽지 않아, 혹 정공 15년의 행적이 아닐까 의심하여, 이곳으로 옮겨 정리한 것이다. 이것은 어디까지나 나의 생각으로서 사실과 다를 수도 있음을 미리 밝히고 토론을 진행하겠다.

---

402 "居衛月餘, 靈公與夫人同車, 宦者雍渠參乘, 出, 使孔子爲次乘, 招搖市過之. 孔子曰 '吾未見好德如好色者也.' 於是醜之, 去衛, 過曹. 是歲, 魯定公卒."(「공자세가」 정공 15년 조)

| 년 | 공자세가 | 사건 |
|---|---|---|
| 정공 13년 | 노에서 국정 수행. 휴삼도墮三都를 수행 | 노를 떠나 위로 감. 안탁추의 집을 주가로 정함 |
| 정공 14년 | [노] 소정묘를 주살함. 노를 떠나 위로 감. [위] 안탁추[主家] → 영공 면담 → 출사 → 10개월 체재 → 위를 떠남 → 진을 향해 나아감 → 광 → 광인의 난 → 포(1개월) → 위로 돌아옴 → 거백옥을 주인으로 정함 | 영공 면담 → 출사 → 10개월 체재 → 영공의 감시와 위인의 참소 → 위를 떠남 → 도중에 진을 향해 나아감 → 국경지대의 치안 부재 → 광 부근에서 가던 길을 돌려 위로 돌아감 → 포 → 포인[公叔氏]의 난을 당함 |
| 정공 15년 | 남자 면담 → 영공에게 모욕을 당함 → 위를 떠남 → 조 → 조송접경지대 → 환퇴의 난 → 정나라 방향으로 피신함 → 정인에게 '喪家之狗'라는 말을 들음 → 진에 도착 → 사성정자의 집에 유숙함 | (포인의 난) → 위에 도착 → 영공 영접 받음 → 영공의 자문에 응함 → 거백옥[主家] → 남자 면담 → 문화체험활동 ①석경을 치다 하궤이과문자에게 힐란을 들음 ②사양자에게 鼓琴을 배움 ③간간히 영공의 자문에 응함 |
| 애공 1년 | 진에 체재 [체재기간: 정공 15년 ~ 애공 2년] 진혼공의 자문에 응함 | 영공의 자문에 응하며 문화체험활동을 하다 ①석경을 치다 하궤이과문자에게 힐란을 듣다 ②사양자에게 鼓琴을 배우다 ③기타 |
| 애공 2년 | 진 → 위를 향해 떠남 → 포 → 포인의 난 → 위 → 영공의 자문에 응함 → 문화적 체험활동 → 조간자를 만나기 위해 위를 떠나 진晉으로 감 → 황하 가에서 위로 돌아옴 → 거백옥[主家] → 위를 떠나 진으로 감 | 영공의 죽음이 임박해 오자 위를 떠남 → 조송접경지대 → 광인의 난 → 정 → 상가지구라는 말을 들음 → 송으로 들어가 사성정자의 집에 유숙함 → 미복차림으로 진을 향해 떠남 → 마침내 진에 도착함 |

● 포인의 난

먼저, 포蒲 땅에서 겪었다는 난에 대해 보자. '광인의 난'과 '공숙씨의 난'에 대해서는 이미 앞 장에서 고찰하였기 때문에,[403] 여기에서는 거기에서 다루지 않은 부분에 대해 간략히 고찰하고, 이 난에 대한 설명을 마무리 하겠다.

---

403   앞 장의 '광 땅에서 난을 당하고 위나라로 돌아가다' 참조.

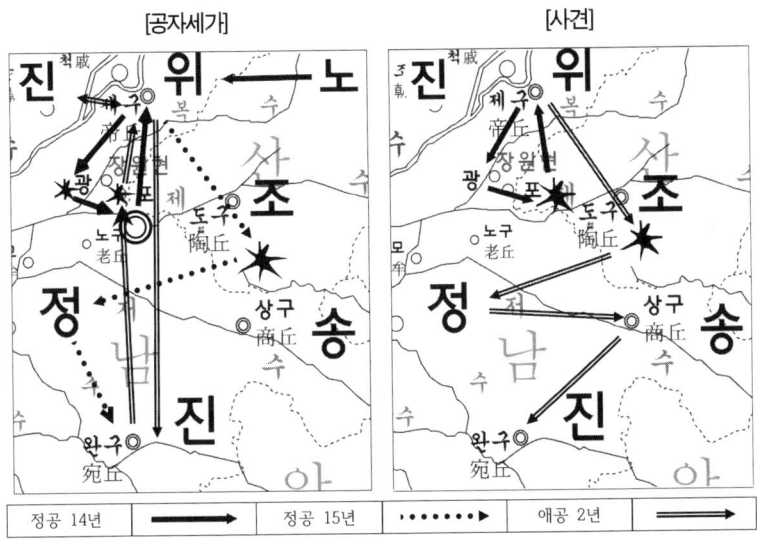

공자는 진나라를 떠나 (위나라로) 갔다. 포蒲를 지날 때 마침 공숙씨公叔氏가 포에서 반란을 일으켰기 때문에, 포인蒲人들이 공자를 억류하였다. 제자 가운데 공양유公良孺는 자기 수레 다섯 대를 끌고 공자를 따라다닌 사람인데, 키도 크고 현명할 뿐만 아니라 용기와 힘도 있었다. 그는 결심하였다. "@나는 일찍이 선생님을 따라 광匡 땅에서 곤란을 겪었는데, 지금 또 여기서 난을 만나니 이것은 운명이구나! 나는 선생님과 함께 다시 난을 겪느니 차라리 싸우다 죽겠다." 그는 열심히 싸웠다. 포인들은 겁이 나서 공자에게 제안하였다. "만약 위나라로 돌아가지 않는다면 그대를 내보내 주겠다." 공자가 맹세를 하자 그들은 공자를 동문東門으로 내 보냈다. 그러나 공자는 끝내 위나라로 들어갔다.

먼저, 공양유公良儒에 대해 보면, 제자전(「중니제자열전」)에서는 공자의 제자로서 자字는 '자정子正'이라고 하였다. 『사기집해』에 인용된 정현의 말에 의하면 그는 "진나라陳 사람으로 재지와 덕과 용기가 있었다"[404]고 한다. 또 『사기색은』에 의하면, '가어(『공자가어』)에는 그의 이름이 "양유良儒"라고 되어 있다고 한다. 진나라 사람으로 역시 재지와 덕이 있고 용기가 있었는데, 공자가 천하를 주유할 때 항상 수레 5승을 이끌고 따라다녔다'[405]고 한다. 대개 세가에 기록된 내용에서 크게 벗어나지 않는다.

한편, 공양유의 말에 의하면,[@] 공자는 이 난을 당하기 전에도 인근 지역에서 동일한 종류의 난을 겪은 것 같은데, 실제로 이런 일이 있었는지 알 수는 없지만, 세간에 이런 류의 이야기가 설화의 형태로 전해오고 있어 '궁리' 끝에[406] 이 이야기를 넣었을 것이다.

나는 일찍이 선생님을 따라 광 땅에서 곤란을 겪었는데, 지금 또 여기서 난을 만나니 이것은 운명이구나!"[吾昔從夫子遇難於匡, 今又遇難於此, 命也已]

---

404   "鄭玄曰 '陳人, 賢而有勇.'"(『사기집해』)

405   "家語作良儒. 陳人, 字子正, 賢而有勇. 孔子周遊, 常以家車五乘從孔子遊."(『사기색은』)

406   공자가 천하를 유력하는 동안 여러 차례 난을 겪었다는 것은 여러 제자서(諸子書)에 전해오고 있는 사실이다. 사마천은 세가를 쓸 때 사서(史書)[예를 들면『좌전』]에 기록된 것을 '있는 그대로' 옮겨쓴 것도 있지만, 취집된 사료(史料)에 내용과 형식의 조정을 가해 삽입한 것도 적지 않다. 그렇게 함으로써 공자를 존경하는 자신의 마음을 다하고자 했다. 사마천은 역사가이기도 했지만 동시에 춘추가이기도 했다. 세가에는 '미언대의(微言大義)'를 '속사비사(屬辭比事)'의 수법으로 재현한 공자의 '춘추필법(春秋筆法)'이 고스란히 녹아 있다. 자세한 것은 졸저, 『공자의 청년시대』, 문사철, 2020, 25-31쪽 참조.

세가의 내용을 참작하건데, 이 난[@昔…遇難於匡]은 크게 두 가지 측면에서 해석할 수 있다. ㉠하나는 정공 14년 위나라를 떠나 진나라를 향해 가던 중 광 땅 부근에서 만난 난[광인의 난[407]]이라고 해석하는 것이다. 세가 정공 14년 조에 의하면, 그때 공자는 위나라를 떠나 진나라를 향해 가다 광 땅 부근에서 광인들에게 난을 당했다고 한다. 다만 사서에는 공자가 광 땅 부근에서 두 차례에 걸쳐 난을 당했다는 기록이 없어,[408] 이 해석을 바로 취할 수는 없다. ㉡다른 하나는 사서史書에는 기록이 없지만, 정공 15년 진나라를 향해 나아가다 당한 난이라고 해석하는 것이다. 세가에 의하면, 그해 공자는 '광'에서 돌아온 지 한 달 만에 영공에게 모욕을 당하고 재차 위나라를 떠났다고 한다.[409] 그리고 우여곡절(조송 접경 지역에서 송의 사마 환퇴에게 난을 당해 정나라 땅으로 피신한 사건-저자) 끝에 진나라에 도착하여 3년 동안 체재했다고 한다. 세가에는 공자가 위나라를 떠난 기록이 정공 14년과 정공 15년 그리고 애공 2년 밖에 없다. 그래서 혹 이때 공자가 진나라를 향해 나아가다 광 땅 근처에서 이 난을 당한 것은 아닌지 의심하는 것이다. 만일 이때 공자가 광 땅 부근에서 난을 당했다면, 공양유의 말[@]은 사실이

---

407  정공 14년 공자가 광(匡) 땅에서 당했다는 난은 엄밀하게 말하면 '광인(匡人)의 난'이 아니다. '포인(蒲人)의 난' 곧 '공숙씨(公叔氏)의 난'이다. 다만 여기서는 세가의 기록에 따라야 했기 때문에 '광인의 난'이라고 표기하였다.

408  공자가 천하를 유력하는 동안 당한 난은 포(蒲) 땅 부근에서 공숙씨(公叔氏)에게 당한 난['공숙씨의 난' 일명 '포인의 난'], 조송(曹宋) 접경 지역에서 송(宋)의 사마(司馬) 환퇴(桓魋)의 사주를 받은 광인(匡人)들에게 당한 난['광인'의 난 일명 '사마 환퇴의 난'], 애공 6년 진채(陳蔡)의 사이에서 그 대부들에게 애워싸여 당한 난[일명 '진채지액陳蔡之厄'] 밖에 없다.

409  "居衛月餘, 靈公與夫人同車, 宦者雍渠參乘, 出, 使孔子為次乘, 招搖市過之. 孔子曰 '吾未見好德如好色者也.' 於是醜之, 去衛, 過曹. 是歲, 魯定公卒."(「공자세가」 정공 15년 조)

되고, 공자가 정공 15년부터 애공 2년까지 진나라에 체재했다는 것도 사실이 될 것이다. 물론 이 난은 조송 접경 지역에서 송나라의 사마 환퇴에게 당했다는 난과는 별개의 난이다.

㉠의 해석을 취할 경우의 공자의 이동 경로
위衛 → 向陳 → 광匡 → ★ → 포蒲 → 위衛

㉡의 해석 취할 경우의 공자의 이동 경로
위衛 → 조曹 → [광匡 → ★]⁴¹⁰ → 송宋 → ★ → 정鄭 → 진陳

실제로 ㉡의 경우라면, 공양유公良孺가 한 말⁴¹¹과 정확히 부합하는 면이 있다. 위나라를 떠나 진나라로 갈 때[애공 15년]에도 '광' 땅에서 죽을 뻔한 난을 겪었는데,[昔…遇難於匡] 이제[애공 2년] 또 진나라를 떠나 위나라로 돌아가는 길에 같은 난⁴¹²을 겪고 있으니,[今難於此] 우연이라고 하기에는 너무 기가 막힌 일[命]이라는 의미일 것이다. 다만 이 해석을 수용할 경우, 난이 일어난 지역이나 공자가 이동한 경로를 고려할 때, 매끄럽지 않은 면이 있다. 조나라[曹]를 지나 송나라로 가던 사람이 왜 갑자기 '포'[광] 땅으로 방향을 선회하게 되었는지 하는 것이 해명되어야 한다. 조나라와 송나라는 위나라의 남쪽에 있는데 대해, 공양유가 있는 곳[蒲]은 위나라의 남쪽이 아니라 서쪽이기 때문이다.

---

410   세가에는 이런 여정이 기록되어 있지 않다. 다만 공양유(公良孺)가 말한 "昔…難於匡"의 정체를 규명하기 위해 이같이 가정해 본 것이다.

411   "吾昔從夫子遇難於匡, 今又遇難於此, 命也已"(「공자세가」 애공 2년 조)

412   포(蒲)와 광(匡)은 그 이격 거리가 15리 밖에 되지 않는 인접한 읍이라고 한다. 이에 대해서는 후술.

| 구분 | 경로 |
|---|---|
| 정상적인 경로 | 위 → 조 → 송 → 진 |
| ⓐ 포를 경유하는 경로 | 위 → 조 → 광 = 포 → 송 → 진 |

먼저 ⓛ에 대해 보자. 당시[정공 15년] 공자는 조나라를 지나 송나라로 가는 중이었다. 그런데 이 여정에는 포蒲가 포함되어 있지 않다.

물론 이곳을 경유하여 진나라로 갈 수는 있다. 다만 이곳을 거쳐 가려면 해명해야 할 문제들이 상당히 많다. 우선, 동남쪽에 있는 조나라 방향으로 내려가다 가던 길을 되돌려 서북쪽으로 거슬러 올라가야 한다. 포는 조나라의 서북쪽에 위치해 있기 때문이다. 말하자면 진나라로 가는 길과 정반대 쪽에 있는 것이다.

**위衛의 도성에서 본 포蒲와 조曹 및 송宋의 위치**

| 구분 | 경로 |
|---|---|
| 포 | 위衛 도성의 서남쪽에 위치 |
| 조송 접경 지대 | 위衛 도성의 동남쪽에 위치 |

경유해야 할 거리도 왕복으로 수천 리나 된다. 게다가 그 주변은 각국의 이해 관계가 첨예하게 부딪히고 있는 곳이다. 분쟁이 끊이지 않던 지역이다. 석년[정공 14년]에도 공자는 이곳에서 광인들에게 난을 당한 적이 있다. 그런데 그곳의 치안 상태가 불안하다는 것을 뻔히 알면서, 수 천 리나 떨어진 곳으로 가서 (예정대로 갔다면 당하지 않아도 될) 모종의 난을 당하고 왔다는 것이 선뜻 납득이 되지 않는다. 아무리 길

눈이 어두운 여행자라도 이런 여정을 택하지는 않을 것이다. 혹 그곳을 들려야만 하는 불가피한 사정이라도 있었던 것일까? 그러나 세가에는 이에 대한 어떠한 언급도 없다. 게다가 세가에 의하면 공자는 포땅에서 난을 당한 후, 송나라에 도착하기 전 또 한 차례 난(사마환퇴의 난)을 당하고 있다. 이것도 이해할 수 없는 일이다.

혹 환퇴의 난을 당한 후 정나라 땅으로 피신하는 도중에 광인에게 다시 난을 당한 것일까? 세가에 의하면 공자는 조송 접경 지역에서 환퇴에게 난을 당한 후 정나라 방향으로 피신한 적이 있다. 그때 제자들과 헤어져 정나라 도성의 동문 앞에 서 있다가 어떤 정인鄭人에게 "상가지구喪家之狗"라는 놀림을 당했다고 한다. 이때 공자가 서 있던 곳이 혹 포 땅 부근이 아닐까 하는 가정이다. 하지만 당시 공자가 서 있던 곳은 포와 거리가 상당히 많이 떨어진 곳이다. 만일 그곳이 포 땅이었다면 공자는 정나라 '동문' 쪽에 서 있었던 것이 아니라 정나라 '북문' 쪽에 서 있었다고 기록했어야 한다. 포는 정나라에서 보면 북문北門 쪽에 위치한 읍이기 때문이다. 그러나 당시 공자는 정나라의 동문에 서 있었다고 한다. 격전이 일어났을 때 공숙수가 공자에게 '위나라로 돌아가지 않겠다는 맹세를 하면 포위를 풀겠다'고 한 것에도 혐의가 있다. 이때 공자는 진나라를 향해 나아가고 있었기 때문이다. 공숙수가 그런 맹세를 요구했을 리가 없다.

정나라 땅에서 본 포 땅과 공자가 서 있었다는 곳의 위치

| 구분 | 경로 |
| --- | --- |
| 포 | 정나라의 북문 쪽에 위치 |
| 공자가 서 있었던 곳 | 정나라의 동문 쪽에 위치 |

이에 대해 ㉠은 전체적인 사건의 진행과 어울리는 면은 있지만, 문장에 들어 있는 '석昔'과 '금今'을 해석하는 데 무리가 따른다.[吾昔從夫子遇難於匡, 今又遇難於此] 포인의 난에 앞서 모종의 난을 겪었다고 봐야 하는데, 사서에는 (『공자세가』를 제외하고) 공자가 이 부근에서 두 차례 걸쳐 난을 당했다는 기록이 없다.

사견이지만 이 무렵 위나라와 정나라와 송나라의 접경 지역에서 크고 작은 난이 여러 차례 일어나, 기억의 착오로 인해 부지불식간에 정공 14년에 일어난 난과 정공 15년에 일어난 난을 '뒤섞어' 넣은 것은 아닌지 의심한다. 세가의 정공 14년 조에 보면, 당시 공자의 수레를 몰던 안각顔刻이 "제가 예전에 이곳에 들어갈 때 저 파괴된 길로 들어간 적이 있습니다"고 하자, "광인匡人들이 이 말을 듣고 공자를 양호陽虎로 오인하여 5일간 구금하였다"는 기사가 있다. 혹 이것이 공양유公良孺가 말한 "내 일찍이 선생님을 따라 광匡에서 곤란을 겪었는데……"[吾昔從夫子遇難於匡]라는 기사의 진실이 아닐까 의심하는 것이다. 진나라에서 위나라로 돌아가는 여정(위나라에서 진나라로 가는 여정도 마찬가지였다-저자)이 순탄치 않았음을 설명하는 과정에서 일어난 일종의 해프닝이라고 보는 것이다.

실제로 이 무렵 위나라에서는 공숙수가 남자와의 정치투쟁에서 패해 노나라로 달아난 사건이 있었다.[413] 이와 때를 같이 하여 공숙수의 무리인 조양이 송나라로 달아났다. 잠시 뒤인 여름에는 북궁결이 노나라로 달아났다.[414] 그 뒤에도 위나라에서는 망명하는 인사들이 속출했

---

413 "十有四年春, 衛公叔戌來奔. 衛趙陽出奔宋陽."(『춘추경』 정공 14년)

414 "夏, 衛北宮結來奔."(『춘추경』 정공 14년)

다. 영공의 태자인 괴외가 송나라로 분주했다.(괴외는 얼마 지나지 않아 진나라[晉]로 가서 조간자에게 의탁한다) 또 그의 무리인 공맹구가 정나라로 달아났다.[415] 사서에 기록된 것은 그 수뇌부 몇 명의 이름 뿐이지만, 실제로는 무수히 많은 인물들이 선후로 위나라를 빠져 나와 송나라·정나라·노나라로 분주했을 것이다. 위나라에서 추포령이 떨어져 체포를 면하기 위해 타국으로 분주하고, 또 분주하는 자를 쫓다보면 국경 부근은 매우 어수선했을 것이다.

게다가 이해에는 진나라[陳]로 분주했던 송나라의 지地와 진辰이 소蕭에서 반란을 일으키고 노나라로 분주한 사건이 있었다.[416] 이듬해[정공 15년]에는 지地가 소蕭에서 다시 정나라로 분주하여, 송나라와 정나라 사이에 군사적 충돌이 일어났다.[417] 또 이를 둘러싼 주변국의 군사 이동이 있었다.[418] 광 땅에서 일어난 난과 같은 소동은 언제든지 일어날 수 있었다. 어쩌면 이 중의 어떤 난은 실제로 일어났는지도 모르겠다. 그렇다면 공양유가 말한 난[昔…遇難於国]은 이때 일어난 난을 가리키는 것일 수도 있다. 안각顔刻이 말한 "제가 예전에 이곳에 들어갈 때 저 파괴된 길로 간 적이 있습니다"[昔吾入此由彼缺也.]도 생각하기에 따라서는 이 무렵에 있었던 참화의 한 면을 가리키는 것인지도 모르겠다.

---

415  "衛世子蒯聵出奔宋. 衛公孟彄出奔鄭."(『춘추경』 정공 14년)

416  "宋公之弟辰自蕭來奔."(『춘추경』 정공 14년)

417  『좌전』 정공 15년 조에 "鄭罕達敗宋師于老丘."라 했는데, 두예의 주에 "罕達, 子齹之子. 老丘, 宋地. 宋公子地奔鄭, 鄭人爲之伐宋, 欲取地以處之. 事見哀十二年." 이라 하였다.

418  송나라 상소(向巢)가 이끄는 군사가 정나라 한달(罕達)의 군사에게 패하자, 송나라를 구원하고 정나라를 견제하기 위해 제후(齊侯)와 위후(衛侯)가 거나(蘧挐)에 군대를 주둔시킨 사건을 말함. "齊侯衛侯次于蘧挐 謀救宋也."(『좌전』 정공 15년)

이해(정공 14년) 공자는 위나라를 떠나 (도중에 결정된 것이지만) 진나라로 갔다. 다만 그 코스는 조나라와 송나라를 경유하는 경로가 아니라, 정나라[匡]⁴¹⁹를 거쳐 진나라로 가는 여정이었기 때문에, 그 동선이 공숙수와 괴외 또 송나라 공자 지(地)가 탈주한 경로와 반드시 겹친다고 볼 수는 없다. 하지만 당시 공자가 경유한 광과 포는 중원의 열국들이 서쪽(혹은 동쪽)에서 동쪽(혹은 서쪽) 혹은 북쪽(남쪽)에서 남쪽(북쪽)으로 갈 때 필히 거쳐야 하는 길목에 있었기 때문에, 진나라[晉]·초나라[楚]를 비롯하여 위나라·정나라·송나라 등의 세력이 끊임없이 부딪히던 곳이다. 그래서 크고 작은 분쟁이 항상 일어났다. 특히 이 무렵에는 진나라[晉]의 분열이 일층 속도를 내면서 그에 따른 군사의 이동이 빈번했다.⁴²⁰ 이런 어수선한 일들이 반복되는 위중한 상황 속에 공자는

---

419　광(匡) 땅은 정나라[鄭]에 속해 있었다. "二月, 公侵鄭, 取匡, 爲晉討鄭之伐胥靡也."(『좌전』 정공 6년)

420　그 대표적인 예가 애공 2년에 있었던 제나라[齊]·위나라[衛]·정나라[鄭] 및 범씨(范氏)·순씨(荀氏)의 연합군과 진나라의 군대[晉鞅軍]가 위나라[衛]의 철(鐵) 땅에서 부딪힌 사건이다. "秋八月, 齊人輸范氏粟, 鄭子姚子般送之. 士吉射逆之, 趙鞅禦之, 遇於戚. 陽虎曰 '吾車少, 以兵車之旆, 與罕駟兵車先陳, 罕駟自後隨而從之, 彼見吾貌, 必有懼心, 於是乎會之, 必大敗之.' 從之."(『좌전』 애공 2년) 이때 진앙(晉鞅)의 군대는 전력의 열세에도 불구하고 대승을 거두었는데, 양호(陽虎)가 계책을 내었다고 한다. 양호는 위나라 괴외(蒯聵)가 척(戚)으로 들어갈 때에도 계책을 냈다. "六月乙酉, 晉趙鞅納衛大子于戚, 宵迷. 陽虎曰 '右河而南, 必至焉.' 使大子絻, 八人衰絰, 僞自衛逆者, 告于門, 哭而入, 遂居之."(『좌전』 애공 2년) 양호는 과거(정공 6년) 진나라[晉]를 위해 정나라[匡]을 공벌한 적이 있다. "二月, 公侵鄭, 取匡, 爲晉討鄭之伐胥靡也."(『좌전』 정공 6년) 때문에 지역 사정에 밝았다. 사정이 이와 같다면 전쟁에 패해 낙오한 무리의 집단 이동이 위나라 전역에서 빈번하게 일어났을 것이다. 철(鐵)과 척(戚)은 위나라의 도성[帝丘] 바로 위에 있고, 범씨(范氏)와 순씨(荀氏)가 농성하던 조가(朝歌)는 황하(黃河) 건너에 있었다. 이들 지역은 모두 위나라의 도성의 북쪽에 있었는데, 그곳은 광(匡) 혹은 포(蒲)와 그리 멀지 않은 곳이다. 거기에서 일어난 여파가 광(匡)과 포(蒲)에 영향을 미쳤을 수도 있다. 이 무렵 광(匡)과 포(蒲)에서는 여러 세력들의 힘이 서로 부딪혔다. 그래서 치안 상태가 매우 불안하였다. 게다가 이 무렵에는 패자인 진나라[晉]의 권위가

위나라를 떠나 진나라[陳]로 나아간 것이다.

다음은 공자가 위나라를 떠나 진나라로 가던 때에 중원 각국에서 일어난 난을 정리한 것이다.

○ 정공 14년
* 공숙수, 조양, 북궁결, 괴외, 공맹구의 분주 사건
* 송나라 공자公子 지地가 숙에서 반란을 일으키고 노나라로 달아난 사건

○ 정공 15년
* 송나라 공자 지가 송의 소읍에서 정나라로 달아난 사건
* 정나라가 공자 지를 위해 송나라와 정나라 사이의 완충 지대에 성을 쌓자 이를 막기 위해 송의 사마 환퇴가 군사를 거느리고 출동한 사건
* 정나라가 송나라 공자公子 지地를 환퇴의 공격으로부터 구원하기 위해 군사를 이끌고 출동한 사건
* 정나라가 송나라 군대를 노구老丘에서 패퇴시킨 사건[421]
* 정나라가 송나라 군대를 공격하자 제나라 경공과 위나라 영공이 송나라를 구원하기 위해 거제渠蒢로 출병한 사건
* 공숙수가 포 땅에서 위나라에 모반한 사건.(이 사건은 정공 14년부터 지속되었을 것으로 생각되는데, 사서에는 이에 기록이 없다-저자)

---

무너졌기 때문에 나라 간의 갈등을 힘을 통해 조정하던 예전의 방식이 전혀 통하지 않았다. 바야흐로 힘과 힘이 부딪히는 전국(戰國) 시대가 도래한 것이다. 이에 대해서는 애공 2년의 천하 유력을 고찰하는 자리에서 상세히 설명하겠다.

421　정나라[鄭]는 공자(公子) 지(地)가 망명해 오자, 중립 지역[閒田]인 암(嵒)·과(戈)·석(錫) 등에 성을 쌓아 머무르게 했다. 그러자 송나라에서는 상소(向巢)를 시켜 이를 응징하게 했다. 그러자 정나라의 한달(罕達)이 공자(公子) 지(地)를 구원하기 위해 출병하여 노구(老丘)에서 환퇴의 군사를 물리쳤다. 이 사건은 정공 15년에 일어났지만, 그 구체적인 내용은 『좌전』 애공 12년 조에 기록되어 있다.

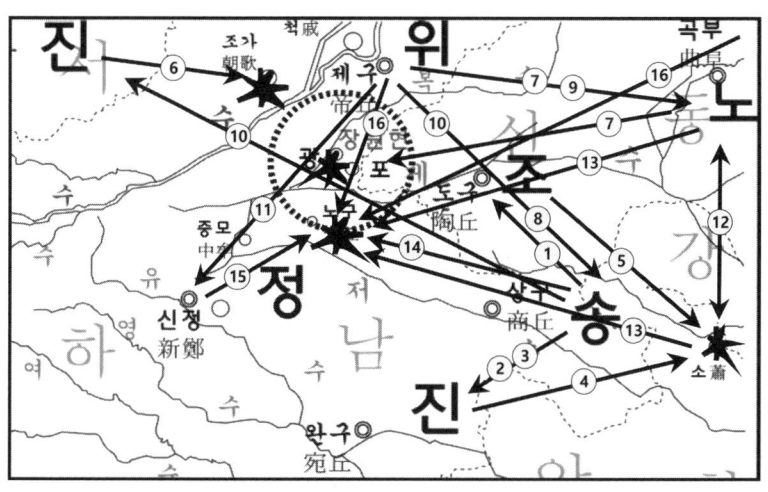

| 연도 | 번호 | 인물 | 이동경로 | 출전 |
|---|---|---|---|---|
| 정공 10년 | 1 | 송 악대심 | 송→조 | 춘추경 정공 10년 |
| | 2 | 송 공자 지 | 송→진 | 춘추경 정공 10년 |
| | 3 | 송 공자 진 etc. | 송→진 | 춘추경 정공 10년 |
| 정공 11년 | 4 | 송 공자지·진 etc. | 진→송[蕭]→★ | 춘추경 정공 11년 |
| | 5 | 송 악대심 | 조→송[蕭]→★ | 춘추경 정공 11년 |
| 정공 13년 | | 공자 | 노→위 | 위강숙세가 위령공 13년 |
| | 6 | 진 진앙·순인·사길석 | 진晉→조가朝歌→★ | 춘추경 정공 13년 |
| 정공 14년 | | 공자 | 위→陳行→광→포→★ | 세가 정공 14년 |
| | 7 | 위 공숙수 | 위→노→포→★ | 좌전 정공 14년 |
| | 8 | 위 조앙 | 위→송 | 좌전 정공 14년 |
| | 9 | 위 북궁결 | 위→노 | 좌전 정공 14년 |
| | 10 | 위 괴외 | 위→송→[진晉] | 좌전 정공 14년 |
| | 11 | 위 공맹구 | 위→정 | 좌전 정공 14년 |
| | 12 | 송 공자 진 | 송[蕭]→노 | 춘추경 정공 14년 |
| 정공 15년 | | 공자 | 포→★→위 | 세가 정공 14년 |
| | 13 | 송 공자 지·진 etc. | 노·송[蕭]→정[암·과·석] | 좌전 애공 12년 |
| | 14 | 송 상소 | 송→노구→★ | 좌전 정공 15년 |
| | 15 | 정 한달 | 정→노구老丘→★ | 좌전 정공 15년 |
| | 16 | 제경공·위령공 | 제·위→거나蘧挈→★ | 좌전 정공 15년 |

### ● 포인과의 맹세를 저버리고 위나라로 되돌아가다

한편, 세가에는 이때 공자가 포위에서 벗어난 뒤, 포인과 한 맹세를 저버리고 위나라로 들어가자, 자공子貢이 '맹세를 저버려도 되느냐'고 물었고, 이에 대해 공자는 '강요된 맹세는 신神이 듣지 않는 법이다'라고 답했다는 기사가 있다.[422]

> 포인蒲人이 겁이 나서 공자에게 제안하였다. "만약 위나라로 가지 않는다면, 그대를 내보내 주겠다." 공자가 맹세를 하자 그들은 공자 일행을 동문東門으로 내보냈다. 그러나 공자는 끝내 위나라로 갔다. 자공子貢이 말했다. "맹세를 저버릴 수 있습니까?" 공자가 말했다. "강요된 맹세는 신神이 듣지 않는 법이다."

이 기사 역시 주의해서 볼 필요가 있다. 여러 정황을 고려할 때 공자가 공숙수의 난에서 벗어나 위나라로 들어간 때는 정공 15년 초라고 생각되는데, 그해 자공은 노나라에 있었다. 그해 봄 주邾 은공隱公이 노나라 정공을 면회했는데, 이때 자공이 그 자리에 나아가 양국 정상 회담을 친견했다고 한다.

『춘추경』 정공 15년 조에 "15년 봄 정월에 주자邾子가 와서 조견

---

[422] 이 기사는 애공 2년 조에서 가져온 것이다. "(過蒲, 會公叔氏以蒲畔, 蒲人止孔子. 弟子有公良孺者, 以私車五乘從孔子. 其為人長賢, 有勇力, 謂曰 '吾昔從夫子遇難於匡, 今又遇難於此, 命也已, 吾與夫子再罹難, 寧鬪而死.' 鬪甚疾.) 蒲人懼, 謂孔子曰 '苟毋適衛, 吾出子.' 與之盟, 出孔子東門. 孔子遂適衛. 子貢曰 '盟可負邪?' 孔子曰 '要盟也, 神不聽.'"(「공자세가」 애공 2년 조) 이 기사를 여기에서 다루는 것은 포인(蒲人)의 난과 관련된 사건이기 때문이다.

朝見하였다."^423라 했는데, 그 전[『좌전』]에 다음과 같이 기록되어 있다.

15년 봄에 주邾 은공隱公이 빙문하였다. 자공이 두 임금의 거동擧動을 관찰했다. 주 임금이 옥玉을 바칠 때 너무 높이 들어 그 얼굴이 하늘을 쳐다보는 형상이었고, 정공은 옥을 받는 자세가 너무 낮아서 몸이 아래로 구부려졌다. 자공이 말하였다. "예禮로써 이를 관찰해 보건대, 두 임금은 모두 곧 돌아가실 것이다. 무릇 예란 생사와 존망의 근본이다. 좌우左右, 주선周旋, 진퇴進退, 부앙俯仰의 자세를 통해 이[死生]를 알 수 있으며, 조정朝廷, 제사祭祀, 상喪, 전쟁戰爭 등을 통해 이[存亡]를 알아볼 수 있다. 지금 정월正月에 서로 만나 모두가 법도를 지키지 못하였으니, 이미 (그분들은) 마음을 잃은 것이다. 좋은 일에 몸의 움직임을 제대로 지키지 못하는 것으로 보아 어찌 능히 오래 살 수 있겠는가? 높이 들어 몸이 올라간 것은 교만함을 나타내는 것이요, 몸을 너무 낮추어 굽힌 것은 기운이 빠졌음을 나타내는 것이다. 교만하면 난리를 일으키기 쉽고, 기운이 빠지면 병이 들기 쉽다. 우리 군주[定公]께서 주인主人이시니 우리 군주께서 먼저 돌아가실 것이다."^424

---

423 "十有五年春王正月, 邾子來朝."(『춘추경』 정공 15년)

424 "十五年, 春, 邾隱公來朝. 子貢觀焉. 邾子執玉高, 其容仰; 公受玉卑, 其容俯. 子貢曰 '以禮觀之, 二君者皆有死亡焉. 夫禮, 死生存亡之體也. 將左右·周旋·進退·俯仰, 於是乎取之; 朝·祀·喪·戎, 於是乎觀之. 今正月相朝, 而皆不度, 心已亡矣. 嘉事不體, 何以能久? 高仰驕也, 卑俯替也. 驕近亂, 替近疾. 君爲主, 其先亡乎.'"(『좌전』 정공 15년)

아마 이것이 자공이 친견한 최초의 국제외교 무대에서의 경험일 것이다. 이때 자공이 회담에서 어떤 역할을 했는지는 사료가 없어 확인할 수 없다.

자공은 평소 외교관에 대한 꿈이 지대했던 사람이다. 따라서 이를 참관할 수 있는 기회를 그냥 흘려보내지 않았다. 그렇다면 상기 자공의 질문[盟可負邪]은 포蒲 땅에서 위나라로 돌아온 뒤에 있었을 것이다. 노주魯邾 정상회담을 참관하고 돌아와 일행에 합류한 뒤, 그 동안에 있었던 일에 대해 듣고 공숙수와 맺은 맹세[信] 건에 대해 토론하던 중 이와 같은 대화를 하였을 것이다.

이 사건이 공자가 위나라에 되돌아오던 정공 15년 봄에 있었다는 것도 참고가 된다. 시간 상으로 볼 때 노주 정상회담과 공숙씨의 난은 거의 같은 시기에 일어났거나 공숙씨의 난이 조금 앞서 있었을 것이다. 이때 자공이 공자의 허락을 얻어 노주魯邾 정상회담에 참관했다면, 자공은 공자가 위나라를 떠날 때에는 이미 일행에서 이탈했을 것이다.

인용문에 의하면, 이때 자공은 두 군주가 '예'를 행하는 모습을 보고, '예는 생사와 존망의 근본인데, 두 임금이 모두 예를 어겼으니 병이 들거나 오래 살기 힘들 것이다. 특히 회담을 주관한 정공이 먼저 죽게 될 것이다.'고 예견했다고 한다. 그런데 자공이 예견한 대로 그해 5월에 정공이 죽었다.[425] 외교 상의 의례를 관찰하고 그 예용禮

---

425 노나라 정공은 주나라[邾] 은공(隱公)과 회담하고 얼마 지나지 않아 죽었다. 그해는 재위 15년(b.c.495)이었다. "十五年春, 邾隱公來朝, 子貢觀焉. ……夏五月壬申, 公薨."(『좌전』 정공 15년)

容을 비판하여 미래를 예언한 것인데, 자공이 예측한 대로 얼마 안 있어 정공이 죽은 것이다. 공자는 이런 일이 있었다는 소식을 전해 듣고, 이 사건이 장차 자공으로 하여금 말을 많이 하게 할 것이라고 했다.[426] 그런데 그 예측이 적중하여, 이후 자공은 학문 수양을 게을리하고 자신의 재능을 뽐내는 일이 많아졌다고 한다.[427] 생각해 보면 논어에 기록된 수많은 '언어' 관련 전송은 자공과 관련하여 제작되지 않았을까 상상한다.

● **영공의 자문에 응하다**

한편, 공자가 온다고 하자 영공은 기뻐서 교외에까지 마중을 나왔다. 공자로서는 파격적인 예우를 받은 셈인데, 여기에는 그럴 만한 사정이 있다. 바로 포蒲 땅에서 일어난 공숙수의 난을 해소할 방안이 필요했던 것이다.

영공은 공자가 온다는 소식을 듣고 기뻐서 교외에까지 마중을 나왔다. (영공) "포蒲를 공벌할 수 있겠소?" (공자) "있습니다." (영공) "우리 대부들은 안 된다고 합니다. 지금 포는 위나라가 진나라[晉]와 초나라[楚]를 맞아 싸우는 (요지인데) 위나라가 그곳을 공벌하는 것은 불가능하지 않겠소?" (공자) "그 남자들은 (우리를 위해) 죽을 각오를 하고 있고, 부녀들은 서하西河를 지킬 뜻이 있으니, 우리가 공벌할 것은 반도叛徒 4~5인에 불과

---

426 "夏五月壬申, 公薨. 仲尼曰 '賜不幸言而中. 是使賜多言者也.'"(『좌전』 정공 15년)

427 "端木賜, 衞人, 字子貢. 少孔子三十一歲. 子貢利口巧辭, 孔子常黜其辯."(「중니제자열전」 '단목사' 조)

합니다." (영공) "옳은 말입니다." 그러나 영공은 포를 정벌하지 않았다.(「공자세가」 애공 2년 조)

기사에서도 보듯이 영공은 공자를 보자마자 대뜸 '포를 공벌할 수 있겠소'라고 묻고 있다. 포는 중원의 제후국이 서쪽으로 진출할 때 반드시 경유하는 길목에 있었다.[428] 서쪽의 제후국들도 진나라[晉]나 초나라[楚] 갈 때는 반드시 이곳을 경유했다.[429] 위나라로서는 반드시 사수해야 할 전략적 요충지였다. 그런데 이 요지要地에 공숙씨가 들어와 난을 일으킨 것이다. 위나라로서는 진퇴양난이었다. 그대로 방치하면 도성을 방어하기 어렵고 그렇다고 군사를 동원해 공벌할 경우 포인들의 반발을 살 수 있다. 그래서 위나라의 조정에서도 공벌하는 것은 불가하다고 영공에게 주청했던 것이다.

그런데 바로 이때 공자가 공숙씨의 난을 뚫고 위나라로 들어왔다. 게다가 공자는 공숙수와 격전까지 치렀다. 영공으로서는 공숙수 진영의 정황과 그것을 공벌할 방안이 절실하게 필요했을 것이다. 그

---

428  "今蒲, 衛之所以待晉楚也."(「공자세가」 애공 2년 조)에 대한 『사기정의』에 "衛在濮州, 蒲在滑州, 在衛西也. 韓魏及楚從西向東伐, 先在蒲, 後及衛."라 되어 있다.
429  『좌전』 애공 15년 조에 제나라의 진환(陳瓛)이 초나라[楚]에 갈 적에 이곳을 거쳐 갔다는 기사가 있다. "秋, 齊陳瓛如楚, 過衛, 仲由見之."(『좌전』 애공 15년) 직전 해에 진항(陳恒)[田常]이 간공(簡公)을 시행하고 그 동생 오(鰲)를 제후(齊侯)[齊平公]로 세웠는데, 초나라가 군주 시해를 빌미로 토벌할까 두려워 하여, 그 형인 진환을 빙문사절로 초나라에 보냈다. "夏四月, 齊陳恒執其君, 寘于舒州. ······齊人弑其君壬于舒州."(『춘추경』 애공 14년); "庚辰, 田常執簡公于徐州. 公曰 '余蚤從御鞅言, 不及此.' 甲午, 田常弑簡公于徐州. 田常乃立簡公弟鰲, 是爲平公. 平公即位, 田常相之, 專齊之政, 割齊安平以東爲田氏封邑."(「제태공세가」 간공 4년 조). 이때 포(蒲)의 읍재(邑宰)는 자로였다. 그래서 제나라의 진환이 위나라를 지날 때 이곳을 거쳐 가자 자로가 만나보게 된 것이다.

래서 친히 국경에까지 나아가 공자를 영접했던 것이다. 나라의 임금[國君]이 국경에까지 나아가 빈賓을 영접하는 것은 지위가 같은 군주들 사이에서도 좀체로 보기 힘든 매우 파격적인 예우이다. 게다가 이때의 공자의 직위는 이제 막 사士를 벗어난 하대부下大夫의 신분이었다. 영공이 공자의 재입국을 얼마나 반겼는지 보여주는 장면이다.

그러자 공자가 말했다. '설사 그런 일이 있더라도 포인들은 절대 동요하지 않을 것입니다. 포의 남자들은 죽을힘을 다해 싸움에 임할 것이고, 그 부인들도 서하西河를 보호하기 위해 적극적으로 나설 것입니다'. 함의는 공숙씨의 난을 공벌한다 하여도 큰 난으로 번질 염려가 없으니 하루속히 난을 토벌하여 더 큰 위난이 일어나는 것을 미연에 해소하라는 것이다. 혹여 공숙씨가 다른 나라[晉·楚]의 괴뢰역을 자임하게 되면, 사태가 걷잡을 수 없이 악화될 수 있기 때문이다. 여기에는 공자의 확신도 작용했을 것이다. 포에서 난을 일으킨 자들은 명분도 없지만, 그 수괴는 공숙씨의 무리 등 4~5인[430]에 불과하기에, 이들만 제압하면 포인들은 결코 동요하지 않을 것이라고 생각했던 것이다.

하지만 영공은 끝내 공자의 충언을 받아들이지 않았다. 공자의 조언을 차일피일 미루며 끝내 공벌하지 않았다. 여기에는 공자에 대한 영공의 불신도 작용했겠지만,[431] 위나라의 정치가 남자와 송조의

---

430  정공 14년 노나라와 송나라로 분주한 공숙수(公叔戍)와 그의 무리인 조양(趙陽)·북궁결(北宮結) 또 정나라로 분주한 태자(太子) 괴외(蒯聵)의 무리인 공맹구(公孟彄) 등.

431  이해 공자가 위나라를 떠난 것은 영공이 주위의 참언을 듣고 자신을 감시하도록 명을 내렸기 때문이다. 이때 공자는 죽임을 당할까 두려워 위나라를 떠났다. "居頃

무리에 의해 좌우되고 있었던 데에도 원인이 있다. 공자의 정치적 능력은 중도의 재로 봉직할 때의 치적, 협곡지회夾谷之會에서의 성공, 또 삼가의 본읍 철거 등을 통해 이미 검증된 것이었다. 그들은 권력의 무게 중심이 공자 쪽으로 쏠리는 것을 바라지 않았다. 공자의 진정어린 조언은 영공에게 '마이동풍'이었을 뿐이다.

### ● 출사를 포기하다

세가(애공 2년 조)에서는 포에서 돌아온 뒤 공숙씨의 난에 대한 영공과의 대화를 끝으로 공자가 위나라를 떠났다고 기록하였다.

> 영공은 늙어 정사를 게을리 하였고 공자를 등용하지도 않았다. 공자는 크게 탄식하였다. "진실로 1년 만이라도 나를 써 줄 사람이 있다면 좋겠다. 3년 만 (내가 정치를 하면) 큰 성과가 있을 텐데……" 공자는 위나라를 떠났다.

영공이 자신을 등용하지 않아 위나라를 떠났다는 것인데, 정공 15년 조에는 그해 공자가 위나라를 떠나 진나라를 향해 갔다고 되어 있다.

> 위나라에 머문 지 달포 지냈을 때 영공은 부인과 함께 수레를 타고 환자宦者 옹거雍渠를 참승參乘[수레에 함께 타는 호위]으로 삼아 (궁을 나오다 공자를 보자) 그를 차승次乘[참승의 조쉬]으로 태우고 흔들거리며 시내를 한 바퀴 돌아왔다. …… 영공을 미워한 공자는 위나라를 떠나 조나라[曹]로

---

之, 或譖孔子於衛靈公. 靈公使公孫余假一出一入. 孔子恐獲罪焉, 居十月, 去衛."(「공자세가」 정공 14년 조) 이때까지도 공자를 향한 영공의 의심이 풀리지 않았던 것 같다. 혹은 주위에서 공자의 말을 수용하지 말라는 간언(間言)을 넣었는지도 모르겠다.

갔다. 이해에 노나라 정공이 죽었다.(「공자세가」 정공 15년 조)

하지만 정공 15년에는 위나라를 떠난 적이 없다. 위나라를 떠나기에는 주변의 치안 상태가 너무 좋지 않았다. 국경 부근에서는 여전히 크고 작은 분쟁이 이어지고 있었다. 이 분쟁은 누적된 분봉제 내부의 모순이 당시의 사회 정치적 변화와 맞물려 일어난 것이다. 때문에 기존의 사회 체제를 대신할 새로운 질서가 성립되기 전에는 해소될 수 없는 것이었다. 공자도 이 점을 인지하고 있었다. 다만 구체제를 대신할 새로운 체제가 아직 정형화된 모습을 갖추지 못했기 때문에, 이르는 곳마다 옛것을 참작해 필요한 제도를 제정하라고 촉구했다.[432] 공자로서는 당시의 사회정치적 격변이 '전대미문의 대혼란'으로 인식될 수밖에 없었다. 그래서 삼대의 문화[斯文]를 추상하여 얻은 인류 문화의 정신[禮]에 근거하여 현재 벌어지고 있는 문제들을 진단하고, 그때까지 본인이 궁구하여 얻은 것들을 활용하여 다가올 세계의 모습을 상상하고, 그에 적의한 것을 모색하려 했던 것이다.

2.23. 자장子張이 여쭈었다. "열 왕조 뒤의 일을 미리 알 수 있겠습니까?" 공자께서 말씀하셨다. "은나라는 하나라의 예를 인습因襲하였으니 무엇을 가감加減했는지 알 수 있으며, 주나라는 은나라의 예를 인습하였으니 무엇을 가감했는지 알 수 있네. 혹시라도 주나라를 계승하는 자가 있다면 비록 백 왕조 뒤의 일이라도 알 수 있을 것이네."[433]

---

432 "子曰 '述而不作, 信而好古, 竊比於我老彭.'"(「술이」 1)

433 "子張問 '十世可知也?' 子曰 '殷因於夏禮, 所損益, 可知也, 周因於殷禮, 所損

12.10. 자장子張이 덕德을 높이고 미혹[惑]을 분별하는 방법을 묻자, 공자께서 말씀하셨다. "충忠과 신信을 주로 하며 의義로 옮겨가는 것이 덕德을 높이는 것이다. 상대를 사랑할 때에는 그가 살기를 바라고 상대를 미워할 때에는 그가 죽기를 바라니, 이미 살기를 바라고 또 죽기를 바라는 것이 미혹[惑]이다. 진실로 부유하게 하지도 못하고 다만 남들에게 괴이함만 취할 뿐이다."[434]

이 장은 천하 유력에서 돌아온 뒤 공문 내에서 젊은 제자들과 토론하는 가운데 있었던 일을 소재로 하여 제작한 것으로 보인다. 자장子張은 특유의 재주와 기발한 아이디어로 공문 내외를 종횡으로 석권했던 후기 고족 제자이다.[435] 논어에 그에 관한 전송이 다수 실려 있는 것으로 보아, 공자 몰후에는 그 학단의 위력이 매우 컸던 것 같다.[436] '젊은' 자장으로서는 공자가 하는 말과 교설이 시대의 흐름에 맞지 않

---

益, 可知也. 其或繼周者, 雖百世, 可知也.'"(「위정」 23)

[434] "子張問'崇德辨惑' 子曰'主忠信, 徙義崇德也. 愛之欲其生, 惡之欲其死, 旣欲其生, 又欲其死, 是惑也.'"(「안연」 10)

[435] 자장(子張)은 제자전에 11번째로 배열되어 있다. 공문십철(孔門十哲)에 올라 있는 제자 다음에 배치되어 있다. 거기에 기록된 자장은 공자의 가르침에 대해 의문을 갖고 있는 제자의 모습이다. 그래서 공자의 가르침도 그에 준하여 펼쳐지고 있다. 예를 들면, "子張問干祿. 孔子曰'多聞闕疑, 慎言其餘, 則寡尤. 多見闕殆, 慎行其餘, 則寡悔. 言寡尤, 行寡悔, 祿在其中矣.'"; "他日從在陳蔡間, 困, 問行. 孔子曰'言忠信, 行篤敬, 雖蠻貊之國行也. 言不忠信, 行不篤敬, 雖州里行乎哉. 立則見其參於前也, 在輿則見其倚於衡, 夫然後行.' 子張書諸紳." 자장은 공자보다 48세 어렸고 공자가 진나라[陳]에 체재할 때 입문했다고 한다. "顓孫師, 陳人, 字子張. 少孔子四十八歲."(「중니제자열전」'전손사'조)

[436] 이에 대해서는 졸저,『논어의 성립』, 문사철, 2021, 제2부 제2장 제2절에 별첨된 「자장」의 성립 경위 분석' 참조

는다고 생각했을 것이다.⁴³⁷ 그래서 이 난국을 헤쳐나가려면 삼대의 문화와 그 정신을 살펴야 한다고 했을 때, '동의하기 어렵다'는 투로 '그렇다면 선생님께서는 열 왕조 뒤의 일도 잘 아시겠군요'라고 물었던 것이다. 그런데 이때에도 공자는 종전의 생각에서 조금도 벗어나 있지 않았다. 뭔가 변화가 일고 있다는 것은 감지하고 있었지만, 그것이 어떤 방향으로 전개될지 전혀 예측하지 못했다. 공자는 세상의 변화에 눈을 닫고 산 사람이 아니다. 하지만 시대의 한계는 공자로서도 어쩔 수 없는 것이었다. 그래서 새로운 사실[異端]에 마음이 쏠려, 기존의 것을 모두 거부하는 따위의 행위가 나타나지 않도록, 심지를 굳게 다지는 공부에 전념할 것을 강조한 것이다.⁴³⁸

분쟁은 공자가 천하 유력을 마치고 노나라로 돌아갈 때까지도 계속되었다. 이런 상황에서 출사를 하지 못한다는 이유로, 상대적으로 안전한 위나라를 떠나 호구虎口 속으로 들어갈 정도로 공자가 무모한 사람이었다고 보기는 어렵다.

세가 정공 15년 조에 '공자가 진나라로 갔다'는 기사는 애공 2년

---

437   자장(子張)이 활동하던 시대에 이르면, 종래에 볼 수 없는 현상들이 사회 각 분야에서 나타나는 등 사회 변화가 상당히 진행되어, 공자가 추구한 사회 정치관은 (단지 옛것을 따르자는 것일 뿐으로써) 향후에 나타날 새로운 사회의 대안이 될 수 없다는 생각들이 공문 내에서조차 매우 심각하게 제기되고 있다. 자장은 영민한 제자였기 때문에 이 점을 남보다 일찍 예측하였다. 그래서 공자의 교설에 대해 의혹을 갖고 여러 질문을 하였다. 논어에 기록된 자장과 공자의 대화는 거의 대부분 이런 내용들로 채워져 있다. 자장이 공자 및 공문 제자들의 사상을 종합하여 새로운 류의 사상으로 창안한 것도 이 때문으로 풀이된다. 이에 대해서는 졸저, 『논어의 성립』, 문사철, 2021, 제2부 제2장 제2절에 별첨된 「자장」의 성립 경위 분석'에서 일부 다뤘다. 구체적인 것은 천하 유력에서 돌아온 뒤의 공자 만년 생활을 고찰하는 곳에서 자세히 설명하겠다.

438   "子曰 '攻乎異端, 斯害也已.'"(「위정」 16)

에 일어난 사건의 오기일 것이다. 그해 공자는 영공의 죽음이 임박하자[439] 왕위 승계를 둘러싼 갈등이 자신에게 번질까 두려워 서둘러 위나라를 떠났다. 공자의 예상 대로 영공이 죽자 첩輒이 위후衛侯에 올라 괴외蒯聵의 입국을 막았다. 그러자 괴외는 조간자趙簡子의 위력과 양호陽虎의 간지를 빌려 척戚으로 들어갔다.[440] 척은 위나라 도성 바로 위에 있던 읍이다. 과거 헌공[衛獻公]을 쫓아냈던 손임보孫林父의 영지가 있던 곳이다. 위나라로서는 머리 위에 큰 위험을 안고 있는 모양이 된 셈이다. 이후의 역사는 사서에 기록된 대로이다.

정공 15년부터 재차 위나라를 떠났던 애공 2년까지 공자가 위나라에서 무엇을 하며 보냈는지는 애공 2년 조의 기사에서 유추할 수 있다. 영공이 자신을 등용하지 않자, '진실로 1년 만이라도 나를 써 주는 사람이 있었으면 좋겠다. 3년만 정치를 한다면 큰 성과를 낼 수 있을 텐데 …….'라 하면서, 위나라를 떠났다는 기사는 위나라를 떠난 것이 아니라 '도성을 떠나 재야로 갔다'는 뜻일 것이다.

---

439   영공(靈公)은 그해 여름 4월에 죽었다. "夏四月丙子, 衛侯元卒."(『춘추경』 애공 2년)

440   "六月乙酉, 晉趙鞅納衛大子于戚, 宵迷. 陽虎曰 '右河而南, 必至焉. 使大子絻, 八人衰絰, 僞自衛逆者, 告于門, 哭而入, 遂居."(『좌전』 애공 2년)

「공자세가」에 기록된 위나라에서의 공자의 행적

| 연도 | BC | 사건 | 출전[세가] |
|---|---|---|---|
| 정공 13 | 497 | 위에 도착하다 | 정공 14년 조 |
| 정공 14 | 496 | 영공에게 출사하다 | 정공 14년 조 |
| 정공 15 | 495 | 공숙씨의 난에 대한 자문을 받다. 남자를 면담하다 | 애공 2년 조 |
| 애공 1 | 494 | 경磬을 치다 하궤이과문자荷蕢而過門者에게 비판을 당하다 | 애공 2년 조 |
| | | 사양자師襄子에게 금琴을 배우다 | 애공 2년 조 |
| | | 조간자를 만나기 위해 진晉을 향해 가다 → 후인의 조설 | 애공 2년 조 |
| | | 필힐의 초빙에 응하다 → 후인의 조설 혹은 애공 5년의 행적 | 애공 2년 조 |
| | | 영공에게 병진兵陳에 대한 질의를 받다 | 애공 2년 조 |
| | | 영공에게 모욕을 당하다[孔子衛次乘] | 정공 15년 조 |
| 애공 2 | 493 | 영공의 죽음을 감지하고 위를 떠나다 | 애공 2년 조 |
| 애공 3 ⋮ 애공 9 | 492 ⋮ 486 | 진·채·초 등지를 유력하고 애공 6년 이후의 행적은 애공 6년 조에 모아져 있다 | 애공 3년 조 ⋮ 애공 6년 조 |
| 애공 10 | 485 | 위로 돌아오다. | 애공 7년 조 |
| 애공 11 | 484 | 노로 돌아오다. | 애공 11년 조 |

  공자는 '만일 부富가 구해서 얻어질 수 있는 것이라면, 비록 말채찍을 잡고 수레를 모는 천한 일이라도 내가 하겠다. 그러나 만일 구해서 얻어질 수 있는 것이 아니라면, 내가 좋아하는 것을 따르겠다.'[441] '써 주면 나가서 도를 행하고, 버려지면 물러나 은둔하는 것

---

441  "子曰 '富而可求也, 雖執鞭之士, 吾亦爲之, 如不可求, 從吾所好.'"(「술이」 11)

## 공자 천하 유력 기간 중에 일어난 분쟁

| 연도 | BC | 주요 사건 | 공자의 행적 |
|---|---|---|---|
| 정공 13 | 497 | 진晉의 순인荀寅과 사길석士吉射, 조가朝歌로 들어가다 | 노를 떠나 위로 가다. |
| 정공 14 | 496 | 공숙수, 노로 달아나다<br>괴외, 송으로 달아나다 | 위를 떠나다, 다시 위로 들어가다 |
| 정공 15 | 495 | 정의 한달, 노구老丘에서 송군을 패퇴시키다 | 위에 체재하다 |
| 애공 1 | 494 | 초가 채를 포위하다. 채가 신채新蔡로 옮겨 가다. 오가 진을 벌하다 | 위에 체재하다 |
| 애공 2 | 493 | 채가 주래州來로 천도하다 | 위를 떠나 진으로 가다. 조송 접경지대에서 광인의 난을 당하다 |
| 애공 3 | 492 | 사마 환퇴, 조를 토벌하다 | 진에 도착하다. |
| 애공 4 | 491 | 채소후, 그 대부에게 피살되다 | 진을 떠나 채로 가다. |
| 애공 5 | 490 | 조간자, 위를 토벌하다.<br>제경공이 죽다 | 채에서 섭으로 가다. 섭공을 만나다. 섭에서 채를 거쳐 진으로 가다 |
| 애공 6 | 489 | 오가 진을 토벌하다<br>초소왕이 성보城父에 주둔하다 | 진채의 사이에서 조난을 당하다.<br>초소왕을 만나다. 진으로 가다 |
| 애공 7 | 488 | 오가 노에 백뢰百牢의 향연을 요구하다. | 진에 체재하다. |
| 애공 8 | 487 | 오가 노를 침벌하다 | 진에 체재하다. |
| 애공 9 | 486 | 초가 진을 토벌하다 | 진에 체재하다 |
| 애공 10 | 485 | 노가 오와 함께 제를 토벌하다 | 진에서 위로 가다 |
| 애공 11 | 484 | 제가 노를 침벌하다<br>노가 오와 연합하여 제를 물리치다 | 위에서 노로 돌아오다 |

은 오직 너[顔淵]와 나만이 할 수 있다.',[442] '벼슬을 하고 못하고는 명命에 달려 있다.',[443] '현자賢者는 세상을 피하고, 그 다음은 어지러운 나라를 피하고, 그 다음은 (임금의) 안색이 좋지 않으면 피하고, 그 다음은 구설口舌이 있으면 피한다'[444]라고 했다. 그것이 공자의 출처관이다. 공자는 함부로 몸을 움직인 사람이 아니다. 아마 이 전송들은 그 무렵에 한 말을 소재로 제작한 전송이라고 봐도 좋을 것이다.

세가에 의하면 이후 공자는 필힐佛肸이 중모中牟를 근거로 배반하고 부르자 그에게 가려 했고, 석경石磬을 두드리다 소쿠리를 지고 문앞을 지나던 사람[荷蕢而過門者]에게 기롱을 당하기도 했으며, 악사인 양자[師襄子]에게 고금鼓琴을 배우기도 하고, 조간자趙簡子를 만나기 위해 진나라[晉]를 향해 간 적도 있다고 한다. 이 중의 어떤 것은 실제 있었던 일도 있지만 후인이 지어낸 것으로 의심되는 것, 또 다른 해에 있었던 일이 끼어들어 간 것도 있다. 이때부터 재차 위나라를 떠나던 애공 2년까지 공자가 행했던 일에 대해서는 규명糾明해야 할 것도 많고 구명究明해야 할 것도 적지 않다. 본 장에서 다루기에는 지면 관계 상 적절하지 않은 면이 있다. 이 부분에 대한 고찰은 다음 장으로 넘기겠다.

---

442 "子謂顔淵曰 '用之則行, 舍之則藏, 惟我與爾有是夫.'"(「술이」 10)

443 "王孫賈問曰 「與其媚於奧, 寧媚於竈」, 何謂也?' 子曰 '不然. 獲罪於天, 無所禱也.'"(「팔일」 13); "(孟子曰) '彌子謂子路曰 「孔子主我, 衛卿可得也.」 子路以告, 孔子曰 「有命.」, 孔子 進以禮, 退以義, 得之不得, 曰 「有命.」'"(『맹자』「만장장구」 상 8)

444 "子曰 '賢者辟世, 其次辟地, 其次辟色, 其次辟言.'"(「헌문」 39)

● 정리

지금까지 세가에 기록된 기사를 중심으로 정공 15년 무렵의 공자의 행적에 대해 살펴 보았다. 지금까지 고찰한 것을 정리하면 다음과 같다.

○ 정공 13년
공자는 노나라를 떠나 위나라로 갔다. 위나라에 도착하여 영공에게 알곡[粟] 6만 두에 해당하는 녹을 받고 출사했다.

○ 정공定公 14년
10개월 여를 체재하다 위나라 정치계의 주도 세력과 사이가 벌여져 위나라를 떠났다. 도중에 진나라[陳]를 향해 나아가다 위나라로 되돌아 왔다. 처음에 계획한 유력 일정 속에는 진나라로 가는 여정이 포함되어 있지 않았다. 위나라의 국내 사태가 워낙 위중하여, 잠시 위나라를 떠나 있으면서 위난을 피해보자는 생각뿐이었다. 그러다 도중에 진나라를 향해 가기로 마음을 바꿨을 것이다.[445] 갑작스럽게 진나라 행을 결정한 것은 진나라 외에는 마땅히 갈만한 곳이 없었기 때문이다. 당시 북쪽에는 이제 막 분열을 시작한 진나라[晉]가 있었고, 동쪽에는 노나라와 사이가 좋지 않은 제나라[齊]가 있었다. 그런데 진나라[陳]를 향해 걸음을 떼어 놓으려는 순간, 국경 부근의 치안 상태가 불안하다는 소식이 들려 왔다. 크고 작은 소동이 계속 일어난 것이다. 그래서 다시 위나라로 되돌아 갔다. 그런데

---

[445] 「공자세가」에 "居十月, 去衛. 將適陳."이라는 말이 있다. 위나라를 떠난 뒤 진나라를 향해 가기로 계획을 변경했던 것 같다. '將適陳'이라는 말에서 그런 뉘앙스가 풍긴다.

도중에 포蒲 땅 부근에 이르렀을 때 이 무렵 포에 들어와 난을 일으킨 공숙수公叔戍 일당과 마주치게 되었다. 공숙수는 공자가 위나라에 들어가는 것을 제지했다. 공자가 위나라에 들어가게 되면 위나라의 정치가 안정되어 자신의 복귀할 수 있는 기회가 줄어들게 될까 염려했다. 그래서 공자 일행을 포위·공격하게 되었는데, 저항이 매우 거세어 '위나라로는 절대로 들어가지 않겠다'는 맹세를 하게 하고 동문東門으로 방면하였다.[446] 하지만 마땅히 갈 만한 곳도 없고 주변의 치안 상태도 여전히 불안하였기 때문에, 1개월 여를 주위에서 배회하다 다시 위나라로 들어갔다. 정공 14년 늦가을 혹은 겨울 무렵에 위나라를 떠났다면, 공자는 국경 지역에서 겨울을 나고, 이듬해 정월 혹은 봄에 위나라로 들어갔을 것이다

○ 정공 15년

공자가 다시 온다는 소식이 전해지자 영공은 교외에까지 마중을 나왔다. 공자로서는 파격적인 예우를 받은 셈이다. 영공이 공자를 환대한 것은 포 땅의 사태가 워낙 위중하였기 때문이다. 이후 영공이 포의 사태에 대해 묻자 성심을 다해 답변해 주었다. 하지만 영공은 공자의 충언을 귀담아 듣지 않았다. 위나라의 정치계에서 공자를 신뢰하지 않았고, 공자가 위나라에 재차 들어온 것을 달가워하지 않았기 때문이다. 이 무렵 위나라의 정치는 남자南子와 송조宋朝 무리에 의해 좌우되었다. 이후에도 영공은 공자를 정치에 중용하지 않았다. 남자의 무리가 공자의 등용을 지속적으로 반대했고, 공자도 구차하게 벼슬 자리를 구하려 하지 않았다.[447] 그 사이

---

[446] 앞에서도 언급했지만, 공숙수(公叔戍)가 공자를 동문(東門)으로 방면했다는 세가의 기사는 당시의 여러 정황으로 보아 납득되지 않는 면이 있다. 그곳은 위나라의 도성으로 가는 길목에 위치하였기 때문이다. 사마천의 착오가 아닐까 한다.

[447] ▲왕손가(王孫賈)가 공자에게 던진 질문[「팔일」13: "王孫賈問曰 '與其媚於奧,

공자는 남자의 초빙에 응해 위나라의 정치에 대해 의견을 나누기도 했다. 이 사건은 제자들뿐 아니라 위나라의 정치계에서 큰 논란거리가 되었다. 공자는 예우 차원에서 어쩔 수 없이 남자를 만나게 된 것이라고 했지만 추문은 끊이질 않았다. 이에 자로가 공자에게 남자를 만난 것은 부절적한 것이었다고 힐난하기도 했다. 이 무렵 영공은 너무 늙어 정치적 의사 결정을 부인인 남자에게 위임하다시피 했다. 공자는 다만 1년 만이라도 자신의 도를 펼칠 수 있도록 기회를 주었으면 좋겠다고 했지만, 위나라의 정치계에서는 어떤 기회도 주지 않았다. 이에 공자도 출사에 대한 뜻을 접고 평소 하고 싶었던 일을 하며 때가 오기를 기다렸다. 세가에서는 이해 공자가 다시 위나라를 떠났다고 했지만 이는 사실이 아니다. 국경지대의 치안 상태가 여전히 불안했기 때문에 위나라를 떠날 만한 상황이 아니었다.

이후의 행적은 세가의 애공 1년 조와 애공 2년 조에 기록되어 있다. 예를 들면, '석경을 치다 하궤이과문자荷蕢而過門者에게 비평을 당한 일', '악사인 양자師襄子에게 고금鼓琴을 배운 일', '필힐佛肸이 초빙하자 그에 응하려 한 일', '영공과 치도治道의 방안에 대해 의견을 나눈 일', '영공에게 쓰임을 받지 못하자 서쪽으로 가 조간자趙簡子를 만나려 한 일' 등이 그것이다. 물론 이 중에는 실제 일어난 일도 있고 그렇지 않

---

寧媚於竈.」, 何謂也?' 子曰 '不然. 獲罪於天, 無所禱也.'"] ▲축타(祝鮀)와 송조(宋朝)를 예로 들어 위나라의 정치계에 대해 평론한 말[「옹야」 14: "子曰 '不有祝鮀之佞, 而有宋朝之美, 難乎免於今之世矣.'"]; ▲남자(南子)의 초빙을 달갑게 여기지 않았다는 것 [「공자세가」 정공 15년 조: "孔子曰 '吾鄕爲弗見, 見之禮答焉.' 子路不說. 孔子矢之曰 '予所不者, 天厭之! 天厭之!'] 등에서 이것을 유추할 수 있다.

은 일도 있다. 그와 같은 일들이 재차 진나라를 향해 떠나던 애공 2년에도 이어졌다. 다음 장에서는 그 부분을 중심으로 애공 1년의 행적에 대해 고찰해 보겠다.

## 제후연표

| 주周 | 노魯 | B.C. | 공자 | 제齊 | 위衛 | 진晉 | 진陳 | 초楚 | 오吳 |
|---|---|---|---|---|---|---|---|---|---|
| 경왕23 | 소공20 | 522 | 30 | 경공26 | 영공13 | 경공 4 | 혜공12 | 평왕 7 | 료 1 |
| 24 | 21 | 521 | 31 | 27 | 14 | 5 | 13 | 8 | 2 |
| 25 | 22 | 520 | 32 | 28 | 15 | 6 | 14 | 9 | 3 |
| 경왕 1 | 23 | 519 | 33 | 29 | 16 | 7 | 15 | 10 | 4 |
| 2 | 24 | 518 | 34 | 30 | 17 | 8 | 16 | 11 | 5 |
| 3 | 25 | 517 | 35 | 31 | 18 | 9 | 17 | 12 | 6 |
| 4 | 26 | 516 | 36 | 32 | 19 | 10 | 18 | 13 | 7 |
| 5 | 27 | 515 | 37 | 33 | 20 | 11 | 19 | 소왕 1 | 8 |
| 6 | 28 | 514 | 38 | 34 | 21 | 12 | 20 | 2 | 합려 1 |
| 7 | 29 | 513 | 39 | 35 | 22 | 13 | 21 | 3 | 2 |
| 8 | 30 | 512 | 40 | 36 | 23 | 14 | 22 | 4 | 3 |
| 9 | 31 | 511 | 41 | 37 | 24 | 정공 1 | 23 | 5 | 4 |
| 10 | 32 | 510 | 42 | 38 | 25 | 2 | 24 | 6 | 5 |
| 11 | 정공 1 | 509 | 43 | 39 | 26 | 3 | 25 | 7 | 6 |
| 12 | 2 | 508 | 44 | 40 | 27 | 4 | 26 | 8 | 7 |
| 13 | 3 | 507 | 45 | 41 | 28 | 5 | 27 | 9 | 8 |
| 14 | 4 | 506 | 46 | 42 | 29 | 6 | 28 | 10 | 9 |
| 15 | 5 | 505 | 47 | 43 | 30 | 7 | 회공 1 | 11 | 10 |
| 16 | 6 | 504 | 48 | 44 | 31 | 8 | 2 | 12 | 11 |
| 17 | 7 | 503 | 49 | 45 | 32 | 9 | 3 | 13 | 12 |
| 18 | 8 | 502 | 50 | 46 | 33 | 10 | 4 | 14 | 13 |
| 19 | 9 | 501 | 51 | 47 | 34 | 11 | 혼공 1 | 15 | 14 |
| 20 | 10 | 500 | 52 | 48 | 35 | 12 | 2 | 16 | 15 |
| 21 | 11 | 499 | 53 | 49 | 36 | 13 | 3 | 17 | 16 |
| 22 | 12 | 498 | 54 | 50 | 37 | 14 | 4 | 18 | 17 |
| 23 | 13 | 497 | 55 | 51 | 38 | 15 | 5 | 19 | 18 |
| 24 | 14 | 496 | 56 | 52 | 39 | 16 | 6 | 20 | 19 |
| 25 | 15 | 495 | 57 | 53 | 40 | 17 | 7 | 21 | 부차 1 |
| 26 | 애공 1 | 494 | 58 | 54 | 41 | 18 | 8 | 22 | 2 |
| 27 | 2 | 493 | 59 | 55 | 42 | 19 | 9 | 23 | 3 |
| 28 | 3 | 492 | 60 | 56 | 출공 1 | 20 | 10 | 24 | 4 |
| 29 | 4 | 491 | 61 | 57 | 2 | 21 | 11 | 25 | 5 |
| 30 | 5 | 490 | 62 | 58 | 3 | 22 | 12 | 26 | 6 |
| 31 | 6 | 489 | 63 | 안유 1 | 4 | 23 | 13 | 27 | 7 |
| 32 | 7 | 488 | 64 | 도공 1 | 5 | 24 | 14 | 혜왕1 | 8 |

# 참고문헌

何晏注, 邢昺疏, 『論語注疏』
하안주, 형병소, 『논어주소』, 전통문화연구회, 동양종합고전DB, 2021
朱熹, 『論語集注』
성백효역주, 현토완역 『논어』, 전통문화연구회, 2017, 개정증보판 23쇄
平岡武夫, 『論語』, 全釋漢文大系 1, 集英社, 1983년 제4판본
趙岐注, 孫奭疏, 『孟子注疏』
朱熹, 『孟子集注』
성백효역주, 현토완역 『맹자』, 전통문화연구회, 1995, 2판5쇄
朱熹, 『大學集注』
朱熹, 『中庸集注』
左丘明撰, 『春秋左傳』
杜預注, 孔穎達疏, 『春秋左傳正義』
左丘明撰, 임동석역주, 『春秋左傳』, 동서문화사, 2013
竹內照夫, 『春秋左氏傳』 上·中·下, 全釋漢文大系 4·5·6, 集英社, 1983년 제4판본
좌구명찬, 두예주, 『춘추좌씨전』, 전통문화연구회, 동양종합고전DB, 2019.
公羊高, 『公羊傳』
何休注, 徐彦疏, 『春秋公羊傳注疏』
『詩經』
성백효역주, 현토완역 『시경집전』 상·하, 전통문화연구회, 1993, 초판 2쇄본
『尙書』
孔安國傳, 孔穎達疏, 『尙書正義』
성백효역주, 현토완역 『서경집전』 상·하, 전통문화연구회, 1998.
『禮記』
戴聖, 『大戴禮記』
鄭玄注 孔穎達疏, 『禮記正義』
市原享吉·今井淸·玲木隆一, 『禮記』, 全釋漢文大系 12, 集英社, 1983년 제4판본
정병섭역, 역주 예기집설대전 『단궁』 상·하, 학고방, 2013.
『周禮』
鄭玄注, 賈公彦疏, 『周禮注疏』
『易經』
王弼等注, 孔穎達疏, 『周易正義』
『孝經』
李隆基注, 邢昺疏, 『孝經注疏』
길훈섭·정병섭 옮김, 『효경주소』, 문사철, 2011.
韓英, 『韓詩外傳』

許維遹, 『韓詩外傳集釋』, 中華書局, 2005.
司馬遷, 『史記』
裴駰, 『史記集解』 (司馬貞 索隱, 張守節 正義)
사마천저, 『사기』, 이성규역, 서울대학교출판부, 1996년 제7쇄본
班固, 『漢書』, 顔師古注.
範燁, 『後漢書』, 李賢注
陳壽, 『三國志』, 裵松之注
王肅, 『孔子家語』
王弼注, 『孔子家語注』
荀卿, 『荀子』
이운구역, 『순자』 1·2, 한길사, 2013 제2쇄본
孫詒讓注, 『墨子閒詁』
이운구역, 『묵자』 1, 한길사, 2012.
『管子』
韓非, 『韓非子』
김원중옮김, 『한비자』, 글항아리, 2013, 1판 15쇄본.
『道德經』
莊周, 『莊子』
王先謙集解, 『莊子集解』
『列子』
楊伯峻集釋, 『列子集釋』
徐幹, 『中論』
呂不韋編, 高誘注, 『呂氏春秋』,
김근옮김, 『여씨춘추』, 글항아리, 2014, 1판 2쇄
荀悅撰, 『前漢紀』
劉向, 『戰國策』
高誘注, 『戰國策』, 上海書店, 1998년 제2쇄본
左丘明撰, 韋昭注, 『國語』
劉向, 『新書』
劉向, 『說苑』
班固等, 『白虎通義』
劉安, 『淮南子』
劉安編, 許匡一譯註, 『淮南子全釋』, 貴州人民出版社, 1995.
王充, 『論衡』
北京大學歷史系《論衡》注釋小組, 『論衡注釋』(전4책), 中華書局, 1979.
桓譚, 『新論』
揚雄, 『方言』
『逸周書』
『晏子春秋』
吳則虞, 『晏子春秋集釋』

鄭樵, 『通志』
應召. 『風俗通』
崔述, 『洙泗考信錄』 上下, 世界書局.
이재하외 옮김, 『수사고신록』, 한길사, 2009.
津田左右吉, 『道家の成立とその展開』, 津田左右吉全集 제13권, 암파서점, 1965.
津田左右吉, 『論語と孔子の四象』, 津田左右吉全集 제13권, 암파서점, 1965.
津田左右吉, 『左傳の思想史的研究』, 津田左右吉全集 제13권, 암파서점, 1965.
津田左右吉, 『儒敎の硏究』, 津田左右吉全集 제13권, 암파서점, 1965.
木村英一, 『孔子と論語』, 創文社, 1984년 제3쇄본.
木村英一, 『中國哲學の探究』, 創文社, 1981.
기무라에이이치지음, 나종석옮김, 『공자와 《논어》』, 에코리브르, 2020.
渡辺信一郎, 『中國古代社會論』, 靑木書店, 1986.
渡辺信一郎, 『中國古代國家の思想構造』, 校倉書房, 1994.
藤堂明保, 『漢字語源辭典』, 學燈社, 1965.
謝光輝主編, 『漢語字源字典』, 북경대학출판사, 2010, 제6쇄본
『十三經引得』, 南嶽出版社, 民國 66년 초판본.
顧頡剛, 「五德終始說下的政治和歷史」, 『古史辨』 제5책, 상해고적출판사, 1982.
王國維, 「殷周制度論」, 『觀堂集林』
余英時, 『中國知識階層史論』(古代篇), 聯經出版事業公司, 民國 69년.
크릴저, 『공자, 인간과 신화』, 이성규옮김, 지식산업사, 1985년 재판본.
시라카와시즈카저, 『공자전』, 장원철·정영실옮김, 펄북스, 2016.
김종규, 『공자사도행전』, 문사철, 2020
가노나오키저, 『중국철학사』, 오이환 역, 을유문화사, 1998.
동양사학회편, 『동아시아의 왕권』, 한울아카데미, 1993.
민두기편, 『중국의 역사인식』 상하, 창작과 비평사, 1985.
송두율저, 『계몽과 해방』, 한길사, 1998.
안병주, 『유교의 민본사상』, 성균관대학교 대동문화연구원, 1987.
山田慶兒, 「중국 우주론의 형성과 전개」, 김영식 編, 『중국 전통문화와 과학』, 창작과 비평, 1986.
K. Marx, 『공산당선언』, 맑스엥겔스선집, 도서출판 백의
K. Marx, 『정치경제학비판서문』, 맑스엥겔스선집, 도서출판 백의
손세제, 『공자의 청년시대』, 문사철, 2020.
손세제, 『논어의 성립』 문사철, 2021.
손세제, 「자로의 인물됨과 사승 관계 고찰」, 《동방학》 제37집, 한서대학교 동양고전연구소, 2017.
손세제, 「부해의 연원과 의미」, 『부해정 이야기』, 홍성문화원, 2019.
손세제, 「공자가 생각한 이상적 인간」, 《우계학보》 제38집, 우계문화재단, 2020.
손세제, 「순자의 성설」, 《철학연구》 제43집, 철학연구회, 1998년 가을호
國學渡航·中國國學經傳在線閱讀 (guoxue123.com)
漢川草廬 (www.漢川草廬.tw)
전통문화연구회, 《동양고전종합DB》
인터넷 검색 엔진, 바이두(Baidu)

# 찾아보기

## ㄱ

간후乾侯 22, 161
강숙康叔. 위강숙衛康叔 44, 220
거나蘧挐 258, 275, 335, 337
거모渠牟 203
거백옥蘧伯玉. 거원蘧瑗 171, 173, 207, 217, 236, 243, 265, 293, 294, 305, 313, 351
계강자季康子 46, 47, 48, 176, 177, 225
계로季路 321
계무자季武子 35, 40
계손季孫. 계손씨季孫氏 47, 165
계손사季孫斯 79
계찰季札 206, 296
계평자季平子 22
계환자季桓子 22, 35, 36, 40, 102, 150, 152, 169, 181
고멸姑蔑 23, 116, 117
고삭告朔 57
고장高張 29
공구孔丘 69, 71, 74, 89
공량유公良孺. 양유良孺 219, 356
공맹구公孟彄 215, 256, 272
공문십철孔門十哲 50
공문자孔文子 176, 178, 204, 226
공백료公伯寮 124, 199
공산불뉴公山不狃. 공산불요公山弗擾 23, 27, 28, 107
공손여가公孫余假 170, 231, 236
공숙문자公叔文子 217
공숙수公叔戍. 공숙씨公叔氏 53, 55, 211, 216, 219, 218, 253, 256, 260, 264, 272, 310, 343, 345, 351, 355, 381
공약公若 118
공양지사供讓之仕. 공양供養 99, 103, 209, 263, 265, 331
공양지사公養之仕. 공양公養 102, 178, 210
공양학公羊學 65
공영달孔穎達 126
공자公子 지地 337, 339, 364
공자公子 진辰 275
공자행호계손삼월불위孔子行乎季孫三月不違 97, 113
관숙管叔 43
관중管仲 43
광匡 54, 170, 172, 219, 236, 238, 239, 246, 249, 250, 252, 256, 260, 263, 265, 271, 278, 310, 343, 346, 350, 355, 358, 361
광인匡人 170, 182, 236, 242, 244, 245, 309, 310, 311, 348, 351, 361
광인匡人의 난 310
괴외蒯聵. 위장공衛莊公 59, 60, 215, 230, 272, 376
교제郊祭 24, 149, 151, 166, 169, 181
구음龜陰 70, 71, 73, 74, 105
구천句踐 144
국노國老 48

## ㄴ

남궁경숙南宮敬叔 85
남자南子 171, 172, 214, 215, 222, 260, 261, 263, 265, 266, 313, 317, 319, 350, 351, 381
녕무자甯武子 173

녕식甯殖 297
녕혜자甯惠子 295
노구老丘 337, 339, 364, 365
노자老子 9

## ㄷ

단궁檀弓 126
대사구大司寇 22, 23, 31, 35, 36, 38, 66, 98, 103, 154, 162
도筴 29

## ㄹ

려서黎鉏 23, 69, 74, 89, 169
리미犛彌 71, 74

## ㅁ

맹리자孟釐子 90
맹무백孟武伯 129
맹손孟孫. 맹손씨孟孫氏 116, 126, 165
맹헌자孟獻子 82
맹희자孟僖子 85
미모彌牟 201
미생무微生畝 29, 190, 235
미자개微子開 44
미자彌子 184, 199
미자微子 186, 200, 207, 208
미자하彌子瑕 147, 201, 206
민자건閔子騫. 민손閔損 130, 131, 132

## ㅂ

백뢰百牢의 향연 153, 277

백비白嚭 숙제叔齊 87, 105, 141, 147
백이伯夷 105
번육膰肉 149
번조膰俎 172
범려范蠡 144, 145
부차夫差 141, 142, 143, 144, 147
부차夫差 144, 237, 286
북궁결北宮結 216, 257, 272
비費 23, 25, 27, 33, 107, 108, 128
비읍費邑 28, 130, 165

## ㅅ

사공司空 22, 23, 35, 36, 85, 154, 162
사구司寇 41
사기師己 150, 170
사길석士吉射 256
사마司馬 환퇴桓魋. 환퇴桓魋 240, 265, 314, 337
사마 환퇴의 난. 환퇴의 난 203, 243, 244, 247, 248, 249, 251, 252, 254, 255, 256, 260, 269, 270, 271, 284, 288, 334, 347, 354, 357, 360
사성司城 243, 314, 351
사성정자司城貞子. 사성司城 정자程子 240, 245, 247, 342
사씨師氏 26
사양자師襄子 354, 377
사추史鰌. 사어史魚. 사축史祝. 축타祝鮀 205, 207, 217, 227, 294
삼가三家 41, 80, 86, 93, 95, 97, 162
삼도三都 23, 116, 121
삼환三桓 22, 166
상가지구喪家之狗 360
상소向巢 275, 336, 337
상퇴向魋 336
서하西河 280, 344, 369, 371

찾아보기 389

섭葉. 섭공葉公 234
섭상攝相 25, 33, 37, 96, 98, 104
성보城父 241, 378
성成 23, 116, 117, 118
성읍成邑 165
소릉召陵. 소릉지회召陵之會 75, 83
소蕭 257, 258, 275, 339, 362
소읍蕭邑 336
소정묘少正卯 23, 41, 66, 98, 109, 168
소주小邾의 역射 321
손괴孫蒯 296
손임보孫林父 295, 297, 376
송조宋朝 214, 215, 221, 381
숙손무숙叔孫武叔 22
숙손叔孫. 숙손씨叔孫氏 127, 165
숙손주구叔孫州仇 108
숙손첩叔孫輒 23
순씨荀氏 26, 363
순인荀寅 256
승부부우해乘桴浮于海 146, 147
신채新蔡 277, 378
축타祝鮀 221, 225, 227

여악女樂 98, 100, 101, 149, 165, 181
연주래延州來 계찰季札 296
염구冉求. 염유冉有. 구求 47, 48, 137, 175, 176, 194
염옹冉雍. 중궁仲弓. 옹雍 57, 133
오자서伍子胥 77, 140
왕손가王孫賈 223, 224, 225, 227, 229
운鄆 29, 70, 71, 73, 74
유문공劉文公 76
유약有若 유자有子. 자유자有 49, 50, 136, 326
임방林放 57

## ㅈ

자고자羔. 고시高柴. 계고季羔 128, 129
자공子貢. 단목사端木賜. 위사衛賜 44, 45, 65, 77, 87, 88, 122, 126, 147, 178, 190, 192, 191, 204, 220, 306, 366, 369
자금子禽 190, 191
자로子路. 중유仲由 12, 23, 53, 107, 114, 115, 116, 119, 124, 128, 146, 165, 183, 186, 366, 367
자복경백子服景伯 124, 126
자산子産 43, 314, 335
자영子郢. 영郢. 자남자男 227, 333
자유子游. 언언言偃 50, 119, 129, 133, 241, 329
자장子張. 전손사顓孫師 373, 374
자하子夏. 복상卜商 50, 119, 129, 133, 135, 221, 325
장문중臧文仲 42
장원현長垣縣. 진류陳留 장원현長垣縣 250, 253, 254, 271, 278
재아宰我. 재여宰予 50, 51, 52
전기田乞. 진기陳乞 29, 160

## ㅇ

악대심樂大心 275
안각顔刻 170, 361, 362
안수유顔讐由 184, 186, 199
안연顔淵. 안회顔回. 회回 89, 171, 310
안영晏嬰 70, 73, 74, 86
안자晏子 186
안탁추顔濁鄒. 안탁취顔涿聚. 안수유顔讐由 24, 173, 183, 184, 185, 265
양보梁父 173, 184, 185, 302
양호陽虎. 양화陽貨 22, 27, 26, 80, 170, 203, 233, 236, 351, 361, 376

전상田常. 진성자陳成子, 진상陳常, 진항
　陳恒 30, 50, 185, 268, 269, 290
조가朝歌 256, 365
조간자趙簡子. 조앙趙鞅. 진앙晉鞅 80,
　230, 256, 261, 262, 264, 344, 376,
　379, 382
조기趙岐 184
주래州來 277, 378
주력周曆 31
주자邾子. 주邾 은공隱公 366
중니仲尼 47, 117
중도仲都 21, 23, 25, 35, 36, 154
중도仲都의 재宰 21, 23, 25, 35, 36, 154
중모中牟 262, 264, 344, 379
중손하기仲孫何忌 79
중숙어仲叔圉 225, 226
증자曾子. 증삼曾參. 자여子輿 9, 130
진채지액陳蔡之厄 240, 277, 357
진항陳亢 191
진환陳瓘 285, 370

## ㅊ

채소후蔡昭侯. 채후蔡侯 83, 378
채숙蔡叔 43
척戚 228, 296, 376
첩輒. 출공出公 60, 178, 228, 230, 264,
　268, 345, 348, 376
초소왕楚昭王 241, 378
최술崔述 46, 328
춘추가春秋家 66, 188
치이자피鴟夷子皮 144, 145, 146, 189

## ㅍ

팔일무八佾舞 57

포인의 난 260, 267, 270, 271, 276, 279,
　286, 288, 347, 354, 357, 361
포蒲 53, 54, 55, 171, 172, 182, 211,
　219, 231, 236, 246, 253, 254, 256,
　260, 264, 265, 266, 271, 278, 281,
　309, 310, 313, 343, 345, 346, 347,
　350, 351, 354, 355, 358, 359, 368,
　369, 381
필힐佛肸 262, 264, 268, 344, 379, 382
포인의 난 267

## ㅎ

하궤이과문자荷蕢而過門者 377, 382
하조장인荷蓧丈人 189
한달罕達 258, 275, 335, 336, 337
합려闔閭 237, 286
협곡夾谷. 협곡지회夾谷之會 21, 23, 33,
　69, 81, 83, 96, 97, 99, 101, 104, 154,
환謹 71, 73, 74, 105
활주滑州 광성현廣城縣 278, 347
후범侯犯 109
후邱. 후읍邱邑 97, 165
휴삼도墮三都 98, 354